기후변화는
어떻게
세계 경제를
위협하는가

기후변화는
어떻게
세계 경제를
위협하는가

THE
GREAT
DISRUPTION

폴 길딩 지음 | 양재희 옮김

다블북

레이철 카슨, 도넬라 메도스, 데니스 메도스, 요르겐 랜더스,
폴 에를리히, E. F. 슈마허, 데니스 헤이스, 스튜어드 브랜드…….
1960년대부터 지속 가능성 문제를 놓고 고심하며 앞으로 벌어질
위기를 후대에 알리고자 노력했던 선구자들께 경의를 표합니다.
또한 두려움을 무릅쓰고 이들의 발자취를 좇으며 희망의 불씨를
살려나가고 있는 동지들과 우리의 뒤를 이어나갈
청년 세대에게도 감사의 마음을 전합니다.

차례

한국어판 서문

"지구는 꽉 차 있다." 2011년, 이 문장을 시작으로 나는 이 책을 써 내려갔다.

나는 우리 때문에 지구가 역량 한계치를 초과해 가동되고 있으며 이런 상황이 지속될 경우 그 인내가 한계에 달해 결국 경제성장이 멈출 것이라는 주장을 책에 담고, 이 주장에 복잡하게 얽혀 있는 과학·사회·경제 분야의 요소들을 쉽게 풀어 쓰기 위해 노력했다.

2011년을 기점으로 향후 10년 사이 우리의 생각과 행동이 크게 바뀌고 세계경제에도 획기적인 변화의 바람이 불 것이라는 기대를 피력하기도 했다. 심각한 위기마다 상상을 초월하는 능력을 선보였던 인류의 역사를 아는 이상, 일단 마음먹으면 어떤 어려운 일도 빠르게 처리해내는 우리의 능력을 의심할 수 없었기 때문이다.

그 뒤로 10년, 무엇이 달라졌을까? 간단히 말해, 긍정적인 변화도 있었지만 부정적인 징후도 나타났다. 먼저 부정적인 징후부터 얘기해보자. 우리는 성장의 속도를 늦추지 않았다. 이런 과욕은 지구를 터지기 직전의 풍선처럼 팽창시키는 결과를 낳았고, 그 여파로 지구는 성난 숨을 거칠게 내쉬고 있다.

2011년 이래로 캐나다는 사하라사막의 온도에 버금가는 기록적인 고온 현상을 경험하고 있다. 호주와 캘리포니아에서는 기후 체계를 뒤흔들 정도의 대형 산불로 인명 피해와 재산 피해가 발생했으며, 야생동물 수십억 마리가 죽거나 다치고 서식지를 잃었다. 사상 최악의 산불이었다. 파키스탄에서는 기록적인 홍수로 해당 지역이 초토화되면서 수천 명이 목숨을 잃었고 수백만 명의 이재민이 발생했다. 이런 가운데 전 세계 인구의 절반은 1년에 몇 달씩 물 부족에 시달리고 있다.

한편 화석연료 사용으로 배출된 온실가스 양은 2022년 사상 최고치를 기록했고 축산업으로 인한 온실가스 배출량 역시 나선형으로 상승하며 이산화탄소와 메탄의 대기 중 농도가 역대 최고치를 기록했다. 온난화가 이처럼 가속화됨에 따라 우리가 과연 기후변화의 변곡점(지구 시스템이 우리의 통제를 벗어나 돌이킬 수 없는 국면으로 치닫게 되는 임계점)을 피해 갈 수 있을지 의구심이 증폭되고 있다. 2023년 3월, 이같은 상황 인식을 바탕으로 종합 보고서를 발표한 기후변화에 관한 정부 간 협의체IPCC, Intergovernmental Panel on Climate Change는 "인류에게 지속 가능한 미래를 보장할 마지막 기회의 문이 빠르게 닫히고 있다"라는 경고를 내놓았다. 온실가스의 "지속적인 배출은 기후 체계 전반에 영향을 미치면서 짧게는 100년, 길게는 1000년이 지나도 원상 복구할 수 없는" 결과를 초래하므로 "늦어도 2025년 이전에" 정점을 찍고 내려와야 한다는 것이다.

불안정한 기후와 러시아의 우크라이나 침공을 원인으로 식량 위기 역시 급속히 악화되는 추세다. 비만이 전염병처럼 번지는 가운데 23억이 넘는 인구는 식량 수급 문제를 겪고 있다. 사실, 두 집단 모두 영양학적으로 볼 때 균형이 깨진 상태에 처해 있다. 우리는 먹거리를 얻기 위해 자연 파괴를 서슴지 않았고 결국 질병을 옮기는 야생동물의 서식지 인근까지 침투해 들어갔다. 코로나19 사태를 겪은 지금, 신종 전염병의 75퍼센트가 야생동물에게서 기인한다는 사실을 모르는 사람은 아마 없을 것이다.

즉, 우리가 자연을 지나치게 파괴한 나머지 이제는 자연이 우리를 공격하는 상황이 벌어지고 있는 것이다. 이상기후 현상은 일상이 되었고 재난과 분쟁이 이어지고 있다. 식량과 에너지 가격이 높아졌으며 이 모든 것의 여파로 초래된 질병이 우리를 위협하고 있다. 이 같은 일련의 사태 속에 불안감에 휩싸인 청년층은 분노를 표출하고 있다. 다가오는 미래가 탐탁지 않은 것이다.

이제 기존의 방법이 더 이상 통하지 않는다는 것을 알고 다른 방법을 모색해야 할 때다.

얼마나 더 고통받아야 할까? 우리가 의존하고 있는 사회 및 경제 체계와 생태계 전체에 드리운 문제의 심각성을 깨닫고 획기적인 변화를 꾀할 준비가 되는 시기는 언제일까? 과연 우리는 사회가 실제로 붕괴할 수 있다는 위기의식 속에 기꺼이 행동에 나설 수 있을까?

이 책의 본문에서 몇 차례 언급한 것처럼, 우리는 '비록 느릴지라도 어리석지 않다'. 대응에 나서기까지 더딜 수 있어도, 우리는 한번 굳게 마음먹으면 문제 상황을 영민하게 해결해나간다. 따라서 아직 기회가 있다. 지난 10년은 상황이 더욱 악화된 시기이기도 했지만 우리에게 반드시 필요했던 경각심이 높아지는 시기였다. 지난 10년은 우리가 무엇을 할 수 있는지를 일깨운 시기이자 경제 체계에 변화가 시작되었다는 사실을 확인하는 시기였다. 지금부터는 지난 10년 사이 나타난 긍정적인 변화들을 살펴보자. 지난 10년, 이상기후와 코로나19 그리고 현재까지도 우크라이나에서 지속되고 있는 전쟁에서 우리가 배운 것들은 다음과 같다.

1. 시스템상의 위험이 우리 생활에 미치는 영향은 그야말로 크다. 우리는 복잡하게 상호 연결된 세계에서 살고 있으며, 개인·회사·국가 차원에서 벌이는 모든 활동은 전 세계에 (좋거나 나쁜) 영향을 미친다. 따라서 세계 유수의 과학자들이 팬데믹과는 비교조차 할 수 없는 사회적·경제적·지정학적 영향력을 가진 기후 비상사태에 우리가 직면해 있으며 "앞으로 10년 사이 우리가 한 행동과 선택의 결과가 지금은 물론 향후 수천 년까지 영향을 미칠 것"이라고 말하고 있다는 사실에 주목해야 한다.

2. 우리는 필요한 경우 그야말로 신속하게 결집해 행동할 수 있으며 또 그래야만 한다는 사실을 알고 있다. 이 같은 성향은 극적인 차이를 만들어내고 우리의 삶을 필요에 맞게 변화시킬 것이다. 이렇게 얻은 변화는 우리의 보건과 복지를 증진시키고 경제적 안정을 보장할 수 있다.

3. 우리는 '비록 느릴지라도 어리석지 않다'. 여러 반박 의견에도 불구하고, 우리 사회의 대다수(특히 청년층)는 다음과 같은 사실을 인지하고 있다.

• 제대로 작동하지 않고 있는 현재의 시스템에는 변화가 필요하다.

• 기후변화 현상과 생태계 파괴가 우리를 위협하고 있다.

- 우리 각자의 안전은 보편적 평등이 실현되고 취약 계층이 보호될 때 보장될 수 있다.
- 우리는 인류가 직면한 문제들을 수습하는 데 필요한 기술과 해법을 갖고 있다.

그렇다면 앞으로 어떤 상황이 펼쳐질까?

안타깝게도 상황은 더욱 악화되고 나서야 호전될 수 있을 것이다. 이상기후 현상이 계속해 나타나는 것은 물론 전쟁이 끊임없이 발발하고 식량 위기 또한 지속될 가능성이 높다.

하지만 2011년과 달리 우리는 변화를 빠르게 이끌어낼 수 있다. 기회를 포착한 시장이 우리가 직면한 위기를 해결할 묘책을 내놓기 위해 집중적으로 투자하고 있기 때문이다. 온실가스 배출 저감 기술이 출현해 식량 생산·운송·에너지 등의 분야에서 혁신을 주도하고 있으며 이런 조치에 대한 소비자 만족도가 높아짐에 따라 경제 전반에도 긍정적인 결과가 나타나고 있다. 기후는 결과를 빨리 도출할 수 있는 현상이 아니므로 여전히 정부의 강력한 개입과 대중의 전폭적인 지지가 필요하지만, 이제 시장은 우리에게 필요한 요소들을 제공할 역량을 갖췄다. 이는 변혁의 시기에 정부와 투자자가 현명하게 대처한다면 변화가 한층 더 빠르고 강력한 추세로 나타날 수 있다는 말이기도 하다.

풍력이나 태양열 발전소 덕에 석탄·석유·가스보다 더 저렴한 가격으로 에너지를 사용할 수 있게 되었으며 이런 양상은 더욱 일반화될 것으로 보인다. 많은 사람들이 2022년 주요 석유 업체들이 (소비자가 크나큰 부담을 떠안은 덕에) 기록적인 수익을 거둬들이는 것을 보았고 유럽에서 벌어진 전쟁을 지켜보며 수입 화석연료에 의존하는 것이 무척 위험한 경제·안보 전략이라는 인식을 갖게 되었기 때문이다.

이제 실천해야 할 때임을 자각한 정부 또한 변화의 동력으로 부상하고 있다. 그동안 기후 문제에 대한 부처 간 협의 절차는 지지부진하기만 했다. 그러나 최근 들어 정부는 화석연료는 물론 메탄에 대해서도 (강제성 있는) 조치를 취하겠다고 약속하는 등 한층 달라진 모습을 보이고 있다.

사실 시장과 정부에서 감지되는 이 같은 변화보다도 더욱 눈에 띄는 것은 대중의 달라진 태도다. 특히 2019년에는 청소년 활동가 그레타 툰베리와 세계 각지의 수백만 참가자, 멸종저항운동Extinction Rebellion 같은 환경운동 단체가 모여 기후 위기 대책을 촉구하는 대규모 시위를 벌였다. 그 여파로 '기후 비상사태'라는 용어의 사용 빈도가 급증하자 옥스퍼드 사전은 '기후 비상사태'를 2019 '올해의 단어'로 선정하기도 했다.

2020년에는 코로나19 사태로 대중의 이목이 일시적으로나마 건강과 복지 문제에 집중되는 경향이 나타났으나 그래도 진전은 계속되었다. 기후 위기에 제대로 대응하지 못하고 있다는 투자자들의 우려 속에 엑손모빌이 헤지펀드 엔진 넘버원Engine No.1에 이사회 의석 셋을 내준 사건은 주주 행동주의의 대표적인 사례. 2020년과 2022년 사이에는 정부를 상대로 한 기후 소송이 크게 늘었으며 이 중 75퍼센트가 정부에 기후변화 대응 조치를 약속대로 이행하라는 판결을 내렸다.

대중의 태도 변화는 내가 이 책을 쓴 뒤로 관찰한 네 가지 주요 현상 중 하나다. 다음 현상들은 앞으로의 변화를 이끄는 동력이 될 것이며, 이 힘은 결코 멈추지 않을 것이다.

1. 변화를 선도할 기술이 마련되어 있다. 재생에너지와 전기를 동력으로 쓰는 자동차가 주를 이루는 시대가 임박했으며 이 중 일부는 화석연료로 움직이는 자동차의 성능을 뛰어넘었다. 식물성 식품과 대체 단백질 식품 또한 축산업 분야를 뒤흔들 정도의 위협이 되고 있다.
2. 기후변화에 따른 실제적 영향은 결코 간과할 수 있는 수준이 아니다. 가뭄·산불·홍수로 인한 피해가 기하급수적으로 늘어남에 따라 이제는 기후변화 자체를 탓하기보다 기후변화 현상을 야기한 기업에 피해의 책임을 물을 수 있게 되었다.
3. 사회는 행동을 원하고 있다. 여론은 더 강력한 조치를 취하는 쪽으로 기울고 있으며, 특히 미래를 책임질 청년 세대가 더 강력하고 대담한 조치를 요구하고 있다.
4. 시장은 긴장의 끈을 유지한 채 변화에 대비하고 있다. 지연책을 고수해 얻을 수 있는 경제적 이득이 더는 없다고 판단한 것이다. 기후 위험을 이유로 국채가 매각되는 현상이 나타나고 있으며, 테슬라는 일론 머스크를 세계 최고의 부자 대열에 오르게 했다. 규제 당국과 투자자들은 우리가 처한 위기의 속성을 깨닫고 지속 가능한 기업을 찾아 지지하고 있다.

한국은 이러한 동력을 최대로 활용하여 국가적 위상을 드높이고 국민들이 행복한 나라를 만들 수 있을 것이다. 그 과정에서 다른 나라를 도와 더 나은 세상을 만드는 데 일조하리라 기대되는 것은 물론이다. 한국은 이미 재생에너지와 첨단 제조 기술 분야에서 선도적인 위치에 올라서 있으며, 지금이 바로 그 우수성을 활용할 적기다. 그렇다. 이는 경제적 측면에서의 미래 먹거리에 대한 이야기이자 우리가 미래에 어떤 삶을 살아갈지에 관한 이야기다.

그러므로 여러분에게 쇼핑을 줄이고 삶의 질을 높이라고 말하고 싶다. 돈이 전부가 아님을 깨닫고 사랑하는 사람들과 교류하라고, 공동체를 양성하고 취약 계층을 돕는 일에 앞장서라고 촉구하고 싶다. 착한 기업은 지원하고 나쁜 기업은 퇴출할 수 있기를 바란다. 대담하고 추진력 있는 정치 지도자를 선출하고 역량이 부족한 지도자를 몰아낼 수 있기를, 기후 문제 해결에 도움이 되는 기술을 채택하고 환경오염을 조장하는 기술을 폐기할 수 있기를 또한 기대해본다. 그렇게, 여러분이 살고 싶은 미래를 지어나가면 좋겠다.

미래는 우리의 선택에 달려 있다. 그리고 지금이 바로 선택의 시간이다.

2023년 5월
폴 길딩

서문

　2005년, 내가 세계경제와 생태계가 곧 위기에 처하게 될 것이라는 경고성 예측을 담은 글을 처음으로 발표했을 당시 독자들이 보인 반응은 무척 회의적이었다. 당시만 해도 자유시장경제 체제가 스스로 문제를 바로잡고 있는 것처럼 보였기 때문이다. 그러나 그로부터 불과 3년이 지나 발생한 세계 금융 위기는 시장이 천하무적이라는 생각에 경종을 울렸다. 이를 계기로 점점 더 많은 사람들이 세계적인 차원에서 위기가 나타날 수 있다는 사실을 받아들이기 시작했고, 그 후 3년 동안 이를 뒷받침하는 증거들이 쌓이면서 한때 머릿속을 가득 채웠던 망상은 하나둘 사라져갔다.

　특히 2010년에는 나의 견해가 틀리지 않았다는 것을 뒷받침하는 많은 연구들이 발표되었다. 피크 오일Peak Oil 분야의 권위자인 리처드 하인버그는 『제로 성장 시대가 온다 The End of Growth』에서 환경오염과 자원 고갈 문제를 지적하고 과도한 부채로 나타나고 있는 현행 경제체제의 과부하 현상에 대해 언급하며 경제성장의 종식을 주장했다. 찬

드란 나이르는『소비경제학*Consumptionomics*』에서 서구의 성장 모델이 가진 문제점을 신랄하게 비판하고 오히려 아시아가 새로운 경제 모델을 주도해야 한다는 의견을 내놓았다. 잘 알려진 자산 운용 전문가 제러미 그랜섬은 2002년 이후 경제성장에 따른 공급 제약으로 원자재 가격이 가파르게 치솟게 된 과정을 설명하며 그 위험성을 역설하기도 했다.

'월가를 점령하라*Occupy Wall Street*'라는 구호를 내세운 시위는 극심한 불평등의 위험성과 경제에서 금융의 역할에 대한 성찰을 주류 사회에 촉구했다. 이 책의 18장에서 다루고 있는 '불평등의 비효율성'에 사람들이 눈뜨기 시작한 것이다(불평등은 도덕적으로도 문제지만, 경제적으로도 아무런 이득이 되지 않는다). 이런 시민운동이 성공하고 있는 이유는 무엇이며 왜 하필 지금일까? 월가 점령 시위는 모두가 알고 있지만 차마 입 밖으로 꺼내지 못한 말을 마치 동화『벌거벗은 임금님』에 나오는 아이처럼 소리 높여 외친 경우라고 볼 수 있다. 시위는 우리가 이미 보고 느끼는 것에 초점을 맞춰, 지금 당면한 문제에 단지 빚이나 불평등, 경기 불황, 기업의 횡포, 생태계 파괴만 있는 것이 아니며, 전체 시스템이 점진적인 개혁을 통해 고칠 수 있는 수준을 뛰어넘어 붕괴되고 있다는 사실을 지적하고 있었다.

그러는 사이 위기를 알리는 물리적·경제적 지표는 계속해서 악화되어갔다. 2011년, 미국 전역은 전례 없는 규모의 가뭄과 홍수, 산불로 몸살을 앓았으며, 아프리카 지역은 극심한 기근 사태를 겪었다. 영국에서는 대규모 폭동이 일어났으며, 세계 주식시장이 요동치고, 국가채무 문제로 어려움을 겪는 나라가 늘어났다. 또한 식량 가격은 기록적인 수준으로 오른 반면 북극 얼음의 양은 역대 최저치를 기록했다.

시장이 스스로 문제를 바로잡을 것이라고 기대하는 이들은 이제 주변에서 찾기 어려워졌으며, 내가 매일같이 받아보는 수많은 이메일에는 이런 질문이 담기기 시작했다. "당신의 책이 경고했던 위기가 드디어 시작되고 있는 건가요?"

이 질문을 언제 하느냐에 따라 답은 달라질 수 있다. 만약 "우리가 문명을 위협할 정도의 위기에 직면해 있는가?"라고 오늘 묻는다면 대부분의 전문가는 "아니요"라고 답할 것이다. 상황이 **그렇게까지** 나쁜 것은 아니기 때문이다. 어쩌면 전문가들은 우리가 목격하고 있는 여러 가지 현상에 다음과 같은 설명을 덧붙일지도 모른다. 기후 위기가 시작된 것은 맞지만 올해 유독 온난화 현상이 심했을 뿐이다, 아프리카 지역의 기근은 기후 영향 탓이지만 열악한 통치나 갈등 상황이 초래한 영향도 무시할 수 없다, 부채 상황이 심각하다고는 하나 곧 다시 성장하게 될 것이다 등등처럼 말이다. 이런 식의 설명이 아주 틀렸다고는 볼 수 없지만 큰 그림에서 보면 결코 유효한 설명은 아니다.

같은 질문을 미래에 던진다면, 답은 좀 더 분명해질 것이다. 다음은 톰 프리드먼이 『뉴욕 타임스』 칼럼에서 이 책을 소개하며 쓴 글의 일부다. "앞으로 몇 년 후, 21세기의 첫 10년을 되돌아보며 우리는 이렇게 되묻게 될 것이다. '식량과 에너지 가격 상승, 세계 인구 급증, 도시를 휩쓴 태풍·홍수·가뭄, 기후 난민들의 대이동, 그리고 이 모든 일을 감당해야 하는 정부…… 이처럼 명백한 증거들이 눈앞에 펼쳐지고 있었음에도 우리는 어떻게 아무렇지 않을 수 있었을까? 대체 무슨 생각을 하고 있었던 거지?'"

물론 세상은 그만큼 복잡하다. 갖가지 요인들이 다양한 위기를 일으킬 수 있다. 그렇다고 전반적인 추세가 달라지는 것은 아니다. 지난 3년 동안 우리는 한계에 봉착했으며, 이제 현실을 부정할 수 있는 방법은 없다.

그렇다면 대체 어떻게 해야 하는 걸까? 그렇게나 명백한 경고들을 우리는 왜 미리 알아차리지 못하고 흘려보내는 걸까? 비상사태를 선포하거나 즉각적인 대응에 나서지 않는 이유는 무엇일까? 우리는 심지어 정반대로 행동한다. 미래 세대에 부채를 떠안기고 있다는 점을 망각한 채 경제성장이라는 허상을 붙들고 기후 과학을 의심하는 우리의 모습을 생각해보라. 우리는 왜 미래 세대를 위해 우리를 희생할 생각은 하지 못한 채, 미래 세대를 희생시켜 우리의 안녕을 지키려고만 하는 걸까?

답은 의외로 간단하다. 대대적인 변화가 불가피하다는 생각이 들 정도로 큰 문제에 직면했을 때 사람들이 가장 먼저 보이는 반응이 '부정'이기 때문이다. 사실 부정은 무척 자연스러운 반응이다. 수용을 하면 변화가 뒤따라야 하는데, 변화란 그리 쉽지 않다. 그래서 증거가 확실해질수록 부정하는 마음이 강해진다.

그럼에도 이 답이 반가운 이유는 부정이 이끄는 길의 결말은 예측이 가능하기 때문이다. 지금 우리가 목격하듯, 변화의 기세가 거세질수록 부정하는 양상도 거세지지만 결국 그 기세는 어느 순간 꺾이고 만다. 시기와 방법까지는 정확히 예측할 수 없지만 부정의 기세가 **꺾인다는** 사실만큼은 분명하다.

우리는 지금 부채와 성장이라는 덫에 걸려 옴짝달싹하지 못하고 있는 처지다. 2008년, 세계 금융 위기가 들이닥치기 전 상황을 떠올려보자. 식량 가격 및 유가가 역대 최고치를 기록하며 폭동이 일어났고 정치적 불안정성이 높아졌다. 금융 위기가 본격화되며 경기는 위축되었고 식량 가격과 유가는 하락했다. 곧바로 위기 국면을 벗어나려는 노력이 이어졌다. 다시금 경제를 성장시키기 위해 필요한 모든 조치를 취하기로 뜻을 모으고 대규모 자금을 조달했다. 그 결과 표면적으로는 효과가 나타났다. 주요국에서 내놓은 부양책으로 붕괴를 막았고, 최소한 개발도상국에서는 경제가 다시 성장하는 양상이 나타났다. 이렇게 다시 성장 궤도에 안착했으니 이제는 안도해도 되지 않을까?

그러나 표면적으로 나타난 효과의 실체는 부채와 성장이라는 덫에 불과했다. 경제가 성장하게 되면서 원자재 가격은 2008년에 경제 위기가 오기 전 수준으로 치솟았다. 식량 가격은 연신 최고치를 경신했으며 유가도 증가세로 돌아섰다. 이 책의 본문에서 곧 읽게 되겠지만, 원자재 가격은 곧 성장이 한계에 부딪히고 있다는 핵심 지표다. 제러미 그랜섬은 우리가 "경제사에서 가장 중요한 변곡점에 서 있다"라고 말하고, 원자재 가격이 치솟는 현상을 "산업혁명 이후 인류가 겪는 가장 중요한 경제적 사건"이라고 일컬었다. 그랜섬은 또한 "가격 압박과 자원 부족은 이제 인간의 삶을 설명하는 기본 특징으로 자리매김할 것이며 (……) 세계는 놀라운 속도로 천연자원을 소진하며 천연자원이 가진 고유의 가치를 훼손하고 있다"라고 말하기도 했다.

투자가인 그랜섬이 "성장에 필사적으로 매달릴수록 자원이 고갈되어 모든 것이 추락하게 될 것"이라고 경고하고 있다는 점이 무척 흥미롭다. 객관적인 데이터를 냉정하게 분석한 결과 그랜섬이 도달한 결론이 이 책에서 읽게 될 내용과도 맥을 같이하기 때문이다.

그랜섬의 발언은 또한 부채와 성장이라는 덫의 의미를 잘 보여준다. 지난 금융 위기를 벗어나기 위해 끌어다 쓴 빚을 갚을 수 있는 유일한 방법은 경제성장이다. 하지만 그렇게 경제성장을 다시 도모하다보면 사실상 경제성장을 멈추게 하는 원자재 가격 상승 현상이 나타나게 될 것이다. 그렇게 부채와 성장이라는 덫에 갇히게 되는 셈이다. 성장을 고집하면 자원 고갈을 피할 수 없다. 이런 때는 성장을 포기하고 부채에서 벗어나야 한다.

지난 한 해 동안 전 세계를 돌며 이 책에 담은 내용을 여러 사람들과 나누는 과정에서 나는 미래를 더욱 낙관하게 되었다. 위기는 더 빠르게 우리를 향해 다가오고 있지만, 그 어느 때보다 위기에 대비하고 있는 사람들이 많음을 목격했기 때문이다. 지역의 공동체부터 CEO 모임에 이르기까지, 크고 작은 규모의 단체들을 만나 서로의 경험을 공유했다. 물론 나의 낙관적인 태도를 못마땅하게 여기는 사람들의 반격도 만만치 않았다. 과학을 불신하거나 정부의 무능력을 지적하고 미국 정치 시스템의 한계와 몰락을 언급하는 사람들도 있었으며, 극지방의 만년설과 가뭄 그리고 전 세계적으로 나타나는 기후 이상 현상을 우려하는 목소리도 들을 수 있었다.

하지만 나는 다른 관점으로 세상을 본다. 세계 태양광 시장은 급격한 가격 하락으로 호황을 누리고 있다. 2000년에 100메가와트에 불과했던 연간 전기 생산량이 5만 메가와트로 대폭 상승한 결과다. 서구 국가들이 미온적으로 대응하는 사이 중국과 그 외 개발도상국들은 청정에너지와 저탄소 산업에 대한 투자를 늘리며 이런 변화의 흐름을 주도하고 있다. 또한 젊은 세대가 앞장서 타르샌드 송유관 설치에 반대하는 평화 시위를 이끄는 모습을 본다. 두려움에 젖어 있기보다 희망을 안고 행동하는 이들이라 하지 않을 수 없다. 자원 고갈로 발생할 불가피한 위기에 대처하고자 노력하는 최고위층 국방 관계자와 대화를 나누기도 하고, 많은 젊은 기업가와 재계의 지도자가 시대의 흐름 속에 새롭게 창출되는 사업이 가진 무한한 가능성에 관심을 갖고 변화를 꾀하는 모습을 지켜보기도 한다.

그중에서도 부정이 최고점에 달하는 것을 목격했을 때 가장 낙관적인 마음을 갖게 된다. 사실 극단적인 반과학주의 성향을 가진 사람의 주장을 들을 때면 가끔은 웃음이 새어 나오기도 한다. 아무런 문제 없이 자신의 처지를 즐기는 알코올중독자와 대화를 하는 느낌이 들기 때문이다. 이런 이유로 나는 우리가 직면한 위기의 순간이 결국 지나가게 될 것이라 믿는다. 그 과정에서 잘 준비된 사람이나 기업은 기회를 포착하게 될 것이다.

큰 과제인 것만은 분명하다. 바늘구멍으로 인류의 문명을 통과시키는 것과 크게 다르지 않기 때문이다. 자원 남용으로 지구의 역량은 줄고 있는 반면 수요는 빠르게 늘고 있다. 그런데 바로 그 현상에서 해결의 실마리를 찾을 수 있다. 많은 고통이 수반되겠지만, 우리에게 남은 선택지는 단 하나다.

자원 사용을 줄여 지구의 역량을 지속 가능한 수준으로 유지할 수 있는 경제를 구현하고 적은 물품을 갖고 살면서도 삶의 진정한 의미를 찾을 수 있게 될 때, 비로소 무한한 가능성의 세계가 펼쳐질 것이다. 의식주에 대한 고민 없이 모두가 삶의 질을 높일 수 있는 기회를 공평하게 보장받으며 지구를 우리가 가진 전부라고 생각하는 자세가 배어든 세상을 우리는 충분히 만들어갈 수 있다.

이런 세상을 함께 만들어가고자 하는 사람들에게 이 책이 오롯이 가닿기를 바란다.

1장
경제와 사회를
뒤흔들 허리케인
THE GREAT DISRUPTION

지구는 꽉 차 있다.

오늘날의 경제 및 사회 규모가 지나치게 비대해진 나머지 우리를 품어야 할 지구의 역량이 한계치를 넘어선 것이다. 지금의 경제성장 모델은 우리가 현재도, 또 앞으로도 계속 번영하기 위해 유일하게 의존하는 시스템을 벼랑 끝으로 내몰고 있다. 이런 상황은 심각한 문제를 일으킨다. 수십억에 이르는 인구가 각자의 '재정' 상태를 빨리 개선해야만 비로소 처참한 빈곤의 굴레를 벗어날 수 있는 상황에 놓여 있다는 점을 감안한다면, 문제는 더욱 심각해질 수밖에 없다. 뒤로 물러설 여지가 없다.

이는 곧 경제와 사회가 붕괴되어 혼란이 야기될 수 있다는 말과도 같다. 이런 현상은 철학적·정치적 선호도에 따라 변화를 선택했기 때문이 아니라 경제와 사회를 바르게 개혁하지 못한 결과에서 비롯된다. 또 그 원리는 너무도 명확해 합리적인 사고를 하는 사람이라면 누구나 받아들일 수 있다. 공개 토론에서는 언뜻 이견이 있는 것처럼 보여도 동료 학자들의 면밀한 검토를 거쳐 발표된 유수한 여러 논문은 우리가 나아가야 할 방향을 명료하게 제시한다. 다만 상황이 그리 좋아 보이지 않을 뿐이다.

전 세계의 많은 전문가와 지도자는 이미 수십 년 전부터 이런 혼란을 예측하고 그 이면에 자리한 문제들을 인지하고 있었다. 그럼에도 그들은 우리가 언젠가 더 이상 성장할 수 없는 단계에 이르고 말 것이라는 사실에 '관심 사항—추후 고려'라는 짧은 메모를 남긴 채 마음 한구석이나 서랍 안쪽으로 미뤄두는 우를 범하고 말았다. 이제 그 '추후'가 우리 앞으로 다가왔다.

'한계치를 넘었다'라는 말은 관념적인 개념이 아니라 물리·화학·생물학에 근간을 둔 실체적 개념이다. 따라서 대가가 뒤따를 수밖에 없다.

자라는 나무보다 베어내는 나무가 많으면 나무의 개체 수는 결국 줄어들게 된다. 담수나 해수에 전보다 많은 질소가 유입되면 그 물에 사는 생명체의 형태와 수가 바뀐다. 또한 지구를 둘러싼 이산화탄소 층이 두꺼워질수록 기온은 상승한다. 이런 현상들이 한데 모이면, 지구가 더 이상 제대로 작동하지 못하게 되면서 생명체뿐만 아니라 경제나 사회도 타격을 입는다. 이는 무턱대고 내놓는 추측이 아니다. 고등학교 수준의 과학을 아는 사람이라면 누구나 이해할 수 있는 설명이다.

그러나 상황이 아무리 나쁘다 해도 낙관적인 태도를 버려서는 안 되는 이유가 있다. 지구에서 살아온 한 종으로서 인류는 언제나 위기에 강한 면모를 보여왔다. 그 어떤 위기가 닥쳐도 결국은 극복해냈으며, 위기 속에 끊임없이 펼쳐지는 난관들에 비범하게 대처해왔다. 거대한 위기를 맞닥뜨린다고 해도 인류는 마치 전쟁에 임하듯 결연하게 대응하면서 오늘날에는 감히 상상도 할 수 없는 규모와 속도로 변화를 만들어나갈 것이다. 에너지와 운송 산업을 포함한 경제 전반에 획기적인 변화를 만들어내는 데 채 수십 년이 걸리지 않을 것이며, 놀랍게도 그 과정에서 우리는 쇼핑이 전부가 아니라는 사실을 깨닫고 성장에만 집착하던 태도를 버릴 것이다. 그리고 진정 우리의 삶을 풍요롭게 하는 것이 무엇인지를 깨닫고 더욱 보람 있는 일을 찾아 나설 것이다.

과학이 아무리 비관적인 사실을 늘어놓는다 해도 절망하지 말아야 하는 이유가 여기에 있다. 문제가 심각할수록 더욱 압도적인 규모의 반응이 빠르게 나타날 것이며 경각심은 우리 사회의 한복판으로 곧장 파고들 것이다. 이런 위기 상황은 인류를 다음 단계로 발전시키는 동시에 우리가 가진 잠재력을 흔들어 깨울 것이다. 과정은 험난하겠지만, 결과적으로 우리는 더 바람직한 곳에 올라설 수 있다.

이제 이 책에서는 과거에서 출발해 현재를 거쳐 미래로 이동하며 이야기를 전개해보려고 한다. 과거를 언급하는 부분에서는 지금껏 제기된 여러 가지 문제점과 그에 따른 해결책을 소개할 계획이다. 현재로 넘어가서는 과거의 경고를 무시한 대가로 나타난 결과들에 대해 논의해보자. 이때, 현재 상황에 대한 설명은 미래에 대한 이야기를 펼쳐내기 위한 밑그림일 뿐, 비난에 대한 변명을 늘어놓으려는 목적은 전혀 없다는 점을 미리 밝힌다. 마지막으로, 미래를 논하는 부분에서는 우리에게 주어진 엄청난 도전과 그에 견줄 만큼 대단한 기회에 대해 이야기해보겠다.

이 책에서 다루게 될 내용은 그 누구도 아닌 **우리의** 이야기다. 우리가 사는 세상, 그 안에서 벌어져온 일과 현재 상태, 앞으로 벌어질 일 말이다. 우리가 사는 세상에 대해 안일하게 논평할 생각은 없다. 대신 우리 모두가 전투태세를 갖춰야 한다고 주장하고 싶다. 여러분은 어떤 세상에서 살고 싶은가? 그런 세상을 만들기 위해서는 어떤 노력이 필요할까? 의심의 여지 없이, 미래는 우리의 손에 달려 있다.

이 책에서 다룰 이야기는 우연하게도 내 삶과 유사한 궤적을 갖는다. 내가 호주에서 태어난 해인 1959년, 미국에서는 큰 변화의 시발점이 된 조치 하나가 시행되었다. 미국 농무부가 추수감사절 직전에 크랜베리 판매를 금지시킨 것이다. 고독성 농약이 크랜베리 농사에 과용되었다는 게 제재의 이유였다.

이때가 바로 현대사회에서 환경문제에 대한 인식이 움튼 시기라고 나는 생각한다. 이 사건을 계기로 많은 사람들은 인간이 남용한 것을 처리하는 지구의 역량에 한계가 있다는 사실을 깨닫게 되었다. 또한, 지구에 사는 하나의 생명체에 불과한 인간이 갖게 된 영향력이 너무도 커진 나머지 "이제는 자연을 파괴할 정도로 치명적인 힘을 갖게 되었다"라는 레이철 카슨의 발언을 사람들이 직접 체감하게 된 시기이기도 했다. 지난 1만 년 동안 인류는 생활의 편리를 위해 주거지와 마을, 농장 주변의 자연을 관리하는 방법을 익혔다. 그런데 이제는 우리가 자연에 미치는 영향이 너무 커져 전세가 역전되는 상황에 이른 것이다.

내가 과거에서부터 이야기를 시작하는 이유는 현재 상황에 이르게 된 배경을 먼저 설명하기 위해서다. 과거에 제기된 경고들을 무시하고 한계치를 넘어 시스템의 안정성을 유지해주던 규칙을 깨버린 결과, 우리가 지금 어떤 상황에 처하게 되었는지를 이해하는 데 도움이 될 것이라 생각한다.

과거 상황을 읽다보면 수십 년간 이어진 경고에 우리가 너무도 무심했었다는 사실을 깨닫고 불안감에 휩싸일 수도 있다. 특히 나 같은 환경운동가들은 이런 현실을 제대로 직시해야 한다. 사람들로 하여금 다가오는 위기에 경각심을 갖고 맞서 대응하도록 하지 못했다는 사실은 그간의 접근법이 틀렸다는 것을 반증하기 때문이다. 어떤 다른 방법이 있었을까? 우리가 마주한 결과에 나 역시 한탄 섞인 푸념도 해보지만, 이제는 있는 그대로 받아들이고 앞으로 나아가야 할 때다. 우리가 바꿀 수 있는 것은 오직 미래이기 때문이다.

그런 의미에서 이 책이 미래로 나아가는 길을 알려주는 안내서가 되었으면 한다. 나의 견해는 수십 년간의 경험과 사실에 기반을 둔 분석으로 다져졌다. 이 책에 담은 나의 생각이 우리가 어디에 있고, 어디로 가고 있으며, 더 중요하게는 각자가 어떻게 행동할 것인지를 결정하는 데 도움이 되길 바란다.

그러나 우리가 함께할 이 여정에 앞서 어디에서 출발할지부터 따져보자. 이 책을 읽고 있는 여러분은 세계 경제 수준 지표에서 상위 10억 명에 속할 가능성이 높다.[1] 그런 여러분의 삶은 어떤 모습일까? 우선 먹고 싶을 때는 언제나 맛있는 음식을 먹을 수 있을 것이다. 비바람을 피할 자신의 집도 있으며 일상에서 폭력에 노출되는 경우도 많지 않을 것이다. 설령 폭력에 노출된다 하더라도 도움을 받아 폭력을 통제할 수 있는 상황일 게 분명하다. 또 대체로 기본적인 의료 혜택을 받고 있을 가능성이 높다. 아무리 수준이 낮다고 해도 몇 세대 이전의 평균적인 사람들이 받았던 혜택과는 비교할 수 없을 정도로 말이다.

수십 년 전만 해도 서구권 나라들만 이런 삶의 질을 누릴 수 있었지만, 지금은 중국, 인도, 남아메리카 및 그 외 개발도상국에 사는 수억 인구 역시 상대적으로 호사스러운 생활을 누리며 살아간다.

운 좋은 상위 10억 인구에 속한 우리는 어떻게 더 삶의 질을 높일까 고민하며 많은 시간을 보낸다. 좀 더 근사한 옷과 멋진 음악, 안락한 가구, 즐거운 휴가, 편리한 기술, 다양한 음식, 편안한 은퇴를 꿈꾸면서 말이다. 하지만 이미 우리 모두는 이보다 더 좋을 수 없는 멋진 삶을 살고 있다.

조부모 세대만 해도 이런 우리를 놀란 토끼 눈으로 쳐다볼 때가 많다. 기본적인 욕구가 충족된 것은 물론 온갖 편의를 누리며 마치 왕이나 파라오처럼 살고 있으면서도 여전히 더 우아하고 세련된 삶을 원하는 행태를 보이는 우리를 이해하지 못하는 것이다. 살고 있는 집을 공연히 뜯어고치고, 더 큰 집을 장만할 여력이 없다고 금리 운운하며 불평을 늘어놓거나, 일을 그만두면 이런 생활 방식을 더는 유지하지 못할까봐 불안하다고 말하는 우리 세대를 그들은 이해하지 못한다. 몇 세대 전까지만 해도 죽을 때까지 일손을 놓을 수 없었으며 제대로 된 의료 혜택을 받는 노후는 꿈도 꾸지 못했으니 그들이 우리를 의아하게 보는 이유를 이해할 만도 하다.

인류는 모든 면에서 탁월하게 생존해왔다. 지구를 휩쓸고 다닌 지 불과 1만 년밖에 안 되었는데, 수백 년 전만 해도 감히 상상할 수 없었던 양질의 삶을 수십억 인구가 누리고 있다.

물론 힘겨운 빈곤의 굴레에 갇힌 채 뒤처져 있는 인구도 많다. 우리가 더 큰 텔레비전이나 완벽하게 구워진 스테이크를 갈망하는 동안, 수십억에 이르는 빈곤층은 깨끗한 물 한 잔과 밥 한 공기가 없어 목숨을 잃고 있다. 인류의 영혼에 암적인 존재로 자리매김한 빈곤 문제는 뒤에서 다시 언급하겠다. 지금은 일면 오욕스러운 부를 누리고 있는 '우리'에게 초점을 맞춰보자.

우리는 그동안 많은 것을 이뤄왔다. 비단 삶을 좀 더 편리하게 만드는 수준이 아니었다. 우리는 우주를 탐험했고, 과학 지식을 쌓았으며, 병을 치료하고, 우리와 미래 세대가 더 나은 삶을 누리는 데 필요한 첨단 기술을 개발했다. 인터넷상에서 실시간으로 연결된 우리는 세계 여러 나라 사람들과 꿈과 희망을 나눈다. 심지어는 서로의 아침 식사 메뉴까지도 확인할 수 있으니 인류 역사상 참으로 놀라운 시기가 아닐 수 없다.

이제 여러분은 내가 어디로 이야기를 끌고 가려는지 알아차렸을 것이다. 우리가 어디로 향해 갈지 모두 알고 있다는 점이 무척 흥미롭다는 생각이 든다.

5년 전, 내가 이 책에 담은 생각들을 발표하기 시작했을 때 가장 놀랐던 것은 인류가 직면한 상황에 대한 나의 견해에 반발하는 사람이 거의 없었다는 점이다. 청중 대부분은 지금껏 우리가 걸어온 길이 전혀 지속 가능하지 않다는 데 동의했고, 위기가 들이닥치기 전에 변하지 않으면 참혹한 결말을 맞게 되리라는 사실을 어렵지 않게 받아들였다. 환경운동가나 기업, 정부도 마찬가지였다.

그래서 질의응답 시간은 이 현상이 과연 어떻게 경제를 무너뜨릴지, 혹여 인구가 10억 이하로 줄어드는 건 아닌지, 그렇다면 그 결과는 얼마나 참담할지 등을 토론하는 장으로 바뀌곤 했다. 그러나 이 토론이 끝나면 참석자들은 마치 아무 일도 없었던 듯 각자의 일상으로 돌아갔다.

우리 모두는 우리가 어디로 향해 가고 있는지 알고 있다. 과학을 통해서도 알고 정치를 통해서도 알 뿐만 아니라 그냥 느낌으로도 안다. 그렇기 때문에 내 의견에 반발이 거의 없었던 것이다. 우리는 분명 알고 있다.

우리는 미래 자원을 앞당겨 소비했다. 그리고 이제는 그 빚을 갚아야 할 때가 되었다. 우리가 유지하고 있는 물질 중심의 경제성장 모델은 한계치에 다다랐으며 어쩌면 이미 그 한계치를 넘어섰을 수도 있다. 우리는 경제와 사회를 뒤흔들 허리케인을 향해 나아가고 있다. 이 허리케인은 지금의 경제체제를 무너뜨리고 우리가 품었던 미래에 대한 기대를 무참히 휩쓸어 갈 것이다. 게다가 엄청난 위기를 조성해 전 세계를 충격에 빠뜨리고 극적인 반응을 불러일으키고 말 것이다. 우리는 이 설명이 모두 실현되리라는 것을 잘 알고 있다.

과학은 우리가 경제와 생태계가 동반 붕괴하는 실질적인 대격변의 시기에 진입했다고 경고하고 있다. 식량난과 기후 위기에 고통받고, 극심한 경제적 변화를 겪으며, 전 세계가 지정학적으로 불안정해질 수 있는 시기 말이다. 수십 년간 이어져온 예측이 이제 현실로 다가온 것이다.

여기서 허리케인이라는 비유를 사용하는 이유는 이제 허리케인의 계절이 다가왔다는 기상예보를 하기 위해서가 아니라 6등급짜리 허리케인이 우리를 향해 돌진해 오고 있다는 사실을 알리기 위해서다. 이 예보가 수정되는 경우는 허리케인의 강도가 한 단계 높아질 때뿐이다. 사실상 우리가 맞서야 할 위기는 허리케인 최고 등급인 5등급을 이미 넘어섰다.

이제는 준비해야 한다. 우리는 분명 이 허리케인을 **빠져나갈 수 있다**. 그러나 탈출은 이 허리케인이 다가오고 있다는 사실을 먼저 인지하고, 여기서 어떻게 살아남을 것인지, 또 피해는 어떻게 복구할 것인지까지 명확하게 파악한 상태에서만 가능하다.

위기가 우리의 코앞까지 다가왔다는 증거가 명백한데도 대부분의 사람들은 여전히 현실을 부정하는 단계에 머물러 있다. 일부러 절망적으로 표현하는 것이 아니다. 가망이 없다는 뜻도 아니다. 위기가 온전히 증폭되어 부정할 수 없는 단계가 되고 풍속이 거세질 때까지 우리가 쉽게 변하지 않을 것이라는 뜻이다. 하지만 때가 되면 우리는 분명 바뀔 것이다. 그때를 위한 준비가 필요하다.

여기서부터는 이야기가 한층 더 흥미진진해진다. 유쾌하고 희망적이기까지 하다.

우리는 많은 것들을 이뤄낸 특별한 존재다. 난관에 부딪힐 때마다, 인류의 선한 자질과 이타심, 성취하고자 하는 욕망과 선진 기술, 세계적인 규모로 변화를 이끌어내는 능력은 크나큰 역할을 해왔다.

물론 인간에게는 어두운 면도 있다. 인간의 '파충류 뇌'가 활성화되는 경우, 우리는 공포와 분노가 넘치는 세상을 경험하게 될 것이다. 다가오고 있는 위기에 본능이 앞서는 방식으로 대응한다면 사회는 결국 붕괴되고 만다. 어쩌면 인류는 공동체와 지역, 나라별로 나뉘어 서로 치열하게 맞서 싸우는 걸 선택하게 될지도 모른다. 위기의식을 느낀 사람들이 그나마 남은 것을 차지하고 생존하기 위해 애쓰는 모습은 흡사 아수라장 같을 것이다. 이런 시나리오가 현실화된다면, 인류는 수십만 년 퇴보하고 말 것이다. 그럼 그저 다시는 이런 일이 일어나지 않기를 바라는 마음을 안고 새로운 출발선 앞에 서는 수밖에 없다.

나는 인류가 결코 이런 식으로 위기에 대응하리라고 생각하지 않는다. 타고난 생존 본능과 역사, 범세계적 연결성, 직면하고 있는 위기의 규모와 심각성을 종합적으로 고려해볼 때, 인류는 과거에도 그랬던 것처럼 부정적인 성향을 억누르고 좋은 자질을 꺼내어 쓸 것이다. 또한 깊이 묻어두었던 잠재력까지 총동원해 다가올 위기를 너끈히 돌파하고 한층 견고하고 안전한 사회로 발돋움해나갈 것이다.

이제 우리가 시작할 여정과 우리 앞에 놓인 선택지에 대한 이야기로 넘어갈 차례다.

이 책에서는 우리가 함께할 여정의 성격과 의미를 먼저 설명한 다음 어떻게 하면 우리 모두가 목적지로 향하는 길목에 모여 설 수 있는지를 언급하고자 한다. 우리에게는 개인으로서, 회사나 정부에 소속된 일원으로서, 또는 한 가족의 구성원으로서 각자가 수행해야 할 역할이 있다. 장기적으로 볼 때 우리가 지금 반드시 서 있어야 할 자리로 모이게 하는 방법이 결국 삶을 더욱 발전시킬 뿐만 아니라 우리가 속한 공동체와 회사, 나아가 국가까지도 더욱 탄탄하고 빠르게 성장시킬 묘수라는 점은 무척 다행이라 하지 않을 수 없다.

단, 위기가 다가올수록 공포심과 국가주의가 발현되며 자원, 난민, 또는 그 외 쟁점으로 국가 간 분쟁이 늘어날 가능성이 높아지므로, 이 모든 문제에 대한 대처 방안을 갖고 있어야 한다. 한편 우리는 인류가 선한 자질과 이타심을 발휘하고 평범함을 넘어선 혁신을 이뤄내는 모습 또한 목도하게 될 것이다. 상황을 개선하기 위해 최대치로 능력을 끌어모으는 수백만 인구의 노력은 말할 것도 없다. 과학자부터 연구자, 사업가, 정치가, 기업가와 청년 세대가 모두 나서 우리가 바라는 미래를 만들기 위해 노력하고 있다. 이런 움직임을 우리가 지지한다면 이들의 노력은 더욱 널리 확산될 것이다.

대붕괴는 궁극적으로 우리 사회를 진일보시킬 것이다. 이 위기는 낮은 수준의 발전 단계에서는 오래도록 해결하지 못했던 문제들(빈곤·소비지상주의·분쟁 등)을 다뤄낼 절호의 기회이자 우리가 가진 역량의 최대치를 발휘할 수 있는 사회를 만들 기회라고도 볼 수 있다. 지독한 빈곤 문제를 해결할 기회이며, 자연을 파괴하는 대신 자연에 **순응하는** 기술을 개발해 충분한 에너지와 자원을 누리면서도 폐기물을 발생시키지 않는 순환 경제를 일굴 기회이기도 하다. 함께 일하며 서로를 돕는 공동체를 만들고, '돈이 곧 행복'이라는 요즘의 세태에서 벗어나 행복과 만족, 그리고 봉사가 우리 사회와 경제를 운영하는 핵심 원리로 자리 잡게 하는 계기가 될 수도 있다.

우리가 이렇게 해야 하는 이유는 그럴 능력이 있기 때문이 아니라 반드시 그렇게 해야만 하기 때문이다. 대안은 없다. 현재 진행되고 있는 생태계 변화는 세계경제와 사회를 무너뜨리는 주요 원인이 되고 있다. 따라서 위기를 극복하려는 우리의 노력은 실질적이어야 한다.

여기서 좋은 소식은 이제 겪어야 할 위기가 전 지구적인 노력을 필요로 한다는 점에서 우리가 그 어느 때보다 더 힘을 합칠 수밖에 없다는 것이다. 이제 국익이란 스포츠 경기장에서나 들을 만한 단어가 될 것이다. 다시 강조하지만 우리가 힘을 모아야 하는 이유는 그럴 능력이 있기 때문이 아니라 반드시 그래야만 하기 때문이다.

위기를 전화위복의 계기로 삼으려면 우리 **모두가** 동참해야 한다. 이 사실을 알리는 것이 내가 이 책을 쓰는 이유다. 여러분에게 물질 중심으로 생활하는 방식을 버릴 것을 촉구한다. 노동의 참의미를 재고하고 정부에 거는 기대 또한 달리하길 희망한다. 이와 함께 공동체나 직장에서 변화를 도모하기 위해 우리가 직접 실행에 옮길 수 있는 행동이 무엇인지 적극 모색해나가야 한다. 이런 실천을 통해서만 우리는 지금보다 더 행복해질 수 있다.

이 위기는 의식적인 측면에서 인류를 진일보시킬 수 있는, '인류의 문명사에서 단 한 번'밖에 없을 절호의 기회다.

이제 이 책에서 전개할 내용은 그 누구도 아닌 우리 각자의 이야기다. 우리 자신이 바로 우리가 오래도록 기다려온 주인공인 셈이다. 이제 직접 나설 때가 되었다.

함께 나가 부딪혀 보자.

2장
두 세대를 넘어
이어진 절규

THE GREAT DISRUPTION

우리가 지금 어디에 있고 또 앞으로 어디로 향해 갈지를 알기 위해서는 먼저 우리가 어디에서 왔는지를 알 필요가 있다. 2005년, 나는 「절규, 붕괴, 붐 Scream Crash Boom」(저자 자신이 운영하던 기업의 창립 10주년을 기념하며 쓴 편지 형식의 글—옮긴이)이라는 제목의 글을 통해 세계가 곧 겪게 될 생태계 붕괴 문제에 대한 우려를 표명했었다.[1] 특히 이 글에서 나는 1950년대 말부터 계속된 '절규'가 더 이상 먹혀들지 않게 된 결과 생태계와 경제가 동반 '붕괴'하기 시작했으며, 이에 대응하는 과정에서 머잖은 미래에 놀라운 속도와 규모로 '붐'이 일어나게 될 것이라 주장했다.

내가 첫 단계를 '절규'라고 부른 이유는 그 단어가 실질적인 경고의 메시지를 담아 문제의식을 고취시키는 동시에 화가 에드바르 뭉크가 그린 동명의 작품을 연상시켜 적정 수준의 공포심을 불러일으켰기 때문이다. 지난 수십 년 동안 많은 사람들은 환경운동가들이

'위기를 부풀려 불필요한 두려움을 조장한다'고 비난했다. 하지만 위기를 목도했다면 그 사실을 주변에 알리는 것이 마땅하다. 더구나 초기 환경운동가들이 그처럼 두려움을 표출할 수밖에 없었던 이유가 온갖 증거를 통해 명확해지고 있는 실정이다. 우리 사회가 위협을 시기적절하게 다룰 것이라고 지나치게 낙관하던 사람들이 우를 범했다고 할 만한 상황이 펼쳐지고 있는 것이다.

과거부터 시작된 '절규'에 대해 말하려는 이유는 다음 세 가지다. 첫째, 지금 우리가 마주한 문제가 얼마나 심각하고 복잡한지를 이해할 필요가 있다. 차차 설명하겠지만, 우리는 밑바닥부터 뜯어고쳐야 하는 광범위하고 근본적인 문제에 봉착해 있다. 이 문제는 철학과 과학, 경제학, 심지어 개인의 가치관과도 연계되어 있으므로 역사를 알면 이 문제의 면면과 복잡성을 파악할 수 있어 보다 올바른 해결 방안을 도출해낼 가능성이 높아진다.

둘째, 일반 대중은 최근에 와서야 관심을 기울이고 있지만 과학 분야나 기업, 정부, 공동체에서 활동하는 많은 사람들은 이미 수십 년 전부터 이 문제에 신경을 쓰고 있었다는 점을 기억하기 위해서다. 이들은 다양한 경험을 통해 어떤 해결 방안이 효과적인지를 잘 알고 있다. 이 사실을 염두에 두고 있어야 노력을 중복하지 않고 보다 효과적으로 문제를 해결해나갈 수 있다.

셋째, '절규'의 시기에 벌어진 사건들을 빼놓고는 인류의 발전을 논하기 어렵기 때문이다.

'절규'나 환경보호 운동의 '시작점'이 어디인가에 대한 의견은 분분하다. 나는 대략 이 시기가 1950년대 말에 시작되었다고 생각하지만, 그 이전에도 자연보호에 헌신했던 사람들은 많았다.

그러나 환경을 대하는 태도로 볼 때, 이들은 자연이나 버려진 땅을 인간이 손대서는 안 될 별개의 영역으로 보전하길 원하는 '보호주의자'에 가까웠다. 이들은 자연을 주말에 한 번쯤 시간을 내어 들러보는 곳으로 여겼을 뿐, 우리가 자연 속에 산다고는 생각하지 않았다. 이에 반해 '절규'를 쏟아낸 환경운동가들은 자연을 인간과 떼려야 뗄 수 없는 하나의 시스템으로 인식했다.

보호주의자들의 입장과 생각이 달랐던 대표적인 초기 인물은 미국의 작가 헨리 데이비드 소로1817~1862다. 월든 숲에서의 소박한 삶으로도 유명한 소로는 인간과 자연의 관계를 깊이 있게 탐구하고 "이 세상은 자연 속에서 보전된다"라는 생각을 밝혔다. 자연을 보호해야 하는 대상이나 아름다움의 대상으로 보는 대신 인간 사회가 자연의 한 부분으로서 자연에 의존하고 있다고 이해했던 것이다. 소로의 말에 따르면 "우리 자신과 동떨어진 자연을 꿈꾸는 것은 헛된 일"이었다. 그는 또한 "인간을 사회의 한 구성원이라기보다 자연에 사는 존재 또는 자연에서 빼놓을 수 없는 근원적 요소"라 여겼다.[2]

이전에도 소로와 같은 생각을 하는 사람들은 있었지만, 이런 사고는 주류로 편입되지 못한 채 관념적인 영역에만 머물러 있었다. 그러다 1950년대 말 '절규'의 시발점으로 삼을 만한 사건이 벌어지며 상황이 달라진다. 미국에서 살충제 사용에 대한 논란이 시작된 것이다. 1959년, 추수감사절을 몇 주 앞둔 어느 날, 미국 정부는 워싱턴주와 오리건주에서 재배된 크랜베리에서 제초제 성분인 아미노트리아졸이 위험 수준으로 검출되었다고 발표했다. 그 결과, 미국 전역의 소비자들은 크랜베리를 더 이상 구입하지 않았으며 몇몇 지역에서는 판매 자체가 완전히 금지되기도 했다. 추수감사절 음식에서 결코 빠질 수 없는 크랜베리를 더 이상 구입할 수 없게 된 것이다! 이런 분위기에 편승했던 로버트 윌리엄스 앤드 더 그루버스라는 그룹은 「크랜베리 블루스」라는 곡을 만들고 "병들기 싫다면 3미터짜리 장대로도 크랜베리를 건드리지 말라"라고 노래하기도 했다.

이 사건을 계기로 환경보호와 관련된 이슈가 대중의 삶 속으로 깊숙이 파고들었으며, 그 결과 사람들은 각자의 삶이 서로 연결되어 있다는 사실에 눈뜨기 시작했다. 또한 사람들은 자연이 정신 수양이나 휴식을 위해 들러보는 야생 속의 한 장소일 뿐만 아니라 우리가 먹거리를 구하는 원천이자 건강을 유지할 수 있는 근간이며 경제와 번영의 뿌리라는 사실을 점차 받아들였다.

크랜베리 논란은 1962년 레이첼 카슨의 기념비적인 저서 『침묵의 봄 Silent Spring』이 출간되는 데에도 어느 정도 영향을 주었다고 볼 수 있다. 진중하고 실력 있는 과학자이자 베스트셀러 작가이기도 했던 카슨은 살충제 남용 문제에 대응해나가는 과정에서 적극적인 환경운동가로 거듭났다.

카슨의 책은 인간이 환경이라는 시스템을 구성하는 하나의 요소라는 생각을 움트게 했으며, 과학자들이 앞장서 자신들이 환경문제에 대해 갖고 있는 생각을 대중에게 널리 알릴 수 있다는 점을 보여주었다. 카슨의 책은 또한 대중이 과학자들의 이런 주장을 신뢰하고 거기에 크게 호응한다는 사실을 입증하는 대표적인 사례이기도 하다.

같은 문제를 두고 논쟁을 벌인 이들은 이전에도 있었지만, 카슨의 문학적 역량이 만들어낸 다음과 같은 힘 있는 비유는 많은 사람들의 동조를 이끌어냈다.

한때 미국의 중심부에는 모든 생명이 주위 환경과 조화를 이루며 살던 마을이 있었다. (……) 그런데 낯선 어둠의 그림자가 이 마을에 서서히 드리우면서 모든 것이 달라지기 시작했다. (……) 낯선 정적이다. (……) 어디에서나 볼 수 있던 새들이 자취를 감췄고, 그나마 남은 새들은 날갯짓도 제대로 하지 못한 채 몸뚱이만 바르르 떨고 있다. 새들의 지저귐이 사라진 봄이었다. 동이 트기 전 귓가를 울리던 새들의 활기찬 노랫소리가 더 이상 들리지 않는 이 봄. 지금은 침묵만이 들판과 숲과 늪지대에 가만히 내려앉아 있다.

비록 카슨의 책과 글은 주로 살충제 사용이 환경에 미치는 영향을 특정해 다뤘지만, 인간의 활동이 사회에 얼마나 깊은 생채기를 낼 수 있는지를 보여줬다는 점에서 역사적으로 큰 의미를 갖는다. 다음은 『침묵의 봄』에서 카슨이 주장한 내용이다.

'자연을 통제한다'라는 말은 생물학과 철학의 네안데르탈 시대에 출현한 표현으로, 자연이 인간의 편익을 위해 존재한다는 오만한 사고에 뿌리를 두고 있다.

『침묵의 봄』에 대한 산업계의 반응은 즉각적이고 강경했다. 몬산토를 비롯한 거대 화학 회사들이 앞장서 반발했으며, 미국 농무부가 이런 반발을 지원하고 나섰다. 준비했던 출판 금지 소송이 불발되자 궁지에 몰린 화학 업계는 카슨에 대한 루머를 퍼뜨리며 그 영향력을 약화시키고자 했다.[3]
대부분은 성차별적인 의도를 담은 사적인 차원의 공격이었다. 침착하고 신중한 카슨을 "신경과민증에 걸린 여자"라 깎아내렸고, 따라서 그의 주장이 과학적이라기보다 "감정적"일 수밖에 없다고 폄하했다.

오늘날 기후학자들이 본래의 소임을 넘어 '정치적' 행보를 보이고 있다고 비난하는 사람들이 연상되는 지점이 아닐 수 없다. 카슨은 이 기후학자들과 마찬가지로 자신이 목격한 과학적 사실을 대중에게 알림으로써 학자로서의 도덕적 책무를 다하고 변화를 이끌어내고자 했을 뿐이었다.

하지만 당시 비평가들은 적절하고도 신중하게 전개된 카슨의 주장에 모순이 있다고 몰아붙였다. 심지어 화학 업계는 카슨의 견해에 따르자면 "인류는 성장을 멈추고 첨단 기술과 의료, 농업, 위생, 교육이 사라진 사회로 퇴행"하게 되며, "이는 현대인이라면 상상도 할 수 없는 데다 견뎌낼 수도 없는 질병, 전염병, 기근이 닥치게 된다는 말과 결코 다르지 않다"라는 내용을 사보에 실어 배포하기도 했다.[4] 물론 카슨의 주장에는 그런 모순이 전혀 없었다. 그럼에도 『침묵의 봄』 출간 이후 약 2년 동안은 "올해도 여전히 새가 많다"라고 비아냥거리는 세력이 활개를 쳤다. 카슨이 책에서 사용한 비유를 의도적으로 희화한 말이었다.[5] 오늘날 기후학자들을 비난하고 있는 사람들의 태도와 크게 다르지 않다는 것을 다시 한번 느낄 수 있는 지점이다.

심지어 몬산토는 「암울한 해 *The Desolate Year*」라는 제목의 글을 사보에 싣고, 살충제가 없어 벌레와 해충이 들끓는 세상을 묘사하는 방식으로 『침묵의 봄』을 풍자하기도 했다.[6]

그러나 산업계의 이런 전술은 오히려 역풍을 맞고 말았다. 이들의 공격을 계기로 『침묵의 봄』에 대한 대중의 관심이 되레 더 높아지며 카슨을 지지하는 세력이 빠르게 늘어난 것이다. 여론이 심상치 않자, 케네디 대통령은 백악관 과학 자문단에 카슨의 견해를 검토하라는 지시를 내렸다. 같은 해, 자문단은 카슨의 견해에 동조하는 내용의 보고서를 제출했고, 이후 의회 청문회에 출석해 해당 문제에 대해 설명한 카슨은 더욱 큰 호응을 얻는다.[7]

카슨은 오늘날 우리에게도 여전히 유의미한 연구들을 발표했다. 다음은 1963년 4월 카슨이 CBS의 다큐멘터리에 출연해 발언한 내용이다.

> 우리는 여전히 '정복'이라는 개념에서 벗어나지 못하고 있습니다. 우리를 드넓은 우주에 존재하는 작디작은 티끌로 생각할 만큼 성숙하지 못한 탓이지요. 우리가 자연을 파괴할 정도로 치명적인 힘을 갖게 되었다는 이유 하나만으로도 자연을 대하는 인간의 태도가 가지는 무게감은 달라집니다. 인간이 자연의 일부인 만큼, 자연과 벌이는 전쟁은 결국 자신과 벌이는 전쟁과도 같다는 사실을 깨달아야 합니다.

카슨은 비록 『침묵의 봄』 출간 2년 후인 1964년에 암으로 세상을 떠났지만, 아직도 현대 환경운동에 지대한 영향을 끼친 인물로 손꼽히고 있다. 카슨의 책은 인간의 행동을 관리하고 규제해야 한다는 생각을 싹틔웠고, 나아가 1970년 미국 환경보호청 신설 등의 여러 가지 실제적 진전을 이끌어냈다. 미국 환경보호청은 신설 직후 DDT 사용을 금지시켰으며 그 외에도 다양한 규제 조치를 도입해 시장에 적극 적용했다.

이와 같은 조치는 시장이 운용되는 규제의 틀을 확립하는 데 있어 환경보호가 필수 요소라는 점을 명문화했다. 한편, 시간이 갈수록 카슨이 주장한 내용들의 정당성이 입증되자 미국 정부는 1980년 카슨에게 자유 훈장Presidential Medal of Freedom을 수여했다.

1960년대는 규제가 미비할 경우 얼마나 큰 위험이 발생할 수 있는지를 여실하게 보여주는 한 사건을 경험하고 막을 내린다. 1969년 6월 22일, 오하이오주 클리블랜드에 있는 쿠야호가강에서 큰 화재가 발생한 것이다. 강으로 배출된 기름과 화학물질이 뒤섞여 강력히 반응한 결과였다. 이런 화재가 처음은 아니었으나 환경문제에 대한 대중의 인식이 높아진 결과 그 어느 때보다 많은 관심이 집중되었으며, 『타임』은 이 강에서는 사람들이 "익사하는 게 아니라 부패하여 죽게 될" 것이라 묘사하기도 했다.[8]

1970년부터는 환경보호 활동이 보다 다양해지고 활발해졌다. 미국이 앞서가며 제시한 길을 다른 나라들이 뒤따랐고 국가 차원에서 대응이 이뤄졌다. 하지만 동시에 이런 문제는 결국 전 세계가 동참할 때 해결될 수 있다는 점 역시 널리 받아들여지기 시작했다.

1972년에는 다음 두 가지 움직임이 나타났다. 우선 스톡홀름에서 열린 유엔인간환경회의United Nations Conference on the Human Environment에 대해 얘기해보자. 이 회의를 주재했던 캐나다 국적의 모리스 스트롱은 이후 지속가능발전기업위원회Business Council for Sustainable Development를 설립하는 등 기업이 지속 가능한 방식으로 운영되도록 돕기 위해 남다른 노력을 기울였다.

비록 실효성 있는 결론이 도출되지는 못했지만, 그럼에도 유엔인간환경회의는 국제사회에서 환경문제가 가진 정치적 중요성이 빠르게 높아지고 있다는 것을 여실히 보여준 중요 사례로 인식되고 있다. 이 회의는 앞으로 전개될 활동의 토대를 마련해주었을 뿐만 아니라 일련의 국가 간 협의를 활성화시키는 자극제가 된 동시에 지속 가능성에 대한 한 사회의 진전 정도를 측정하는 척도가 되었다.

또한 이 회의를 계기로 전 세계 여러 지역에 나타나는 환경 변화를 과학적으로 추적 관찰하는 다양한 시스템이 도입되었으며, 과학자들은 이 시스템을 통해 수집된 데이터를 기반으로 지구 생태계의 상태를 평가하기 시작했다. 기후 변화가 최근에야 시작된 논란이라고 생각하는 사람이라면 이미 50년 전부터 이런 논의가 진행되고 있었다는 사실에 무척 놀랄 것이다.

1972년에 일어난 두 번째 중요한 사건은 바로 『성장의 한계 _The Limits to Growth_』의 출간이다. 이 책은 본래 여러 나라의 지식인들과 기업인들이 모여 만든 민간단체인 로마클럽의 위임을 받은 MIT의 과학자들이 수행한 연구 결과를 발표한 보고서였다. 당시 연구에 참여한 과학자들은 기하급수적인 경제성장과 자원이 한정된 세계 사이의 상관관계를 모델링하여 시스템의 움직임을 파악하고자 했다. 시스템공학의 관점에서 환경문제를 바라본 것이다.

『성장의 한계』는 지금 보기에 무척 합리적인 내용을 담고 있다. 하지만 당시를 지배했던 세계관에는 과감한 이의 제기나 다름없었다. 이 연구는 '오염을 정화시킬 수 있는' 지구의 능력이 한정되어 있으며 자원의 양 역시 유한하다는 전제를 바탕으로 인구가 늘고 경제가 성장했을 때 벌어질 결과를 모델링하고 우리가 맞게 될 미래의 모습을 열두 가지 유형으로 나눠 제시했다.

이 보고서에서 핵심적인 역할을 한 컴퓨터 모델 '월드3 World3'는 인간의 활동이 생태계와 상호 작용하는 과정에서 결국 생태계에 악영향을 미치고 있다는 점을 입증했다. 이 모델링에 따르면 우리는 생존과 번영을 위해 자연 생태계에 완전히 의존하는 존재이자 '생태계를 붕괴시키는' 존재였다. 따라서 인류가 끊임없이 생태계를 훼손하는 이상 생태계는 결국 붕괴할 수밖에 없으며 그에 따라 인간의 부도 급감하게 될 것이라는 결론에 도달했다. 『성장의 한계』는 또한 먼 미래를 내다보는 정책만이 인류가 지구의 한계 역량을 넘어서는 것을 막을 수 있다고 주장하며, 정치적·경제적 의사 결정이 제때 이루어지지 않는다면 문제 해결이 쉽지 않을 것이라 지적했다. 그렇다면 지구에 과부하가 걸렸을 때 우리가 할 수 있는 일은 무엇일까? 훼손 정도를 '관리할 수 있는 수준'으로 낮추는 노력을 하지 않는다면 붕괴를 피할 길은 달리 없어 보인다.

『성장의 한계』가 출간되자 도처에서 맹렬한 공격이 쏟아졌다. 예일대 경제학과 교수였던 헨리 월리치는 보고서 내용을 '무책임한 헛소리'[9]라고 비판했다. 왜 이토록 반발이 거셌을까? 그 이유는 이 책이 자기 스스로 문제를 시정하는 능력을 갖춘 시장 덕에 경제가 무한히 성장할 수 있으리라 믿었던 많은 사람들의 신념을 근본적으로 뒤흔들었기 때문이다. 『성장의 한계』에 담긴 내용은 소비 자본주의 모델이 전 세계로 무한정 뻗어나갈 것이라는 사람들의 예상에 찬물을 끼얹었다. 온실 속에 수류탄이 투하된 것과 다를 바 없는 상황이 펼쳐진 것이다.

비방이 워낙 집요하게 이루어진 탓에 어쩌면 책 내용에 문제가 있을 수 있다는 의심이 들 지경이었다. 실은 이 책에 담긴 주장과 결론이 사실에 가장 가깝고 정확했는데도 말이다.

월드3에서 도출된 여러 시나리오 가운데, 사회나 시장이 변하지 않는다면 유한한 자원이 고갈되고 말 것이라는 시나리오 하나에 유독 공격이 집중되었다. 하지만 책에서도 언급된 것처럼 이 시나리오가 현실화될 가능성은 무척 낮다. 일반적으로 모델링에서 이런 극단적인 시나리오는 다른 시나리오와의 비교를 위한 대조군으로 설정되기 때문이다. 사실 더욱 눈여겨봐야 할 것은 '평상시와 다름없이 지냈을 때'를 가정한 시나리오를 포함한 다수의 시나리오가 붕괴 시점을 21세기 중반으로 예측하고 있다는 점이다.

공격이 빗발친 결과 오늘날까지도 많은 사람들은 책 내용에 문제가 있었던 것으로 기억한다. 마치 전 세계적으로 기근이 발생할 것이라는 초기 맬서스주의자들의 주장과 유사한 부류의 주장쯤으로 받아들이고 있는 것이다. 그러나 순간의 회피는 무서운 결과를 초래한다.

사실 『성장의 한계』에 담긴 내용은 앞으로 이 책에서 차차 언급함에 따라 더 잘 드러나겠지만 그 개념적으로뿐만 아니라 수치적으로도 놀라우리만큼 정확하다는 것이 입증되었다. 가령 호주의 국립과학 기관인 연방과학산업연구기구Commonwealth Scientific and Industrial Research Organization 소속의 그레이엄 터너가 2008년 발표한 논문 「『성장의 한계』와 그 후 30년간의 실제 상황 비교'A Comparison of The Limits to Growth' with Thirty Years of Reality」을 살펴보자.[10]

이 논문에서 터너는 『성장의 한계』에서 제시한 여러 시나리오의 예측치를 지난 30년간의 실제 결과와 비교한 다음, 2000년까지 제조·식량·오염 부문에 있어서의 변화가 월드3의 대조군으로 설정되었던 '평상시와 다름없이 지냈을 때'를 가정한 시나리오의 결과와 크게 다르지 않다는 사실을 보고했다. 이 시나리오가 경제 및 사회가 붕괴하는 시점을 21세기 중반으로 예측했다는 사실은 앞서 언급한 바 있다!

물론 『성장의 한계』가 향후 100년간의 미래를 정확하게 예측했다는 것은 아니다. 그런 예측은 애초에 불가능하며 본래 이 보고서가 추구하려던 목표도 아니었다. 『성장의 한계』는 지구 역량에 한계가 있는 상황에서 더 늦기 전에 인간이 생태계를 파괴하는 수위를 낮추지 못한다면 필연적으로 붕괴가 따라올 것이라는 사실을 널리 알리고자 만들어진 보고서다.

이 보고서의 예측이 전반적으로 틀리지 않았다는 사실은 놀라운 성과이며, 당시 과학자들의 기술적 역량과 통찰의 우수성을 보여준다.

이 보고서는 우리가 봉착한 문제가 단순하게 겪고 넘어갈 에너지나 인구 또는 기후 위기가 아니라 시스템 설계의 문제라는 점을 분명하게 지적하고 있다. 여기서 '시스템'이란 소비 기반의 양적 경제성장 모델을 일컫는다. 결국 문제를 해결하기 위해서는 이 시스템의 설계를 수정해야 한다는 것이다. 이와 같은 주장을 담고 있는 『성장의 한계』는 수백만 권이 팔리면서 『침묵의 봄』과 함께 손꼽히는 환경 도서 중 하나로 자리매김했다.

『성장의 한계』는 또한 언론의 폭넓은 관심을 받았다. 나는 1972년, 그러니까 내가 열세 살이었을 때 우리 집 뒤쪽 베란다에서 아침 햇살을 받고 앉아 인류의 미래에 관한 연재 기사에 오롯이 마음을 빼앗겼던 날을 또렷하게 기억하고 있다. 그 기사는 자원과 식량 부족 문제 때문에 세계가 위기에 처하게 될 것이며 인구 증가와 환경 오염 문제로 부담이 가중되어 결국 사회가 붕괴하고 말 것이라는 암울한 전망을 담고 있었다.

나는 이 상황이 내가 살아가야 할 미래이고, 만약 이런 예측이 들어맞는다면 그 미래는 무척 절망적일 것이라고 생각했었다. 당시에는 미처 알지 못했지만 아마도 그때 내 삶의 방향이 정해졌던 것 같다.

그로부터 약 30년 후 나는 『성장의 한계』의 집필자 중 한 명인 요르겐 랜더스 교수와 가깝게 지내는 사이가 되었다. 케임브리지 대학이 제공했던 지속 가능성 리더십 과정의 공동 교수진으로 '웨일스 공의 비즈니스와 환경 프로그램the Prince of Wales's Business and the Environment Program' 강의를 함께 했기 때문이다.

한번은 랜더스 교수에게 환경운동가가 되기로 결심한 계기가 무엇이었는지 물었다. 그는 MIT에서 박사과정을 마칠 때쯤 월드3 시나리오를 만들고 『성장의 한계』를 쓴 팀에 합류하게 되었다고 설명했다. 처음에는 환경문제에 대한 흥미가 있었다기보다는 시스템 공학에 대한 지적 호기심 때문에 제안을 수락했다고 했는데, 분석을 통해 기하급수적인 성장의 결과를 목격한 다음 삶의 행로를 바꾸게 되었다고 한다. 모델링이 제시한 시나리오가 현실화되지 않도록, 환경오염과 자원 고갈로 야기될 붕괴 현상을 막기 위한 활동에 나서게 된 것이다.

이후로도 수십 년 동안 랜더스 교수는 전 세계를 다니며 강한 노르웨이 악센트로 강연을 하고 변화의 필요성을 역설했다. 또한 어쩌면 곧 사라질 생물 다양성이 남아 있는 지역을 찾아다니는 열정도 잃지 않았다.

1972년 이래로 환경운동은 점차 입지를 굳혀갔다. 그린피스를 비롯한 여러 환경 단체들이 등장했으며 사람들은 환경문제를 이전보다 더욱 넓고 깊게 들여다보기 시작했다. 무엇보다 그린피스의 등장은 실제적으로도, 상징적으로도 중요한 의미를 갖는다. 그린피스는 민간단체가 정부와 다국적기업의 행태를 감시하고 견제할 수 있으며, 비정부기구가 주류에 편입될 수 있다는 것을 상징적으로 보여주었다. 그린피스는 또한 전 세계 언론을 활용해 환경 파괴적인 행태들을 대중에게 알리면서도 대담하게 문제 상황을 헤쳐가는 모습을 보이며 자신들의 실제적 소임을 다했다.

1970년대부터 민간 환경 단체들의 활동으로 환경문제에 대한 대중의 관심이 높아짐에 따라 각국의 규제 기관들은 도시의 대기오염이나 수질오염 같은 문제들을 해소하기 위해 강력한 조치들을 취하기 시작했다. 그 결과 서구권 여러 나라에서 괄목할 만한 개선이 이루어지자 많은 사람들은 문제가 해소되고 있다는 착각에 빠졌다. 물론 더 이상 강에 불길이 치솟는 일은 발생하지 않았지만, 사람들의 착각 속에 문제는 보다 깊은 곳에서 곪아갔다.

이즈음, 열다섯 살이 된 나는 사회운동가로 활동하고 있었다. 주로 동티모르에서 일어난 독립 투쟁이나 인권 문제에 관심을 갖고 있었으며, 특히 1970년대 중반에는 인권 탄압 반대 운동에도 적극 참여했다. 당시 내게 가장 큰 영향을 준 것은 남아프리카공화국 소웨토 지역에서 벌어진 학살 사건이다. 나보다 어린 아이들이 자신의 모국어로 교육받지 못하는 현실에 항의하다 총격으로 숨진 이 사건은 내게 큰 충격을 안겨주었다. 자신이 믿는 바를 위해 목숨까지 내놓는다는 결기가 사회활동가로서 나의 생각을 정리하는 데 깊은 영향을 주었고, 더불어 나는 내가 호주에서 살고 있다는 것이 얼마나 큰 행운인지를 실감하게 되었다.

이런 인식의 변화를 겪으며, 나는 처음으로 직접적인 행위로 항의하는 시위에도 나섰다. 열일곱 살이 되던 해에 호주 캔버라에 있는 남아공 대사관 정문에 쇠사슬로 몸을 묶어 항의의 의사를 표현했던 것이다. 체포당할 위험을 무릅쓰고 벌인 행동에 무척 긴장했던 기억이 난다. 하지만 남아공에서 자신이 믿는 바를 지켜내다 쓰러져간 아이들을 생각하면 내가 감수해야 할 위험은 아무것도 아니었다. 고작 열일곱 살이었던 내가 남아공 대사관 정문에 쇠사슬로 몸을 묶은 채로 잔학무도한 인권유린 실태를 고발하는 인터뷰에 응하고 이 내용이 라디오와 텔레비전을 통해 호주 전역으로 방송된다는 사실에 흥분을 감출 수 없었다. 내가 변화를 만들어내고 있다고 믿었기에 보람을 느꼈다.

조금 부끄러운 기억이지만 1977년 국제포경위원회International Whaling Commission 회의가 호주 캔버라에서 열렸던 날 있었던 일에 대해서도 얘기해보겠다. 남아공의 반인권 정책에 반대하는 시위를 마치고 집으로 돌아가던 중, 나와 일행은 그린피스와 다른 단체들이 우리보다 좀 더 큰 규모로 고래잡이에 반대하는 시위 현장을 지나게 되었다. 그러면서 우리는 어떻게 인권보다 고래의 안녕을 걱정하는 사람이 더 많을 수 있는지에 대해 탄식이 뒤섞인 대화를 나눴다. "저들은 왜 사람이 탄압받고 죽어가는 것에 항의하는 우리 집회에는 동참하지 않을까? 사람이 죽어가는 판국에 고래 걱정이나 하고 있다니!"

돌이켜보면 당시 대부분의 사람들처럼 나도 생명체 간의 상호 연관성과 인간의 오만함을 지적한 카슨의 주장을 제대로 이해하지 못하고 있던 셈이다. 인간이 더 우월하고 중요한 존재이며 고래는 그저 인간과 분리된 별개의 존재로 여겼던 것이다. 해양 생물을 보호하는 것이 결국 인간의 삶을 지탱하는 복잡한 생태계를 보호하는 것과 다르지 않다는 점을 이해하지 못한 결과였다. 고래가 멸종하면 사람들도 함께 사라진다는 원리를 깨닫지 못했던 것이다.

마우쩌둥의 책을 읽는 대신 헨리 소로의 책을 더 읽어야 했나보다!

1979년, 첫아이 캘런이 태어나면서 내 생각은 또 한 번 크게 바뀌었다. 당시 스무 살밖에 되지 않았지만 아이의 출생과 함께 갑자기 모든 관심은 미래로 향했다. 첫아이를 낳은 부모라면 흔히 겪는 일이었다. 이때는 누구나 또 다른 차원의 책임감을 느끼며 미래 세대로 이어지는 생명의 의미를 새롭게 인식하게 된다. 이론에서뿐만 아니라 미래가 어떠하든 그 시기를 경험해야 하는 유전자를 물려주는 경험을 직접 하게 되는 것이다. 그 선을 넘는 순간, '미래'는 훨씬 더 개인적인 차원으로 다가오게 마련인데 나 역시 캘런이 태어났을 때 같은 경험을 할 수 있었다.

이처럼 1970년대에는 많은 일들이 있었다. 1970년대의 노력에도 불구하고 1980년대는 환경과 관련된 참사가 벌어진 시기로 설명될 수밖에 없다. 이 중 일부는 전 세계를 충격에 빠뜨렸다.

1984년 12월 2일부터 이틀간 인도 보팔에 있는 미국 기업 유니언 카바이드Union Carbide의 농약 공장에서 독성 가스 수십 톤이 공기 중으로 누출된 사건은 세계 최악의 산업재해로 기록되어 있다. 이 사고로 수천 명이 가스중독으로 즉사하거나 사고 현장을 빠져나오다 사망했으며, 최종 집계된 사망자 수는 무려 1만 5000명에 달했다.[11] 이 재난은 여러 면에서 1980년대를 상징한다. 선진국은 안전기준을 높였지만, 선진국에 수출할 물품을 생산하는 개발도상국의 안전 기준은 여전히 낮았던 것이다. 이 참사를 계기로 개발도상국에서 벌이는 서구 기업들의 행태가 논란의 도마 위에 오르게 된다.

1986년 4월 26일에는 환경오염 문제에 있어 경계 설정이 무의미하다는 생각을 대중의 인식 속에 깊이 새겨 넣는 사건이 발생한다. 이날 새벽 1시 23분, 체르노빌 원자력발전소에서 두 차례 폭발이 일어났다. 출력 상승으로 인한 원자로 과부하로 우라늄 연료봉들이 터졌고, 거대한 불덩이가 솟구치며 돔형 뚜껑을 날려 원자로 안에 있던 모든 물질이 외부로 분출되었다. 부서진 원자로 안으로 유입된 공기는 일산화탄소와 만나 화재를 일으켰고, 이 화재는 무려 9일 동안이나 지속되었다.

화재가 지속되며 방사성 물질을 포함한 연기 구름이 인근 도시 프리피야트 하늘을 뒤덮었다. 점차 서쪽으로 이동하던 연기 구름은 인접 지역인 벨라루스의 토양을 오염시켰으며 동유럽과 스칸디나비아반도에까지 영향을 미쳤다. 스칸디나비아반도에 있는 여러 측정소에서 방사능 성분이 비정상적으로 높게 관측되고 있다는 보고가 이어졌음에도, 당시 소련 당국은 침묵을 지켰고 원전 사고가 있었다는 사실조차 3일이 지나서야 공식 인정함으로써 크나큰 공분을 샀다.

이후 체르노빌에서 흘러나온 방사성 물질로 유럽 대륙 곳곳이 몸살을 앓았다. 스웨덴 식품관리국은 방사능오염이 심각한 수준인 만큼 사슴 고기나 물고기를 한 달에 1회 미만으로 섭취할 것을 권고했다. 스웨덴 북부에서 재배된 버섯과 장과류, 꿀은 판매조차 될 수 없었으며, 순록 고기의 경우 식품이라면 거쳐야 할 검사조차 여러 해 동안 제대로 받지 못했다. 이런 여파로 주로 순록을 키워 생계를 유지하던 스칸디나비아 북부의 원주민인 사미족은 큰 타격을 받을 수밖에 없었다. 스웨덴에서는 오늘날까지도 체르노빌 원전 사고에 대한 이야기가 회자된다. 이 사고로 사람들은 원자력발전소의 안정성에 대해 의구심을 갖게 되었을 뿐만 아니라 세계 각국이 서로 밀접하게 연결되어 있다는 사실을 실감하게 되었다.

1980년대에는 최악의 해양 오염 사고도 있었다. 1989년, 석유 회사 엑손모빌의 유조선 밸디즈호에서 원유 25만 배럴이 알래스카 청정 해역으로 유출된 사고였다. 곧 이 피해에 대한 엑손의 책임을 묻는 법정 다툼이 벌어졌다. 소송을 제기한 쪽은 엑손이 알코올중독자에게 항해 책임을 맡겼으며 심지어 침몰이 일어날 당시 선장은 조타실에서 자리를 비운 상태였다고 주장했다. 1차 판결에서 배심원단은 엑손에 징벌적 배상금 50억 달러를 부과했다. 그러나 엄청난 재력에 넓은 인맥을 갖고 있던 엑손은 시간을 끌며 항소를 거듭했고, 그 결과 재판은 수십 년간 지속되었다. 2008년이 되어서야 내려진 대법원의 최종 판결에서 엑손에 부과된 징벌적 배상금은 불과 5억 700만 달러에 불과했다. 그해, 엑손의 영업이익은 무려 400억 달러였다!

많은 환경운동가들은 엑손모빌을 '죽음의 별'이라고 불렀다.[12] 엑손이 기후변화 문제에 의구심을 표출하는 반과학적 운동을 재정적으로 뒷받침하는 등의 활동까지 일삼았기 때문이다.

1980년대에는 긍정적인 변화의 바람을 일으킨 움직임도 나타났다. 오존층을 파괴하는 염화플루오린화탄소(이하 '냉매제'—옮긴이)를 단계적으로 감축해나가기로 국제환경협약을 체결한 것이다. 1987년, 마거릿 대처 수상과 로널드 레이건 대통령이 이끄는 보수 성향의 정권이 지지해 체결된 이 협약은 관련 산업계가 이와 같은 협약의 집행을 지연시키거나 거부하지 않는다면 얼마나 단호한 대응이 가능한지를 보여주는 대표적 사례라고 볼 수 있다. 코피 아난 유엔 사무총장은 이 협약에 대해 "아마도 지금까지 국제사회가 체결한 단일 협정으로서 가장 성공적일 것"이라고 평가했다. 이 협약은 또한 정부와 산업계가 뜻을 모을 경우 가능한 조치들을 보여주는 훌륭한 본보기가 되고 있다.

몇 년 뒤 나는 듀폰에서 고문으로 일하며 이런 변화에 대한 경영진의 생각을 들어볼 수 있었다. 국제환경협약이 발효되기 한참 전, 듀폰 내부의 과학자들이 냉매제가 오존 파괴의 주범이라는 결론을 내리자 듀폰의 해당 사업 부문은 사실상 존립 자체가 흔들리는 위기 상황에 놓이게 되었다고 한다. 한때 그린피스로부터 '세계 최대의 오염원'이라는 공격을 받기도 했지만, 듀폰은 윤리 경영 원칙을 고수하는 기업이었다. 결국 듀폰은 해당 영역의 사업을 접고 냉매제 생산을 중단했다. 대체 물질로 시장에 재진입할 수 있을지 불확실한 상태였기 때문에 분명 쉽지 않은 결정이었을 것이다.

나와 대화를 나눈 경영진은 회사가 윤리적 차원에서 단호하게 결정하고 행동했다는 점에 자부심을 느끼고 있었다. 다만, 듀폰이 이 상황을 사업상의 심각한 위기로 보았다는 점을 고려할 때 단순히 윤리적 차원에서 내린 결정이 아니라는 점만큼은 분명히 짚고 넘어가야 할 것이다. 이와 관련해 당시 듀폰에서 해당 물질을 담당했던 책임자인 조지프 글라스는 "전 세계에 판매할 수 있는 냉매제 30억 달러어치가 있는데 그중 70퍼센트가 규제 때문에 사용이 금지될 상황이라면 사실상 큰 규모의 또 다른 시장이 열리는 셈"이라고 표현하기도 했다.

시대의 흐름이 변화함에 따라 업계 내부에서는 복잡한 셈법이 오갔고 그 결과 이중적인 행태가 나타나기도 했다. 1980년에는 냉매제 규제에 맞서 싸우는 로비 그룹을 결성하는 데 앞장섰던 듀폰이 1986년에는 입장을 바꿔 레이건 정부가 해당 물질을 규제하는 법령을 시행하도록 로비 활동을 벌인 것이다. 듀폰의 노력은 오존층을 파괴하는 물질에 대한 국제 협약인 몬트리올 의정서Montreal Protocol로 뜻깊은 결말을 맺었으며, 레이건 대통령은 이 조약을 두고 "불멸의 성과"라는 찬사를 보내기도 했다.

일각에서는 듀폰의 노력을 사업적 차원에서의 선택이라고 폄하하기도 하지만 윤리적 차원도 분명 함께 고려되었을 것이다. 다음은 유엔환경계획UN Environment Programme의 상임 이사였던 모스타파 톨바의 발언이다. "몬트리올 의정서 최종본에 이르는 과정에서 있었던 여러 가지 난관은 환경문제와는 아무런 관련이 없었다. 사실상 입장 조율에 어려움을 야기한 것은 누가 우위에 설 것인가의 문제였다. 가령 듀폰이 유럽 기업들보다 유리한 위치를 차지할 수 있는가라는 식의 접근 말이다." 각국이 자국 기업의 입장을 우선 고려한 탓에 당시 협상은 비즈니스 관점에서 진행될 수밖에 없었을 것이다. 미국과 유럽 기업들은 유해 물질을 대체할 물질을 판매하는 시장에서 우위를 차지하기 위해 경쟁을 벌이고 있었지만, 이와 관련한 사업적 결정은 꽤나 복잡했다. 예를 들어, 약 5억 달러는 투자해야 했던 듀폰의 입장에서는 투자 시기가 적절한지와 경쟁에서 유리한 입지를 확보했는지 여부를 판단하는 것이 최대 관건이었을 것이다.

듀폰의 이런 결정은 환경문제 앞에서 기업의 의사 결정이 그리 녹록지 않다는 것을 보여주는 좋은 사례다. 윤리적 차원에서 바라보면서도 기업의 매출에 끼칠 영향까지 고려해야 하기 때문이다. 이 사정은 사실 시장이 실제로 움직이는 방식을 반영한다. 기업이 원칙적이고 진지한 태도로 윤리적 행동에 나서는 일도 있지만, 나중의 결과를 보면 결국 사업에 이득이 되었기 때문에 방침을 바꾼 경우가 많다. 이와 같은 기업의 의사 결정 행태는 기후 위기와 관련해 오늘날까지도 계속되고 있다. 기업은 변화의 필요성과 불가피성에 동의했다가도, 사업적 이득에 따라 실행 속도를 조절하며 끊임없이 입장을 바꾼다.

1980년대 중반부터 후반까지 냉매제 관련 논란이 과열되면서 지속 가능한 경영에 대한 기업들의 관심이 높아졌다. 듀폰과 같은 기업들은 환경문제에 대한 우려가 날로 높아지는 앞으로의 사회 흐름에 저항하는 행위가 아무 실익이 없는 한심한 경영전략이라는 사실을 깨달았다. 그리고 이런 깨달음을 얻은 기업들은 더 나은 해법을 찾아 오히려 선제적으로 대응하기로 결정한다.

1980년대에는 또한 전 세계적으로 많은 환경 단체가 생겨났으며, 환경오염을 유발한 기업을 규탄하는 캠페인 역시 활발하게 전개되었다. 이 시기의 캠페인은 문제 전체를 아우를 수 있는 규제 법안을 마련하라고 촉구하는 시위였다기보다 환경오염을 야기한 개별 기업을 문책하는 성격을 띠고 있었다. 환경운동가들은 브랜드 이미지에 촉각을 곤두세우는 기업들의 경영 행태를 역이용했다. 나이키의 노동 착취 실태를 꼬집었던 방식을 차용한 결과였다. 작가 나오미 클라인에 따르면 브랜드 이미지가 곧 "기업의 수익을 창출하는 주요 근간이자 아킬레스건"이었다.[13] 기업이 브랜드 이미지를 중시할수록 환경운동가들은 그런 이미지를 실추시키는 방법을 활용했다.

1980년대는 프랑스 정부가 한 그린피스 활동가를 살해한 사건을 계기로 환경보호를 위한 투쟁이 더욱 심화된 시기이기도 하다. 1985년 7월 10일 프랑스 정부 산하의 정보국에 소속된 비밀 요원들은 프랑수아 미테랑 대통령의 재가를 받아 뉴질랜드 오클랜드에 정박해 있던 그린피스의 환경 감시선 레인보 워리어를 폭파했다. 당시 이 배는 프랑스가 남태평양에서 진행할 핵무기 실험에 항의하기 위해 출항을 준비하던 중이었다. 이 폭발로 두 딸의 아버지이자 그린피스에서 사진작가로 활동했던 페르난도 페레이라가 목숨을 잃었다.

환경운동가들의 피살 소식이 처음은 아니었다. 하지만 과거의 사건들은 모두 범죄 집단이나 비밀경찰의 소행이었으며 주로 개발도상국에서 벌어졌다. 하지만 이번 사건은 달랐다. 서방의 민주 정부가 또다른 민주주의 국가에서 한 환경운동가의 목숨을 앗아간 것이다. 이는 세계 각지의 환경운동가들에게 어떤 위험이 도사리고 있는지를 일반에 엄중히 상기시킨 사례였다. 동시에 이 사건은 환경운동 단체들이 기업이나 국가의 평판에 얼마나 지대한 영향을 미칠 수 있는지를 증명해 보였다. 규모가 작은 단체들도 세계적인 네트워크를 갖고 있는 언론사들을 영리하게 활용한다면 여론을 형성할 수 있었다.

레인보 워리어 폭파 사건으로 핵전쟁에 대한 논란이 확산되면서 나는 다시 한번 사회운동가로 활약하게 된다. 사실 1983년에 호주에서 공군에 입대한 상태였기 때문에 당시 나는 군인 신분이기도 했다.

군 입대 전, 나는 시드니 건설 노동조합에서 조직원으로 활동했었다. 열악한 근무 환경에서 일하던 노동자들의 권리와 작업 환경의 안전성을 높이기 위해 노력하며 사회에 공헌하고 싶었지만, 곧 조합의 지도부가 지나치게 이념적이며 정치적 신조를 맹목적으로 따르는 경향이 있다는 점을 알게 되면서부터 불만이 싹트기 시작했다.

지도부는 노동자의 이익보다 자신의 지배력과 영향력에 더 신경을 쓰고 있었다. 그러다보니 다른 노동조합이 관할 지역을 벗어나 활동해 벌어진 다툼 때문에 몇 주 동안 시위를 벌여야 하는 경우마저 생겼다. 결국 나는 이 조합을 1981년에 탈퇴하고 1년 동안 실직자로 지내다(마지막 일자리가 노동조합의 조직원이었으니 재취업이 쉽지 않았다!) 군에 입대하기로 마음먹었다.

내가 군복무를 결정하자 가족과 친구들은 크게 놀랐다. 나의 정치적 행보에서 크게 벗어난 선택이라고 보았기 때문이다. 하지만 나는 군 입대가 여전히 내가 추구하던 신념과 동일선상에 있다고 생각했다. 나는 사회에 기여할 수 있는 삶을 원했고, 군복무 역시 그런 삶이었다.

군복무 중 둘째 아이가 태어나자 자연스레 핵전쟁에 대한 걱정이 늘어났다. 더구나 군에 있었기에 국가와 세계 안보에 대한 관심은 전보다 더 높아져 있는 상태였다. 또한 레이건 정부가 들어서고 「스타워즈」가 유행하며 전 세계에 핵무기에 반대하는 대규모 바람이 불었던 시대적 변화도 나의 생각에 영향을 미쳤다고 봐야 할 것이다.

나는 당시 읽었던 한 신문 기사를 아직도 또렷하게 기억하고 있다. 한 과학 학회에서 발표된 내용을 실은 이 기사는 놀랄 만큼 많은 수의 청소년들이 핵전쟁이 불가피하므로 미래가 없다고 여겼으며 따라서 더 나은 삶을 위해 애쓸 필요가 없다고 생각한다는 내용을 담고 있었다. 청소년들의 생각이 얼마나 설득력이 있는지는 차치하고라도, 다음 세대가 그런 생각을 갖고 자라고 있다는 사실에 나는 큰 충격을 받았다. 어린아이를 키우는 부모 입장에서 결코 무시할 수 없는 문제였다.

핵 문제에 대한 세계적인 관심이 높아지면서 많은 사람들은 핵무기 사용으로 지구에 사는 생명체 대부분이 목숨을 잃게 될 것이라고 생각했다. 이 시기는 훗날 사회에 나타난 공동체적 인식 변화에도 중대한 영향을 미쳤다. 이 시기는 세대별 인식 차이에 대해 직접적이고도 깊게 생각해볼 기회를 제공했을 뿐만 아니라, 우리가 지구 전체에 아주 손쉽게 그러나 돌이킬 수 없는 형태로 영향을 미칠 수 있다는 점까지 깨닫게 했다. 그럼에도 우리에게 지구 환경 전체를 파괴할 힘이 없다고 생각하는 사람들은 여전히 존재했다. 강이나 바다 환경을 좀 훼손할 수야 있겠지만 **이토록** 거대한 지구를 어떻게 결딴낼 수 있겠냐는 것이다.

핵겨울이란 핵폭발로 하늘이 온통 미세 먼지로 뒤덮인 나머지 일사량이 감소하면서 기온이 내려가는 현상을 일컫는다. 이와 같은 파국적인 현상을 가정해보면 우리가 전화 몇 통과 버튼 조작 몇 번으로 단숨에 지구를 폐허로 만들 수 있다는 점에 의심이 파고들 여지는 없다. 정신을 번쩍 차릴 수밖에 없는 사회적 분위기가 조성되자, 인간이 "자연을 파괴할 정도로 치명적인 힘을 갖게 되었다"라는 레이철 카슨의 말이 무엇을 뜻하는지 많은 사람들이 비로소 실감하게 되었다.

나는 내 아이들의 미래를 위협하는 이런 상황에 자극을 받았다. 그래서 여전히 군 생활을 이어가던 1985년에 개인 시간을 활용해 '시드니평화집단'이라는 단체에서 벌이는 운동에 참여했다. 핵무기를 실은 미국과 영국 군함들이 시드니항에 들어오는 것을 막기 위한 시위였다. 당시 나는 아무런 불만 없이 군에 복무하고 있었고, 오늘날까지도 군을 존중하는 마음에는 변함이 없다.

호주 군 체계는 민주적으로 운영되며 나의 반핵 활동을 너그럽게 용인해주었다. 그럼에도 반핵 활동을 계속하면서 군에 장기간 복무하기는 사실상 어려웠다. 반핵 시위가 동맹국의 군함을 대상으로 하고 있다는 점도 문제였다. 내가 어느 정도의 요주의 인물인지를 조사하기 위해 파견된 군 정보 요원과 꽤나 흥미로운(!) 대화를 나눈 뒤, 1986년 결국 나는 공군에서 제대하기로 마음먹었다. 군을 제대하고 나서는 반핵 활동에 전념했으며 그즈음 이혼을 하고 두 아이를 도맡아 키우게 됐다.

아이들과는 정부 소유의 폐가에서 살았다. 집을 장만할 여력이 없었기 때문이다. 폐가가 너무 낡았던 탓에 지붕을 새로 지어 올린 뒤 주워 온 폐자재로 문과 창문을 달아야 했다. 생활비는 다른 활동가 친구가 챙겨준 돈과 한 부모 가정을 위해 정부가 제공한 생계 보조금으로 충당했다. 그러나 이런 어려움은 내게 별다른 문제가 되지 못했다. 기쁜 마음으로 내 신념을 좇고 있었기 때문이다.

핵무기에 반대하는 운동은 환경문제와 관련된 논란에도 지대한 영향을 끼쳤다. 예를 들어, 반핵 운동을 통해 군과 안보 기관 그리고 민간 원자력 산업 주체가 여러 갈래로 서로 연결되어 있다는 사실이 드러났다. 음모론을 담은 소설이나 BBC의 유명한 텔레비전 시리즈 「어둠의 끝The Edge of Darkness」과 같은 드라마에 쓰이기 딱 좋은 소재였다. 이런 소설이나 드라마는 청소년들이 정부가 누구의 이권을 챙겨주고 있는지를 의심 어린 눈으로 바라보게 하는 데 분명 도움이 되는 측면이 있었다.

몇 년간 나는 홀로 활동을 이어가다 1989년 말 그린피스에 합류했다. 미국과 유럽에서 환경운동이 고도로 성장하던 시기였다. 반핵 운동에 이어 냉매제 논란이 시작되면서 환경보호에 대한 인식이 서구권 전역으로 퍼져나갔다. 대중의 인식이 고양되고 언론에서 이 문제들을 다루는 빈도가 높아지면서 환경 단체에 가입하는 사람이 큰 폭으로 늘었고 자연스레 각 단체가 가진 영향력도 증대되었다.

소비자들은 기업들의 무책임한 행동을 질타했고, 기업들은 몸을 사렸다. 나이키 같은 기업이 논란의 중심에 서게 된 것도 이즈음이었다. 나이키는 트레이너를 키워 돈을 벌고자 했지만, 사람들은 나이키가 개발도상국에서 일하는 노동자의 권리나 문화적 차이에 따른 적정 노동 연령에 대한 이견 등 난해한 사회적 쟁점들을 해결하는 데 있어 중추적인 역할을 해주기를 바랐다. 물건을 팔아 돈을 벌기 위해서는 새로운 능력이 필요하다는 점이 명확해진 것이다.

이때까지 환경문제는 선진국의 주요 관심사였다. 보통 선진국에서 대중의 지지가 높고 규제가 엄격했기 때문이다. 따라서 많은 기업들은 기준이 느슨하고 임금이 낮은 개발도상국으로 눈길을 돌렸다. 하지만 1980년대를 거치며 기업들이 깨닫게 된 사실은 비용을 낮출 수 있어 선택했던 개발도상국으로의 진출이 상호 연결되어 있는 또 하나의 세계를 만들어냈다는 점이었다. 환경운동가들은 네트워크를 이뤄 함께 활동했고 언론을 통해 문제가 있는 본사에 즉각 메시지를 전달할 수 있었다. 한 지역에서 벌인 행위가 곧장 전 세계에 공지되는 세상이 온 것이다.

1980년대 말 이런 변화의 흐름을 가장 잘 활용한 기관은 역시 그린피스였다. 1989년 그린피스에 합류한 나는 호주에서 '깨끗한 물, 깨끗한 바다' 캠페인을 이끌며 기업의 환경오염 사례 중 아주 심각한 행위를 찾아 알리는 데 집중했다. 우리는 잠수부를 고용해 바다로 독성 물질을 배출하던 어느 정유 공장의 파이프를 직접 틀어막는 방식을 처음 선보였는데, 이는 지금까지도 그린피스의 전형적인 캠페인으로 인식되고 있다. 당시 호주에는 산업공해와 관련된 규제가 거의 없는 실정이었다. 우리는 배수관, 하천, 강, 바다 등 기업이 오수를 방출하는 지점으로 가 몰래 샘플을 채취했으며, 그렇게 확인한 거의 모든 지점에서 법적 허용치를 훌쩍 넘어선 양의 독성 폐기물이 배출되고 있다는 사실을 밝혀냈다.

이런 성과 때문에 그린피스는 한동안 들뜬 분위기에 휩싸였다. 언론사들은 그린피스의 흥미롭고도 대담한 행동을 좋아했다. 특히 "불법적 독성 폐기물 배출"이라는 우리의 주장과 "일시적으로 허용치를 초과해 폐기물을 배출"했다는 기업의 변명이 대비되는 상황을 반겼다. 그린피스의 정치적 영향력은 종잡을 수 없이 확대되었고, 우리의 활동은 대중의 상상력을 자극했다. 이 사건을 계기로 그린피스는 환경을 오염시키는 나쁜 기업에 맞서 싸우는 착한 전사로 비춰지기 시작했다.

잘못을 지적받은 기업들의 대응은 무척 어리숙했다. 호주의 대기업이었던 BHP의 홍보 담당자는 텔레비전 카메라 렌즈를 손으로 가려 촬영을 막았고 현장에 나온 취재진을 모두 해산시켜달라고 경찰에 요청했다. 이런 기업의 행동은 오히려 언론을 우리 편으로 만들어주었다. 취재진은 곳곳에서 진행되는 우리의 시위 활동을 모두 챙겨 보도했고, 우리가 회사 이름의 앞 글자를 활용해 만든 구호였던 '끔찍한 거대 오염원Big Horrible Polluter'까지 그대로 방송에 내보내주었다.

우리의 의도는 적중했고 기업의 행동은 불법적이다못해 고약하기까지 했다. 하지만 돌이켜보건대 내가 했던 행동이 모두 옳았던 것은 아니다. 기업의 대표들과 전국으로 방송되는 텔레비전 프로그램에 함께 출연하는 날이면 나는 그 기업이 저지른 만행을 폭로하는 증거를 들이대며 조롱을 퍼붓고 통쾌해했다. 그들 대부분은 어떤 악의도 없이 그저 급변하는 대중의 기대를 따라가지 못했을 뿐이었는데도 말이다.

관련 기업 대부분은 어수룩하게 대응했지만 거대 화학 회사인 ICI의 CEO였던 마이클 딜리 박사만큼은 남달랐다. 어느 날 그는 당시 호주 그린피스의 총책임자였던 내게 연락해 직접 만날 수 있는지를 물었다. 뜻밖의 제의였다. 사실 ICI는 그린피스의 관심 기업이었다. 시드니에 있는 화학 공장의 환경 정책이 한없이 허술했기 때문이다.

우리는 무척 유익한 대화를 나눴다. 특히, 나는 이 만남을 계기로 기업, 더 넓게는 시장의 역할에 대해 다시 생각해볼 수 있었다. 비공식적인 만남이었던 만큼 허심탄회하게 대화를 나눈 결과였다. 딜리 박사는 그린피스의 캠페인도 우려스럽기는 하지만, 자신의 조직 전체가 어떻게 하면 환경문제를 대하는 태도를 바꾸고 해결책을 모색하게 될지에 대한 고민이 더 많다고 말했다. 그는 변화에 보수적인 창립 멤버들의 태도를 언급하며 낡은 조직 문화를 바꾸기가 어렵다고 속내를 털어놓았다.

그는 점잖은 사람이었다. 그렇다고 ICI를 겨냥한 그린피스의 캠페인을 멈출 수는 없었다. 딜리 박사와의 대담은 내게 기업의 행태에 대한 통찰을 얻을 수 있는 기회를 마련해주었다. 뿐만 아니라 상대를 '악마화'하는 위험한 심리에 대해서도 깊이 생각해볼 수 있었다. '악마화'는 그린피스가 당시 성과를 올리던 방식이었다. 딜리 박사가 그린피스와 적대적 관계가 되는 것을 피하고 자사의 이익을 도모하기 위해 나를 찾아왔다고 생각하면서도 과연 그린피스의 활동이 윤리적이었는지 다시금 돌아보게 된 것이다. 그 결과 기업의 행태를 비난할지언정 그런 행태 이면에 있는 사람들의 도덕성까지 공격하지는 말아야겠다고 다짐하게 되었다.

내가 호주 그린피스에서 활동하던 1992년, 역사적으로 무척 중요한 의미를 갖는 환경 회의인 리우 지구정상회의Rio Earth Summit가 개최되었다. 환경문제에 대한 정치권의 인식이 세계적으로 다시금 고조되던 시기에 미국의 조지 H. W. 부시 대통령을 포함한 108개국 정상이 참석한 대규모 회의가 열린 것이다. 이 회의에서 기후변화를 막기 위해 체결된 유엔기후변화협약UNFCCC이 채택됨으로써 세계적 차원에서 합의된 협정이 시행되는 성과를 거뒀다.

이후 나는 여러 국제회의에 참석했다. 특히 1997년에는 교토 의정서Kyoto Protocol를 채택한 UNFCCC 당사국 총회와 뉴욕 지구정상회의에도 참석했는데, 이런 행사는 사실 회의라기보다 '토론 축제'라는 표현이 더 어울렸다. 수천 개에 달하는 로비 단체들이 저마다의 목표에 따라 언론과 정치권의 관심을 끌기 위해 경쟁을 벌이기 바빴기 때문이다.

이런 회의는 사실 전 세계적 차원에서 관리 체계가 제대로 작동하지 못하고 있다는 것을 보여주는 좋은 예다. 이런 성대한 회의에는 보통 환경 분야에서 의사 결정권이 있는 엘리트들이 참석한다. 한데 모인 사업가, 시민 단체, 정치인은 아직도 문제 해결에 큰 진전이 없는 것을 안타까워한다. 그 현장에 있노라면, 마치 여럿이 한꺼번에 참회하는 대규모 고해실을 보는 기분이 들 정도다!

1997년 나는 유엔 특별 총회 일환으로 뉴욕에서 열린 지구정상회의에 참석했다. 회의에서 각국 정상들은 1992년 개최되었던 리우 지구정상회의 이래로 5년 동안 이뤄낸 성과가 얼마나 보잘것없는지 차례로 발표해나갔다. 세계에서 가장 막강한 권한을 가진 사람들이 모였으면서도 마치 자신들은 이 과정을 지켜보는 관찰자에 불과하며 환경문제를 다루기에는 권한이 턱없이 부족하다고 말하고 있는 모습을 보고 있자니 어이가 없었다. 그로부터 5년이 지난 2002년 요하네스버그에서 열린 지구정상회의에서 펼쳐진 상황도 별반 다르지 않았다.

이런 회의에서는 인류가 마주한 심각한 위기와 즉각적 행동의 필요성이 수십 년 동안 반복적으로 논의된다. 진실성이 묻어나지 않는 발언을 찾기 어려울 정도다. 세상을 바꿀 수 있는 권한을 가진 고위급 인사들이 한곳에 모여 지금 당장이라도 행동에 나설 것처럼 의견을 교류하지만, 결국 책임을 떠맡는 사람은 없었다. 시스템이 아무도 감당할 수 없을 만큼 커진 탓이었다. 이 내용은 뒤에서 다시 언급하겠다.

반세기가 넘게 지속된 '절규' 속에서 깨닫게 된 것은 세계적 차원의 변화는 밑에서 위로 올라가는 형식으로 이루어질 수밖에 없다는 것이었다. 드물게 예외는 있었으나, 정치 지도자 대부분은 자신들이 어떤 행동을 실천해야겠다고 느껴서라기보다 오로지 정치적 상황이 허락하는 선에서 최선의 방식으로 대응했다. 2009년에 열린 코펜하겐 기후회의에서 확인할 수 있었던 것처럼, 정치 지도자들은 개인적 차원에서 대응의 필요성을 느꼈다고 하더라도, 국내 정치가 어디까지 수용할 수 있는지를 신경 써야 하는 한편 자국의 경제적

득실을 따져야 했다. 이런 상황에서 세계적 차원의 의사 결정이 이뤄지기는 대단히 어려웠으며 그 결과 진전은 빙하의 움직임처럼 더디기만 했다.

우리가 이어갈 이야기와 관련해 한 가지 반가운 소식은, 지난 수십 년 동안 정치권력의 상층부에서는 우리가 마주한 문제를 좀 더 깊이 이해했다는 것 말고는 크게 달라진 바 없었지만 밑에서부터 시작된 변화의 과정에는 엄청난 진전이 있었다는 점이다. 환경운동가, 과학자, 기업인, 기업의 지속 가능 경영 지지자, 그리고 일반 시민에 이르기까지 수많은 사람들이 열성적으로 헌신하며 활동했다. 이들의 노력으로 우리의 사고방식은 더디더라도 확실하게 바뀌었고 정도의 차이가 있을지언정 모두가 환경문제에 관심을 갖게 되었다.

환경 보호주의의 역사 측면에서 볼 때, 2010년은 거의 모든 사람들이 나서서 '각자에게 할 일이 있다!'라고 의견을 모은 해로 기록될 것이다. 이제는 누가 어떤 일을 할지 정할 차례다. 이 이야기는 책의 끝에서 다뤄보겠다.

아무리 환경보호 운동이 활성화되고 수많은 인력과 자금이 투입되었다고 해도, 시스템 전반에 걸친 실제적인 결실은 아직 찾아보기 힘들다. 우리 모두는 과학적 근거가 뒷받침하고 있는 문제들의 심각성을 인지했다. 그사이 마을 단위에서 문제를 바로잡고 숲을 살렸으며 독성 물질의 사용도 여러 차례 금지시켰다. 이 과정에서 관련 지식이 많이 쌓인 덕에 이제는 지구 시스템 전반을 감시할 수 있는 역량을 갖췄다.

하지만 지구라는 전체 시스템에서 우리의 영향이 가닿는 곳은 어디일까?

다음 장에서 이야기를 이어가보겠다. 지난 반세기 동안 우리는 문제에 제대로 대응하지 않으면 우리의 손자 세대가 그에 따른 고통을 겪게 될 것이라고 말해왔다. 우리가 바로 그 손자 세대라면 어떤 일을 겪게 될까?

1936년 11월 12일 윈스턴 처칠이 남긴 글로 그 답을 대신한다.

그들은 기묘한 역설을 안고 살아간다. 결정하지 않기로 결정하고, 결단을 피하기로 결단한다. 움직여야 할 때 요지부동하고, 부드러움 앞에 단호하며, 취약해지기 위해 전능하다. (……) 분명한 경고를 간과했던 탓에 우리는 결국 위험한 시기를 맞게 되었다. 지연의 시대, 미봉책이 난무하는 시대, 어르다 달래는 식의 무논리가 판을 치는 편법의 시대는 끝났다. 이제는 그렇게 살아온 대가를 치러야 할 시대로 들어서고 있다. (……) 이 시기를 피할 수는 없다. 우리가 이미 그 시대 속으로 발을 내디뎠기 때문이다.

3장
중차대한 문제
THE GREAT DISRUPTION

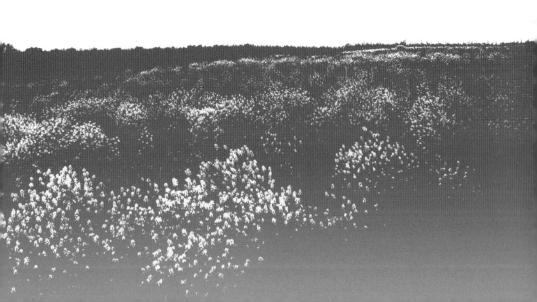

지금까지 나는 인간과 경제, 지구 생태계가 상호 의존적인 하나의 시스템으로 움직이는 가운데 이 시스템에 심각한 문제가 일어났다고 주장했다. 지금부터는 이 주장을 뒷받침할 과학적·경제적 증거를 소개하려고 한다.

2장에서 과거를 언급했으니 이번 장에서는 현재를 이야기해보겠다. 지금 지구 생태계가 처한 상황을 알아야 하기 때문이다. 어디에서부터 시작해야 할까?

1992년 리우 지구정상회의에 모인 108개국 정상을 포함한 172개국의 정부 대표단은 인류가 지속적으로 번영하려면 환경보호가 필수적이라는 데 동의했다. 이런 합의에 따라 이뤄진 리우 선언에는 오늘날까지도 중요하게 받아들여지는 여러 원칙이 포함되어 있다. 그중 하나인 '예방 원칙'을 살펴보자.

환경에 심각하거나 되돌릴 수 없는 손상이 예상되는 경우, 과학적 근거가 다소 불충분하다 하더라도 비용 대비 성능비가 높은 조치를 단행하여 추가적인 환경 악화를 막아야 한다.[1]

회의 참여자들은 또한 '지구 기후 시스템에 위험한 변화를 초래하는 인간의 행태'를 저지하기 위해 '유엔기후변화협약'을 채택했다.[2]

향후 수십 년 동안 이어질 활동의 로드맵이 1992년을 기점으로 마련된 것이다. 결과는 어땠을까?

우리 사회를 지탱해줄 지구의 잔여 능력치를 파악하려면 당연히 과학적 근거에 기반을 두어 분석해야 한다. 물리학·생물학·화학 같은 학문에 대한 이해를 바탕으로 지구의 현재 상태를 측정하고 추세를 분석해야 한다는 뜻이다. 그렇다면 (나를 포함해) 과학자가 아닌 사람들이 이런 정보에 접근할 수 있는 방법에 대해 먼저 살펴보자. 환경 분야에서 일하지 않는 사람들이 가끔 내게 하는 말이 있다. "저는 어떤 입장을 취해야 할까요? 이 논란에 대한 양쪽 주장을 다 들어봤는데, 솔직히 너무 헷갈려요."

이미 알고 있는 상식에 '과학적 절차'를 잘 결합하기만 하면 이런 혼란에서 쉽게 벗어날 수 있다. 이 말의 의미를 기후변화 문제를 예로 들어 설명해보겠다. 한번 이 원리를 깨닫고 나면 지속 가능성과 관련된 전 분야에 모두 적용시킬 수 있다.

우선 '과학적 절차'란 어떤 견해에 대해 의문을 제기하고 반박하기 위해 고안된 과정이라는 점을 이해해야 한다. 이런 과정이 없다면 지식을 향상시키는 과정은 무척 더딜 수밖에 없으며 생각에 오류가 있어도 금방 알아차릴 수 없다. 일반적으로 사람들은 하나의 견해나 사고방식에 좀 더 집착하는 경향이 있다. 과학자들도 마찬가지다. 이럴 때, 어떤 것이 절대적이라는 믿음을 버리고 의심하는 태도를 견지하는 것이 크게 도움이 된다. 이런 의미에서 회의주의는 건전하며 심지어 모두에게 권할 만하다. 회의적인 태도는 일상생활에서도 유용하지만 '과학적 절차'를 밟아가는 데 있어 특히 빛을 발한다.

그러나 특정한 의제를 가진 사람들이 자신들의 생각을 뒷받침할 과학 자료만 선별하는 식으로 회의주의를 악용하는 것은 문제다. 이들이 선별한 단편적인 과학적 사실에 '증거'라는 이름이 붙을 때 문제는 더욱 심각해진다. 왜냐하면 이다음부터는 권력과 재력을 겸비한 이해 집단이 달려들어 조직적으로 절차를 추진해나가기 때문이다. 『의혹을 팝니다Merchants of Doubt』는 여러 집단의 이런 행태가 담배 산업부터 기후변화에까지 풍토병처럼 퍼져 자리 잡게 된 과정을 그리고 있다.[3] 연매출 1000억 달러 규모의 거대 석유 화학 회사인 코크 인더스트리스Koch Industries는 기후변화를 부정하는 단체에 2500만 달러에 육박하는 거액을 후원하기도 했다.[4]

비전문가들이 이런 복잡한 과정을 건너뛰는 방법은 간단하다. 어떤 과학자도 모든 내용에 해박할 수는 없다는 사실을 상기해보라. 마음이 좀 편해지지 않는가? 과학자들은 보통 자신이 전공하는 연구 영역을 협소하게 파고들기 때문에 다른 분야까지 두루 섭렵하기란 사실상 쉽지 않다. 그런데 지구 생태계의 복잡성을 파악하기 위해서는 여러 분야를 함께 고려해야 한다. 누구라도 자신이 모든 세부 사항을 속속들이 알고 있다고 주장하는 사람이 있다면 그 사람의 말은 가려듣거나 심지어 아예 거짓이라고 간주해도 좋을 정도다.

이런 이유로, 과학은 애초에 여러 분야를 넘나들어야 하는 상황뿐만 아니라 그런 상황이 빚어내는 불확실성까지 다룰 수 있는 고유의 절차를 만들어냈다. 의료계의 약제 승인부터 교량의 설계, 항공기의 안전에 이르기까지 사실상 과학적 판단이 개입되지 않는 분야를 찾기 어렵기 때문이다. 실제로 과학자들은 한 주제를 놓고 모여 소위 말하는 '컨센서스'에 이를 때까지 토론한다. 한 분야에 있든 여러 분야에 걸쳐 있든 과학자들은 먼저 관련 자료를 분석한 뒤, 동료들과 교차로 치열하게 검토하는 과정을 통해 불확실성을 걸러내고, 중립적인 입장에서 증거를 정리해 종합된 견해를 내놓는다. 이런 과정은 동료 학자들이 검토하는 학술지나 학회, 그 밖의 토론회에서도 이어지며 최종 합의 의견을 도출해낸다. 이렇게 정리된 의견이 바로 **컨센서스**다. 의견에 100퍼센트 동의가 이루어졌다는 인상을 주기 때문에 자칫 오해하기 쉽지만, 사실 이 말은 자격을 갖춘 전문가들의 다양한 견해가 과학적 절차를 거쳐 일치되었다는 뜻을 내포하고 있다.

이 절차는 집단 지성이 한 개인의 견해보다 더 낫다는 것을 입증하는 좋은 예다. 컨센서스는 다음처럼 이해해도 좋다. "이 주제에 대한 모든 쟁점과 불확실성이 검토되었다. 이 과정에 참여한 검토자들은 각자가 확인한 내용은 물론 어디에 불확실성이 남아 있는지까지 잘 알고 있다. 해당 주제에 대해 최고 전문가들이 검증한 내용은 ABC와 같으며 불확실성은 XYZ 퍼센트 수준이다. 따라서 의사 결정을 하고자 한다면, 이 컨센서스를 참고하는 것이 가장 타당하다."

이 절차는 특히 과학계에서 상시적으로 가동되기 때문에 과학계 내부에 있는 사람들이 외부에 있는 사람들보다 더 쉽게 컨센서스에 이르게 될지 모른다. 이런 이유로 내부에서 논의를 하고 외부와도 의사소통하는 유력한 과학 단체들의 역할이 중요하다고 볼 수 있다.

이 접근 방식을 기후변화 문제에 적용해볼 때 한 가지 흥미로운 사실은 자격 요건을 갖춘 과학자들이 모여 활동하는 유력한 과학 단체 전부가 이 문제에 대해서만큼은 한결같은 결론을 내놓고 있으며, 또한 이같은 결론이 전 세계적으로도 꾸준히 도출되고 있다는 점이다. 보통 이런 단체에는 권위 있는 국립 과학 아카데미, 대기 과학자 모임과 같은 주요 국제 과학 공동체, 기후변화에 관한 정부 간 협의체IPCC, Intergovernmental Panel on Climate Change 등이 포함된다. 이들 단체는 우리가 사회의 번영과 안정성을 위협하는 중대한 위기에 직면해 있으며, 이 위기를 자초한 범인은 그 누구도 아닌 우리 자신이라고 꼬집는다. 또한 이 위기의 원인인 오염 물질 배출을 획기적으로 줄여야만 우리가 곧 맞게 될 위험의 수위를 낮출 수 있다고 지적한다. 지속 가능성과 관련된 문제들과 마찬가지로 문제와 해결책의 윤곽을 드러내는 일은 전혀 어렵지 않다.

기후변화 문제에 있어 컨센서스는 동료 과학자들의 엄격한 검토를 거쳐야 하는 학술지에도 마찬가지로 적용된다. 나오미 오레스케스 교수가 『사이언스Science』에 발표한 한 연구는 1993년부터 2003년까지 학계에 발표된 논문의 초록 중 '전 세계적 기후변화'를 핵심어로 포함하는 연구들을 추린 뒤 그중 환경문제와 관련해 과학자들이 합의한 컨센서스에 의문을 제기한 연구가 있는지를 살펴보았으며, 그 결과 해당 사례는 단 한 건도 없는 것으로 파악됐다.[5] 오레스케스 교수는 또한 이후 펴낸 저서 『의혹을 팝니다』에서 담배가 폐암과 관련이 없다고 주장하는 담배 업계의 캠페인에 참여했던 사람 중 상당수가 현재는 기후문제의 심각성을 알리는 데 목소리를 높이고 있다는 사실을 언급했다.

미국국립과학아카데미National Academy of Sciences가 발행하는 학술지에 실린 한 논문은 1372명의 기후 과학자들이 발표한 논문과 이 논문의 인용 내역을 분석하고, 관련 연구 실적이 높은 축에 드는 과학자들의 약 98퍼센트가 IPCC가 내놓은 기후변화 현상에 동의하고 있다고 보고했다. 게다가 IPCC의 의견과 뜻을 같이한 과학자들이 그렇지 않은 과학자들보다 더 전문성이 뛰어나며 학계에서 인정받고 있다고 덧붙였다.[6]

물론, 어떤 컨센서스에 대해 다른 견해를 보이는 사람들은 언제나 있으며 이는 심지어 바람직한 일이다. 기후변화 문제의 경우, 모두가 도달하는 결론은 같다 해도 지역적 특성이나 변화의 속도 같은 세부 사항에는 불확실성이 존재한다. 이런 불확실성을 더욱 부추기려는 의도를 가진 사람들이 모여 소규모 단체를 꾸린 다음 조직적으로 움직이기도 하는데, 이들은 모든 과학 분야에 전문 지식을 객관적으로 적용하려는 과학자들을 향해 반기를 든다. 이런 단체들은 이른바 '기후게이트'로 알려진 이메일 해킹 사건처럼 어떤 실수가 있으면 득달같이 달려들어 마치 전체 과정과 결론에 중대한 문제가 있는 것처럼 과장한다. 독립된 여러 기관이 조사하여 내놓은 보고서가 기후게이트로 공개된 어떤 이메일에도 기후변화와 관련된 과학적 사실을 조작한 내용이 없다고 결론지었음에도 개의치 않는 것이다.[7]

따라서 회의론을 크게 두 갈래로 나눠 구분할 필요가 있다. 하나는 과학적 절차로서의 회의론이다. 이때 회의론자들은 지배적인 견해에 의문을 제기하고 이미 컨센서스에 도달한 입장에 혹시 허점은 없는지 되짚어보게 하는 역할을 한다. 다른 하나는 이념적 성향이나 상업적 목적을 앞세워 과학적 연구보다는 정치적·상업적 이득에 따라 어떤 관점을 공격하는 형태의 회의론이다. 이 유형에 속한 회의론자들은 '무조건적 반대자'나 '반과학적 무리'라고 불릴 수 있다. 이들은 건강한 회의론을 펼치는 과학자들과 분명 구분되어야 한다.

이 구분을 통해 과학은 건전성을 유지할 수 있다. 기후 과학 분야의 컨센서스에 제기된 반론이 전부 기후변화 부정론자들의 주장이라거나 석탄이나 석유 회사의 사주를 받아 진행된 과학적 연구의 결과라고 몰아가는 것은 위험하다. 그렇다고 후자와 같은 경우가 아예 없다는 말은 아니지만, 선한 의도를 가진 회의론 또한 분명 있다는 사실을 알고 이를 다행으로 여겨야 한다. 이런 회의론이야말로 과학이 건전하게 발전하도록 하는 핵심 요소이기 때문이다. 컨센서스에 제기된 반론을 묵살하는 행위는 오히려 연구를 올바르게 수행하고자 하는 의지를 꺾고 만다.

과학이 제시하는 결과가 유독 복잡해 보일 때는 상식을 발휘할 수 있어야 한다. 전문가들은 복잡한 사실을 걸러 우리가 꼭 알아야 할 내용을 전달할 줄 안다. 따라서 탐구심을 갖고 상식을 적절히 활용한다면 비전문가라도 누구나 자신만의 결론에 도달할 수 있다.

그렇다면 우리가 마주한 과업에 상식을 어떻게 적용해야 할까?

우선 과학이 어디에 어떻게 쓰이는지를 먼저 이해할 필요가 있다. 과학적 탐구의 관점에서 볼 때 과학은 '진실'을 찾아가는 활동이다. 일반적으로 무엇이 어떻게 작동되고 이 작동 원리가 다른 상황에서는 또 어떻게 적용되는지를 확실히 알아내기 위해 불확실성을 낮춰가는 과정인 셈이다. 높은 수준의 확실성을 확보하는 방식은 연구 분야나 적용 범위가 그리 넓지 않은 경우에 선택하기 좋다. 예를 들어, 한번 문제가 생기면 그 결과가 돌이킬 수 없을 만큼 처참한 화학 공장이나 핵 발전소의 경우 설계 단계에서부터 불확실성을 통제 가능한 수준까지 낮춰야 한다.

하지만 이 접근법을 광범위한 정책이나 경영전략을 수립할 때 적용하기는 어렵다. 마치 '확신이 서지 않으니 차라리 아무것도 바꾸지 않는 게 좋다'라고 말하는 것과 같기 때문이다.

광범위한 범위로 적용되어야 하는 정책이나 경영전략을 세워야 할 때는 앞으로 어떤 일이 일어날 것이며 도처에 어느 정도의 위험이 있는지를 종합적으로 고려한 상식적인 접근법이 적합하다. 다시 말해, 확실성이 아니라 지향해야 할 방향을 정하고 불확실성이 있는 부분을 가려내 불확실성 때문에 촉발될 결과를 분석하는 등의 포괄적인 의사 결정이 필요하다는 뜻이다.

상식이 이렇게 작동한다면 과학도 지속 가능할 것이다. 모든 일에는 어느 정도의 불확실성이 있다는 사실을 인정해야 한다. 어떤 일이 어떻게 전개될지 알고 싶다고 해서 모든 것을 미리 알 수는 없기 때문이다.

그렇다고 불확실성을 지연이나 방조를 정당화하기 위한 수단으로 악용하는 사람들을 용납해서는 안 된다. 이런 사람들은 '확실히 모르기 때문에 차라리 그대로 있는 게 낫다'라고 주장한다. 우리가 마주한 문제의 속성을 생각하면 이런 주장은 위험천만하다. 우리는 추후에 실수를 바로잡거나 새로운 정보가 들어오면 경로를 바꾸면 그만인 일반 정책이나 경제 사안이 아니라, 한번 잘못하면 결코 돌이킬 수 없는 결과를 초래할 문제를 다루고 있다. 따라서 이 문제에 있어서만큼은 어떤 실패도 용납될 수 없다.

이 상황을 쉽게 설명하기 위해 나는 다음과 같은 비유를 자주 사용한다. 만약 의사가 환자에게 당신은 언제라도 동맥이 막혀 치명적인 심장마비를 겪게 될 가능성이 높은 상황이라 진단을 내린다면, 환자는 즉각적으로 반응할 것이다. 반면 환자에게 향후 5년 안에 심장마비가 일어날 확률이 25~50퍼센트라고 말한다면, 환자는 "그럼 100퍼센트 확실할 때 알려주세요. 그때 어떤 치료를 받을지 생각해볼게요"라고 대답할 것이다. 그러나 후자인 경우라 할지라도 위기감을 갖고 즉각적으로 대응에 나서야 하다. 심장마비로 사망할 확률이 25~50퍼센트라는 말은 그럴 여지가 매우 높다는 경고이기 때문이다.

이 비유는 과학의 지속 가능성을 평가할 때 확실성을 문제 삼아서는 안 된다는 뜻을 담고 있다. 왜냐하면 확실성은 조치가 너무 늦어 결과에 아무런 영향도 미칠 수 없는 순간이 되어야 비로소 그 실체를 드러내기 때문이다. 우리 누구도 미래를 정확히 예측할 수는 없기 때문에 언제나 예방적인 조치가 필요하다. 우리가 직면한 문제의 심각성에 대해 과학자들이 낸 공통적인 의견이 무엇인지, 너무 서둘러 대응하거나 혹은 너무 늦게 대응했을 때의 결과가 무엇인지, 문제를 해결할 수 있는 타개책은 무엇인지 미리 따져보아야 한다.

이런 맥락에서 우선 다음 질문들에 대한 답을 찾아보자. 과학은 지구 생태계의 현 상태와 우리가 처한 위험의 정도가 얼마나 심각하다고 진단하고 있을까? 그런 상황에서 필요한 조치는 무엇일까? 만약 문제에 제대로 대처하지 못한 경우에는 어떤 결과가 초래될까?

지구 생태계의 현황을 연구한 논문은 그동안 꾸준히 발표되었다. 하지만 앞서도 언급했듯, '지구 생태계'를 추상적인 개념으로 받아들이면 생태계를 가끔 들러보는 '저기 어딘가'에 있는 공간으로 여기게 될 위험이 있다. 레이철 카슨 같은 사람들이 오래전부터 이런 인식의 문제점에 대해 지적해왔지만 아직 사람들의 태도가 크게 달라졌다고는 볼 수 없다. 이때는 '생태계 서비스'라는 개념을 도입해 이해하는 방식이 도움이 된다. 생태계의 여러 구성 요소가 인간 사회와 경제에 편익을 제공한다고 보는 접근 방식이다.

이런 방식을 잘 보여주는 대표적 연구는 2004년 발표된 『새천년 생태계 평가Millennium Ecosystem Assessment』다. 이 보고서에는 유엔의 요청을 받은 과학자 1300명이 지구 환경의 현재 상태를 다각도로 조사한 결과가 담겨 있다.[8] 이 보고서는 인간이 풍요로운 삶을 누리는 데 필요한 서비스를 제공하는 지구의 역량을 분류하고 평가했다. 이때 서비스란 식량과 같은 기본적인 요소부터 섬유처럼 세계경제를 꾸려나가는 데 필요한 다양한 자원을 아우른다.

생태계를 **인류의** 경제와 사회의 토대로 간주했다는 점에서 『새천년 생태계 평가』가 갖는 의미는 크다.

이 보고서는 생태계 서비스를 총 25가지로 분류했다. 그다음 전 세계에 걸쳐 이런 서비스의 상태를 분석한 연구들을 종합하여 지금의 활용치가 앞으로 얼마나 더 지속될 수 있을지를 평가했다. 이 구분 체계는 관광이나 자연으로부터 얻는 즐거움 같은 여가나 심리와 연계된 서비스도 포함했지만, 주로 식탁에 올릴 생선이나 먹거리를 제공하는 땅, 섬유의 원재료를 공급하는 숲, 기후 조절, 수질 정화, 물 공급 같은 직접적인 서비스에 초점이 맞춰져 있었다.

이 보고서는 25가지 서비스 중 16가지가 이미 지속 가능성이 결여된 상태에서 운용되고 있다고 결론짓고 그 내용을 다음과 같이 요약했다.

이 평가의 결과는 엄중한 경고와도 같다. 인간의 활동이 지구의 본래 기능에 과도하게 부담을 떠안긴 나머지 미래 세대를 지탱해야 할 지구 생태계의 역량은 더 이상 보장될 수 없는 지경에 이르렀다.

이쯤에서 '지속 가능sustainable'과 '지속 불능unsustainable'이라는 단어의 쓰임을 명확히 할 필요가 있을 것 같다. 이 단어들이 남용된 나머지 지금은 문자 그대로의 논리적 의미를 잃고 거의 관념적인 의미만 갖게 되었기 때문이다.

만약에 지속 불능 상태로 계속 사용되고 있는 한 시스템에 어떠한 조치도 취해지지 않는다면, 이 시스템을 더는 사용할 수 없는 시기가 올 것이다. 이 현상은 현실적인 문제다. 만약 음식과 물, 섬유가 충분하지 않거나 기후를 예측할 수 없는 상태가 되면, 우리가 현재 유지하고 있는 사회나 경제는 영속하기 어려워진다. 레이철 카슨은 인간이 환경의 일부이며, 우리의 경제와 건강, 생명이 모두 환경에 의존하고 있다고 말한 바 있다. 『새천년 생태계 평가』를 비롯한 다른 연구들을 통해 우리가 이제야 레이철 카슨이 수십 년 전에 주장했던 내용의 의미를 깨닫고 있는 셈이다.

지난 수십 년 동안 나는 하나의 가치 또는 관념이라는 생각으로 이 문제를 다뤄왔다. 환경오염이 나쁜 행동이라는 생각에서 비롯된 직감적인 선택이었다. 자연의 경이로움과 아름다움은 인간이 그동안 창조해낸 그 어떤 것보다 훨씬 더 깊은 감흥을 준다. 그런 자연을 돌보지 않는 것은 정말 어리석은 행동이 아닐 수 없다. 내게 이 문제가 가장 절실하게 다가왔던 것은 생물 다양성 위기 때문이었다. 지구에 사는 가지각색의 생명체들이 이토록 멋진 다양성을 갖게 되기까지는 수십억 년이 걸렸다. 그러나 이러한 생명체의 절반 이상이 불과 수백 년 만에 자취를 감췄다. 소비를 통해 순간적으로 기분을 전환하고자 했던 인간의 행동이 이런 결과를 초래했다는 사실이 수치스럽기까지 하다. 인간의 위태로운 오만함에 대해서는 달리 덧붙일 말도 없다.

그래서 지난 수십 년 동안 나는 수많은 강연과 모임에 참석해 사람들에게 인류애를 갖고 책임감과 도덕성을 발휘해달라고 호소했다. 현장에서 청중이 보인 반응은 꽤 뜨거웠지만 실제 삶 속에서 변화를 만들어내기 위해 행동을 바꾸는 사람은 드물었다.

이런 경험을 하고 난 뒤 나는 2005년부터 접근 전략을 획기적으로 수정했다. 지금 이 책에 담은 내용, 즉 환경문제가 우리 경제에 직접적이고도 즉각적인 영향을 줄 것이라는 생각을 처음으로 구체화한 다음 사람들에게 널리 알리기로 마음먹은 것이다.

이처럼 전략을 수정하고 케임브리지 대학 고위 경영자 과정에서 진행된 한 세미나에서 내 생각을 발표했던 첫날의 기억이 생생하다. 청중의 반응은 이전과 확연히 달랐다. 나는 더 이상 생태계의 붕괴나 자연을 경시하는 인류의 몰상식에 대해 떠들지 않았다. 대신 세계경제가 곧 붕괴할 위기에 처해 있으며 그 결과 연금과 개인 재산이 타격을 입고 기업 역시 위기를 맞게 될 거라고 경고했다. 그러자 이전과는 비교할 수 없을 정도의 뜨거운 반응이 나타났다. 환경문제가 생태계에 악영향을 미칠 것이라고 언급할 때는 미온적인 반응을 보이던 사람들도 개인 차원의 경제위기 앞에서는 완전히 다른 반응을 보였다. 지구가 당면할 위험보다는 경제나 경제성장에 가해질 위협이 다루기 더 까다로운 문제라고 여겼기 때문이다.

처음에는 이렇게 달라진 사람들의 태도가 유감스러웠다. 모두 우리가 속한 세계는 경시하고 돈만 중시하는 것 같아 마음에 들지 않았기 때문이다. 하지만 여러 고민 끝에, 비난의 화살은 태도를 달리한 사람들이 아니라 나 자신이나 나 같은 활동을 하는 환경운동가들에게로 향해야 한다는 생각에 이르렀다. 그동안 환경운동가들이 환경보호 문제를 실생활과 연결 지어 환기시키기보다 이것이 윤리적이고 정당한 행위라는 이유를 앞세워 사람들을 설득하려고 했기 때문이다. 어쩌면 우리가 대중보다 도덕적으로 좀 더 우위에 있다는 믿음에서 비롯된 행동이었는지도 모르겠다.

앞서 택했던 방식이 맞고 틀리고를 떠나, 역사적인 관점에서 볼 때 우리가 이런 쟁점들을 생생한 현실로 받아들이는 시기에 이른 것만은 분명하다. 문제를 파악한 시점부터 그 문제가 경제적이고 개인적인 차원에서 우리의 삶에 직접적인 영향을 주게 된 시점까지의 간격이 40년에서 10년 또는 그 이하로 짧아졌다. 이 속도에 상응하도록 이제는 노력의 강도를 더욱 높여야 한다.

『새천년 생태계 평가』는 이런 변화를 명확하게 반영했다. 우리는 관념적인 차원에서가 아니라 실제적이며 개인적인 차원에서 위협을 경험하고 있다. 이 위협은 환경보호와 경제성장 사이의 불균형 때문이 아니라 둘 사이의 인과관계 때문에 발생한다. 토양의 질이 저하되거나 기후변화로 강수량에 변화가 생기면 식량 공급 문제가 발생하는 식이다. 물고기를 남획하고 해양 생태계를 광범위하게 파괴한 결과도 식량 공급 문제를 일으키고 있다. 더구나 수십 억 인구는 깨끗한 물이 부족한 상황으로 빠르게 내몰리고 있는 실정이며 공업용수나 농업용수의 사정도 크게 다르지 않다. 이런 문제들을 비롯해 이와 유사한 모든 문제들은 경제성장과 지정학적 안정, 대내적인 치안 뿐만 아니라 우리 삶의 질에도 직접적인 영향을 미친다. 이런 영향은 단독으로도 일어나지만 서로 맞물려서도 일어나 극단적인 결과를 낳을 수 있다. 이쯤에서, 환경 파괴는 결국 경제적 손실로 이어진다는 말을 다시 한번 강조하고 싶다. 많은 사람들이 아직도 환경과 경제 사이의 상관관계를 온전히 받아들이지 못하고 있기 때문이다.

어업을 예로 들어보자. 현재의 추이에 따르면 세계 어획량은 붕괴 일로에 접어들었다. 사실 이미 수산 자원량의 30퍼센트가 줄어든 상태다. 2009년 『사이언스』에 게재된 한 연구는 인류가 현재 소비하고 있는 모든 어종이 2048년에 이르면 90퍼센트까지 감소하며 대부분 사라질 것이라고 발표한 바 있다. 이 연구에서 '사라진다'라는 말은 말 그대로 어업의 종말을 뜻한다. 현재 직간접적으로 어업에 종사하며 생계를 유지하는 인구가 9억 명에 달하고 동물성 단백질을 주로 생선에서 섭취하는 인구도 약 10억에 이른다는 점을 감안할 때, 어업 붕괴가 가져올 경제적·사회적 여파는 실로 심각할 것이다. 2008년 세계은행이 내놓은 연구 결과에 따르면 과도한 어획 때문에 해마다 500억 달러가 낭비되고 있다.[9] 어쩌면 우리는 이미 어업 붕괴의 영향 아래 살고 있는지도 모른다.

어업 붕괴는 어떤 결과로 이어질까? 1990년대 초반 캐나다 뉴펀들랜드주에서 일어났던 작은 규모의 어업 붕괴 현상을 예로 들면 그 여파를 어렵지 않게 짐작할 수 있다. 당시 연간 수십만 톤에 이르던 해당 지역의 대구 수확량은 불과 몇 년 사이 제로에 가까울 정도로 급감했다. 너무도 갑작스러운 변화였다. 최후의 조치로 급하게 어획량 할당제를 도입했지만 결과는 실패였다. 이렇게 대구 관련 수산업이 붕괴하면서 3만 명이 실직했고, 소득 지원과 재취업을 위한 직업 훈련 경비로 사용된 세금은 20억 달러가 넘었다. 만약 이 지역에서 대구잡이가 계속되었다면, 오늘날 그 가치는 9억 달러로 평가될 수 있었을 것이다.

어획량 감소 문제를 해결할 묘책으로 종종 양식업이 언급되기도 한다. 이론적으로는 가능해 보여도, 양식업의 경제 논리를 따져보면 어획량 감소 문제를 해결할 실제적 대안이 되기는 어렵다. 우선 연어나 참치 같은 양식 어종을 키우려면 그 어종 무게의 몇 배에 달하는 자연산 물고기를 먹이로 제공해야 한다. 더구나 사람들이 단백질을 섭취할 수 있는 값싼 생선이 양식 어종의 먹이로 소진되는 문제도 발생한다. 또한 양식업을 추진해 발생하는 생태계 서비스의 손실도 엄청나다. 『새천년 생태계 평가』가 참조했던 2001년의 한 연구에 따르면, 태국 맹그로브 지역을 보호하고 지금처럼 활용했을 때 얻을 수 있는 수익은 헥타르당 1000달러에서 3만 6000달러이나, 해당 지역에서 새우 양식업을 할 경우 수익은 헥타르당 200달러로 줄어들 것으로 예측되었다.

자연에 존재하는 물을 생각하면 우리는 흔히 해수를 떠올린다. 하지만 담수 또한 매우 중요하며 심각한 문제를 안고 있다. 담수는 20세기 들어 약 50퍼센트가 사라졌다. 이런 변화를 겪고도 담수가 제공한 생태계 서비스 가치는 한 해 약 2~5조 달러에 달한다. 담수 체계에 생긴 변화가 사람에게 어느 정도의 직접적 피해를 입힐 수 있는지 보여줄 예로 아랄해만 한 경우를 찾기는 어렵다. 아랄해는 카자흐스탄과 우즈베키스탄 사이에 위치한 세계 4대 호수 중 하나다.

아랄해의 물은 옛 소련 시절부터 관개용수로 남용된 탓에 서서히 마르기 시작해 2007년에 이르러서는 급기야 본래 양의 10분의 1까지 줄어들었다. 그 결과 아랄해에서 식수나 먹거리를 얻고 운송업을 하며 살던 약 3500만 인구가 더 이상 같은 방식으로 생계를 유지할 수 없게 되었다. 이런 물 부족 현상은 기후를 급격하게 변화시켜 아랄해 일대가 사막으로 빠르게 변해갔으며 사람들은 그 어느 때보다 덥고 건조한 여름과 추운 겨울을 경험하게 되었다. 물이 부족해지고 수질도 악화되었으며 황사까지 심해진 데다가 이와 연계된 다른 문제들까지 더해지며 온갖 종류의 질병이 나타났고 선천성 기형아 출산율 또한 증가했다. 아랄해에서 목격된 이와 같은 현상은 환경문제가 인간의 삶과 경제에 얼마나 폭넓게, 또 얼마나 직접적으로 영향을 끼칠 수 있는지를 여실히 보여준다.

『새천년 생태계 평가』에 기반을 둔 TEEB The Economics of Ecosystems and Biodiversity의 보고서는 최신 정보를 활용해 생태계 서비스의 가치를 정량화하고자 했다. 한 예로 중국에서 급성장하던 건설업을 뒷받침하기 위해 1950년에서 1998년 사이에 진행된 대규모 산림 벌채 사건을 들 수 있다. 이 시기의 경제성장 덕에 중국인들의 삶은 크게 개선되었지만, 그에 상응하는 대가를 피해 갈 수는 없었다. 대규모 산림 벌채로 홍수와 가뭄이 증가했고 이렇게 생태계 서비스가 파괴되어 발생한 경제적 손실은 한 해 122억 달러에 달했다. 이는 같은 시기에 벌목한 목재 시세의 거의 두 배에 달하는 금액이었다. 달리 말해, 중국에서 판매된 목재 1달러당 1.78달러의 생태계 서비스 가치가 손실된 셈이었다.[10]

이와 같은 자료는 생태계 붕괴가 경제 분야에 얼마나 폭넓게 영향을 미치는지를 보여주는 몇 가지 예에 불과하다. 이처럼 생태계가 바뀌고 붕괴되는 현상이 전 세계적으로 관찰되고 있다는 점을 고려할 때, 다음 두 가지 결론에 이르게 된다. 첫째, 경제 분야에서 발생한 영향은 세계적으로 퍼져 시스템 전체를 위협할 것이다. 둘째, 이런 위협은 우리의 손자 세대가 아니라 바로 우리 세대를 겨냥하게 될 것이다. 우리가 책임져야 할 시기에 곧장 그 여파가 나타나기 때문이다.

상황이 이러한데 우리는 왜 그동안 이렇다 할 대응을 하지 않았을까? 2008년 경제위기가 닥쳤을 때는 그토록 기민하게 반응했던 우리가 전 지구적으로 감지되는 긴박한 환경문제에 이토록 무관심한 이유는 무엇일까?

그 이유는 우리가 엄청난 증거들을 앞에 두고도 환경문제를 경제적 위기로 받아들이지 않는 데 있다. 우리는 환경문제에 대해 왈가왈부하는 주장을 듣기만 할 뿐 환경문제가 경제에 미칠 영향에 대해 온전히 받아들이지 못한다. 그래서인지 나는 가끔 이런 질문을 받기도 한다.

"저는 환경문제가 정말 심각하다고 생각하는 사람이에요. 그만큼 관심도 많고요. 그런데 말이죠. 열대우림이나 산호초가 사라지는 게 아무리 끔찍한 일이라고 해도 설마 우리한테까지 직접적인 영향을 줄까요?"

그동안 이어져온 여러 논란의 역사를 보건대, 이런 발언은 꽤 흔하다. 이 질문은 수십 년 동안 여러 환경운동가와 과학자가 쟁점을 '자연환경' 보호라는 틀에서 다루고 생태계에 미치는 영향에만 초점을 맞춘 결과라고도 볼 수 있다.

아직도 많은 사람은 자신이 '자연환경'에서 살고 있다고 생각하지 못한다. 대신 '어딘가 다른 곳'에 산다고 생각하며 환경보호를 추상적인 개념으로만 이해하고 만다. 사람들은 생태계와 진화라는 주제에 대해 기본적인 과학 지식을 갖고 있다. 따라서 이들이 글자 그대로 또는 논리적으로 자신들이 '자연환경'에서 살고 있다는 생각을 하지 못한다기보다 일종의 문화적 맥락에서 무의식적으로 반응하는 것으로 유추해볼 수 있다.

이런 인식은 사실 인류의 머릿속에 깊숙이 박혀 있다. 인간은 지난 수천 년간 '자연'과 거리를 둘 수 있는 방법을 찾아왔다. 역사적으로 '자연'은 극한의 날씨부터 위험한 동물에 이르기까지 여러 불편과 위험이 산재해 생존하기 어려운 환경이었기 때문이다. 그래서 인간은 꾸준하게 자연으로부터 멀리 떨어진 곳에 사회를 구축하고, 냉방이 되는 집과 잘 마감된 건물, 거대하게 뻗어나간 대도시, 냉난방 시설을 갖춘 안락한 대형 승용차 속으로 몸을 숨겼다. 모두가 이런 생활을 할 여유가 있는 것은 아니지만, 이것이 모두가 바라는 삶이라는 것만큼은 분명하다.

이런 맥락에서는 많은 사람이 자연을 우리와 시공간적으로 분리된 어떤 공간으로 여긴다. 따라서 환경보호라는 개념이 추상적으로 다가올 수밖에 없다. 이들에게 위협이란 숲이나 북극곰·오랑우탄·고래가 사는 환경에 가해지는 것이며, 미래 시대를 살아갈 손자 세대에서나 벌어질 일이다.

이 같은 문화적 경향은 인식의 변화에 찬성하는 사람들에게 통하는 일종의 자기강화적 순환 고리에 갇혀 있었다. 그린피스에서 일하며 나는 회원들이 '환경을 보호하자'라는 구호에 잘 호응하며 특히 멀리 다른 나라에서 온 포경선의 활동을 막아야 하는 경우 더 적극적으로 반응한다는 점을 알게 됐다. 그러나 1990년대에 들어 자가용을 타지 말자는 운동을 벌이자 회원들이 보인 반응은 외국 포경선을 막기 위해 50달러를 내달라고 했을 때 보인 반응에 비해 무척이나 시큰둥했다.

과거의 이런 사례들은 모두 흥미롭기는 하지만 불행히도 지금 시기에는 크게 유의미하지 않다. 생태계 붕괴와 자원 고갈이 경제에 영향을 미칠 것이라는 연구 결과에서도 드러나듯, 경제는 크게 타격을 받아 휘청거릴 것이고 전 세계와 각 개인 역시 이 현상 때문에 직접적인 영향을 받게 될 것이다.

니컬러스 스턴 교수는 기후변화가 전 세계적으로 미칠 영향을 수치로 환산해 발표했다. 스턴 교수는 기후변화 현상을 제대로 억제하지 않고 방치하면 영국 국내총생산GDP이 20퍼센트 감소할 것이라고 결론지었다. 그러나 이 결과는 다른 연구들이 보강되면서 보수적인 추산치로 평가되고 있는 실정이다.

경제적 영향이란 시스템이 실패하여 드는 직접적인 비용만을 의미하는 게 아니다. 대안이 될 수 있는 경제 기반을 새로이 다지는 데 드는 비용까지 고려해야 한다. 이런 추가 비용은 종종 변화를 지연시키고 싶어 하는 사람들의 핑곗거리로 이용되기도 한다. 하지만 상황은 이와 정반대여야 한다. 대자연은 우리를 기다려주지 않는다. 따라서 문제 상황을 내버려두면 악화될 뿐이며 대처가 늦을수록 비용은 더 많이 들 수밖에 없다. 국제에너지기구IEA, International Energy Agency는 **매년** 기후변화에 대한 조치를 미룰 때마다 새로운 에너지 기반 시설

을 만드는 데 약 5000억 달러의 추가 비용이 들 것이라 예측했다.[11]

그러나 생태계 파괴가 경제에 미치는 영향은 그리 단순하지 않다. 이 문제와 관련해 내려야 하는 의사 결정이 어려운 이유가 바로 여기에 있다.

이런 복잡성은 스톡홀름회복력센터Stockholm Resilience Centre가 지구의 위험 한계선에 대해 언급한 보고서에도 잘 드러나 있다. 이 연구는 인류 문명이 발전하고 번영하는 데 있어 중요한 역할을 해온 지구의 생명유지시스템을 9개로 분류하고, 이 시스템마다 우리의 안녕과 번영을 유지하기 위해 결코 넘어서는 안 되는 절대적 한계선이 있다고 주장했다. 『네이처Nature』에 게재된 이 연구는 이미 3가지 항목(기후변화·생물 다양성 소실·질소 수준)에서 인류가 지구의 한계선을 넘은 것으로 확인했으며 나머지 항목도 한계치에 근접한 것으로 보고했다.[12]

이 연구에는 농작물 생산량을 늘리려는 노력이 결국 지구가 흡수할 수 없을 정도로 많은 질소를 배출시키는 결과를 초래하고 마는 경우처럼 생태계 건강성과 경제 번영이 서로 연결되어 있다는 것을 입증할 수 있는 다양한 사례들이 언급되어 있다.

농작물 생산량을 늘리기 위해 필요한 질소 등의 영양분은 비료 형태로 토양에 뿌려진다. 그런데 토양에는 유익했던 비료가 바다로 흘러들어 가서는 역효과를 낸다. 비료가 해조류를 증식시켜 수중 산소 수치를 떨어뜨리면 결국 수중 생명체는 산소 부족으로 죽고 만다. 농작물 생산량이 늘어나 큰 경제적 이득이 생기는 반면, 마실 물과 어획량이 감소하고 강이 오염되는 심각한 경제적 손실이 함께 발생하는 것이다. 미국에서 담수의 수질 변화에 따른 경제 손실은 2009년 한 해만 놓고 보더라도 총 22억 달러에 이른 것으로 추산되었다.[13]

모든 생태계 서비스가 경제에 미치는 영향을 수치로 정량화한 연구들도 있다. 이 중 가장 종합적으로 접근했다고 평가받는 연구는 1997년 『네이처』에 실린 후 수천 회 이상 인용되어왔다.[14] 이 논문을 발표한 연구자들은 먼저 주제와 관련된 기존 논문들을 포괄적으로 분석한 다음 한 해 생태계 서비스의 총 가치를 16~54조 달러(평균 33조 달러)로 추산했다. 어느 정도 불확실한 측면이 있다는 점을 언급하면서도, 이 수치는 보수적으로 접근해 얻은 결과이므로 "최저치로 보아야 한다"라고 강조했다. 이 추산치와 대비해, 이 논문은 1997년 세계 국민총생산GNP이 18조 달러였다는 점을 상기시켰다. 도이치은 행의 파반 수크데프가 이끈 TEEB 프로젝트의 연구 결과는 기업인들과 정책 입안자들이 이런 사고방식을 자신들의 업무에 적용해볼 수 있는 몇 가지 유의미한 안을 제시했다. 연구들마다 제시하는 수치와 대책은 다를지라도 핵심적인 결론만큼은 다르지 않았다. 우리가 자연으로부터 얻는 것은 경제에 필수적이며, 이런 과정이 없이는 아무것도 생산할 수 없다. 그러나 대부분의 정치적 논쟁은 우리에게 여력이 있다면 '하면 좋을' 환경보호라는 틀 안에 여전히 갇혀 있는 실정이다.

이 말은 우리가 북극곰이나 판다처럼 환경운동가들이 말하는 소위 '카리스마 있는 거대 동물'(환경보호를 위한 모금 운동에 대표로 등장하는 큰 동물—옮긴이)을 보호하는 차원을 넘어선 상황에 놓여 있다는 의미를 갖는다. 지금 우리는 카리스마 있는 거대 동물보다는 부족한 카리스마를 가진 인간을 보호해야 할 단계에 와 있다. 따라서 환경이 붕괴되면 경제도 함께 붕괴된다는 사실을 결코 의심해서는 안 된다.

환경 훼손이 경제적 손실을 야기한다는 것이 분명하다고 했을 때,

훼손의 정도는 정확히 어떻게 파악할 수 있을까? 좋은 사업 전략이 그러하듯, 좋은 과학이라면 다른 자료에 대비해 우리가 내린 결론을 교차 검증할 수 있어야 한다. 이 말은 즉 여러 갈래에서 독립적인 증거가 필요하다는 뜻이다. 지구의 지속 가능성을 평가하는 데 있어 이런 증거가 차고 넘칠 정도로 많다는 건 참으로 다행이 아닐 수 없다.

지구생태발자국네트워크Global Footprint Network가 진행한 연구는 복잡한 문제를 아주 명쾌하게 알리고 있는 대표적인 사례다.[15] 저명한 국제 자문단의 감독하에서 활동하는 이 연구 단체 소속 과학자들은 『새천년 생태계 평가』에서 구체화된 다양한 생태계 서비스의 복잡한 양상을 해당 서비스를 유지하는 데 필요한 지구 표면의 면적으로 환산했다. 보고서는 이 방법과 관련해 "국제적으로 인정받은 자료에서 국가별, 연도별 데이터 5400개를 취합한 다음, 한 국가가 생태 자원을 생산하고 폐기물을 흡수하는 데 필요한 면적을 계산하고, 이 결과를 활용 가능한 면적과 비교했다"라고 설명하고 있다. 즉, 우리의 경제 체계와 생활 방식을 유지하는 데 얼마큼의 땅이 필요한지를 먼저 산정한 다음 그렇게 활용될 수 있는 땅으로 남아 있는 정도를 비교한 것으로 이해해볼 수 있다.

이 보고서는 또한 전 세계로 분석 범위를 확장하여 현재의 경제 규모를 유지하려면 우리에게 몇 개의 '지구'가 필요한지를 계산했다. 더불어 하나의 지구로 충분하다면 경제가 성장할 수 있는 여지가 얼마나 남아 있는지, 하나 이상의 지구가 필요하다면 어느 정도나 지구의 한계치를 넘어섰는지까지도 분석했다. 2009년을 기준으로 볼 때 사용 가능한 토지의 140퍼센트를 쓰고 있었으니 지구 1.4개가 필요한 상태와도 같았다.[16] 우리가 처음으로 지구의 역량 한계치를 넘어선 것은 1986년이었으며, 그 후로 내내 한계치를 넘어서고 있다. 이는 우리가 계속 자원을 소진하고 있다는 말과 같다.

개인 자산 운용이나 기업 경영의 차원에서 빗대어 생각해보면 이 결과가 의미하는 바를 훨씬 쉽게 이해할 수 있다.

예를 들어, 생계나 기업을 꾸리기 위해 두 개의 통장을 사용하고 있다고 생각해보자. 이때 한 계좌에는 원금이, 다른 계좌에는 원금에서 발생한 이자가 들어 있다. 그리고 이자가 든 계좌에서 이체하는 방법 말고는 원금을 늘리는 다른 방법은 없는 상황이다. 비유적으로 보면, 지구가 우리에게 원금인 셈이며 필요하다고 지구를 하나 더 만들어낼 수는 없다는 말과 같다.

매해 첫날, 원금 계좌에서 발생한 이자가 이자 계좌로 들어가는 경우는 우리가 지구로부터 얻는 모든 서비스로 비유해볼 수 있다.

만약 인류가 2009년에 지구를 운영하던 방식을 유지하며 생계를 꾸려간다면, 9월 25일 자로 그해의 이자 소득 전부를 소진하게 될 것이다. 그러나 그 날짜 이후로도 생활비는 계속 필요한 상황이니, 12월 31일까지 원금 계좌에서 돈을 인출하게 될 것이다. 비록 계좌에서 원금은 점차 줄어가지만 아직은 필요한 돈이 충당되기 때문에 생활 방식은 크게 달라지지 않을 가능성이 높다. 일상에서는 아무런 변화를 느끼지 못하는 것이다.

그러다 2010년 새해 첫날이 되면, 원금에 대한 이자가 다시 이자 계좌로 들어온다. 하지만 이번에는 2009년 하반기 석 달 동안 인출해 사용한 돈 때문에 원금이 줄어 이자 금액이 작년보다 적다. 그런데 2010년에는 (경제 규모가 성장함에 따라) 더 많은 돈이 필요해진다. 이자 소득은 줄었는데 지출 규모가 늘어나야 하는 상황이 되는 것이다.

그 결과, 2010년 이자 소득은 한 해 전보다 더 빨리 소진되어 2009년에 원금에서 인출했던 돈보다 **더 많은** 돈을 인출하게 될 것이다.

이런 경우, 돈을 빌리고 나중에 갚길 바라지만 불행히도 그럴 수 없다. 왜일까? 이미 수입보다 지출이 40퍼센트 많은 데다 매년 상황이 악화되어 결국 대출을 갚지 못하게 될 거라는 점을 은행이 알고 있기 때문이다. 원금 잔고가 지구라고 봤을 때, 우리에게 더 이상 빌려줄 수 있는 게 없는 경우나 마찬가지 상황인 것이다.

그럼에도 위와 같은 방식으로 한동안 생활을 이어나갈 수 있다. 더구나 자연스레 커진 경제 규모에 맞게 지출을 늘리고 더 많은 물건을 구입하기 때문에 해가 갈수록 생활이 더 나아지고 있다고 착각하기 쉽다.

그러다 어느 해에 원금 계좌의 잔고가 바닥에 가까워지면 이자 계좌 역시 채워질 수 없다. 이런 현상은 서서히 일어나는 게 아니다. 잔고가 없어지는 날, 급작스럽게 상황이 반전되며 가계가 무너진다. 공과금을 낼 수 없으며 식료품도 살 수 없다. 내 삶을 지탱하던 시스템이 그렇게 붕괴되고 마는 것이다.

실력을 갖춘 과학자들이 각기 다른 방식으로 이런 상황을 검토해 내리는 결과는 거의 동일하다. 은행에서 매월 발급하는 거래 내역서가 없는 상황이라면 과학자들이 내린 결론이 지구가 처한 현실을 가장 잘 반영한다. 과학자들은 우리가 얼마나 말도 안 되는 거래를 하고 있는지를 지적하고 있다.

이 상황과 관련해 미국의 물리학자이자 기후 전문가인 조 롬은 마치 세계경제가 기본적으로 거대한 폰지 사기(신규 투자자의 돈으로 기존 투자자에게 배당금이나 이자를 지급하는 방식의 다단계 금융 사기—옮긴이)처럼 움직이고 있다고 지적했다. 우리는 투자자들(즉 우리 자신)에게 이자를 지급하기 위해 원금을 사용한다. 그러다보면 어느 날, 원금이 바닥나면서 더 이상 기존 방식을 유지할 수 없게 될 것이다.

이런 비교를 하다보면 우리에게 과연 얼마만큼의 시간이 남아 있는지 궁금해진다. 우리가 과연 원금이 고갈되는 것을 막을 수 있을 만큼 지출을 줄일 수 있을까? 우리 때문에 이미 망가진 지구를 복원하는 방식으로 까먹은 원금을 원상 복구할 방법은 없을까? 이런 질문들은 남은 여러 장에서 계속 다뤄나가겠다.

스톡홀름회복력센터가 택한 획기적인 접근법은 앞으로도 크게 주목받아야 할 방식이다. 이 접근법은 시스템상에 어떤 한계가 있다고 전제하고 이 한계를 넘어서면 전체 시스템이 자기 가속화 과정을 거쳐 돌이킬 수 없는 방식으로 붕괴하게 될 것이라 설명하고 있다. 어업이 이 현상을 설명하는 좋은 사례다. 위험의 이런 속성 때문에 오차 범위를 감안해 한계를 설정해야 한다. 마치 공학 설계를 할 때 위험도를 평가하는 것처럼 말이다. 예를 들어, 누구도 항공기가 산산조각 날 때의 압력을 한계로 설정하고, 그 한계까지 다다르도록 항공기를 설계하거나 운항하지 않는다. 실패로 인한 결과는 대재앙이므로 오차 범위를 충분히 넓게 잡아야 한다.

이와 같은 연구에서 중요하게 생각해야 할 것은 각 보고서가 도달한 결론이 아니다. 오히려 중요한 것은 앞서 언급했던 과학적 절차가 지켜지는 상황에서 신뢰할 만한 과학자들이 팀을 이루어 각자의 관점으로 세계적인 차원의 쟁점들을 분석해 이른 결론이 기본적으로 **모두** 같았다는 사실이다. 지금 우리가 앞으로는 감당할 수 없을 정도로 빠르게 지구 자원을 소진하고 있고, 따라서 우리가 변하지 않으면 어느 시점에 이 시스템이 위기를 맞게 된다는 결론이었다. 더구나 이때 위기는 전 지구의 생태계 상황이 급작스럽게 악화되는 식으로 나타날 가능성이 높을 것으로 예상되었다.

이런 논란에 대해 말할 때, 사람들은 종종 극심한 기후 현상으로 인한 재해가 가져오는 지엽적인 영향에 초점을 맞춘다. 인간의 생활과 경제에 직접적인 영향을 주는 이런 예는 정말 흔하다. 내가 태어난 호주에서도 최근 몇 년 사이 이런 현상이 많이 나타났다. 기록적인 가뭄으로 식량 생산에 문제가 발생했으며 강물도 메말랐다. 몇몇 대도시에 물 부족 현상이 나타날 것이라는 예측 때문에 큰 비용을 들여 급하게 담수 처리 공장을 짓기도 했다. 유례없이 강한 기세로 들불이 일어나 수백 명이 죽은 데다, 2008년 3월에는 나의 고향을 쑥대밭으로 만들어놓았던 (3000년에 한 번 겪을까 말까 할 정도의) 폭염과 맞먹는 기록적인 불볕더위로 수백 명이 목숨을 잃었다.

내가 이 책을 쓰고 있는 와중에도 폭염 기록은 새롭게 경신되고 있다. 파키스탄에서는 큰 홍수가 발생해 많은 이들이 고통을 받았으며, 러시아에서는 기록적인 폭염과 심각한 가뭄으로 식량난이 예상되자 밀 수출을 금지시켰다. 기상 기록이 매번 경신되거나 극심한 기후 현상으로 인해 새로운 문제가 나타날 때마다 해당 기후 현상에 온 정신이 쏠리기 쉽다. 그러나 여러 과학 연구는 개별 사건이나 특정 해에 관심을 기울이는 대신 전반적인 경향성과 전 세계적 시스템에 미치는 영향에 관심을 집중하라고 조언하고 있다.

내가 이런 내용에 대해 수많은 과학적 증거를 제시하며 발표를 할 때면 사람들은 종종 이런 질문을 던진다. "그래도 **그렇게까지** 나쁜 상황은 아니죠? 대충 심각하다는 건 알겠는데, 솔직히 대중에게 충격을 줘야 뭐라도 실천할 거라는 생각에 환경운동가나 과학자가 과장하는 면도 있지 않나요?"

이런 질문을 받으면 나는 먼저 오늘 날씨가 참 좋아서 강연장까지 기분 좋게 걸어왔다고 말하고, 어젯밤 우리는 편안한 집이나 숙소에서 잠을 푹 자고 맛있게 아침을 먹은 뒤 이 자리에 모였다는 점을 상기시킨다. 이런 말을 하는 이유는 편안한 일상을 보내면서 전 지구의 생태계가 곧 위기에 처하게 될 거라거나 어쩌면 위기가 이미 시작되었다는 사실을 마음 깊이 받아들이기가 쉽지 않다는 점을 일깨우기 위해서다. 이런 방법으로 나는 위기 신호를 직접 보고 느끼지 않으면 문제의 심각성을 받아들이기 어렵다는 뜻을 전달한다.

이런 반응은 지난 수백만 년을 거치며 우리가 갖게 될 수밖에 없던 본능이다. 인류는 물리적으로 가까운 위치에서 당장에 일어날 위험에 대처하며 살았다. 다른 부족의 공격을 받을 때나 동굴 입구에 호랑이가 나타났을 때면 이런 본능적 감각이 우리의 목숨을 구했다.

이와 같은 본능적 감각은 우리에게 여전히 남아 있다. 아마 독자 대부분은 기본적인 욕구가 충족되는, 평안하고도 흥미로운 일상을 보내고 있을 것이다. 설령 문제가 있다고 해도 모든 체계가 붕괴되는 위기가 닥쳐오고 있다는 것을 실감하기는 어려운 생활을 하고 있기에, 우리는 오늘의 저녁 메뉴나 마감이 임박한 업무, 아니면 인간관계에서 비롯된 문제들에 더 마음을 쏟는다.

이때 가장 큰 문제는 위험이 물리적으로 가까이 있지도, 시간적으로 임박하지도 않았다고 느끼는 데 있다. 들불이나 가뭄, 홍수 같은 재해를 경험해본 사람들은 즉각적으로 대응하지만 그런 경우에라도 개인의 안전을 지키고 가족과 친구들을 보호하려는 마음이 앞선다.

우리가 직면하게 될 위협에 대해 경각심을 갖기 위해서는 많은 사람들이 어렵고 복잡하다고 생각하는 생태 과학 분야에서 도움을 얻어야 한다. 선택의 여지가 없다. 인간의 본능이 수백만 년이나 유지된 것을 감안하면 주어진 상황에서 최선을 다하는 수밖에 없다!

따라서 나는 여러분에게 전문가 집단이 객관적인 평가 과정을 거쳐 발표하는 과학적 사실을 지켜보며 이를 수용하거나 거부하라고 권하고 싶다. 왜냐하면 생태계가 붕괴되는 과정이 꽤 진행되기 전까지는 실제로 생태계가 붕괴되고 있다는 사실을 눈치채지 못하거나 눈치채지 않으려 할 가능성이 높기 때문이다.

그렇게 심각한 상황은 아니지 않으냐는 사람들에 질문에 나는 '아니다'라고 답하고 게다가 정말 상황이 심각하다고 덧붙이겠다. 또한 이미 언급했듯이 이 문제에 있어 과학자들은 이미 같은 결론에 이른 상태다.

미래가 어떤 방향으로 펼쳐질지에 대해 논의를 시작해야 하는 시점이다. 이 출발점에 서 있는 우리는 아주 '중차대한' 문제에 직면해 있다. 우리 경제 체계를 지탱해줄 지구 역량의 한계치를 우리가 이미 넘어섰기 때문이다. 한계치를 넘어선 대가는 우리의 삶에 직접적인 타격을 줄 것이다.

이제 어떤 일이 벌어질까?

지금부터 우리가 겪게 될 문제 속으로 깊이 들어가보려고 한다. 그렇다고 걱정할 필요는 없다. 분명 여러분을 문제 밖으로 다시 데리고 나올 테니까. 그러니 부디 이 여정을 끝까지 함께해주길 바라며 이번 장을 맺는다.

4장
대붕괴:
한계치를 넘어서다
THE GREAT DISRUPTION

우리는 그동안 변화를 선택하지 않는 한 지금의 경제모델이 지속될 것이라는 전제하에 경제나 기업, 삶을 꾸리기 위한 계획을 세웠다. 특별한 조치 없이도 이전 상태가 유지될 거라 생각했던 것이다. 하지만 이 전제는 명백히 틀렸다.

그렇다고 놀랄 것도 없다. 이미 반세기 전부터 과학·경제학·철학 분야의 저명한 학자들은 예측이 아닌 경고의 형태로 이런 전제의 위험성을 언급해왔기 때문이다. 만약 우리가 변화를 꾀하지 않으면, 이 경고가 현실로 닥칠 것이라는 지적이었다. 이런 맥락에서는 결과가 심각해지기 전에 달라지기로 결정할 것인지 여부가 관건이다.

전문가들의 경고는 과학적·철학적·관념적·정치적 영역에서 끝없는 논란을 부추겼다. 많은 사람들은 전문가들의 경고가 틀렸으며 그게 아니라면 적어도 과장되었다고 주장했다. 경고에는 일리가 있지만 설령 문제가 생긴다 해도 쉽게 해결될 거라고 말하는 사람들도 있었다. 지금껏 문제가 있을 때면 언제나 인류가 새로운 기술을 선보이고 타개책을 내놓았다는 게 그 이유였다. 이런 영민한 대처 덕에 문제를 방치했을 때 겪었을지 모를 결과를 인류가 잘 피해왔다는 것이다. 어떤 사람들은 소비를 부추기는 문화의 문제점을 지적했다. 이들은 소비지상주의가 사회적 문제를 불러일으키고 사람들이 삶을 무의미하게 살도록 만들었다고 지적하고, 그렇기 때문에 삶의 질을 높이기 위해서는 우리 사회에 더 적합한 경제모델을 구축해야 한다는 주장을 펼쳤다.

이런 논란은 오늘날까지도 지속되고 있다. 그렇다고 이런 상태에 계속 머물러 있을 수는 없다. 그동안 우리는 어떤 실천도 하지 않았다. 하지만 이제는 눈앞에 보이는 구체적인 결과가 우리에게 변화를 요구할 것이다. 이제 그 이유를 함께 알아보자.

이 설명에는 수학이 필요하다. 아주 간단한 수학이면 된다. 경제는 생태계와 아주 밀접하게 연결되어 있다. 앞에서도 언급했듯이 생태계는 이미 자기 역량의 140퍼센트를 사용하고 있다. 설령 상세 결과치에서는 차이가 난다고 해도 지구가 본래 역량을 초과해 가동되고 있다는 여러 연구의 결론은 단순 추측이 아니라 과학적으로 검증된 사실이라는 점을 잊지 말자.

현재 우리에게는 경제를 더 빠르고 강도 높게 성장시키기 위해 세운 몇 가지 계획이 있다. 우선 우리는 2050년까지 세계 인구를 90억 명 이상으로 늘리려고 한다. 유엔의 최대 전망치는 105억 명이었지만 여기서는 90억 명이 조금 넘는 중간 전망치를 택하고 얘기를 진행해보겠다.[1] 이 전망치는 세계 인구가 향후 수십 년 동안 한 해 평균 약 0.7퍼센트씩 증가한다는 의미를 갖는다. 유엔의 최저 전망치조차도

80억 명이다. 이 예상대로라면, 세계 인구는 현재 대비 약 3분의 1이 늘게 될 것이다. 인구 증가는 '중차대한 문제'를 1.33배 악화시켜 '더욱 중차대한 문제'를 만든다. 그런데 진짜 문제는 사실 그다음부터다.

우리는 또한 1인당 국민소득을 인구 증가 속도보다 더 빨리 늘리고자 한다. 국제통화기금IMF, International Monetary Fund과 호주 재무부는 2050년 1인당 생산량이 2005년 1인당 생산량 대비 3배 증가할 것이라고 예측했다.[2] 이는 1인당 생산량이 해마다 약 2.5퍼센트씩 증가한다고 가정할 때 나오는 예측치로, 우리 각자가 해마다 이전 해에 비해 2.5퍼센트 더 많이 생산하고 소비하게 된다는 뜻이며 **인구가 전혀 증가하지 않더라도** 세계경제 규모가 2005년 대비 3배 더 커진다는 말이기도 하다.

다른 데이터를 분석한 미국의 투자은행 골드만삭스 역시 이와 유사한 결론을 발표했다. G7에 해당하는 선진국에서는 1인당 GDP가 2050년까지 약 2배 증가하는 반면, 브릭스BRICs: 브라질·러시아·인도·중국와 N-11(Next 11. 브릭스와 함께 세계 최대의 경제 규모를 자랑하는 G7을 따라잡을 잠재력을 가진 11개 개발도상국)에서는 1인당 국민소득이 2006년부터 2050년 사이 평균 10배 가까이 늘어날 것으로 내다봤다.[3] 이 국가들은(특히 중국의 경우) 이미 세계 주요 경제 강국 안에 들었거나 아니면 경제 강국으로 급부상하고 있다.

늘어나는 1인당 국민소득에 인구 증가 요인을 더하면, 2050년 세계경제 규모는 지금보다 몇 배 더 커진다. IMF와 호주 재무부는 5배 증가를 예측했다. 다국적 회계감사 기업인 프라이스워터하우스쿠퍼스PwC, PricewaterhouseCoopers는 구매력을 기준으로 산정한 2050년까지의 한 해 평균 성장률을 3.2퍼센트로 예상했으며, 이는 오늘날에 비해 경제

규모가 3.5배 더 커진다는 의미로 해석될 수 있다.[4]

그러니 이제 3.5배에서 5배 더 '중차대한' 문제를 겪게 될 것이다. 지금도 140퍼센트의 역량으로 가동되고 있는 지구가 앞으로는 500~700퍼센트 수준의 역량을 가동해야 하는 상황에 놓이는 것이다. 물론, 자원 사용량과 1달러당 환경오염 물질 배출량을 낮춰 자원 효율성을 높일 수도 있다. 하지만 아무리 자원을 효율적으로 쓴다고 해도 한계치는 엄연히 존재한다. 어떤 물건을 환경오염을 줄이는 방식으로 만들 수는 있겠지만 그렇다고 만드는 행위 자체를 멈출 수는 없다. 이렇게 끊임없이 물건을 만들어낸다면 아무리 자원 효율성을 높인다 해도 우리가 성장 목표를 이루기 위해 소진하는 자원의 양에 비길 수는 없다. 이와 관련해 다음 내용을 함께 살펴보자.

2009년까지 지난 30년간 GDP 단위당 자원 사용량은 30퍼센트 감소했다. 이 말은 전년 대비 한 해 평균 1.2퍼센트만큼 더 효율적으로 자원을 사용했다는 뜻이다.[5] 일반적인 자원 사용량에서 나타난 이와 같은 추세는 에너지 사용 현황에서도 확인되었다. GDP 단위당 에너지 소비량은 1970년에서 2007년 사이 33퍼센트 감소했으며, 이는 우리가 한 해 평균 1.1퍼센트만큼 더 효율적으로 자원을 사용했다는 의미를 갖는다.[6] 이런 추세가 지속된다면 2050년까지 38퍼센트 더 효율적으로 자원을 사용할 수 있게 될 것이다. 긍정적인 변화다.

그러나 앞서 언급한 수치들에서 알 수 있듯, '디커플링'이나 자원 효율성이 높아지는 현상은 1인당 국민소득과 인구 증가 요인으로 상쇄되고 말았다. 뒤에서 다시 언급하겠지만, 사실 자원 효율성 상승은 소비를 더욱 촉진시키는 결과를 초래하고 말았다. 교토 의정서의 기준 연도인 1990년 이래로, 자원 효율성이 증가했음에도 불구하고 오염 물질 배출은 40퍼센트 증가했다. 우리 각자가 해마다 소득이 2.5퍼센트씩 증가하기를 희망하고 소득 1달러당 1.2퍼센트 적게 자원을 사용한다고 해도 환경에 미치는 영향은 계속 늘어날 수밖에 없다는 의미다. 오늘날 하루 평균 세계 인구의 자원 사용량은 1인당 22킬로그램이다. 그러나 지역적으로 비교해보면 아프리카에서는 1인당 하루 평균 자원 10킬로그램을 사용하는 반면 호주에서는 100킬로그램을 사용한다. 현재의 추세대로라면, 자원 사용량은 지속적으로 증가할 것으로 보인다.

자원 효율성을 포함해 앞서 언급한 여러 수치들을 종합해볼 때, 우리는 2050년이면 지구 역량의 300~400퍼센트를 가동해야 할 정도의 경제 규모를 원하고 있다는 결론에 이른다. 지구생태발자국네트워크는 독자적인 데이터와 예측을 통해 2030년대 초반이면 지구 역량의 200퍼센트를 사용하게 될 것이라 경고했다. 이는 우리에게 지구 두 개가 필요하다는 말과 같다.[7] 그렇다고 지구를 한 개 더 늘릴 수는 없으니, 문제가 심각하다 하지 않을 수 없다.

또한, 일정 크기만큼 경제 규모를 키우겠다는 계획이 건성으로 한 예측이거나 지금의 정책 기조를 무작정 따른 결과가 아니라는 점을 기억해야 한다. 이 계획은 세계경제와 사회의 열렬한 지지를 받고 있으며, 거의 대부분의 관계자들이 강한 의지와 정치적인 열의를 갖고 이뤄내고자 노력하는 목표이기도 하다. 거의 모든 정부는 경제성장을 하나의 성과로 제시하기 위해 노력하고 있으며, 이런 성과를 보여주지 못하면 유권자의 선택을 받지 못해 권력에서 밀려나게 될 것이라 생각한다. 앞서 PwC가 상대적으로 낮게 제시한 성장률 수치를 택한다고 하더라도, 2050년의 경제 규모는 지금보다 3.5배 더 커질 것이다. 구매력을 기준으로 산정한 한 해 평균 성장률 3.2퍼센트는 얼핏 작게 보이지만, 사실상 세계경제 규모가 22년마다 두 배씩 커진다는 것과 같다. 2009년에 지구 역량의 140퍼센트를 사용하기 시작했다고 보면, 그로부터 22년이 지난 2031년에는 지구 역량의 280퍼센트, 2053년에는 560퍼센트가 가동되는 셈이다.

하지만 이런 일은 일어나지 않을 것이다.

경제적으로, 환경적으로, 정치적으로 벌어지기 어려운 일이어서가 아니다. 이런 일이 벌어지기를 누구도 바라지 않기 때문도, 이런 일이 환경을 훼손하기 때문도 아니다. 이런 일이 현실화될 수 없는 이유는 물리학, 생물학, 화학, 수학이 따르는 법칙 때문이다. 확고하게 정립된 이 법칙에 협상의 여지는 없다.

이는 우리가 세계 사회에 대해 대단히 잘못된 가정을 품고 있다는 말과도 같다. 사람들을 가난에서 구제하고, 기존 70억 인구는 물론 새로 더해질 20억이 넘는 인구에 일자리와 먹거리를 지속적으로 제공하며 기본적인 욕구를 채워줄 수 있을 것이라는 기대는 한낱 망상에 불과하다. 분쟁이 곳곳에서 일어나기야 하겠지만 서구 세계가 생활수준을 끊임없이 높여가는 가운데 결국 전 세계가 비교적 안정된 상태로 굴러갈 것이라는 믿음 역시 마찬가지다.

다시 말하지만, 이런 일은 일어나지 않는다.

그럼 어떤 일이 벌어질까? 우리는 대붕괴를 경험하게 될 것이다. 무엇보다 경제성장이 멈추게 될 것이다. 지구는 꽉 차 버렸다. 5배는 커녕 2배가 늘어난 경제 규모도 지구는 감당할 여력이 없다. 그럼에도 우리는 2008년 경제성장이 멈춰버렸을 때 그랬듯 경제 규모를 다시 키우기 위해 전력을 다할 것이다. 그 과정에서 개별 국가나 회사는 어느 정도 성공을 경험하고 성장하게 될지도 모른다. 또 어떤 시기에는 성장이 세계적인 현상으로 반짝 나타날 수도 있다. 하지만 대규모로 수십 년간 지속되는 성장은 없을 것이다. 경제 체계가 의존하는 생태계, 그중에서도 기후 요인에서 비롯된 물리적 영향과 자원 부족이라는 물리적 제약이 성장을 가로막을 것이기 때문이다.

더 빨리 성장할수록 더 빨리 한계치에 부딪혀, 반작용은 더 강하고 위급하게 나타날 것이다. 경제성장에 집착할수록 경제성장이 종말을 맞게 되는 모순이 일어나는 것이다.

앞으로 수십 년간 경제는 전반적으로 침체된 상태로 성장과 위축을 반복하며 정치, 사회, 경제 분야에서 다양한 문제를 일으킬 것이다. 그사이 우리는 자연환경이 차례로 붕괴되어 인간과 경제에 미치는 여파를 감당해야 한다.

우리는 지정학적으로 불안정하고, 생태학적으로 혼란스러우며, 경제적으로 침체되는 시기에 접어들었다. 이제 이 시기에 나타나는 문제들을 모두 견뎌내는 **동시에** 세계의 정치·경제 모델을 새롭게 창조하는 절차에도 착수해야 한다. 새로운 정치·경제 모델을 만드는 과정은 두 요소가 혼합되는 양상을 보일 것이다. 이 과정이 펼쳐질 수 있는 길이 단 두 개뿐이기 때문이다.

어떤 체계가 한계에 부딪히는 경우, 그 위기를 계기로 사람들은 더 높은 수준의 생존 체계로 올라설 수도 있지만 더 낮은 수준의 생존 체계로 곤두박질칠 수도 있다. 위기를 발판 삼아 더 지적이고 의식을 갖춘 안정된 문명으로 발전해나갈 수도 있지만, 이와 정반대로 환경 과학자 제임스 러브록이 불가피하다고 말했던 손쓸 수 없는 쇠퇴의 시기나 재러드 다이아몬드가 말한 문명 붕괴의 시기로 접어들게 될 수도 있다는 뜻이다. 어느 쪽이든, 우리는 험난한 과정을 겪게 되어 있다. 그 과정에서 한 나라의 지정학적 위치나 경제 및 기후 상황과 관련된 대혼란이 일어나 수십 억 인구를 잃는 비극이 펼쳐질 수도 있다.

자, 그렇다면 여기서 잠시 멈춰 생각해보자.

이런 논리를 접하면 누구나 다음과 같은 감정적인 반응을 보일 것이다. 가장 대표적인 반응은 좌절과 체념이다. 이런 터무니없는 행동에 자신이 연루되어 있다는 사실에 스스로에게 화가 날 수도 있고, 우리를 이 지경으로 이끈 사람들에게 분노를 느낄 수도 있다. 또 다른 반응은 부정이다. "아, 전에 다 들어본 얘기인데 언제나 그랬듯 우리는 해결책을 찾을 겁니다"라거나 "과학에도, 당신들의 분석에도 오류가 있어요"라는 식으로 현실을 인정하지 않는 것이다. 이런 반응을 모두 접해볼 기회가 있었던 나는 각각에 대해 곱씹어 생각해보았다.

그러다보면 결국 내가 돌아가게 되는 곳은 수학과 과학에 기반을 둔 논리가 가진 정당성과 과학적 절차가 보여주는 객관성 앞이었다. 사람들은 언제나 각기 다른 모델과 수치, 예상을 두고 다툰다. 서로 상이한 분석을 내놓고 대안을 제시하기도 한다. 그러나 이런 논란은 우리가 마주한 문제에 큰 영향을 미치지 못한다. 문제의 규모가 명백하기 때문이다. 이미 자기 역량의 140퍼센트를 사용하고 있는 지구가 500퍼센트, 700퍼센트는 고사하고 200퍼센트까지만이라도 역량을 더 높여 쓰려고 하면 당연히 한계에 부딪힐 수밖에 없다.

나는 오래도록 이런 사실을 전 세계에 있는 여러 사업가와 정치인, 공동체 관계자 앞에서 발표하고 무수히 많은 질문에 답해왔다.

청중 대부분은 내가 전달한 내용에 충격을 받아 할 말을 잠시 잃었다가 "그렇다면"을 시작으로 다시 내게 질문을 던졌다.

현장에서 받았던 질문들에 대해 먼저 얘기해보겠다. 이 과정에서 독자들은 내 주장의 불가피성에 대해 감정적인 반응을 보일지도 모른다. 여러분의 우뇌가 이런 감정적인 반응을 처리할 수 있도록 시간을 준 다음, 다시 내 주장의 당위성에 대해 언급하겠다. 그러면서 내가 지금은 큰 희망을 갖고 살아가는 이유를 덧붙일 생각이다. 그 사이 좌뇌는 계속 책 내용을 따라 읽게 하길 바란다! 우리가 처한 상황을 제대로 파악하기 위해 이제부터는 반응을 논리적인 반응과 감정적인 반응으로 나누고 감정적인 반응에도 정당성을 부여할 생각이다.

논리적이고 이성적인 생각은 우리가 날조된 희망이나 헛된 믿음 또는 그렇게 되어야 한다는 바람에 좌지우지되지 않도록 돕는다.

이런 논리적 사고 방식은 1970년대에 폴 에를리히와 다른 학자들이 인간 활동이 환경에 미치는 영향을 설명하기 위해 만든 수학 공식에서 잘 드러난다.[8] 에를리히 방정식으로 불리는 'I=P×A×T'는 인간 활동이 환경에 미치는 영향(I)을 인구 크기(P)에 1인당 국민소득 수준(A)과 경제 산출량의 기술적 집약도 또는 우리가 소비하는 1달러가 미치는 영향(T)을 곱한 값으로 보았다.

즉, 환경에 영향을 미치는 세 가지 핵심 요소로 인구, 풍요, (사람의 소비 행동을 포함한) 기술을 꼽은 것이다. 바꿔 말하면, 우리가 환경에 미치는 영향을 줄이기 위해 조작할 수 있는 레버가 세 개뿐이라는 뜻이기도 하다. 우리는 기술을 향상시키거나 그 기술을 활용해 우리의 행동을 바꾸는 방식으로 인구수를 줄이고 풍요의 수준을 낮출 수 있으며 소비 1달러당 미치는 영향을 줄일 수 있다.

이 방정식은 현실로 이루어지기를 바라는 기대치가 아니라 실제 데이터에 기반을 두고 있어 환경문제를 분석하는 데도 도움이 된다.

이제 강연에서 가장 많이 받았던 다음 세 가지 질문에 에를리히 방정식에서 꼽은 세 가지 핵심 요소를 활용해 답해보고자 한다.

1. 문제는 인구입니다. 많아도 너무 많죠. 따라서 인구수에 관심을 가져야 하는 게 아닐까요?
2. 영향이 있으면 그때 반응하고 고치면 돼요. 어렵다고 해도 위기는 아닐 겁니다. 시장과 기술은 실로 놀라우니까요.
3. 경제를 다른 방식으로 성장시키면 됩니다. 물자와 에너지를 아껴 쓰고, 재생 가능한 자원 사용 비중을 늘리면 되지 않을까요?

첫 번째 질문은 특히 서구 사회에서 일반적으로 나타났다. "인구가 문제라는 거죠? 사람이 너무 많다고요? 그럼 줄이면 되겠네요!"

이런 반응은 인구문제와 관련해 지난 수십 년 동안 이어져온 반응과 별반 다르지 않다. 사실, 인구문제와 관련된 해답은 수학적 수치와 현실 정치에서 찾을 수 있다.

우선 'I=P×A×T'를 사용해 수학적 수치로 접근해보자. 인구 크기라는 레버를 우리가 잡아당겨 끌어 내린다고 해도, 전체 값인 환경에 미치는 영향은 조금 완화될 뿐이다. 유엔은 앞으로 수십 년 동안 세계 인구가 평균 약 0.7퍼센트의 증가율을 보이며 늘어나 (중간 전망치로 보아도) 2050년에는 90억 명을 조금 넘게 될 것이라고 예측했다. 설령 인구 증가율이 대폭 낮아진다고 해도 매년 약 2.5퍼센트씩 증가할 것으로 예측되는 1인당 국민소득 성장률은 바로 그 효과를 상쇄시켜버리고 만다. 성장은 여러 요소가 복합적으로 작용한 결과이기 때문이다.

다음으로 현실 정치의 관점에서 살펴보자. 개별 국가 단위에서는 자국에 필요한 인구 억제 정책을 세울 수 있고 실제로 정책을 시행한 경우도 있지만(특히 중국의 경우), 인구 증가 속도를 유의미하게 줄이자는 목표를 세우고 전 세계의 뜻을 한데 모으기는 사실상 어렵다. 여기서 인구 증가율과 1인당 국민소득 성장률을 비교한 결과를 떠올려보면, 우리가 부단히 노력해 인구 증가율을 절반으로 떨어뜨린다고 해도 지금 논의하고 있는 추세에는 별다른 영향이 없을 거라는 점을 쉽게 깨달을 수 있다.

인간이 환경에 미치는 영향의 정도를 대폭 줄이기 위해서는 세계 인구를 지금보다 현격한 수준으로 **감소시켜야** 한다. 증가율을 약간 낮추는 데도 막대한 노력이 필요한데 인구를 아예 감소시키는 전략은 실행이 더욱 어려울 수밖에 없다. 물론 부지불식간에 인구가 감소될 수도 있다. 하지만 인구 감소를 위한 노력이 우리가 위기에서 벗어나기 위해 추진해야 할 전략이 될 수 없다는 것만큼은 분명하다. 2050년은 30년도 채 남지 않았다. 2050년을 살게 될 사람들은 누구일까? 현재 전 세계 인구의 평균 기대 수명이 70세에 육박하고 있다는 점을 고려하면 2050년을 살게 될 사람 중 다수는 이미 지구상에 존재하고 있다.

여기까지 내용을 정리해보면, 인구요인은 고장 난 레버와 같으며 설령 고친다 하더라도 그 효과가 미비할 것이라는 결론에 도달하게 된다.

내 주장에 동의하지 않는 사람들은 자주 다음과 같은 질문을 던진다. "우리가 알아차릴 수 있을 정도로 충격이 커졌을 때 대응을 재빨리 한다면 큰 타격 없이 문제를 해결할 수 있을 거예요. 과거에 있었던 여러 환경문제나 사회문제도 같은 방법으로 잘 감당해오지 않았나요?"

이런 반응도 있다. "비관적인 전망이야 늘 있었죠. 그래도 우리는 잘 헤쳐왔어요. 시장과 기술이 가진 잠재력이 대단하니 이번에도 잘 해낼 겁니다."

이런 견해에 대해서는 특히 여러 차례 진지하게 자문해보았다. 일부 공감하는 데다, 내가 틀렸다면 바로 이런 견해를 무시한 결과라는 생각이 들었기 때문이다. 사실 역사적으로 보면 인류는 수많은 위기 앞에서 자신감 있게 대응해왔다. 획기적인 기술혁신을 통해 사회구조를 새롭게 다듬었으며 자칫 엄청난 위기로 이어졌을 뻔한 문제들을 잘 처리해온 것이다. 획기적인 기술혁신이 변화를 가져온 예로 가장 먼저 제2차 세계대전을 들 수 있지만 이 내용은 뒤에서 다시 언급하겠다. 그 외에도 1960년대 이후로 지속된 농업 부문에서의 녹색혁명이 개발도상국의 식량 생산량을 두 배 이상 늘어나게 한 사례가 있으며[9] 정보 통신 기술 역시 획기적인 기술혁신의 예로 꼽을 수 있다.

현재 연구 중이거나 상업화 과정을 거치고 있는 주목할 만한 기술이나 사업 모델은 에를리히 방정식에서 기술에 해당하는 T값에 지대한 영향을 미칠 수 있다.

하지만 내재된 문제를 기술이 아무리 잘 해결한다고 해도 애초에 크나큰 위기가 발생하는 것 자체를 막을 수는 없다.

기술이나 시장에 대해 철학적 입장에서 반기를 드는 게 아니다. 사실 지금껏 나는 환경문제를 해결할 힘이 시장에 있다고 옹호해왔으며, 그 변화를 만들어낸 기업도 직접 운영한 경험을 갖고 있다. 따라서 나는 당연히 시장에 변화를 이끌 힘이 있다는 입장을 견지한다. 올바르게 운영되는 시장에는 범세계적인 규모로 빠르게 변화를 이끌 수 있는 거대한 잠재력이 있다는 사실을 알기 때문이다.

그러나 이 생각을 단순한 믿음이나 희망이 아니라 수학과 과학에 근거해 차분하게 따져보면 과연 시장과 기술이 우리를 위기에서 구할 것인가라는 질문에 대한 답이 나온다. 그 답은 거두절미하고 '이번에는 절대 아니다'이다.

이런 답에 이르는 이유는 두 가지다. (이 중 우리에게 요구되는 변화의 규모와 속도와 관련된 이유는 뒤에서 다시 언급하겠다.) 먼저 첫 번째 이유는 과학적 사실에 근거를 두고 있다. 오염 물질을 방출하거나 생태계를 파괴시키는 행동이 생태계에 영향을 미치기까지는 얼마간의 시간이 필요하다. 오염 물질 방출이나 생태계를 파괴시키는 행동을 줄이려는 노력이 다시 생태계 복원으로 이어지기까지도 마찬가지다.

우리는 연간으로 목표를 세우고 분기별로 실적을 관리하며 24시간 단위로 뉴스를 소비하지만 지구는 그보다 더 길고 복잡한 단위로 가동된다. 미국의 상원 의원 게일로드 넬슨의 말처럼 "경제는 환경에 지분을 완전히 내어준 자회사와 같으며 그 반대 관계는 성립하지 않는다".

예를 들어, 오늘날 우리가 겪는 기후변화는 수십 년 전에 방출된 오염 물질 때문일 가능성이 높다. 온실가스가 대기 중에 열을 가두면 이 열은 대부분 바다 표면으로 흡수되기 때문에 당장은 기온이 상승하지 않는다. 그러다 수십 년이 지나 바다 온도가 오르고 나서야 우리는 비로소 이산화탄소가 기후와 지상 생태계에 미치는 영향을 실감하게 된다. 이런 사실을 확인한 미국국립과학아카데미는 1979년에 이미 다음과 같이 경고했다. "이산화탄소 배출량이 누적되어 기후변화를 실감하기 전까지는 어떤 경고도 나타나지 않을 수 있다."[10]

이런 온난화 현상이 눈에 띄기 시작했다는 말은 대기 중에는 이미 더 많은 이산화탄소가 정체되어 있다는 뜻이다. 이산화탄소는 대기 중에 오래도록 남아 있는 물질로 알려져 있다. 일부는 1000년이 넘도록 대기 중에 머물기도 한다.[11] 이렇게 대기 중에 누적되어 있는 이산화탄소가 지구의 기온을 계속 높이고 있는 셈이다.

실제적 피해가 얼마간의 시간이 지나고 나서야 나타나는 이런 지연 현상은 기후 외에 다른 환경문제에서도 나타나며 생태계 전반에 걸친 문제로 확대된다. 바닷물이 산성화되거나 오존층이 파괴되는 경우도 지연 현상의 대표적 사례이다. 바닷물이 산성화된 상태로 오래 있게 되면 산호초는 더 이상 군락을 형성하지 못하고 조개류는 단단한 껍데기를 만들어내지 못한다. 오래도록 계속 파괴되고 있는 오존층이 다시 회복하기까지는 우리가 원인을 파악한 시점에서 100년이 더 걸릴 것이다. 게다가 대부분의 생태계 시스템은 전혀 예측할 수 없이 작동된다. 처음에는 인간의 영향을 감내하며 버티다 어떤 한계치에 도달하면 갑작스럽게 변하거나 와르르 붕괴되는 식이다. 또한 우리가 원인을 밝혀내고 그나마 회복시킬 수 있는 경우라고 할지라도 원래 상태로 되돌리기까지는 오랜 세월이 걸린다.

요즘 북극해의 얼음이 녹아 빙하가 자취를 감추고, 식량 공급에 문제가 생기는 데다, 들불로 사람이 죽거나 재산 피해가 늘어나고 있다는 뉴스를 보고 있노라면 마치 대자연이 "이제 시작에 불과하다"라고 말해주고 있다는 생각이 든다. 정말이지 시작에 불과하다.

생태계 시스템의 이런 경향성을 염두에 두고 보면 한 가지 알 수 있는 사실이 있다. 지구 생태계가 운영되는 절차 속에는 변화를 이끄는 추동력이 이미 내재되어 있으며, 따라서 우리 사회가 얼마나 극적으로 대응하는지와는 무관하게 한번 발생한 충격은 수십 년에 걸쳐 지속될 거라는 점이다. 이런 충격을 약화시키기 위해서는 환경에 미치는 영향을 줄이는 것은 물론 시스템을 원상 복구할 방법을 적극 모색해야 한다. 이산화탄소 배출을 줄이는 것을 넘어 이미 대기 중에 있는 이산화탄소를 제거해 그 농도를 **낮출** 방법을 찾아야한다. 이산화탄소라면, 비록 실천이 어려울지라도 이와 같은 노력의 효과가 나타날 수 있다. 그렇다 해도 전 세계의 생태계 서비스 전반에 걸쳐 벌어지는 지연 현상까지 극복해낼 수 있을지는 여전히 미지수다. 불가능하다고 말하고 싶지는 않지만, 그렇다고 누구와 내기까지 할 자신은 없다.

아무것도 할 수 없다고 말하려는 건 아니다. 오히려 우리가 **더** 대단한 일들을 해야만 하고 또 하게 될 것이라는 말에 가깝다. 그리고 우리가 일단 대응하기 시작하면 놀라울 정도로 신속하고 광범위하게 대처하여 경제와 산업 부문의 역사에 길이 남을 만한 대변혁을 일으킬 것이다. 이 흥미로운 이야기는 추후에 다시 언급하겠다.

기술을 하나의 해결책으로 볼 때 내가 갖고 있는 생각은 간단하다. 기술이 중요하지 않아서가 아니다. 기술은 분명 중요하다. 다만 신기술을 개발하고 적용하는 과정이 시스템 안에 이미 내재되어 있는 생태적 변화를 이끄는 관성을 뛰어넘을 정도로 빠르게 진행되어 경제 및 사회에 닥칠 위기를 막기는 현실적으로 어렵다고 본다.

특히 우리에게 주어진 과제가 기술적으로 '해결할 수 있는' 문제라기보다는 정치적이고 경제적인 측면이 결부된 문제라는 점에서 더욱 그렇다. 이런 맥락에서 '지연'이란 과거의 잘못으로 초래된 경제·사회 분야에서의 문제 상황을 다뤄내는 시간이자 미래에 문제를 일으킬 원인을 바로잡는 시간으로도 이해할 수 있다. 즉 과거의 활동이 빚어낸 급격한 기후변화나 빈곤 같은 문제를 처리해가면서 미래에 문제를 일으킬 수 있는 이산화탄소 배출량을 줄여나가야 하는 시기인 것이다. 과거의 행동 때문에 발생한 문제들에 대응하다보면 미래에 발생할 문제의 원인을 완화시키는 데 필요한 경제적·정치적 역량을 제대로 발휘하기 어려워질 수 있다. 또 급격한 기후변화 앞에서 전 세계의 보험 업계가 붕괴될 수도 있다.

생태계의 변화를 이끄는 추동력은 무척 강력해서 그 힘을 넘어서기가 쉽지 않다. 문제가 위기로 바뀌는 것을 막기 위해 변화의 규모를 수치로 추정해보면 과연 이 변화가 일어날 수 있을지 의심하게 될 정도니 말이다. 그래서 나는 물리학과 수학의 법칙을 얕잡아 보는 기적을 믿는 대신 시장을 믿는다.

시장 집중형 기술을 옹호하는 사람들은 자원과 에너지 소비 증가 문제를 경제성장과 분리하는 방식으로 위기를 모면할 수 있다는 데 마지막 기대를 걸고 있다. 이런 기대는 지속 가능 경영을 추구하는 전문가들이 오래도록 지켜온 성배였으며 성장 딜레마에 대한 해결책이었다. 나 역시 한때 이 방식으로 성장 딜레마를 해결할 수 있다고 생각한 적이 있다.

이 입장은 경제성장을 자원 사용 및 오염 문제와 떼어낼 수 있다고 본다. 우리가 재생 가능한 에너지와 자원을 사용하고 자원 효율성을 크게 올리면, 경제 생산량 단위당 사용하는 자원과 에너지를 줄이면서 오염도 감소시킬 수 있다는 가정인 것이다. 이와 같은 '디커플링' 방식은 우리가 환경에 미치는 영향의 절대적 총량을 현격하게 줄여가는 동시에 경제성장도 이룰 수 있다고 본다.

이런 기대는 바람직하며 경제가 앞으로 지향해야 할 방향을 제시한다. 이와 같은 생각의 전환은 실제로 전 세계에 적용될 만한 유익한 사업 사례를 만들어내기도 했다. 제품 판매가 아니라 제품을 매개로 서비스를 판매하는 방식을 사업에 도입한 것이다. 소비자가 냉방 기기가 아니라 냉방 서비스를 사야겠다고 생각한다고 가정해보자. 즉, 소비자가 냉방 기기를 직접 사서 보관하기보다는 특정 온도나 습도를 원해 그런 서비스를 구매하려고 하는 상황이라는 말이다. 이 경우에는 기업이 냉방 기기를 보유한 상태로 냉방 기기 사용에 따른 에너지 비용을 지불해야 하므로, 처음 제품을 설계할 때부터 내구성, 재활용성, 효율성을 따지게 된다. 제품의 수리와 폐기, 에너지 소비에 드는 비용을 떠안는 주체가 소비자가 아니라 기업이 되기 때문이다. 이런 유형의 사업을 진행하는 기업은 제품의 내구성, 재활용성, 효율성을 높여 비용을 절감하는 방식으로 이익을 얻는다. 복사기 업계는 오래전부터 이 방식을 채택해 복사기를 판매하는 대신 한 쪽당 일정 비용을 받고 복사 서비스를 제공하고 있다.

다른 예로는 지속 가능성을 경영 가치로 삼고 있는 카펫 회사 인터페이스를 들 수 있다. 인터페이스는 지속 가능성을 중요하게 여긴 최고 경영자였던 레이 앤더슨이 설립한 회사로 '에버그린 카펫'이라는 임대 판매 제도를 선보였다. 소비자가 카펫을 임대하고 비용을 지불하면, 인터페이스는 카펫의 재활용성과 내구성을 높여 제품의 수명 주기 비용을 줄여나가는 식이다.

효율성을 높이는 이런 구조를 가동해 경제성장으로부터 자원 소비와 오염 문제를 분리할 수 있다면, 이 방식을 도입하면 그만 아닐까? 이것이 우리가 실천할 수 있고 또 실천하게 될 방식이라는 점은 분명하지만 또다시 우리는 수학적인 문제에 부딪히고 만다. 에를리히 방정식 'I=P×A×T'에서 T에 해당하는 경우다.

이 주제와 관련해 영국 정부 산하의 지속가능개발위원회Sustainable Development Commission는 2009년 중요한 연구 결과를 발표했다. 이 연구는 나의 친구이기도 한 조너선 포릿이 위원회의 의장을 맡아 시작되었으며, 전체 연구 내용은 팀 잭슨 교수가 『성장 없는 번영Prosperity Without Growth』이라는 제목의 보고서를 작성하여 정리했다.[12]

이 보고서는 이산화탄소 배출량과 경제성장을 분리하는 방식으로 이산화탄소 농도를 450피피엠ppm으로 조절할 경우를 가정해 2050년까지 우리가 겪을 수 있는 시나리오를 몇 가지로 정리해 제시했다. 그 내용을 읽기에 앞서 450ppm은 대부분의 과학자가 부적절한 목표치로 간주한다는 점을 반드시 기억해주기 바란다. 따라서 실전은 여기서 언급하는 것보다 훨씬 어려울 수 있다.

또 한 가지 기억해야 할 것은 이산화탄소는 경제성장과 디커플링하기 **가장 쉬운** 요소라는 점이다. 그러나 금속이나 플라스틱 없이 자동차를 생산하기는 정말 어렵다.

이 보고서에서는 시나리오 간 비교가 용이하도록 경제 산출량 1달러당 이산화탄소 배출량을 그램 단위로 제시했다. 2007년의 경우 전 세계의 경제 산출량 1달러당 이산화탄소 배출량은 768그램이었다. 이 보고서는 이산화탄소 배출량과 경제성장을 분리하는 **가장 쉬운** 해결책을 실현하는 데 필요한 변화의 규모를 다음 네 가지 시나리오로 구분해 제시했다.

1. 세계 인구수를 중간 전망치인 90억으로 두고 경제가 1990년 이래로 유사한 수준인 연 1.4퍼센트로 성장한다고 가정할 때, 2050년까지 우리가 줄여야 할 경제 산출량 1달러당 이산화탄소 배출량은 36그램이다. 2007년 대비 무려 95퍼센트를 줄이는 셈이다.

2. 세계 인구수가 최고 전망치 110억에 달할 경우, 경제 산출량 1달러당 이산화탄소 배출량은 30그램으로 줄여야 한다.

3. 만약 2050년에 90억 인구의 1인당 국민소득을 2007년 유럽연합 수준으로 유지하려면(이때 서구의 1인당 국민소득은 늘어나지 않는다고 전제한다) 경제 산출량 1달러당 이산화탄소 배출량은 14그램으로 낮춰야 한다.

4. 모든 나라의 경제 수준이 전반적으로 균등하고 생활수준이 2007년의 유럽연합 수준과 비슷하며 전 세계적으로 경제가 연 2퍼센트씩 성장한다면, 경제 산출량 1달러당 이산화탄소 배출량은 6그램으로 줄여야 한다. 2007년 대비 약 99.2퍼센트 줄어든 수치다.

이 수치를 통해 얻을 수 있는 교훈이 몇 가지 있다.

첫째, 이 수치는 1인당 국민소득과 비교해볼 때 인구 증가가 문제를 일으키는 주요 요인이 아니라는 점을 분명히 보여준다.

둘째, 이 수치는 요구되는 변화의 규모가 상당하다는 점을 일깨운다. 세계 인구수를 중간 전망치로 두고 선진국에서는 소득이 늘어나지 **않는** 것을 전제로 모두의 수입이 비슷하다고 가정한 세 번째 시나리오에서조차 2050년까지 **매년** 효율성을 9퍼센트나 개선시켜야 지금보다 경제 규모가 **6배** 더 커질 것으로 예측했다.

셋째, 이 수치를 통해 얻을 수 있는 가장 중요한 교훈은 경제성장을 이루면서 동시에 기후 문제를 처리하는 데는 초인적인 노력이 필요하다는 점이다. 오늘날보다 6배가 큰 경제 규모를 지탱할 수 있는 자원(산림·토양·물고기·식량·운송·광물·수자원 등)을 찾는 일과 비교하면 이산화탄소 배출량을 줄이는 것이 **가장 쉬운** 일인데도 말이다.

이 전략을 사용하기 더욱 어려워지는 이유는 '반동 효과' 때문이다. 반동 효과란 어떤 제품의 효율성이 커지면 우리가 그 제품을 더 사용하게 되는 현상을 일컫는다. 예를 들어, 자동차의 엔진 기술이 향상되어 연료 소모율이 줄어든 경우 차의 중량을 늘리는 식의 선택이 가능하다. 가전제품의 전력 소비 효율이 높아지면 더 큰 가전제품을 구매하고, 냉방 기기 성능이 개선되어 가격이 저렴해지면 집에서 더 자주 사용하게 되는 것도 반동 효과의 예다. 이 말은 우리가 1인당 소비 규모보다 기술에 중점을 두는 한 반동 효과는 계속 일어날 것이며 그 결과 다시 한계에 부딪히게 된다는 의미로 해석될 수 있다.

앞에서도 강조했듯 『성장 없는 번영』에 제시된 시나리오들은 모두 이산화탄소 배출량만을 고려하고 있다. 이산화탄소 배출량을 조절하는 것이 비록 어렵더라도 해볼 만한 도전이라고 보기 때문이다. 하지만 위기가 지금의 경제체제를 지탱하는 모든 자원과 관련되어 있는 데다 현재 지구 역량의 140퍼센트가 가동되고 있다는 점을 감안할 때, 위기를 피하면서 상황을 적기에 통제해주는 이른바 디커플링 시나리오를 적용하기는 도무지 불가능해 보인다.

이 보고서 역시 다음과 같은 결론을 내리고 있다.

> 90억 인구에 지속적인 소득 증가를 확실히 보장하면서도 사회적 정당성과 생태적 지속 가능성 조건까지 만족시킬 수 있는 시나리오는 아직 없다. 효율성을 지향하는 자본주의의 경향이 기후변화를 안정시키고 자원난을 막아줄 것이라는 가정은 지나치리만큼 단순한 착각이다.
>
> 성장이라는 딜레마로부터 벗어나기 위한 출구 전략으로 디커플링을 장려하는 사람들은 역사 속 증거와 성장을 가늠하는 기본 셈법을 더욱 면밀하게 살펴볼 필요가 있다. 자원의 효율성과 에너지의 재생 가능성을 높이고 재화 처리량을 감축하는 행위는 모두 경제활동의 지속 가능성을 보장하는 데 결정적인 역할을 한다. 그러나 이번 장에서 소개한 분석을 통해 시장경제 구조와 무관하게 오염 물질 배출량과 자원 사용량을 크게 줄일 수 있다고 가정하는 것은 완전히 헛된 꿈임을 알 수 있다.

디커플링이나 자원 효율성 증대와 같은 전략의 핵심 내용을 묵살하려는 의도는 전혀 없다. 이 전략에는 분명 크나큰 이점이 있으며 따라서 적극적으로 활용해야 하는 측면이 분명히 있다. 그러나 과연 이 전략을 통해 시스템 전반에 걸쳐 일어나는 위기를 막을 수 있을까? 다른 목표라면 충분히 시행해도 좋을 전략이지만 시스템 전반에 걸쳐 일어나는 위기를 막으려는 목표로 시행하기는 역부족이라는 게 이 질문에 대한 나의 답이다.

지금까지의 내용을 요약하면 다음과 같다.

- 우리가 직면한 문제는 명확한 과학적 증거를 바탕으로 널리 용인 되고 있다.
- 지금의 경제 규모에 비추어볼 때 세계경제를 운용하기 적정한 크 기로 맞추기까지는 초인적인 노력이 필요하다.
- 경제를 운용하기 적정한 크기만큼만 성장시키는 일조차 사실상 불가능하다는 것을 수학적 수치가 입증하고 있다.
- 시장과 기술은 결코 위기의 규모를 감당할 수 없다.
- 이런 증거에도 불구하고, 인류는 필수 불가결한 대대적인 개입은 고사하고 어떤 대처도 유의미한 수준으로 하지 못하고 있는 실정 이다.
- 배출된 이산화탄소가 생태계에 영향을 미치기까지 시차가 있다는 사실은 시스템에 내재된 추동력이 우리를 파괴 국면으로 몰고 갈 것이라는 예측을 가능케 한다.
- 우리가 적극적으로 대응에 나서지 않는 이유는 사회와 경제 분야 에서 나타나는 변화를 부정하는 힘이 매우 강하기 때문이다. 우리 가 이미 저항하고 있는 변화보다 앞으로 만들어내야 하는 변화가 훨씬 더 크다는 점을 고려할 때, 변화를 부인하는 힘은 지속될 것 이며 심지어 더 강해질 수도 있다.
- 따라서 전방위적으로 대처하여 위기를 **피할** 수 있다는 기대는 사 실 헛된 희망에 지나지 않는다.

이 모든 증거를 종합해 도달할 수 있는 결론은 하나다. 바로 '대붕괴'는 우리가 도저히 피할 수 없는 위기라는 점이다.

그렇다면 대붕괴는 어떤 모습으로 나타날까?

2008년의 경제 상황을 위기라고 여겼다면, 그리고 기후변화를 문화적·경제적·정치적 차원에서의 도전으로 받아들인다면, 대붕괴라는 역경을 버텨내야 한다. 우리는 경제성장이 멈춰 인류의 근간을 뒤흔들어버릴 사상 최대의 위기에 직면해 있다.

5장
성장 중독

THE GREAT DISRUPTION

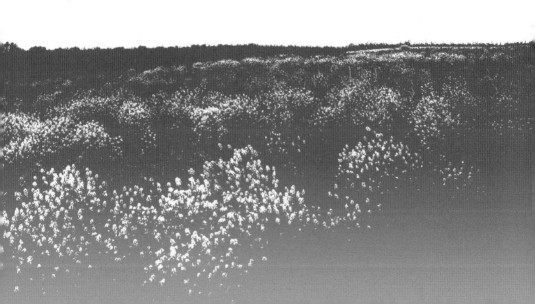

세계경제 규모는 반세기 전에 비해 약 5배 커졌다. 세계경제가 이와
같은 속도로 계속 성장한다면 2100년에는 80배 더 커질 것이다.

『성장 없는 번영』의 저자 팀 잭슨 교수의 설명이다. 잭슨 교수의
지적에 동조하는 전문가들이 늘어남에 따라 경제성장에 의문을 제
기하는 일은 이제 너무도 당연해 보이기까지 한다. 경제학자 케네스
볼딩의 경우, "유한한 세계에서 기하급수적인 성장이 영원토록 계속
될 것이라 믿는 사람은 미치광이거나 경제학자일 것"이라고 주장하
기도 했다. 그럼에도 성장은 모든 경제정책의 기저에 깔린 가치이자
세계 자본주의가 신성시하는 교리와도 같다.

잭슨 교수와 많은 전문가들이 제시하는 수치는 어느 시점이 되면
경제성장이 멈추게 될 것이라 못 박고 있다. 경제성장이 멈추는 구
체적인 시기와 원인에 대한 의견은 갈릴 수 있어도, 성장이 마냥 지

속될 것이라는 주장을 하기는 사실상 어려워진 것이다. 앞에서도 언급했듯이, 자원 효율성을 높이고 디커플링하는 방식으로 얼마간의 시간은 벌 수 있다. 그러나 어느 시점이 되면 우리가 살고 있는 세계가 유한하다는 사실을 더는 부인할 수 없게 될 것이다.

성장이 멈추는 상황이 과연 그렇게나 큰 문제가 될까? 기존의 경제모델이 더 이상 유효하지 않다는 것을 깨닫고 몇 번의 고비만 잘 넘긴다면 새로운 경제모델을 찾고 변화할 수 있지 않을까?

물론 가능한 얘기다. 하지만 몇 번의 고비는 대지진처럼 강력할 것이며 변화는 인간의 가치 체계와 정치 체계는 물론 우리의 삶까지 대대적으로 재정비해야 하는 상황으로 우리를 내몰 것이다. 이런 상황은 다음 두 가지 이유로 빚어진다. 첫 번째 이유는 물리적인 한계에 부딪혀 위기를 실감하기 전까지 우리가 쉽사리 변화를 꾀하지 않는다는 데 있다. 이는 오직 위기를 통해서만 빠르게 변화할 수 있다는 말과도 같다. 두 번째 이유는 성장이 현대사회와 촘촘하게 얽혀 있기 때문이다. 그러니 위기에 대해 논하기 전에 먼저 성장에 대한 이야기를 나눠보자.

앞서 언급했듯 나는 더 이상 강연에서 생태계 전반에 나타날 비극적 사례를 열거하는 방식을 쓰지 않는다. 대신 생태계 붕괴나 자원 고갈 때문에 우리가 단기간에 실감할 수밖에 없는 경제적 여파를 설명하고 경제성장이 멈출 수밖에 없는 이유를 함께 역설한다. 그럼 청중은 어설피 걱정하거나 대강 동조하던 태도를 버리고 문제 해결에 적극 동참하겠다는 의사를 밝히며 열띤 논쟁을 벌인다.

이 책의 근간이 된 「대붕괴」가 주목을 끈 이유는 내가 전 세계 생물 다양성의 절반이 사라진다거나 수백 년 안에 지구 생태계에 문명을 위협할 정도의 변화가 예측되며 또 전 세계의 지정학적 구도가 재편될 가능성이 있다고 지적했기 때문이 아니라, 경제성장이 즉각 멈출 수 있다는 전망을 내놓았기 때문이었다.

우리는 언제나 성장을 갈망한다. 성장은 어떤 정치 이념을 추구하든 모든 국가가 세우는 정치·경제 전략의 기본 틀이다. 기업의 경영 전략도 성장을 빼고는 논할 수 없다. 또 성장은 기업의 고위급 임원들의 근로계약 연장 여부를 결정짓는 요소이기도 하다. 그렇다고 성장이 '책임을 져야 하는 사람들'에게만 해당되는 주제도 아니다. 평범한 사람들도 성장을 각자의 발전 정도를 가늠하는 척도로 삼는다. 일반적으로 우리는 주택, 자동차, 생활 방식처럼 물질적인 요소로 가늠되는 재정 안정성이나 자산과 수입의 증가폭을 보고 누군가의 성공 여부를 판단한다. 게다가 성장을 정서적 안정감이나 자부심과 연결시키는 사람들도 있다.

이처럼 성장이 경제구조뿐만 아니라 정치적인 기대나 개인의 목표와도 밀접하게 연관되어 있는 탓에 성장이 멈추는 과정은 순조로울 수 없다. 인구가 증가함에 따라 자연히 늘어날 수밖에 없는 일자리 수요는 성장 문제와 결부된다. 기술 발전으로 자원 효율성과 생산성을 높이면 제품 생산에 필요한 근로자 수가 줄어들기 때문에 문제는 더욱 심각해질 수밖에 없다. 만약 경제가 효율성 개선에 따른 문제를 극복하고 인구 증가 문제를 해결할 만큼 빠르게 성장하지 못한다면 실업이 늘고 소비가 위축된 여파로 생산까지 감소하게 되면서 일자리 역시 줄어들고 말 것이다. 즉 성장이 일어날 때는 높은 기대감을 갖게 되지만 그러지 않을 때는 끔찍한 붕괴를 경험하게 된다는 말이다. 이쯤 되면 좀처럼 벗어나기 힘든 중독의 굴레가 만들어졌다고 봐도 과언이 아니다.

성장 중독은 꽤 복잡한 현상이어서 단 하나의 경제모델이나 경제 사조를 비난하고 끝낼 문제가 아니다. 그렇다고 자본주의나 서구 민주주의의 과오 때문도 아니며 세계적인 기업이나 갑부들이 만들어낸 음모 탓도 아니다. 또 성장 중독이 경제학 분야에서 등장한 터무니없는 신개념도 아니며 1980년대 세계화 물결 속에 대두된 시장 근본주의를 추구한 결과도 아니다. 이 모든 이유가 사실상 조금씩 전부 연관되어 있으므로 어느 하나를 주요 요인으로 꼽아 비난하는 것은 문제를 지나치게 단순화하려는 의도를 드러낼 뿐이다. 성장은 우리가 일궈온 사회의 핵심이다. 성장을 통해 우리가 누구이며 어디에 가치를 두고 살아가는지가 드러나기 때문이다.

따라서 향후 수십 년 사이 최소한 지금의 형태로 이어지는 성장이 더 이상 없다면 현대사회의 심장부는 심한 타격을 받을 것이다. 이때 성장이 어떻게 멈추는지는 충격에 어떤 영향도 미치지 못한다. 성장의 종식은 지구 생태계의 붕괴라는 근본적인 위기를 나타내는 징후이나, 적어도 초기에는 이 징후 자체를 실제 위기로 받아들이게 될 것이다.

그 이유는 성장 기반으로 운용되는 경제체제가 어떤 대안에 비해 더 우월한 방식이나 정책이라는 설명마저 훌쩍 뛰어넘는 지위를 갖게 되었기 때문이다. 우리는 분명 성장에 중독되어 있다. 그리고 이 중독 때문에 우리는 절망적인 구실을 구구절절 지어내다 마지막에는 망상에 가까운 변명까지 늘어놓으며 변화를 거부하고 말 것이다. 알코올중독 현상을 지켜본 사람이라면, 중독자들은 늘어나는 증거에도 아랑곳없이 부인만 하다 서서히 거짓말을 하는 단계로 넘어간다는 것을 잘 알고 있을 것이다. 자신의 중독은 사실 중독이 아니며 중독된 결과가 생각보다 그렇게 나쁘지 않다는 점을 합리화하며 점점 납득할 수 없는 행동을 보이다 현실과 동떨어지고 마는 것이다.

이런 상태는 자기기만 행위를 더는 유지할 수 없어 결국 사실을 인정하고 변화해야겠다는 결심이 설 때 비로소 바뀔 수 있다. 중독은 매우 압도적이고 직접적이며 또한 전방위적이기 때문이다.

경제성장에 중독된 상황을 벗어나는 데도 이런 과정이 필요하다.

경제성장이 종식되기를 **바라는** 입장에서 이런 주장을 펼치는 게 아니라는 점을 먼저 분명히 하고 싶다. 경제성장이 빈곤에서 벗어난 이들의 생활수준을 향상시키겠다는 기존의 목표를 이루는 데 특별한 기여를 하지 못하고 있다는 주장에 따르면, 경제성장이 멈추기를 바라는 입장에 서는 게 오히려 당연해 보이기도 한다. 하지만 이 부분은 뒤에서 다시 언급하겠다. 성장의 바람직한 면은 다가오는 위기와 크게 관련이 없다. 그런 측면이 변화를 만들어내는 원동력이 되는 게 아니기 때문이다.

내가 여기서 말하려는 것은 성장이 사실상 종식되었고, 그런 현상을 만들어낸 요인들을 바꿀 수는 없다는 것이다. 우리는 이제 새로운 현실에 적응해나가야 한다. 새로운 현실이 세계적 위기를 일으키는 데다 우리가 이 위기에 어떻게 대처하느냐가 지구 생태계는 물론 인류의 미래까지도 결정하기 때문이다.

하지만 우선 중독 문제로 다시 돌아가보자. 성장에 대한 생각과 갈망 자체가 나쁜 것은 아니다. 어쩌면 술을 마시는 행위와도 유사한 측면이 있다. 사람들은 사회적으로 용인된 이유로 비교적 건전하게 술을 마신다. 가령 다른 사람과 어색함을 깨고 싶다거나 친해지고 싶은 경우를 예로 들 수 있다. 술을 마시는 행위가 술의 풍미를 느끼고 사교 시간을 즐기는 전반적인 문화 활동이 되는 경우도 있다. 와인 애호가들의 경우처럼 말이다. 이런 이유로 술을 마시는 것은 나쁘지도 해롭지도 않다. 그러나 음주 운전으로 야기된 사망 사고나 상해 사고, 과음이 건강에 미치는 영향, 술에 취해 가족에게 행사하는 폭력이나 학대는 모두 치명적인 결과를 가져온다.

성장도 마찬가지다. 성장을 이끄는 요인은 많으며, 성장을 추구해 얻은 여러 가지 결과는 인류의 삶에 기여해왔다. 성장이 더 이상 우리의 삶을 윤택하게 하지 않을 것이라고 주장될지언정 본래 갖고 있던 취지가 나빴던 것은 아니라는 말이다. 삶의 질을 높이고 안정을 추구하며 노후 자금을 마련하고 품격 있는 여가를 즐기는 행위에는 아무런 문제도 없다.

이와 비교해 극심한 빈곤에는 고통을 상쇄시킬 긍정 요소가 없다. 이 말을 이해하기 위해서는 빈곤을 나름의 가치가 내재된 소박한 삶과 구분해야 한다. 어떤 사람들은 소유를 줄이는 것이 영혼을 맑게 하며 영적으로도 충만해진다는 종교적 믿음을 갖고 검소한 삶을 추구한다. 그러나 빈곤은 생활 방식이나 종교적 믿음으로 선택된 것이 아니다.

가난에서는 악취가 난다. 지난 수십 년 사이 수많은 사람들이 경제성장의 수혜를 입고 더 나은 삶을 살게 되었다. 경제성장은 또한 식량 안전을 보장했고 도시화를 촉진시켰으며 그 결과 사람들은 자기 분야에서 전문성을 키우며 삶의 질을 상당 수준으로 끌어 올릴 수 있었다. 음악, 미술, 문학처럼 삶에 기쁨과 통찰을 가져다주는 분야, 의료 서비스와 에너지 기술 분야, 믿고 먹을 수 있는 식료품을 공급하는 식품 공업 분야에서의 발전은 우리 삶의 질을 높이는 데 실질적으로 기여한 바가 크다.

따라서 문제는 번영을 추구하는 데 있지 않다. 오히려 현행 경제 모델의 중심부에서 관찰되는 마약 남용과 중독이 문제다. 이 마약으로 경험하게 되는 인위적인 '흥분 상태'는 합리적이고 이성적인 방법으로 번영을 추구할 길을 막는다. 여기서 마약이란 부를 증대시키고 이렇게 축적된 부로 물질을 소유하는 것이 번영이라고 여기는 인식 그 자체다.

한 가지 좋은 소식은 비록 우리가 중독 문제를 겪고 있기는 하나 이미 임상 실험 중인 치료법이 있다는 것이다. 사람들은 삶의 질이 언제, 어떻게 개선될지, 또 이런 개선을 이끄는 요소가 무엇인지 알고 있다. 이와 관련해 방대한 규모의 조사와 연구가 전 세계에서 진행되어왔는데 그 결과는 뒤에서 다시 언급하겠다. 요약하면 우리는 각자의 삶 속에서 눈에 띄게 개선된 부분이 없음에도 경제성장을 공격적으로 추구하고 있다고 말할 수 있다. 물론 극심한 빈곤 상태에서 갓 벗어난 사람들은 이 경우에 해당하지 않는다.

우리 사회가 문제를 인지하고 해결책을 찾아가고 있다는 것은 좋은 소식이지만 그렇다고 현실에 직면할 준비까지 제대로 마친 상황은 아니라는 점은 분명히 해야겠다. 더구나 지금처럼 상황을 계속 부인하기만 한다면 어려움은 배가 될 것이다. 우리는 종반전을 치르고 있을 뿐 경기는 아직 끝나지 않았다.

2008년 발생한 세계 금융 위기에 대한 대처를 보면 성장의 한계를 받아들이는 일이 얼마나 어려운 도전인지 금방 짐작할 수 있다. 물론 대기를 오염시키지 않는 에너지 생산처럼 환경보호를 위해 정부

지원금이 편성되는 흥미로운 정책도 일부 시행되었다. 그러나 정부의 기본 방침은 위험을 감수해서라도 경제를 다시 성장시키는 데 있었다. 진보 성향을 가진 버락 오바마 미국 대통령과 케빈 러드 호주 총리에서부터 보수 성향을 가진 앙겔라 메르켈 독일 총리와 공산주의자 후진타오 중국 주석에 이르기까지 전 세계 모든 정부는 다시금 경제를 성장시키기 위해 과감하게 재정을 투입했으며, 그 과정에서 정책 결정의 적절성이나 시급성에 이의를 제기하는 정치 지도자나 기업인은 하나도 없었다.

금융 위기를 일으킨 원인 중 하나가 성장에 대한 과도한 집착이라는 증거가 많았음에도 이의를 제기하는 사람은 없었다. 문제 해결을 위해 금리를 낮추자 금융기관들은 무분별하게 투자를 유치했고 사람들은 소비에 열을 올렸다. 그 결과 전 세계적으로 환경오염이 더욱 심각해지고 자원 고갈 현상이 심화되었으며 빈부 격차는 더 심화되고 말았다. 실패한 이 정책 결정을 바로잡기 위해 우리는 또다시 경제성장에 기대를 걸어야만 했다.

카를 마르크스는 대중에게 종교는 아편과 같다고 주장했지만 사실 종교의 이런 측면은 오늘날 크게 쇠퇴했다고 볼 수 있다. 오늘날 대중을 사로잡은 새로운 아편은 아마도 물질 소비일 것이다. 후진타오 중국 주석이나 조지 W. 부시 미국 대통령 같은 지도자들 모두 2008년 금융 위기가 발발하기까지 약 20여 년 동안 소비를 적극 권장했다. 그러니까 정치 이념과는 아무런 상관이 없었다는 뜻이다.

우리가 물질적 부를 늘리는 데 중독되자 각국 정부는 사실상 덫에 갇힌 신세가 되고 말았다. 실질적 수요에 맞게 공급이 이루어지지 못할 경우 자칫 정치적 혁명이 시작될 만큼의 즉각적인 지지 철회가 이어질 것이며 최소한 선거에서 패배하는 식의 심각한 위기가 닥칠 것이라는 점을 정부가 깨닫게 된 것이다.

여기서 중독의 정도를 명확하게 설명하고 넘어가려는 이유는 우리가 맞닥뜨릴 상황에 대한 이해를 돕기 위해서다. 경제성장이 우리를 벼랑 끝으로 내몰고 있다는 증거가 다분함에도 우리는 그게 사실이 아니라고 역설하기 위해 얼토당토않은 변명을 끈질기게 늘어놓을 가능성이 높다. 중독의 속성이 그렇기 때문이다.

어느 정도의 저항은 피할 수 없다. 앞서 나는 물리적 제약 때문에 경제가 지속적으로 성장하기는 어렵다고 주장했다. 그렇다고 경제성장이 갑작스럽게 멈추거나 위축되는 현상을 달가워하는 것은 아니며 오히려 이 현상이 사회를 불안정하게 만든다는 생각도 밝혔다. 정부뿐만 아니라 우리도 어느 정도 성장이라는 덫에 갇혀 있다. 우리는 성장 일변도인 경제 체계하에서 살아간다. 사실상 이런 체계 덕에 우리는 고용이 되고, 세금으로 시행되는 정부의 정책에 따라 혜택을 받고 있으며, 가난한 사람들이 빈곤에서 벗어날 수 있으리라는 기대도 품는다. 따라서 성장이 멈춰버리는 경우나 성장이 멈추는 상황을 세심하게 관리하지 않는 경우에는 모든 체계가 와해될 위험을 안고 있다.

그러므로 우리는 경제성장이 정지되었음을 인정하고 새 접근법을 따를 계획을 면밀하게 수립해야 한다. 새로운 계획이 저절로 실현될 거라는 생각은 그야말로 위험천만하다.

현재의 경제 체계가 성장 의존도가 높은 상태로 운용되고 있으나 그것은 초기 경제학자들이 애초에 그렇게 고안했기 때문에 나타난 현상이 아니다. 오히려 그들은 성장에 한계가 존재한다는 점을 인지하고 있었다.

경제학의 기틀을 마련한 학자 중 하나로 손꼽히는 존 스튜어트 밀은 결국은 "자본과 부가 정지 상태"에 도달하게 될 수밖에 없으며 이 상태에 도달하는 것이 바람직하다고 말하고, 그렇다고 "인류의 발전이 정지 상태에 도달한다는 뜻은 아니다"라고 덧붙였다.[1] 역사상 경제학 분야에 큰 영향력을 끼친 학자 존 메이너드 케인스 역시 "경제 문제"가 해결되는 시점이 도래할 것이며 그때가 되면 사회는 "남은 힘을 경제적 가치가 없는 일에 기꺼이 쏟아부을 것"이라고 예상했다.

문제는 성장이 멈출 수밖에 없으며 멈추는 것이 차라리 바람직한 측면이 있다는 사실을 우리가 가볍게 무시하고 아무 대책도 없이 시간을 흘려보내고 있다는 데 있다. 한마디로 우리는 물질 소비라는 마약에 중독되었을 뿐만 아니라 우리의 삶과 문화, 정치 체계, 경제 구조를 성장이라는 괴물과 엮어 복잡한 사슬을 만들어냈으며 이 사슬을 끊어내는 과정이 대단히 까다로워 사회 곳곳에 생채기를 남기게 될 것이라 정리해볼 수 있다.

경제성장이 되레 우리를 실패로 이끄는 이유가 무엇이며 그렇다면 경제성장 대신 우리가 추구해야 할 것이 무엇인지에 대한 논의는 뒤에서 계속 다뤄나갈 것이다. 여기서 한 가지 기억해야 할 것은 성장의 종식이 물리적 제약을 이유로 일어나는 현상인 탓에 우리의 의도가 개입될 여지가 없다는 점이다. 5억 인구가 살길을 잃고 10억 인구가 어업 붕괴로 단백질을 섭취할 방도가 없어지는 상황에서 성장이란 빛바랜 꿈일 뿐이다. 이산화탄소 배출량을 줄이기 위해 화석연료 산업을 없앤다면 3조 달러에 달하는 경제활동이 사라지고 만다.

그렇다고 화석연료 산업을 유지하면 기후변화는 통제하기 어려운 상태에 빠져 보험 산업이 타격을 받고 식량난이 발생하게 될 것이다. 물 공급과 난민 문제로 지정학적 위기가 수반될 가능성이 높은 것은 물론이다. 2008년 금융 위기 이전으로 경제성장을 되돌리려 한다면 석유난과 식량난은 최대치로 악화될 것이며 가격 또한 전례 없이 솟구쳐 결국 성장은 다시 멈추게 될 것이다.

따라서 문제는 성장이 멈출 것인지 여부가 아니라 성장이 **어떻게** 멈추게 될 것이며, 우리가 성장이 멈췄다는 사실을 **언제** 받아들이고, **어떻게** 새로운 현실에 적응해나갈 것인가이다. 그러므로 성장을 옹호하는 의견을 성장의 종식에 반대하는 입장으로 여겨서는 안 된다. 성장의 종식이 우리가 결정할 수 있는 차원의 문제가 아니기 때문이다. 성장을 옹호하는 의견은 차라리 성장의 종식이 얼마나 어려울지를 입증하는 또 하나의 증거라고 여기는 게 낫다.

그러나 모든 어려움 속에는 좋은 면이 있게 마련이다. 어찌 되었건 경제성장은 번영을 이루고자 했던 본래의 목적을 이루지 못했고 가난으로부터 사람들을 구제하지도 못했다. 여러 연구에서 제시한 수치를 보면 한 사회의 1인당 국민소득이 1만 5000달러 수준을 돌파하면 삶의 질에 대한 객관적 평가뿐만 아니라 삶의 만족도 같은 주관적 평가에서도 주목할 만한 상승세는 나타나지 않았다. 약간의 차이가 있을 뿐 이런 현상은 모든 정치 체계와 문화에 걸쳐 관찰되었으며, 기대 수명이나 유아사망률, 교육, 건강처럼 소득이 늘면 자연히 개선될 것이라 생각하는 기본적인 분야에서도 나타났다.[2]

삶의 만족도 조사는 더욱 흥미로운 결과를 보여준다. 기본적인 욕구가 충족되고 나면 만족도는 더 이상 높아지지 않으며 도리어 번영

에 있어 중요한 요소들에 부정적인 영향을 끼치기도 한다는 증거가
제시된 것이다.

이와 관련해『성장 없는 번영』에서는 다음과 같이 언급하고 있다.

> 영국의 경우, 1970년대 초 이래로 소득 수준은 평균 2배 높아졌다.
> 한편 '고독 지수'는 조사를 실시한 전 지역에서 높게 나타났다. 보고
> 서를 작성한 저자 가운데 한 명은 "1971년에 공동체의 연대감이 가
> 장 약했던 지역조차 요즘의 어떤 지역보다 강한 연대감을 갖고 있었
> 다"라고 말했다. BBC는 "부가 증대되고 이동 편리성이 개선됨에 따
> 라 사람들은 한결 수월하게 출근하고 등교하게 되었으며 은퇴 후 생
> 활이나 새로운 생활에도 쉽게 적응하고 있다"라고 보도했다. (……)
> 달리 말하자면, 이런 변화는 일정 부분 성장 그 자체에 영향을 받아
> 일어난다고 볼 수 있다.

가진 것은 늘었지만 삶의 질은 크게 달라지지 않은 경험을 누구나
해본 적이 있을 것이다.

사회 전반에 개선된 바가 많지 않다는 사실은 자료를 통해서도 명
확히 드러난다. 그런데 부와 행복이 서로 그다지 긴밀하게 연결되어
있지 않다는 사실에는 한 가지 중요하고도 흥미로운 예외가 있으며
이를 통해 사람들이 노력하도록 부추기는 데 성공한 시장의 비결이
무엇인지를 짐작해볼 수 있다.

지역이나 사회 단위에서 우리가 비교하는 대상보다 소득이 얼마
나 더 많고 적은지에 따라 삶의 만족도는 달라진다. 그렇기 때문에
사람들은 앞서가기 위해 최선을 다하고 자신이 속한 조직이나 사회

에서 경쟁한다. 이런 현상은 사람들을 더 열심히 일하게 하고 삶을 윤택하게 만들기 위해 노력하게 한다는 점에서 일면 바람직하다고 볼 수도 있다. 그러나 우리가 경제성장에 중점을 둔 탓에 환경이 오염되고 파괴된다는 점을 고려하면 사회 전체로 볼 때는 아무 이득이 되지 않는다. 아무리 애써봤자 크게 달라지는 것은 없다. 구조적인 문제가 사회 깊숙이 자리하고 있기 때문이다.

물론 많은 사람들은 오랫동안 소비 지상주의가 사회에 그다지 바람직하지 않은 영향을 미친다고 주장해왔다. 이 같은 의견을 가진 환경운동가, 종교 지도자, 경제학자, 철학자, 예술가도 많았다. 그들은 소비 지상주의가 갖고 있는 파괴적인 면모에 대해 지적하고, 보람을 얻을 만한 활동이 아닌 물질 소비를 통해 만족감을 느끼는 현상이 사회에 부정적인 영향을 미친다는 점을 꼬집었다.

소비 지상주의를 비판하는 사람들은 자본주의, 그중에서도 기업의 마케팅에 문제가 있다고 특정했다. 이 주장은 최근 몇십 년 동안 극단적인 소비 지상주의가 횡행한 이유를 설명하는 데는 쓸모가 있으나 그렇다고 이 주장대로 기업의 마케팅이 소비 지상주의를 일으킨 기저 원인이라고 말하기는 어렵다.

팀 잭슨 교수가 주장한 것처럼 소비 지상주의는 우리의 일상에 깊이 뿌리내리고 있다.

소비재는 우리에게 끊임없이 만족감을 선사한다. 물질적 욕구가 이미 채워진 다음에도 마찬가지다. 이 수수께끼를 풀 실마리는 소비재에서 사회적·심리적 의미를 찾으려는 우리의 성향에서 찾을 수 있다. 이런 현상은 소비자 연구 및 인류학 연구에서 나온 수많은 증거로 뒷받침되는데, 이 증거들을 통해 대단히 충격적인 통찰도 함께 얻을 수 있다. 소비재는 그냥 물건이 아니라 가족, 우정, 소속감, 공동체, 정체성, 사회적 지위, 삶의 의미와 목적처럼 우리가 정말 중요하게 여기는 대상이며 우리가 서로서로 끊임없이 주고받은 상징적 언어이기도 하다.

(……) 우리는 '소비재 언어'로 서로 소통한다. 예를 들어, 선물을 주고받는 경우 서로의 사회적 지위에 대한 정보를 파악할 수 있으며, 정체성, 유대감, 심지어는 서로에 대한 감정까지 간파할 수 있다.

기업의 마케터들이 이런 경향을 활용하고 심지어 악용하여 기이하게까지 보이는 소비 행동을 부추기고 있다는 사실을 부인하기는 어렵다. 사람들은 텔레비전과 냉장고가 탑재된 집채만 한 자동차를 굴리거나 어마어마하게 큰 집을 마련한 다음 방마다 텔레비전을 구비해놓는다. 배불리 먹고 나서도 음식을 터무니없이 소비하고 낭비하는 모습을 보이기도 한다. 이런 행태는 광기 어린 마케팅의 산물이며, 이때 이런 행태를 부추긴 마케팅은 소비자가 선택할 권리 뒤에 실체를 숨기는 부도덕한 면모를 보인다. 우리는 언제나 비난할 대상을 찾는다. 이 경우 비난할 대상을 찾는 일은 하나도 어렵지 않다. 그 대상이 다름 아닌 우리 자신이기 때문이다. 근본적인 원인은 우리가 생활 속에서 했던 선택에 있다.

그러나 경제성장은 꼬리에 꼬리를 무는 과정이 복잡하게 얽혀 있다는 점에서 소비 지상주의보다 다루기 까다롭다.

이 과정이 얼마나 복잡한지는 성장이 생태계에 미치는 영향이라는 문제가 효율성으로 해결될 수 없다는 사실로 입증된다. 효율성으로 말미암아 물품을 덜 생산하게 된 결과 생태계를 보호하고 비용을 줄여 소비자에게 혜택을 줄 수 있기는 하나, 사실상 효율성이란 효율성으로 해결한 문제를 재발시킬 뿐이다.

시장 주도 방식의 효율성은 물품을 생산하는 데 드는 자원과 노동력을 줄여준다. 그 결과 비용이 절감되어 수요가 늘고 사람들은 제품을 더 많이 살 수 있게 된다. 최근 수십 년 동안 우리는 이와 같은 경험을 해왔다. 예를 들어, 에너지를 절약해 돈이 생기면 사람들은 가전제품이나 에너지가 소비되는 서비스를 사는 데 그 금액을 지출했다. 1970년대부터 1990년대까지 승용차의 엔진 효율이 급격히 높아지자 새로운 사양과 부속품을 탑재하여 결국 차량 무게가 늘어난 경우도 마찬가지 사례다.

결국 시스템은 스스로 더 강화되어 다른 중독과 마찬가지로 특유의 사이클을 만들어냈다. 우선 우리는 다른 사람과 소통하고, 공허함을 채우며, 타인보다 더 성공했다는 것을 과시하기 위해 더 많은 물품을 갈망한다. 그럼 기업과 국가는 이런 물품을 효율성 높은 방식으로 생산해 제공하기 위해 앞다투어 나선다. 하지만 그렇게 비용을 낮추고 소비를 촉진시킨 결과 오히려 고용은 줄어든다. 그 결과 실업률 상승 문제를 해결하기 위해 경제를 성장시켜야 하는 상황에 놓인다. 그래야 사람들이 더 효율적으로 생산된 물품을 계속해서 구매하고 또 높아진 실업률로 정치적 불안정성이 증대되는 것을 막을 수 있기 때문이다. 실업은 삶의 만족도를 저하시킨다. 소득이 충분하지 않으면 사람들이 소비 지상주의로 물든 사회에 제대로 동참할 수 없기 때문이다. 이렇게 되면, 앞서 언급한 영국 사례에서처럼 사회적 부가 증대됨에 따라 고독 지수가 높아지는 현상이 나타날 수 있다.

잘 굴러가지 않는다는 측면에서 볼 때 시스템은 비정상적이나 스스로 강화되는 사이클을 가졌다는 점에서는 매우 효율적이라고 볼 수 있다.

이와 관련해 『성장 없는 번영』을 다시 인용해보겠다.

이런 이해를 바탕으로 우리는 진정으로 지속 가능한 형태의 번영을 이루기가 얼마나 어려운지를 명쾌하게 깨달을 수 있다. 이 도전은 무엇보다 먼저 우리로 하여금 다른 형태의 경제 체계를 모색하게 할 것이다. 그러나 이 방법만으로는 충분하지 않다. 우리는 제대로 작동되고 있지 않는 시스템 안에 우리를 가둬두는 제도적·사회적 제약을 극복할 수 있는 방법도 함께 모색해야 한다. 특히 사회 안에서 보이는 변화의 기회들을 잘 알아차리는 것이 중요하다. 가치 체계나 생활 방식, 사회구조 측면에서 변할 수 있는 부분을 포착해야 비로소 소비 지상주의라는 유해한 사회 논리로부터 자유로워질 수 있기 때문이다.

이렇듯 시스템은 설계상의 문제를 안고 있다. 지금 우리가 문제 상황에 놓인 이유는 시스템을 다시 제대로 설계하지 못했다거나 또는 여러 도전 과제들에 대한 타개책을 마련하지 못해서가 아니다. 우리는 분명 그렇게 할 수 있으며, 우리가 만들어내야 할 변화를 정의하는 작업은 이미 꽤 진척되어 있기도 하다. 변화는 과도기에는 특히 더 어렵고 복잡해 보일 수 있지만 그럼에도 실현이 가능하다. 자세한 방법은 뒤에서 다시 언급하겠다. 우리의 삶 속에서 즉각적으로 실천할 수 있는 행동을 비롯해 여러분과 공유하고 싶은 내용이 무척 많다.

앞으로 나아갈 방법이 분명 있다. 문제는 시스템이 너무 포괄적이고 자기 강화적인 데다 우리가 그야말로 마지막 순간이 될 때까지 변화를 거부한다는 데 있다. 우리는 궁지에 몰릴 때까지 중독에 맞설 생각을 하지 않는다.

현실적인 비교를 위해 상대적으로 쉬운 축에 속하는 기후변화 문제에 대한 우리의 태도에 대해 얘기해보겠다. 40년에 걸친 연구 결과 및 20년 동안 제시된 의심할 수 없는 과학과 경제 논리가 기후 문제가 있다는 사실을 뒷받침하고 있으며 나아가 이산화탄소 제로 경제로 전환하는 것에 여러 이점이 있다는 사실을 밝혀냈다. 그럼에도 불구하고 우리는 위기에 맞서 변화를 만들어내는 일에 전혀 적극적이지 않다.

이런 상황에서라면 성장과 소비 지상주의를 당장 버리고, 더 이상 전체 파이를 키우지 않으면서도 빈곤이라는 중차대한 문제를 해결해야 하며, 나아가 전 세계 경제를 지속 가능한 형태로 전환해야 한다는 목소리가 나와봐야 시스템은 거세게 저항만 할 것이다. 그래도 심각한 위기만이 변화를 이끌어낼 수 있기에 우리는 위기를 기꺼이 맞이해야 한다.

지금까지의 내용을 요약하면, 성장 욕구는 모든 나라의 정치, 경제, 문화 체계 속에 깊이 뿌리박혀 있다. 이런 이유로 변화가 불가피한 상황에서도 쉽게 변하지 못한다. 성장이 멈추는 경우에도 마치 2008년 금융 위기에 그랬듯 우리는 다시 성장을 추구하게 될 것이다. 그 결과 성장을 하게 되면 사람들은 "봤죠? 아직도 성장할 수 있어요!"라고 주장하게 될 것이다. 그렇게 되면 성장을 이뤄내는 과정에서 생태계를 파괴하고 자원을 소진한 탓에 우리는 또 벽에 부딪히고 성장의 한계를 경험한 뒤 다시 위축될 것이다. 그때마다 문제가 생긴 이유를 다른 데서 찾고는 맞춤식으로 문제를 해결할 수 있다고 주장할 것이다. 우리는 그렇게 시스템 설계상의 문제라는 현실을 도외시하며 부인을 거듭하는 쳇바퀴에 한동안 머물러 있게 될 가능성이 높다.

마약 중독을 치료하기 위해 더 많은 마약을 사용하는 방법을 택하고 마는 것이다. 그리고 궁지에 몰리기 전까지 이 방식을 고수하게 될 것이다.

2008년 금융 위기는 앞으로 어떤 일이 펼쳐질지를 미리 맛보여주는 좋은 사례였다. 한창 위기가 이어지고 있을 때 한 라디오 토크쇼에 전화를 건 청취자는 호주 정부가 보조금의 일환으로 대부분의 시민들에게 900달러짜리 수표를 보내기로 한 결정에 대해 이렇게 말했다.

그러니까 지금 겪고 있는 금융 위기가 돈이 없는 사람들이 필요도 없는 물건을 사는 바람에 지구가 붕괴 직전까지 가서 생긴 문제잖아요. 그런데 정부는 최선의 대응이랍시고 우리에게 돈을 더 쥐여준대요. 똑같은 일을 되풀이하라는 거죠. 이게 정말 최선입니까? 어쩌다 이 지경까지 오게 된 거죠?"[3]

6장
작은 지진:
성장이 멈춘 첫해
THE GREAT DISRUPTION

우리 생태계와 경제가 붕괴 일로를 걷고 있다는 사실을 2005년에 처음으로 깨닫게 된 나는 더 많은 이들과 이 견해의 타당성을 확인해보고 싶었다. 그래서 「절규, 붕괴, 붐」이라는 제목의 글에 이 내용을 담아 지인들에게 이메일을 보내보았다. 이 글은 몇 달에 걸쳐 더욱 멀리 퍼져나갔고 전 세계 각지에서 답장이 쇄도했다. 나의 주장이 정곡을 찔렀기 때문이었을까? 답장을 보낸 이들의 직업은 무척 다양했다. 기업의 최고 경영자부터 정부 관료, 대중을 상대로 활동하는 환경운동가까지 있었으니 말이다. 이들은 이미 현행 경제모델이 끝을 향해 가고 있다는 점을 깨닫고 있었다.

「절규, 붕괴, 붐」에 큰 관심이 쏠리면서 여러 나라에서 강연 요청이 들어왔다. 기업의 워크숍에서 경영진을 대상으로 강연을 했고, 활동가나 정책 입안자 모임, 대학의 세미나에 참석해 발표를 하기도 했다.

당시 강연을 들은 사람들은 보통 내 주장을 마지못해 받아들이는 모습을 보였다. 억지스러운 수긍에 가까웠다고나 할까? 사내 워크숍에서 강연을 할 때면 내 주장이 큰 틀에서 경영전략을 수립함에 있어 유용한 정보로 다뤄진다기보다는 '지적인 재미'쯤으로 소모되고 있다는 느낌이 들기도 했다. 10년 안에 시장에 불연속적인 변화가 나타날 것이라는 경고성 주장에 누구보다 주의를 기울여야 할 기업의 고위 관리자들이 이런 반응을 보인다는 사실이 나로서는 다소 놀라웠다.

내 주장에 대한 사람들의 반응을 케임브리지 대학의 지속 가능성 리더십 과정에서 운영했던 웨일스 공의 비즈니스와 지속 가능성 프로그램BSP 교수진을 대상으로 좀 더 체계적으로 연구해가는 과정에서 그 이유가 보다 분명해졌다. 나는 특히 이 세미나에 참석했던 수십 개국의 여러 기업과 단체에서 활동하는 지도층이 보인 반응을 3년에 걸쳐 살펴보면서 내가 견지한 입장을 시험해볼 수 있었다. 이들은 대체로 지속 가능성에 대한 사전 지식이 없는 상태였는데, BSP 세미나가 4일 동안 집중적으로 진행되면서 이들의 반응을 심도 깊게 관찰해볼 수 있었다.

이들의 반응이 가지각색이었던 만큼 기업의 경영진이 하나의 집단으로서 갖고 있는 생각뿐만 아니라 변화를 만들어내기 힘든 이유까지도 파고들 수 있었다. 이 분석 결과 중 특히 인상적이었던 것은 전체적인 변화의 추세 속에서 사람들이 보인 무력감이었다. 일부는 내 주장에 완전히 반기를 들었고, 설령 주장을 받아들인 경우라 하더라도 대체적으로 수동적인 태도를 보였다. 이런 반응은 지금 생각해도 여전히 놀랍다. 예를 들어, 이런 식이다. "아, 그럼 아무것도 못 하겠네요. 무슨 일이 벌어질지 지켜보는 수밖에요." 그러나 이들 중 다수가 사석에서 보인 반응은 강연장에서처럼 전문적이고 분석적이지 않았다. 술자리에서 이들은 개인적이고 감정적으로 반응했고 특히 가족과 자신의 경력 관리 문제를 고민하며 미래를 걱정했다.

3년간 전 세계를 돌며 나는 우리가 처한 상황은 마치 느린 화면으로 자동차가 충돌하는 모습을 지켜보는 것과 같다고 주장했다. 세계 경제가 생태계 파괴와 자원 고갈이라는 한계에 부딪치고 있으며 그 결과 결코 막을 수 없는 경제 위기가 임박했다는 주장이었다.

2008년 초에 이르자 정말 그 순간이 도래했다는 사실을 실감할 수 있었다. 2006년 중반부터 2008년 중반 사이 두 가지 '붕괴 지표'가 나타났기 때문이다. 첫 번째 붕괴 지표는 가격 인상을 동반한 자원 부족 현상이었으며, 두 번째 붕괴 지표는 위기가 가까워지고 있다는 사실을 보여줄 만큼 빠른 속도로 진행되는 생태계의 변화였다. 이 두 붕괴 지표는 그동안 내가 경제 규모가 지구의 역량 한계치를 벗어났다는 증거로 꼽고 예의 주시해온 현상이기도 했다.

내가 이 두 현상이 나타날 것이라고 확신한 시기는 2008년 초였다. 당시 내 강연에 참석했던 청중 대부분은 세계경제가 눈부시게 성장할 것이라 믿고 있었다. 특히 중국과 여러 개발도상국에 거는 기대가 컸다. 그 시기 다우지수가 12000에서 14000포인트 선에서 등락하다 한때 최저점까지 떨어졌는데도 사람들은 이 현상을 위험 신호로 받아들이지 못했다. 이런 상황에서 찬란한 경제성장이 우리를 되레 벼랑 끝으로 몰아붙일 것이며 결국 멈추고 말 것이라는 나의 주장이 그들에게 가닿기는 쉽지 않아 보였다.

특히 세계의 시장경제를 매일같이 일선에서 접하는 사람들은 이 사실을 더욱 받아들이기 어려워했다. 2008년 4월, 케임브리지 대학에서 열렸던 BSP 세미나를 예로 들어보자. 이 세미나에는 세계적인 기업이나 정부 기관, 또는 비정부기구의 고위 관리자 50명이 참석해 있었다. 이들 앞에서 나는 부정적인 경제적 여파를 더욱 단호하게 강조하며 주장을 펼쳤다. 경제 붕괴는 이제 피할 수 없는 현실이며, 경제가 실제로 붕괴되면 그들이 저축해놓은 은퇴 자금의 가치가 떨어지는 것은 물론 그들이 몸담은 조직도 모두 와해될 것이라 역설했다. 그러고는 내 주장의 기본적인 취지에 동의하는 사람이 있는지를 묻자 50명 중 단 3명만 손을 들었다. 이어지는 질문은 공세적이었다. 생태계가 위험에 처해 있다는 점에 대해서는 대체적으로 동의하면서도 이 문제가 결국 경제에 막대한 영향을 미치게 될 것이라는 주장에는 시큰둥한 반응을 보였다. 대부분은 나를 극단주의자 내지 곧 나쁜 일이 벌어질 거라 떠들어대기 좋아하는 사람쯤으로 여기는 걸 느낄 수 있었다.

교수진이 매일 모여 이 세미나의 진행 사항과 참가자들의 분위기를 확인했기 때문에 세미나를 진행한 다음 날 바로 참가자들의 반응에 대한 의견을 나눌 수 있었다. 우리는 세미나 참석자들의 강한 반응에 모두 놀라면서도 그런 반응을 보일 수밖에 없었던 이들의 속사정을 파악할 수 있었다. 회사에서 쌓은 경력에서부터 사적인 삶에 이르기까지 이 기업인들이 세계 시장과 조금이라도 연결되지 않은 구석을 찾기가 어려웠다. 게다가 이들은 경제성장이 인류에게 유익하다고 주장하는 사람들에게 둘러싸여 매일을 보내고 있었기 때문에 그 주장을 특별한 정치적 신조가 아닌 의심할 여지가 없는 하나의 명백한 사실로 여기고 있었다.

이들은 또한 세계경제가 성장하리라는 복음을 전파하는 것이 세미나에서 앞서 다루었던 뼈아픈 빈곤 문제를 해결할 유일한 방안이라 여기고 있었다. 가난은 이 기업인들의 삶과 극적인 대조를 이루었고 그래서 더욱 빈곤 문제를 해결하는 일에 진심을 다했다.

이들이 내 주장을 받아들인다는 말은 곧 자신의 삶 아주 깊숙한 곳에 의문을 제기해야 한다는 의미와 같았다. 세계적 차원의 지속 가능성과 사회적 쟁점을 주제로 한 세미나에 참석하기로 결정하고 사회 속에서 자신이 기여할 수 있는 부분을 고민하는 이들은 분명 좋은 사람들이다. 따라서 이들이 주도적으로 이끌던 시장과 매일같이 유지 보수하며 일상에서 사용하던 기기들이 결국 환경을 파괴하고 후손의 미래를 망치고 있으며 그렇다고 빈곤 문제를 해결하지도 못하면서 자신들의 재정 안정성마저 위협할 것이라는 주장을 받아들이기 쉽지 않았을 것이다.

강연 중 반발을 마주하는 것은 언제나 힘든 일이었다. 세미나실을 가득 채운 성공한 고학력자들이 내 의견에 반기를 들기 시작하면 무너지는 자존심은 차치하더라도 내 분석과 가정이 과연 옳은지에 대해 끊임없이 자문하게 될 수밖에 없었다. 내가 옳고 청중이 틀렸다고 생각하는 상황에서는 발표가 다분히 격해질 때도 있었다.

강연장에서 내가 발표하고 있는 내용을 믿는 사람이 오직 나뿐인 경험도 종종 했다. 그래도 이상하다는 생각은 하지 않았다. 내 견해를 널리 알리고자 하는 강연이었기 때문이다. 케임브리지 대학의 교수진이나 세계적인 과학자, 경제학자, 기술 분야의 전문가와 언제라도 교류할 수 있었던 것은 내가 누린 특혜였다. 2008년, 이들은 나의 주장에 대체로 동의했으며 다만 위기가 언제 일어날지에 대해서만 이견을 보였다.

혹시 내가 놓치고 있는 요소가 있는 건 아닌지 끊임없이 자문하는 사이 내 주장을 뒷받침하는 증거는 늘어났다. 특히 2007년 말에서 2008년 초 사이에 보고된 증거들은 참담했다. 그중 가장 대표적인 것이 북극 지역의 만년설이 빠르게 녹고 있다는 소식이었다. 2007년 여름철 해빙기 동안 북극 빙하의 면적이 사상 최저치를 기록했다. 북극 빙하의 면적은 2005년 관측 이후 100만 제곱킬로미터 넘게 줄어들었으며, 이는 1978년부터 2000년 사이의 평균치 대비 41퍼센트가 줄어든 수치였다.[1]

IPCC의 기후 모델이 북극해의 빙하가 지속적으로 녹아내릴 것이라 예측한 바 있었으나 그 시기가 너무 빨라진 탓에 과학계는 충격에 휩싸였다. 미국 국립설빙데이터센터의 수장이자 빙하 전문가였던 마크 세레즈 교수는 북극의 빙하가 "절벽에서 곤두박질치는" 식으로 급격하게 줄고 있다고 말하며 충격을 감추지 못했다. 세레즈 교수는 만약 이 상태가 지속된다면 2030년 여름철 해빙기에는 빙하가 흔적도 없이 사라질 것이라고 주장했다. 여러 기후모델이 내놓은 결과보다 70년이나 앞선 예측치였다. 이 발언 이후 지금도 흔하게 볼 수 있는 전형적인 반응이 이어졌다. 최근 연구에 따르면 북극해의 온도 상승은 **빙하의 면적 감소**와 크게 관련되어 있었다. 바닷물이 얼음만큼 태양의 빛에너지를 반사하지 못하기 때문에 벌어지는 현상이다.[2] 이는 올해 빙하 면적이 줄어들면 다음 해에는 더 많은 빙하가 녹게 된다는 예측을 가능케 한다.

이 사건은 지구 생태계의 붕괴를 짐작하게 하는 여러 가지 조짐 중 하나였다. 빙하, 가뭄, 홍수와 관련된 개별적인 사건들은 모두 한 방향을 가리키는 일종의 경고 신호와도 같았지만 북극의 만년설이 녹고 있다는 사실은 생태계 전체가 시스템 차원의 위기에 직면해 있다는 것을 보여주는 중대 사건이었다. 특히 이 사례는 얼음과 달리 열을 흡수하는 짙푸른 바다의 특성 때문에 위험이 연쇄적으로 일어날 수 있음을 보여주었다. 한 지역에서 빙하가 녹으면 해당 지역뿐만 아니라 지구 전체에 온난화가 발생하고 이 때문에 또다시 빙하가 녹으며 악순환이 이어지는 식으로 말이다.

비슷한 시기에 진행된 여러 연구는 시스템 차원에서 지구가 영향을 받고 있으며 이런 현상이 가속화되고 있다는 것을 보여주는 초기 징후들을 발표했다. 대표적 징후로 드넓은 툰드라 지역에서 빙하호 위로 메탄가스가 거품처럼 솟아오르는 메탄 거품 현상이 보고되었다. 이 동토 지대에 매장되어 있는 수십억 톤의 메탄이 대기 중으로 분출된다면 그 피해 규모는 실로 어마어마할 것이다. 메탄은 이산화탄소보다 강력한 온실가스이며 그 매장량 또한 상당하기 때문에 폭발하는 경우 온난화는 우리의 통제를 완전히 벗어나고 말 것이다.

시스템 차원으로 시선을 넓혀보면 바다에도 큰 위기의 징후들이 나타나고 있었다. 바다가 예기치 않은 속도로 빠르게 산성화되고 있다는 연구가 속속 발표된 것이다. 대기 중에 과도하게 축적된 이산화탄소를 바다가 흡수하는 이 현상은 다음 두 가지 결과를 초래한다. 첫째, 이 현상은 자기 강화적 성격을 띤 악순환을 만들어 기후변화를 촉진한다. 대기 중에 과도하게 축적된 이산화탄소를 바다가 흡수하면 이산화탄소를 흡수하는 해양 생태계의 능력이 약화되어 대기 중의 이산화탄소 농도가 계속 높아지고 결국 지구에 열기를 더하는 결과를 낳고 만다. 둘째, 해양 산성화는 새우 같은 해양 생물의 껍질 형성 활동을 막고 산호를 더디게 성장하게 함으로써 전 세계 해양 생태계를 황폐화시킬 위험을 안고 있다. 이렇게 되면 바다 생물의 먹이사슬 전체가 위협받게 된다.

이런 개별적인 징후들을 더 심각하게 보이게 만든 것은 세계 전역에서 사용되는 변수 값(해수면 상승 수치와 상승률·온실가스 부피·대기 중 이산화탄소 농도·지구 평균 기온의 상승치 등)이 정책 수립의 기초가 되는 IPCC의 전망 최고치와 같거나 그보다 더 높았다는 점이었다. 이 말은 문제를 일으킨 원인도, 생태계의 반응도, 모두 예상보다 심각했다는 뜻이다. 이런 상황은 두 가지 현상이 동시에 벌어지고 있다는 것을 의미했다. 문제를 일으킨 원인과 생태계의 반응이 모두 예상보다 훨씬 심각했던 것이다. 정신이 번쩍 들고도 남을 상황이었다.

과거 경험에 비추어 나는 변화가 가속화되고 있다는 것을 보여주는 생태계의 징후들을 지구 역량이 한계치에 도달했다는 것을 보여주는 증거로 여겼지만, 문제 해결을 위해 이미 연대한 사람들을 제외하고는 누구도 이 현상에 큰 관심을 쏟지 않았다.

사람들의 관심을 제대로 끌기 위해서는 우리가 실제로 한계에 부딪히고 있다는 것을 보여줄 만한 **경제** 지표가 필요했다. 이런 목적으로 가장 적합한 후보는 식량과 석유 같은 항목의 물가다.

석유는 사람들의 관심을 끌기 좋은 지표다. 언젠가는 석유 생산량이 정점에 도달하고 그 후로는 줄곧 생산량이 줄어드는 시점, 즉 '피크 오일'을 경험하게 될 것이라는 예측이 오래도록 지속되었기 때문이다. 경제성장과 석유 소비 간의 상관관계가 명확하게 규명되어 있었기 때문에 이 개념을 활용하면 '성장이 한계치에 도달할 것'이라는 논리를 사람들에게 쉽게 이해시킬 수 있었다. 또한 자원이 고갈

된 경우에는 가격이 상승하는 등의 대안이 가동되는 식으로 시장이 자정 능력을 발휘할 것이라고 믿는 기술 낙관주의를 시험해볼 기회이기도 했다. (이론적인 측면이나 장기적 측면에서 볼 때 이 관점은 분명 옳다. 그러나 가격이 완만하게 상승되지 않는 한, 변화 및 그 시점을 늘 따져봐야 하는 정치와 경제 분야에는 크나큰 어려움이 발생한다. 게다가 가격이 실제로 이렇게 오르는 경우는 극히 드물다.)

피크 오일은 우리가 실제로 한계에 도달했다는 사실을 깨닫게 해주는 좋은 예다. 충격이 갑작스럽게 나타난다는 점에서 앞서 언급했던 어업의 붕괴와도 개념적으로 비교할 만하다. 석유가 당장 고갈될 거라는 말이 아니다. 사실 지금은 고갈과는 거리가 먼 상태다. 피크 오일이란 세계에 석유를 공급하는 방법 중 하나인 석유 추출 속도가 최대치에 이른 지점을 말하며, 이 정점을 지나면 남아 있는 매장분을 추출하기가 점점 더 어려워진다. 즉, 추출하는 석유의 양이 아니라 석유를 추출하는 속도가 전 세계에 필요한 만큼의 석유 공급에 문제를 일으키는 셈이다. 생산이 제 속도를 내지 못하는 반면 수요는 계속 증가해 가격이 요동치며 급상승하게 된다. 석유는 우리 경제에서 빠질 수 없는 요소인 데다 차선으로 빨리 옮겨 갈 대체제도 없다. 미국의 에너지부는 심각한 에너지 위기가 가져올 대규모 경제 손실을 피하려면 20년에서 30년 앞을 내다보고 대비책을 마련하는 길밖에 없다고 발표했다. 30년 전에 이런 훌륭한 생각을 했더라면 얼마나 좋았을까!

2008년 석유 가격이 기록을 경신하며 상승하자 이제 본격적인 게임이 시작된 듯했다. 석유라는 단일 품목의 자원이 한계치에 도달했다고 설명하기는 쉽지만, 시스템 차원에서의 자원과 생태계의 한계, 그리고 경제적 영향 사이의 관계를 설명하기는 쉽지 않다. 현재의 세계경제 속에서 운용되는 시스템이 대단히 복잡하다는 사실이 하나의 이유가 될 수 있다. 이 경우 석유보다는 식량이 더 이해하기 쉬운 예시가 될 수도 있다. 생태적·사회적·경제적 요인이 뒤얽힌 이 복잡한 시스템을 세계 식량 가격이라는 하나의 지표로 살펴볼 수 있기 때문이다. 또한 식량 가격이라는 지표를 통해, 지속 가능성이라는 주제로 논의하며 다뤄온 모든 쟁점을 효과적으로 검정해볼 수도 있다. 토질, 물 공급, 극단적인 기후 현상 같은 생태적 요인들은 소득이 증가할수록 까다롭게 식품을 선택하는 사회적 추세나 정부 보조금으로 옥수수 작물을 에탄올로 전환해 바이오 연료로 사용하는 경제적 추세와 따로 떨어뜨려 생각할 수 없기 때문이다.

2005년 이래로 환경과 사회에서 비롯된 압박은 식량 공급 현황에 점점 더 많은 영향을 미쳤다. 지구정책연구소Earth Policy Institute의 소장을 역임한 레스터 브라운의 주장처럼 이 압박은 식량 공급에 문제가 생길 것이라는 예측이 수년간 되풀이되고 난 후 비로소 기세를 몰아 한 번에 몰려왔다. 공급 측면에서 볼 때, 이런 압박에 해당하는 것은 미경작지 감소, 농경지 감소, 지하수 남용, 지하수위 하강, 관개용수 확보를 어렵게 만드는 강물 남용, 농작물 수확량 증가 둔화, 토양 침식 확대, 그리고 과도한 방목과 경작, 산림 벌채에 따른 사막화 증가다. 이 중 대부분은 앞서 언급했던 『새천년 생태계 평가』에서 생태계 서비스로 평가했던 요소이기도 하다.

수요 측면에서 보면 식량을 소비할 인구는 해마다 8000만 명씩 증가하고 있다. 또한 소득이 늘면서 곡물을 위주로 먹인 가축의 소비가 늘었으며 특히 옥수수를 바이오 연료의 원료로 사용하기 시작하면서 식량을 다른 용도로 사용하는 수요도 증가했다.

이와 같은 수요·공급의 문제를 안은 채 2008년에 접어들자 기후변화로 인한 피해가 눈에 띄게 나타나기 시작했다. 세계 각지에 찾아든 가뭄으로 농작물의 생산량이 줄었으며 홍수 때문에 농작물이 피해를 입기도 했다. 경제성장이 한계에 부딪히는 현상이 폭풍처럼 휘몰아칠 조건이 모두 갖춰진 것이다.

2007년 하반기부터 2008년 전반기 사이, 지속 가능성과 관련된 논쟁의 뼈대를 이룬 논리가 경제 분야 안으로 스며들기 시작했다. 아직도 자연환경을 주말에나 들러보는 곳쯤으로 생각하는 사람들이 있다면 이 시기에 실제로 어떤 일들이 벌어졌는지를 잘 살펴보기 바란다.

이 시기, 식량 가격 상승 현상이 나타나기 시작했다. 앞서 언급한 기후변화에 따른 수자원 고갈과 토질 악화와 같은 시스템 차원의 압박 때문이었다. 경제성장에 따른 호황은 석유 소비를 촉진시켰고, 석유 가격은 전례 없이 높아졌다. 기술 낙관주의자들의 주장처럼 이런 현상은 대안을 위한 투자로 이어졌다. 대표적인 사례가 옥수수다. 옥수수는 석유 가격이 오를 때 석유를 대신할 연료로 대두되었다. 그 결과 미국의 농부들은 식량으로 소비될 콩을 재배하는 대신 연료 역할을 할 옥수수를 재배하기 시작했다. 미국 정부에서 옥수수를 원료 기반으로 하는 에탄올을 증산하기 위해 보조금을 지원했기 때문이다. 이런 변화로 인해 옥수수와 콩 가격이 전 세계적으로 치솟고 말았다.[3]

미국의 농부들이 더 이상 콩을 재배하지 않아 가격이 급등하자 브라질의 목장주들은 이 기회를 잡기 위해 목장을 콩밭으로 바꾸기 시작했다. 이렇게 목장이 줄어들자 육류 가격이 상승했고 이를 노린 또 다른 목장주들은 브라질 열대우림을 벌채해 새로운 목초지를 만들었다. 결국 이와 같은 삼림 파괴는 기후변화를 유발하는 주요 요인이 되고 말았다. 이와 비슷한 시기에 호주에서는 최악의 가뭄이 들어 밀 수확량이 감소했으며, 미국에서는 홍수로 농작물 피해를 입었다. 많은 사람들이 기후변화를 원인으로 지목한 이 두 사건을 계기로 전 세계 곡물 가격은 다시금 치솟았다.

곧 유가 및 식량 가격은 최고치를 거듭 경신하며 급등했다. 브라운 소장이 지적한 것처럼, 가난한 나라의 국민들이 개인 소득의 50~70퍼센트를 식량 구입에 할애하는 상황에서 2007년부터 2008년 사이 식량 가격이 급등하자 정치적 불안 수위가 크게 높아졌다. 수십 개국에서 식량 폭동이 일어나고 소요가 확산되었으며, 일부 정부는 자국의 식량 공급을 안정시키기 위해 식량 수출을 금지시켰다. 그 결과 식량 공급에 차질이 빚어지며 가격은 더욱 상승했으며, 선진국 또한 유가 급등으로 인한 정치적 불안에 시달리게 되었다.

2007년에서 2008년 사이 식량 가격이 이처럼 상승하자 식량 수급 체계의 안정을 꾀하던 나라들은 다른 나라에서 농경지를 확보하기 위한 투자에 나섰다. 다른 나라에 투자해 농경지를 확보하는 일이 이때 처음 시작된 것은 아니었으나, 투자국이 농경지를 관리하며 재배한 농작물 전부를 자국으로 수입한다는 점에서는 기존과 차이가 있었다. 식량 안보를 위한 조치였던 것이다. 식량 안보를 위해 투자국들이 사들인 전체 농경지 규모는 제대로 알려지지 않았다. 이 행위가 '신식민주의'에서 비롯된 처사라고 비판받는 상황에 부담을 느낀 투자국들이 정보 공개를 꺼렸기 때문이다.

유엔식량농업기구Food and Agriculture Organization of the United Nations와 국제적인 비정부기구들이 진행한 한 연구 결과에 따르면, 2004년에서 2009년 사이 다른 나라에서 에티오피아·가나·마다가스카르·말리·수단 등 아프리카 5개국에 투자해 취득한 농경지가 약 250만 헥타르에 이른다.[4] 이는 전 세계로 치면 미미한 수준이지만 사실상 영국 내 경작지의 거의 절반에 가까운 크기다. 국제식량정책연구소International Food Policy Research Institute는 외국 투자자들이 사들인 전체 농경지 규모가 2009년 기준 3000만 헥타르에 이를 것으로 추정했으며, 오클랜드연구소Oakland Institute는 5000만 헥타르라 추정하고 이 규모가 중국 내 경작지의 절반과 맞먹는다고 설명했다.[5] 대표적으로, 중국은 팜유 생산을 위해 콩고민주공화국에서 300만 헥타르를 사들였고, 한국의 한 기업은 밀 생산을 위해 수단에서 69만 헥타르를 확보했으며, 사우디아라비아의 한 대규모 펀드는 다른 나라의 농경지를 사거나 장기 임대하기 위해 노력했다.[6] 식량 수급이 원활하지 않을 때, 농경지를 관리하고 이 농경지에서 생산된 농작물에 대한 권한을 갖는 것은 결국 외부의 힘이었다. 파키스탄은 외국 자본이 소유한 농경지를 수복하기 위해 10만 명의 병력을 배치할 계획이 있다고 밝히기도 했다.[7]

부유한 나라에 경작지를 빼앗긴 가난한 나라에서는 정치적 소요 사태가 늘고 지정학적 불안정성이 높아진다. 특히 부유한 나라가 현지의 가난한 농부들을 고용하는 대신 자국의 농부들을 데려와 농사를 짓게 하는 경우 혼란은 더욱 가중될 수밖에 없다.

일부에서는 이런 상황을 시장의 원리가 작동하는 현상으로 간주할 수도 있지만, 실상은 부족한 자원을 확보하기 위해 벌이는 혼란스럽고도 위험한 몸부림에 가깝다. 브라운 소장은 과거의 식량 가격 폭등은 특정 가뭄이나 장마철 홍수로 나타난 일시적 현상이었기 때문에 다음 수확기에는 가격이 다시 정상화되었으나, 지금의 식량 가격 폭등은 미해결 상태로 장기간 지속될 현상이며 식량 공급이 제한된 상황에서 수요가 계속 증가하게 될 것이라 예측했다. 경작지와 관개용수가 부족한 상황에서 시장이 공급을 늘리기로 결정하기란 결코 쉽지 않은 일이다.

그 후로 관찰된 식량 가격의 변동 추이는 이런 견해를 더욱 공고히 했다. 세계적으로 금융 위기가 닥쳤을 때는 수요가 타격을 받으며 가격이 하락했지만 그때조차 여전히 사상 최고치를 웃도는 수준이었으며, 이는 우리가 시스템 차원의 변화를 겪고 있다는 것을 보여주는 증거로 해석될 수 있다. 내가 이 글을 쓰고 있는 순간에도 여러 나라에서 발생한 홍수와 가뭄으로 밀 가격이 다시 폭등하고 있으며 러시아는 자국의 식량 안보를 위해 밀 수출을 금지시켰다. 우리가 시스템의 한계에 부딪혔다 튕겨 나오기를 반복하게 되면 이런 문제들은 빠르게 새로운 표준으로 자리 잡게 될 것이다.

어떤 위기에서든 전문가들은 핵심 원인을 규명하고자 논의를 펼치는데, 2008년 우리가 간접 경험한 '대붕괴'는 특히 자원 제약과 생태계 변화가 경제에 가져올 대혼란이 얼마나 복잡하고 예측하지 못한 방식으로 진행될 수 있는지를 보여주었다.

2008년 초반, 대부분의 시장 참여자들이 세계경제의 성장 전망에 대해 여전히 낙관적인 태도를 갖고 있었다는 사실을 잊기 쉽다. 미국 경제에 드리운 문제들과 세계 유가 및 식량 가격 상승이 그저 평소와 다를 바 없는 일시적 현상으로 여겨졌기 때문이다.

그러나 이 징후들은 사실 세계경제에 보다 깊숙한 구조적 문제가 있다는 것을 보여주는 지표와도 같았다. 2008년 후반, 은행들이 파산하자 이 사실은 더욱 명명백백해졌다.

2008년 초반을 기준으로 볼 때, 나는 앞으로 어떤 사태가 닥쳐올지에 대해서는 잘 몰랐어도 '붕괴'가 예측 단계를 넘어 현실화되고 있다는 점만은 분명히 인지하고 있었다. 그래서 「절규, 붕괴, 붐」에 이어 「대붕괴」라는 제목의 두 번째 편지를 작성하게 되었다.

불과 몇천 단어에 불과했지만 「대붕괴」를 완성하기까지 무려 4개월이 걸렸다. 돌이켜보니 나의 주장을 공개하는 게 좀 두려웠던 것 같다. 유가와 식량 가격이 상승하기는 했으나 여전히 호황 국면이 지속되던 시기였기 때문이다. 글을 쓰던 첫 달만 하더라도 다우지수는 11800에서 13000포인트로 솟구쳤고, 많은 사람들은 이 기간 전체를 자본주의 세계화가 크게 성공한 시기로 여기고 있었다. 또한 2007년과 2008년 초에 관측된 금융시장의 불안정성은 끝도 없이 지속되는 호황과 장기적인 가격 상승 추세의 시대에 일시적으로 나타난 사소한 문제로 여겨졌다. 이런 분위기 속에서 호황이 끝났다고 주장하는 것은 마치 나 자신을 조롱의 늪에 빠뜨리는 행위나 마찬가지였다.

그럼에도 나는 2008년 7월에 「대붕괴」를 완성해 세계 곳곳에 있는 지인들에게 전송했다. 다음은 「대붕괴」의 첫머리다.

그 순간이 오고야 말았습니다.

2005년 「절규, 붕괴, 붐」이라는 제목의 첫 편지에서 저는 생태계 붕괴가 불가피할 것으로 예측한 바 있습니다. 또한 그 결과 발생한 경제적·사회적 위기가 산업혁명과 경제변혁을 새롭게 꾀하려는 투자 현상으로 이어질 것이라고 덧붙였습니다. 당시 저는 앞으로 10년이나 20년 후에 벌어질 사태를 예측하고 있다고 생각했습니다. 하지만 불과 3년이 지난 지금 주변에서 벌어지고 있는 일들에 주목해 보십시오. 세계경제는 제 무게를 견디지 못하고 흔들리고 있습니다. 지금 우리가 목도하고 있는 현상들을 나열해 보겠습니다.

- 극단적인 기후 현상과 가파른 경제성장으로 식량 가격이 폭등하면서 아시아 전역에 발생한 폭동과 정치적 위기는 수십 억 인구의 일상을 심각하게 위협하고 있습니다.
- 공급 부족으로 유가가 상승하면서 불경기 또는 그보다 더한 상황이 나타날 것으로 우려되자 세계 곳곳에서 시위와 파업, 정치적 소요 사태가 빈번하게 발생하고 있습니다.
- 세계 금융시장은 탐욕, 복잡성, 상호 연결성에서 비롯된 위기를 수차례 겪으며 벼랑 끝에서 휘청거리고 있습니다.
- 극심한 날씨의 여파를 제대로 처리하지 못하는 미얀마와 같은 나라들에 외부의 군사적 개입이 필요하다는 논쟁이 일고 있습니다.
- 과학자들조차 북극과 남극의 만년설이 예측 모델의 추정치를 훨씬 뛰어넘는 속도로 녹고 있다는 사실에 어리둥절해하고 있습니다.
- 더구나 미국에서는 홍수와 산불이 빈번히 발생하고 호주에서는 가뭄으로 강물이 말라 바닥이 드러나는가 하면 극지의 빙하가 녹는 등 극심한 자연재해가 끊이지 않고 있습니다.

생태계 붕괴를 몇십 년 후에 일어날 일로 생각했던 제가 틀렸습니다. 붕괴는 현재 진행 중입니다. 그 결과 발생할 경제 붕괴를 경험할 날도 그리 멀지 않았습니다. 어쩌면 경제는 이미 하강 국면에 진입했을지도 모릅니다.

이 내용에 이어 나는 앞으로 몇 년간 전개될 상황과 세계 금융시장이 그 자체가 가진 복잡성 때문에 겪게 될 문제들에 대해 다음과 같이 설명했다.

우리가 그동안 구축한 사회 및 경제 체계는 놀랍도록 복잡하게 상호 연결되어 있습니다. 물론 우리가 노력해 이 시스템을 만들었다는 사실에 굉장한 자부심을 느낍니다. 하지만 시스템의 복잡도가 높아질수록 충격에는 취약해집니다. 우리가 감탄해마지않는 상호 연결성이 우리를 몰락시키는 원인이 될 수도 있다는 말입니다. 상호 연결되어 있으므로 하나의 충격은 시스템 전체로 전달될 것입니다.

비즈니스 분야에 있는 지인들은 세계시장이 밀접하게 연결되어 있다는 사실에 집중했지만, 나는 빨간색 점멸등이 깜빡이는 경고 신호를 발견한 사람들에게 더 마음이 끌렸다.

내 글을 읽은 사람들이 보인 반응은 무척 뜨거웠다. 2005년에 보낸 글과 달리 이번 내용은 지적 재미 차원에서 던진 예측으로 받아들여지지 않았다. 이번에는 사람들이 뭔가가 잘못 돌아가고 있다는 것을 알아차린 듯했다. 이 세상이 심각하고 불안정한 시기에 접어들었음을 감지한 것이다. 금융과 경제 분야에 아직 이렇다 할 영향은 나타나지 않았고 주류 시장 역시 어떤 여파도 체감하지 못했으나 뭔가가 정말로 잘못되었다는 것을 보여주는 징후는 충분했다. 특히 이 상황을 예측하고 있던 사람들에게는 이런 징후들이 더욱 두드러져

보일 수밖에 없었다.

기업의 경영진조차 시스템이 흔들리고 있으며 이제는 그 시스템을 모조리 무너뜨릴 위험마저 도사리고 있다는 점을 대체로 받아들였다. 어느 굴지의 호주 기업 최고 경영자는 "글의 내용이 제가 최근에 했던 생각과 같네요"라는 답장을 보내오기도 했다.

한편 내 주장에 철저히 동의하면서도 인간에게는 변화할 힘이 있다고 믿는 낙관주의자들도 많았다. 예를 들어, 뉴욕증권거래소에 이름을 올린 한 기업의 최고 경영자는 내게 다음 내용을 담은 이메일을 보내왔다. "전체적인 방향 면에서는 당신의 생각이 옳은 것 같아요. 하지만 실제로 문제가 닥쳤을 때 우리가 어떤 수준과 속도로 대응하게 될지에 대한 당신의 견해에는 동의할 수 없습니다."

그다음 해 경제는 대공황 이래 최악의 상황을 맞았다. 투기성 투자은행과 이상하기 짝이 없는 금융 상품의 등장으로 한바탕 소동이 일어나고 나서야 사람들은 뭔가 더 깊은 곳에 문제가 있는 것이 아닌지 궁금해하기 시작했다. 비로소 시스템 자체에 의문을 던지기 시작한 것이다.

시장과 세계화에 대해 오래도록 열렬히 지지했던 언론인 토머스 프리드먼은 2009년 3월 『뉴욕 타임스』 칼럼에서 다음과 같은 질문을 던졌다.

2008년 위기가 심각한 불경기라기보다 더 근본적인 문제를 반영하고 있는 사태라면, 우리는 어찌해야 할까? 경제 또는 생태 측면에서 볼 때, 지난 50년 동안 우리가 만들어낸 성장 모델 전체가 지속될 수 없다면, 또 2008년 위기가 대자연과 시장이 한목소리로 "더는 안 돼"

라고 외치는 신호였다면, 우리는 정말 어찌해야 할까?

나는 2008년을 성장이 멈춘 해로 규정했고 지금까지도 그 입장을 고수하고 있다. 프리드먼이 말한 것처럼 2008년은 "대자연과 인간의 탐욕이 동시에 한계에 부딪힌 해"였다.

나 같은 경우 대붕괴를 일으키는 환경적인 요인에 더 관심을 기울였지만, 프리드먼처럼 시장을 옹호하는 사람들은 투자은행의 끔찍한 처사에 더 치를 떨었다. 도를 넘어선 탐욕은 그 자체로 해롭지만 복잡하게 상호 연결된 시스템의 한가운데서 탐욕이 발휘되면 위험은 배가된다. 아이슬란드가 국가 부도 위기에 내몰렸을 때, 프리드먼은 이제 아이슬란드를 생각하면 빙하가 아닌 헤지펀드가 떠오를 정도라며 비꼬았다. 어찌 되었거나 지금 그때의 헤지펀드는 녹아 없어졌고 빙하가 녹아 없어질 날도 머지않았다.

이 두 가지 요인이 함께 작용한 결과가 바로 성장이다. 투자은행가들은 경영진과 주주가 요구하는 수익률과 성장을 도모하기 위해 더 큰 위험 부담을 떠안는다. 투자은행가들은 자신이 가진 능력을 투자자들이 이해조차 하지 못하는 수익 구조를 가진 신규 상품을 개발하는 데 쏟아부어 수익률을 올린 다음 그 대가로 두둑한 성공 보수를 챙기고 승진할 기회를 보장받는다. 투자은행가들은 자신들의 위험 부담을 상쇄시키기 위해 되갚을 능력이 없는 사람들에게 돈을 빌려주기도 한다. 그럼에도 정부가 개입할 엄두를 내지 못하는 이유는 투자은행가들이 추구하는 경제성장이 곧 국민의 행복과 자신들의 집권을 보장하기 때문이다. 모든 성장은 바람직한 것으로 간주되었기에 누구도 성장에 의문을 제기하지 않았다.

오히려 정부는 투자은행의 이런 행태를 적극적으로 지원함으로써 위험을 더욱 증폭시킨다. 정부는 경기 부양을 목적으로 투자은행으로부터 자금을 빌린다. 정부는 경제성장을 통해 채무를 상환할 만큼 수익이 증가하기를 바라지만 이런 기대와 달리 엄청나게 불어난 채무로 경제 상황은 더욱 악화되기 십상이다. 그 결과 경제성장에 더욱 깊이 중독되고 만다.

물론 시스템이 워낙 복잡하기 때문에 2008년의 금융 위기가 어떤 요인에 의해 발생하게 되었는지를 특정할 수는 없다. 석유처럼 비교적 단순하게 운영되는 시장에서 거래되는 단일 품목의 가격조차도 제대로 예측하기 어려우니 말이다. 따라서 특정 해에 세계경제와 사회가 어떤 양상을 보일지를 상세히 예측할 수 있다는 생각은 대단히 비현실적이라 할 수 있다.

그러나 시스템이 한계에 부딪혔을 때 어떤 양상을 보일지에 대해서는 비교적 확실히 알 수 있다. 나는 바로 이런 양상에 기초해 2008년이면 우리가 한계에 도달할 것이라는 결론을 내릴 수 있었다. 한계에 도달했다는 사실이 식량과 석유 가격 급등에 뒤이어 나타난 신용 위기로 구현되었을 수는 있다. 그렇다면 신용 위기는 우리가 중독되어 있는 성장을 이뤄내기 위해 저금리 대출을 남용했기 때문에 발생한 것일까? 아니면 석유와 식량 가격이 2배 오르면서 경제성장에 필요한 다른 제품의 소비를 줄였기 때문에 발생한 것일까?

그 답은 알 수 없다. 다만 간단한 수학과 물리학만 동원해도 알 수 있는 사실은 오늘날의 세계경제 규모가 지구의 역량으로 견뎌낼 만한 한계치를 넘어섰다는 것이며, 이는 어느 시점에 이르면 경제가 성장을 멈추게 될 것이라는 말과 같다. 그때가 정확히 몇 년도가 될지는 오로지 역사적 차원의 관심일 뿐, 경제성장이 멈출 거라는 사실은 그야말로 자명하다.

게다가 지금까지 확보한 여러 증거에 비춰 볼 때 연착륙은 어려울 것으로 보인다. 2008년은 다가올 그 어느 해보다 자원이 줄어드는 상황에서 과도한 쟁탈전이 벌어지고 금방이라도 변할 듯 불안했던 한 해로 기억될 것이다. 앞으로 우리는 성장을 견인하기 위해 벽에 부딪히고 또 부딪히겠지만 결국 그 과정에는 고통이 따를 것이다.

이런 고통을 도저히 참을 수 없게 되었을 때 비로소 우리는 변화를 꾀하기 시작할 것이다. 그런데 아직은 그 고통이 충분하지 않은 모양이다.

7장
앞으로
가야 할 길
THE GREAT DISRUPTION

미래에 대한 이야기로 넘어가기 전에 그 과정에 대해 몇 가지 언급하려고 한다.

나는 인생의 대부분을 미래를 생각하고 미래를 논하며 보냈다. 그런 일이 환경운동가나 경영전략 고문으로서 활동하는 나의 책무이기도 했기 때문이다. 미래를 예측하는 데는 본래 불확실성이 있게 마련이다. 따라서 미래를 잘 예측하기 위해서는 알 수 있는 것과 알 수 없는 것을 명확하게 구분하고 큰 그림에서 방향을 잡아 전략을 세워야 한다. 미래를 예측하는 일은 위험을 최소화하기 위해 진행되는 확률 게임이며 또한 가장 높은 가능성으로 일어날 일에 대처할 수 있는 능력을 키우는 일과도 같다는 점을 결코 잊어서는 안 된다.

이 책에서 다루는 여러 쟁점은 실제적으로 중요한 의미를 갖는다. 지적 재미를 위한 논의가 아니라는 말이다. 우리가 심리적으로나 물리적으로 불안정한 미래에 얼마나 준비되어 있느냐가 이 험난한 파

174

도를 성공적으로 넘어설 수 있을지 여부를 결정한다. 따라서 우리가 어떤 일을 겪게 될지 이성적으로 정확하게 짚어보는 것이 매우 중요하다고 할 수 있다.

결국 미래는 저절로 다가오는 것이 아니라 우리가 준비해 만드는 것이다.

그럼 어떻게 해야 할까? 탐색하여 확인된 길과 그렇지 않은 길은 어떻게 나눌까? 지금부터 이야기하려는 변화의 동인들은 사실 기술 회사의 경영전략과 비교해볼 때 오히려 명확한 편이다. 기술 회사의 경우, 기술 발전이 예측할 수 없이 판도를 뒤바꾸는 가운데 시장·기술·소비자 행동 등의 복잡한 요인들이 영향을 미치기 때문이다.

지속 가능성 문제가 결부되어 있는 상황 중에서도 특히 기후변화에 대한 예측은 훨씬 단순한 편이다. 앞서 비교적 자세히 살펴보았듯이 기술과 정치 분야에는 예상치 못한 일들이 벌어진다. 그러나 경영이나 사회를 위한 전략을 세우는 경우에는 변화를 유발하는 핵심 요인들을 크게 염두에 두지 않아도 된다. 기본적인 작동 원리가 단순하고 확실하며 전적으로 예측 가능하기 때문이다. 전혀 뜻밖의 결과가 나타날 수 있다는 근거 없는 예상은 이 문제를 살펴보지 않으려고 늘어놓는 핑계일 뿐이다.

그렇다고 해서 이런 문제들에 불확실성이 없다고 주장하는 것은 아니다. 불확실성은 분명 존재하며, 크게 자연환경과 인간 요인으로 발생한다. 우선 자연환경에 의한 불확실성은 환경이 어떤 양상을 보일지 모르는 데서 비롯된다. 이때 환경이란 상호 연결되어 있어 연쇄적으로 반응이 일어나는, 큰 영향이 초래되기 직전의 상태에 놓인 하나의 시스템이다. 자연환경에 의한 불확실성의 예로는 바닷물의 산성화 현상을 들 수 있다. 대기 중에 배출된 이산화탄소를 바다가 흡수해 발생한 산성화 현상은 해양 생태계를 파괴하여 어업의 붕괴를 촉진시키고 있다.

인간과 관련된 불확실성은 생태계와 경제가 연결되어 있다는 데서 비롯된다. 이에 적합한 예로 앞서 언급한 식량 문제를 들 수 있다. 유가 상승에 대처하기 위해 미국에서 옥수수를 에탄올로 전환시키는 일에 보조금을 지급하자 브라질에서는 무분별한 산림 벌채가 늘어났고 그 결과 기후변화가 심각해져 식량 가격이 상승하고 말았다. 인간과 관련된 불확실성은 또한 기술과도 관련이 있다. 아주 저렴한 재생에너지를 개발하거나 대기 중의 이산화탄소를 제거하는 등의 획기적인 기술혁신이 일어날 가능성이 언제나 열려 있기 때문이다. 그러나 나는 기술혁신이 위기를 극복하는 과정에서 큰 역할을 할 수는 있어도 기술혁신을 통해 위기 자체를 막을 가능성은 거의 없다고 생각한다. 시기가 이미 늦은 데다 전 세계적인 규모로 기술을 적용시키는 데도 시간이 걸리기 때문이다. 그래도 위기에서 벗어나 회복하는 속도는 기술혁신을 통해 획기적으로 빨라질 수 있을 것이다.

이런 불확실성은 우리가 다뤄야 할 대상의 속성이 얼마나 복잡한지 새삼 일깨워준다. 복잡한 시스템을 제대로 분석하려면 다른 시스템들이 어떻게 작동하는지를 먼저 살펴보는 게 좋다. 앞서 언급했던 과정보다는 확실성이 떨어진다 해도 이런 관찰을 통해 어느 정도의 교훈을 얻을 수 있기 때문이다.

과거에 물리적 한계에 부딪힌 시스템들을 관찰해보면 매우 무질서하고 변덕스러운 양상을 보였다는 것을 알 수 있다. 시스템은 벽에 부딪혔다 튀어나온 다음 다시 벽에 부딪힐 때까지 계속 팽창한다. 이렇게 팽창하는 동안 시스템은 더욱 활성화되어 다른 장소에서 또 다른 방식으로 계속 한계에 부딪히다 결국 한계를 뛰어넘을 수 없다는 것을 깨닫고 변하게 된다. 이때 변화가 이뤄지는 방식은 둘로 나뉘었다. 하나는 시스템이 성장을 멈추고 안정화된 다음 더 높은 수준으로 발전하는 방식이며, 다른 하나는 복잡도가 낮은 시스템으로 분화하는 방식이다(후자는 곧 붕괴를 의미한다).

이러한 시스템의 행동 양상은 의학의 한 사례에 빗대어 이해할 수도 있다. 의사이자 시나리오 작가이며 내 친구이기도 한 존 콜리 박사는 지구 생태계를 다음과 같이 인체에 비유했다.

불치병을 가진 환자들은 모두 자신이 얼마나 더 살 수 있을지를 묻는다. 이런 질문에 나는 보통 다음과 같이 답한다. "환자마다 개인차가 있기 때문에 남은 수명이 얼마인지는 누구도 장담할 수 없답니다. 그러니 몸에 어떤 변화가 있는지 잘 관찰하면서 그 변화에 따라 지내시는 게 좋아요. 상태가 악화되는 경우에는 변화가 아주 빨라질 거예요. 1년 동안 나타났던 변화가 몇 달이나 몇 주 동안 나타날 수도 있습니다. 그런 변화를 통해 내게 주어진 마지막 날이 언제가 될지 가늠해볼 수 있어요."

스스로 조절할 능력을 가진 시스템들이 거미줄처럼 복잡하게 얽혀 있는 지구는 마치 인체처럼 행동한다. 사람들이 겪는 불치병은 마치 생태계가 붕괴될 때 관찰되는 여러 양상의 본보기와도 같다. 일련의 변화는 다른 변화를 일으키고 이 과정이 반복되며 부정적인 피드백을 따라 곤두박질치다 결국 전체 시스템이 붕괴되고 마는 것이다.

나는 상식을 동원해 이 문제를 바라보기도 한다. 앞에서도 언급했듯, 생태계 안에서 굴러가는 인간 사회의 복잡도를 고려할 때 앞으로 어떤 일이 벌어질지를 분석적인 방법으로 정확히 예측하기는 무척 어렵다. 이런 상황에서는 주변에서 보이거나 들리는 것들을 관찰하고 제시된 이론들을 참고하여 예측의 타당성을 검증해보는 방식을 차선으로 채택할 수 있다. 이때 다른 시스템들과의 비교나 의학적 비유를 통해 공통적으로 얻을 수 있는 교훈이 있다. 바로, 변화가 가속화되어 그로 인한 영향이 더 커지고 임박해지면 마지막으로 붕괴를 피할 수 있는 결단의 순간이 불쑥 찾아올 것이라는 점이다.

결국 우리가 이런 순간에 대비하고 있어야 한다는 간단한 결론에 이르게 된다. 이 결론이 바로 이 책이 주장하려는 바이기도 하다.

그렇다면 앞으로 벌어질 일을 어떻게 예측할 수 있을까? 현실 세계에서 이론들은 어떻게 적용될까? 또 우리의 예상은 어떤 형태로 실현될까? 우리의 길라잡이가 될 과학은 어떤 사실들을 밝혀낼까? 2008년에 나는 「대붕괴」에서 위기에 몰린 세계의 모습을 다음과 같이 묘사했다.

> 시스템이 한계에 부딪힘에 따라, 다음과 같은 압력이 예측할 수 없는 형태로 결합되어 결국 시스템은 무너지고 대규모 경제 위기(또는 연속되는 소규모 위기)가 나타날 것으로 보입니다. 이런 위기 속에 경기는 지속적으로 둔화되어 세계적 차원의 비상사태가 수십 년간 이어질 것으로 예상됩니다.
>
> • 극지방의 해빙 현상이나 극단적인 기상 이상 현상, 농작물 수확량

감소 등으로 야기된 생태계, 사회, 경제 분야에서의 연쇄 충격이 전 세계 대중 및 지식인층의 깊은 우려를 자아내며 심각한 경제 압박 요인으로 작용할 수 있습니다. 이런 상황에서 정부의 개입은 불가피하며, 위기감은 전 세계로 확산될 것입니다.

• 기후변화로 농작물 수확량이 감소함에 따라 늘어난 수요는 식량 가격에 상승 압박을 가할 것입니다. 그 결과 기후변화를 일으킨 서구권을 향한 개발도상국들의 비난이 이어지며 경제적·지정학적 불안과 긴장이 고조될 것으로 보입니다.

• 전 세계 생태계의 질이 심각하게 저하되면서 물 공급, 어업, 농경지와 같은 주요 생태계 서비스의 역량이 약화될 것입니다. 그 결과 식량과 물 공급은 물론 정치적 안정과 국제 안보 측면에서도 문제가 발생할 것으로 예상됩니다.

• 피크 오일을 지남에 따라 유가의 상승세가 지속될 전망입니다. 등락이 거듭되기야 하겠지만 전반적인 상승 추세가 유지되며 시스템 전체에 엄청난 경제적·정치적 압박을 가할 것입니다. 석유를 증산해야 한다는 요구와 이산화탄소 배출을 줄여야 한다는 주장이 부딪혀 빚어내는 갈등 또한 압박 요인으로 작용할 수 있습니다.

• 미래를 예측할 때는 늘 그렇듯, 예상 밖의 일들이 일어날 수 있습니다. 국제 테러 단체가 세계 주요 도시를 공격하거나 팬데믹으로 국가 간 이동이 금지되는 상황이 그 예입니다. 이와 같은 충격은 또 다른 충격을 낳으며 계속 이어질 수 있습니다.

• 세계 금융시장은 원래 불확실성 공포 때문에 패닉에 빠지기 쉬운데다 여러 요인이 깊게 얽혀 있어 복잡하기도 합니다. 이런 특징을 가진 세계 금융시장이 위에서 언급한 상황들을 겪게 되면 그

영향은 장기화될 수밖에 없습니다. 대기업이 연달아 파산하거나 국가가 경제 위기에 봉착하게 되는 경우라 할지라도 그저 세계 주식시장에서 위험도를 재평가하는 정도로 대응하게 될 수도 있습니다. 이런 수준의 대응이 전부라면 주가가 급락해 자본 조달에 심각한 문제를 초래하게 됩니다.

경제와 정치 분야에서 연달아 발생하는 위기는 큰 규모로 오래도록 지속될 가능성이 높습니다. 위기가 수십 년에 걸쳐 지속될 수밖에 없는 이유는 아주 간단합니다. 경제 쇠퇴와 정치적 불안정성 또는 이산화탄소 배출에 따른 기후변화와 같은 문제들에 대응하는 동시에 이 문제들을 일으킨 원인을 찾아 바로잡는 데도 시간이 걸리기 때문입니다. 이런 위기와 변화 탓에 미래를 예측하기는 더욱 어려워지고 그 어떤 일이 벌어져도 놀랍지 않은 상황이 펼쳐질 수 있습니다.

우리가 지금에야 이런 상황이 시작되고 있다는 것을 알게 된 이유가 무엇일까요? 바로 시스템의 복잡도가 높아 분석적인 방식으로는 어떤 것도 확실히 예측하기 어려웠기 때문입니다. 전체 시스템의 행동 양상은 물론이고 유가조차 제대로 예측하지 못하고 있는 실정이니까요. 하지만 이번에는 저의 직관이 반응했고 과학적 데이터가 이를 뒷받침해주었습니다. 다시 처음으로 돌아가보겠습니다. 우리 앞에는 두 가지 도전 과제가 놓여 있습니다. 우선 경제를 지탱하기 위해서는 값싸게 자원을 활용할 수 있어야 하며 생태계는 우리의 영향을 흡수해 처리할 역량을 갖추고 있어야 합니다. 사실 이 둘은 명확한 지표를 통해 확인할 수 있습니다. 시스템이 한계에 부딪히면 식량과 에너지 같은 상품의 가격이 예측하지 못한 형태로 급상승하는 현상이 나타나고 생태계 붕괴가 가속화되고 있다는 증거들이 속출하게 됩니다. 이 현상들은 몇 해 동안 저에게 '성장의 종말'이라는 이름의 탄광 속에서 위험을 먼저 알려주는 카나리아와 같았습니다.

우리는 이런 지표들은 지금 한계에 부딪히고 있으며 그 이면에는 이런 지표들을 활성화시키는 요인들이 깊숙하게 뿌리를 내린 채 정체되어 있다는 것을 알고 있습니다. 이제 시작입니다. 이제부터는 위기로 치닫는 과정을 통해 정치와 경제의 민낯이 드러나게 될 것입니다.

너무 비관적인 태도일까? 나는 천성적으로 매우 낙관적이지만 아무리 그렇다 해도 과학적 증거나 수치가 일러주는 위기 경보를 외면할 재간은 없다.

당장 지구에 종말이 다가오고 있다거나 붕괴를 절대로 피할 수 없다고 주장하려는 게 아니라는 점을 분명히 밝힌다. 나는 단지 시스템이 유례없는 압박을 받는 가운데 경기가 둔화되고 사회적 긴장이 높아지는 시대가 올 것이라는 사실을 미리 알리고 싶다. 전 세계적인 차원으로 발생한 비상 상황이나 마찬가지인 이 시대를 맞으면 우리는 새로운 경제모델을 개발해 적용하려 할 것이다. 나는 이 과정을 '대붕괴'라고 불렀다. 여기서 '대붕괴'란 어떤 한 문명의 붕괴라기보다는 인류의 진화 과정에서 나타난 하나의 와해 현상이다.

이런 붕괴 현상은 전쟁, 기술의 발전, 시장의 세계화 등으로 야기된 엄청난 변화들마저도 압도해버릴 만큼 엄청난 속도와 규모로 변화를 일으킬 것이다. 특히 기술, 비즈니스, 경제모델 측면에서 일어나는 변화와 혁신의 정도가 상당할 것이며 인류의 발전에도 긍정적인 영향을 끼치는 등 궁극적으로는 바람직한 대변혁을 가져올 것이다. 비생물학적 관점에서 볼 때 이런 변화는 또한 진화와 의식의 수준을 한 차원 더 끌어 올릴 수 있다.

우리는 비록 느릴지라도 어리석지 않다. 마음먹고 보고자 하면 너무도 명백히 보이는 논리를 지금이라도 바르게 직시한다면 다가오는 위기의 강도만큼 우리의 대처도 강해질 것이다.

내 주장에 대체로 동의했던 사람들조차도 「대붕괴」에 기술한 내 설명만큼이나 경제 위기가 심각할 것이라고는 생각하지 못했다. 앞서 언급했던 어느 최고 경영자와 마찬가지로 우리가 더욱 기민하게 대처하면 전면적인 사회·경제 위기를 피할 수 있을 거라 낙관했던 것이다.

이런 주장에 대해 나는 경제적 위기에 늦게 대응한다는 말은 곧 과도기에 한동안 묶여 있을 수밖에 없다는 뜻과 마찬가지라고 응수한다. 새로운 것을 만들어내려는 노력도 분명 있겠지만, 가령 통제를 벗어날 정도로 비대해진 기존의 경제 규모나 앞서 진행된 환경오염이 시스템 전반에 미친 악영향처럼, 과거에 이미 벌어진 일들이 우리의 발목을 잡을 것이며 그 결과 과도기를 빠르게 벗어나기는 힘들어질 것이다. 기존의 경제가 무너지고 새로운 경제가 수립되는 과정에서 전 세계 경제성장은 수십 년 동안 마이너스나 거의 제로에 가까운 수준을 유지할 것이다. 등락이야 있겠지만 제로에 가까운 수준일 것이며, 국가나 지역에 따라 차이가 있다 해도 전반적인 추세는 동일할 것으로 예상된다.

우리는 왜 더 빠르게 대처하지 못할까? 경제 분야에 나타난 새로운 붐이 우리를 위기에서 구해주지 못하는 이유는 무엇일까? 여기서 관건은 요구되는 변화의 속도와 규모다. 에너지 기술 같은 신산업이 괄목할 만한 성장세를 보인다 하더라도 이제 갓 시작된 사업이니만큼 경제 전반에 영향을 미칠 정도로 성장하는 데는 상당한 시간이 소요된다. 그렇게 되기까지 현재 우리 경제의 대부분은 한물간 기술이나 화석연료 같은 구시대의 산업에 기대어 굴러갈 수밖에 없다. 그렇다고 이런 산업의 성장을 독려해 얻을 수 있는 이득은 없다. 이런 분야의 성장은 경제 위기를 초래한 생태계 붕괴 현상을 다시금 악화시켜 경제 전체를 위협하는 결과로 이어지기 때문이다. 결국 이런 산업 중 상당수는 시장에서 폄하되며 급격히 퇴조할 것이다.

물론 붕괴가 진행되는 와중에도 급성장하는 분야는 분명 있다. 그러나 구시대 산업의 몰락은 화력발전소 가동에 지불해야 하는 비용처럼 상당한 규모의 매몰 비용을 수반하므로 과도기 경제에 엄청난 부담으로 작용할 것이다.

정부가 전시에 임하는 자세로 개입하고 대중이 결집하여 힘을 발휘할 수만 있다면 이 위기를 통제 범위 안으로 들여올 수도 있을 것이다. 그러나 문제는 많은 기업과 산업 분야가 어떤 양상으로 변할지 예측할 수 없는 생태계에 직접적으로 의존하고 있다는 데 있다. 기상 재난 때문에 파산의 위기를 겪으며 고생하는 보험 업계부터 설경이나 산호초 관광 위주로 프로그램을 운영하는 관광 업계, 식자재 공급의 불안정이나 최소 극심한 가격 변동으로 어려움을 겪는 식품 업계까지 모든 부문은 쇠락의 길을 걷게 될 것이다. 그러는 사이 투자자들을 포함한 많은 사람들이 두려움과 불확실성에 휩싸이게 되고 그 결과 정치적 불안이 조성되며 시장 변동성이 커질 것이다.

따라서 다가올 절호의 기회들을 반드시 살려내는 동시에 과도기에 나타날 수 있는 문제들에도 관심을 기울여야 한다. 나는 우리가 이 시기를 잘 헤쳐나갈 거라 믿어 의심치 않지만 그 과정은 분명 지난하고 더딜 것이다.

이 사실은 내가 그동안 고심해 내린 중요한 결론에 힘을 실어준다. 더 이상 이 위기를 회피할 수 없다. 이미 너무 오랫동안 방치해왔기 때문이다.

현실을 있는 그대로 직시해야 한다. 상황을 조금이라도 빨리 받아들이고 대비를 더 철저히 해야 고통이 덜하고 해결 국면으로 접어드는 속도 또한 빨라질 수 있다.

8장
우리는 정말 끝장난 걸까?
THE GREAT DISRUPTION

지금까지 다룬 내용 때문에 암울한 기분에 휩싸여 있을지도 모르 겠다. 위기가 다가올 것이라는 나의 견해에 의문을 제기하는 독자가 있는가 하면 우리가 붕괴 일로를 걷고 있다는 주장에 수긍하는 독자 도 있을 것이다.

아직 입장을 정하지 못했다 해도 글을 읽는 과정에서 "이러다 다 잘못되면 어쩌나?" 하는 걱정 어린 질문을 여러 번 던져봤으리라 생 각한다. 고통이 다가온다는 사실에 절망하거나 이 사태를 그동안 두 손 놓고 방치했다는 데 좌절했을 수도 있다. 아니면 우리가 이 지경 에 이르고 말았다는 데 분노하거나 여전히 풀리지 않는 의문 때문에 당혹스러워할지도 모른다. 또는 붕괴 현상이 여러분의 삶에 어떤 영 향을 미칠지에 대해 생각해봤을 수도 있다. 나의 안전과 가족, 그리 고 주변의 알고 지내는 젊은 세대에 미칠 영향 말이다.

만약 이 가운데 어떤 것도 생각해본 적이 없다면 이번 장을 건너

뛰고 이제 어떤 일이 벌어질지를 다룬 다음 장으로 넘어가도 좋다. 그러나 분명 대부분은 앞서 언급한 생각들을 해봤으리라 확신한다. 나도 예외가 아니기 때문이다.

여러 해 동안 나는 다음 질문들에 대해 거듭 고민해왔다. 과연 우리는 이 위기를 극복할 수 있을까, 아니면 그냥 붕괴하게 될까? 절망과 희망이 대결하는 상황이라고 가정해볼 때 과학적 사실이나 정치적 상황은 어느 쪽의 손을 들어줄까? 나는 또한 이런 질문을 놓고 많은 환경운동가와 정책 입안자, 기업의 경영인, 그리고 저명한 과학자를 만나 토론하며 이들의 다양한 견해와 입장을 살펴보았다.

이런 과정 끝에 앞으로 몇 년간 희망과 절망 중 우리가 어떤 태도를 갖느냐가 결국 문제를 해결할 열쇠라는 결론에 이르렀다. 미래는 기술이나 정치 또는 시장 상황보다도 이런 태도의 차이로 판가름 날 것이라는 생각이 든 것이다. 이는 매우 중요한 주장이므로 좀 더 진지하게 논의를 이어갈 필요가 있다.

'대붕괴'로 비롯될 문제들은 인류 역사상 전례 없이 혹독하고 규모가 커 우리가 처하게 될 상황과 눈앞에 펼쳐질 결과 모두 끔찍하리만큼 처참할 것으로 예상된다. 그러나 우리가 공동체 정신을 발휘해 관심을 기울이고 함께 결단하여 행동한다면 예측 가능한 대부분의 상황을 잘 헤쳐나갈 수 있다고 확신한다. 단, 이 확신에는 몇 가지 중요한 전제가 깔려 있다.

첫째, 상황의 심각성을 인정하고 경제적 측면에서의 준비는 물론 몸과 마음의 준비도 철저히 해야 한다. 이때 상황의 심각성이란 그저 불편하거나 불쾌한 수준을 넘어설 것이다. 『장기 비상 시대 The Long Emergency』의 저자 제임스 쿤슬러의 설명에 따르면, 세대를 넘어 지속되는 특성을 가진 이런 상황은 집중적인 관심과 굳은 결의 없이는 결코 관리할 수 없다.

둘째, 변화의 양상과 관련해 우리가 수십 년 동안 고수해온 생각을 버려야 한다. 그동안 우리는 세계적인 합의에 의해 시장 중심적으로 끊임없이 일어나는 현상을 변화라고 여겨왔다. 그러나 작금의 변화는 불연속적이고 혼란스러운 양상을 띠며 흡사 전쟁에 대응하는 방식을 동원해야 할 정도로 대대적으로 발생한다. 이런 차이를 빠르게 받아들여야 한다.

셋째, 지금 우리에게 요구되는 변화의 수준은 인류의 가치나 정치, 심지어 개인적 기대치 측면에서 획기적인 수준으로 이뤄내야 할 '진화'에 가깝다. 이런 수준의 변화는 어떤 기후변화 요인 하나를 고치는 식으로 단순하게 접근해서 만들어낼 수 있는 게 아니므로, 시스템 설계 차원의 문제로 보고 개인과 집단은 근본적으로 행동 방식을 바꿔야 한다.

넷째, 이 문제가 이제 인류 전체의 문제라는 점을 받아들여야 한다. 수십 년간 나와 같은 사람들은 환경보호를 외치며 생태계 전반에 크게 영향을 미칠 요인들을 밝히고 또 제한하기 위해 노력해왔다. 그러나 이제는 그런 행동을 할 여유도 없다는 점을 인정해야 한다. 우리의 행동이 지구 시스템 전체에 크게 영향을 미치고 있다는 사실은 회피할 수 없으며 그 여파는 어쩌면 수천 년에서 수백만 년까지 지속될지 모른다.

이는 이제 '지구를 살리자'라는 구호 따위가 더 이상 먹히지 않는다는 말과도 같다. 지구는 본래의 모습으로 온전히 돌아갈 테지만 그렇다고 그 과정을 서두르지는 않을 것이다. 우리가 끼친 영향에서 완전히 벗어날 정도로 본래 모습을 회복하고 새로운 진화의 길에 접어드는 데 100만 년 또는 1억 년이 걸린다고 해도 지구의 관점에서는 아무런 문제가 되지 않는다. 우리의 문제는 이제 **우리만의** 문제가 되었다. 문명을 위기에서 '구하고' 그 문명이 지난 1만 년 동안 우리가 구축해놓은 바탕 위에서 다시 진화하고 발전하기를 바라는가? 아니면 수억 명 이하의 인구 규모로 되돌아가 다시 처음부터 시작하기를 바라는가? 이는 우리의 선택에 달린 문제이자 지금 우리가 가진 유일한 선택지이기도 하다. 이러한 선택의 결과로 빚어지는 일들을 겪어나가는 것이 곧 우리의 성과이자 미래가 될 것이다. 단 우리가 그렇게 하기로 결심했을 때만 그 성과가 의미를 갖는다.

일단 내 생각은 그렇다. 여러분도 이 책이 제시하는 쟁점과 해결 방안을 꾸준히 따라가다보면 자신만의 의견을 만들 수 있을 것이다.

이런 맥락에서 우선 희망과 절망이라는 골치 아픈 문제부터 짚고 넘어가보자. 분명 흥미로운 주제지만 그렇다고 지적 재미 차원에 머무는 문제가 아니다. 만약 이런 중차대한 문제를 잘못 다뤄 집단 전체가 절망과 공포에 빠져버리면 결국 예측한 대로 될 줄 알았다는 식의 태도가 퍼질 위험이 크다. 이렇게 되면 사회적 차원에서 문제가 발생한다. 그러나 사실 더 시급한 문제는 비관적인 태도가 위기를 막기 위해 앞장서고 있는 사람들의 사기를 저하시킨다는 데 있다. 위기 상황에 대해 가장 잘 아는 데다 지대한 관심을 갖고 있던 사람들이 한순간에 열의를 잃는다거나 철수를 선언하고 뒷전으로 물러나버리는 상황이 연출되고 마는 것이다. 그러므로 위기를 극복할 수 있다는 희망적인 생각을 매일같이 마음에 새겨야 한다. 앞에서도 말했듯, 우리는 할 수 있다. 다만, 집중적인 관심과 굳은 결의가 필수라는 점을 기억하자.

그동안은 우리에게 잠재력이 없다고 절망하는 현상이 개인의 성향 차이에서 비롯된다고 생각했었다. 낙관주의자들은 희망으로 가득하지만 비관주의자들은 절망으로 가득한 식으로 말이다. 그러나 지금은 생각이 달라졌다. 절망은 우리가 처한 상황의 심각성을 비로소 알게 된 사람들이 보이는 이성적이고 논리적인 반응이다. 이 말의 뜻이 아직 와닿지 않는다면 다음 내용도 계속 관심 있게 읽어주기 바란다.

이 문제는 내게 단순히 지적 호기심을 채워주는 대상이 아니었다. 오히려 매우 사적이어서 지금껏 더욱 깊이 골몰해온 문제다. 내 이야기를 먼저 해보겠다. 「절규, 붕괴, 붐」을 쓰고 발표했던 2005년, 나는 '붐'보다는 '붕괴'에 좀 더 관심을 갖고 있었다. 이런 나의 태도에 영향을 받았는지 강연에 참석한 청중도 마찬가지 반응을 보이는 경우가 많았다. 처음에는 내가 환경운동가로서 지속 가능성과 기후변화 문제를 오래도록 연구해온 터라 붕괴에 대해 더 잘 알았기 때문에 그랬다고 생각했다. 또 붕괴라는 위기가 갖는 드라마적 요소 때문에 청중의 관심을 끌기 좋았던 점도 내가 붕괴에 더 관심을 가졌던 이유가 아닌가 한다.

이런 편향된 태도를 고치기 위해 나는 새로운 경제체제로의 전환을 준비하는 사람들의 다양한 활동을 조사하고 연구하는 데 더 많은 시간을 할애했다. 무엇이 가능한지를 보여주는 흥미로운 사례들이 많았으며 이를 배우는 과정에서 많은 사람들을 만나고 자극을 받았다. 그럼에도 나의 접근 방식은 본질적으로 달라지지 않았다. 결국 나와 청중 모두의 관심을 사로잡은 것은 '붕괴'였다.

2007년 뉴욕에서 비즈니스 업계 종사자를 대상으로 케임브리지 대학의 BSP 세미나를 진행한 적이 있다. 그날도 역시 '붕괴'를 주제로 강연을 했는데 갑자기 울컥한 마음이 든 나머지 눈물을 흘리고 말았다. 덩치 큰 호주 사내가 강연을 하다 훌쩍거리는 모습을 떠올려보라!

강연이 끝난 뒤, 내가 눈물을 흘린 이유를 깊이 생각해보았다. 사람들의 생각을 일깨워 행동에 나서도록 북돋는 게 내 활동의 목적이라고 할 때, 절망에 빠진 모습은 그다지 효과적이지 않을 게 분명했다.

뉴욕에서 돌아와 아내에게 그날 강연에서 있었던 일을 얘기하다 우리 부부는 함께 눈물을 흘리고 말았다! 형언할 수 없는 고통과 슬픔이 느껴졌지만 지금도 그때 흘린 눈물의 의미를 명확하게 설명할 수는 없다. 당시 우리는 어느 카페에 앉아 있었는데, 내가 만약 카페에 있던 손님들에게 우리가 우는 이유를 이렇게 설명했다면 그들은 어떤 반응을 보였을까? "아, 저희가 지금 울고 있는 이유가 뭐냐 하면요, 지금 세계가 시스템 차원에서 붕괴할 지경에 이르렀거든요, 그럼 인류는 앞으로 수십 년 동안 엄청난 고통을 겪으며 혼란에 빠지게 될 거예요." 내가 이 말을 정말로 입 밖으로 내뱉었다면, 사람들은 평화롭고 아름다운 가을 하늘을 한번 올려다보고는 정신병원에 연락해 우리를 데려가라고 했을지도 모른다.

그날 이후 한 해 동안 세계 곳곳을 돌며 강연을 할 때마다 강연장에서 내가 느꼈던 감정을 기록해보았다. 이 과정을 통해, 특히 큰 규모로 강연을 할 때면 내가 하는 일이 아무짝에 쓸모없다는 생각에 사로잡혀 며칠 동안 우울해하는 경우가 종종 있다는 것을 알게 되었다. 심지어 우리에게 닥친 위기를 반전시킬 희망이 있다고 농담을 하고 다니는 것 같다는 느낌이 들 때도 있었다. 이런 관찰 이후 내 심리 상태를 더욱 세심하게 들여다보려고 노력했다. 내가 이런 감정을 느끼는 이유가 데이터 그 자체가 아니라 데이터에 대한 나의 반응과 어느 정도 관련이 되어 있는지를 가려내고 싶었다. 그렇게 나의 감정을 관찰해 분석하는 동시에 여러 데이터를 함께 살펴본 결과 이 현상은 개인적인 심리 상태를 넘어선 다른 요인 때문이라는 것을 알게 되었다.

2004년부터 2008년까지는 새로운 위기 국면이 펼쳐졌다. 비록 사석에서였지만 몇몇 전문가는 우리가 단지 시간을 벌고 있는 것일 뿐 실제로 성공하지는 못할 것이라는 입장을 취했다. 과거에도 종종 그랬던 것처럼 이런 입장 변화를 '지구의 종말'이나 '생존주의' 현상 정도로 치부하고 말 일이 아니었다. 각자의 분야에 정통하며 경험이 풍부한 세계적인 전문가들이 데이터를 분석한 다음, 이 상황을 물리적으로 되돌리기에 너무 늦었다는 결론을 내린 것이기 때문이다.

이런 전문가 중 대표적인 인물이 제임스 러브록이다. 이 분야의 거물급 사상가인 러브록은 하나의 통합된 시스템으로서의 지구를 연구하는 '지구 시스템 과학' 분야의 기초를 다졌으며, 지구를 자율 규제 기능을 가진 하나의 생명체로 보는 '가이아 이론'을 창시한 인물이다. 실로 광범위한 업적을 세운 진정한 과학자라 하지 않을 수 없다.

러브록은 『가이아의 사라지는 얼굴: 마지막 경고 *The Vanishing Face of Gaia: A Final Warning*』라는 제목의 저서에서 인류가 기후변화와 같은 복잡한 문제에 영민하게 대처하지 못한 탓에 문명이 불가피하게 붕괴하게 될 것이라 주장했다. 앞서 언급했던 콜리 박사의 인체 비유에서처럼 러브록도 이 위기가 우리의 대응 수준을 이미 넘어선 나머지 파멸을 피할 수 없을 것이라 예측한 것이다. 러브록은 또한 인구가 수억 명 수준으로 감소하여 그나마 먹거리를 재배할 수 있는 지역에 모여 살게 될 것이라 내다보았다.

이런 예측을 내놓은 사람은 또 있었다. 호주 출신의 클라이브 해밀턴 역시 그의 저서 『누가 지구를 죽였는가 *Requiem for a Species*』에서 러브록과 유사한 견해를 밝혔다.

절망감과 허무감은 개인 성향에서 비롯된 감정적인 반응이 아니었다. 이런 감정 상태는 각 분야에서 해박한 지식을 가진 학자들이 인류 역사와 과학적 증거를 바탕으로 내린 합리적인 결론이나 마찬가지였다. 나 역시 러브록이나 해밀턴의 입장에 서본 적이 있다. 하지만 지금은 더 이상 아니며 오히려 그들이 틀렸다고 생각한다.

이어지는 여러 장에서 그들이 틀린 이유를 설명하고 우리가 이 위기를 반전시킬 수 있는 방법과 그렇게 할 수 있다고 믿는 근거를 상세히 제시하고자 한다. 우리가 당장 내일부터라도 온실가스를 배출하지 않으면 기온이 상승하는 현상이 거의 즉각적으로 사라질 것이라는 연구들을 기억하기 바란다.[1] 예상과 달리 우리는 어쩌면 기후 재난에 휘둘리지 않을 수도 있다. 물론 온실가스 배출을 하루아침에 완전히 중단하는 것은 정치적으로 불가능하며 설령 완전히 중단한다 해도 큰 불편이 뒤따를 수밖에 없다. 그러나 과학적·기술적 측면에서 볼 때 온난화 현상을 막는 게 아주 불가능한 것은 아니다. 사실 사람들을 온실가스 배출 감축 운동에 동참하도록 유도하는 게 더 어려운 일이라 할 수 있다. 그러나 지금부터는 일단 우리가 느끼는 절망감에 초점을 맞춰, 상황이 어려울수록 긍정적인 태도를 견지해야 하는 이유를 설명하고 정책 시행이나 개인 차원의 노력을 통해 온난화 현상을 막을 수 있다는 믿음을 가져야 한다고 호소하고자 한다.

내가 직접 관찰하기도 하고 다른 사람과 의견을 나눠가며 도달한 결론은 절망이 우리가 반드시 거쳐 가야 할 하나의 단계라는 것이다. 절망은 현실을 부정하는 시기가 끝났다는 것을 의미한다는 점에서 오히려 긍정적인 신호로 받아들일 수 있다. 지속 가능성에 대해 토론을 할 때, 처음에는 많은 사람들이 문제가 그리 심각해 보이지 않는다는 식의 반응을 보이며 현실을 부정한다. 그 뒤로 소위 '현실 부정 극복'이라 불리는 단계가 이어지는데, 이 단계에서 과학적 사실을 어느 정도 인정은 하지만, 그렇다고 현실을 받아들였을 때 벌어질 일과 그 일을 경험하며 겪게 될 여러 감정들까지 완전히 받아들인 상태는 아니다. 이 단계가 지나면 두려움과 노여움을 동반한 절망 단계가 이어진다.

어느 시점에서 절망을 느낀다는 말은 현실을 비로소 온전히 받아들였다는 뜻과 같다. 이는 마치 사랑하는 사람이 영영 떠나버렸다는 사실을 마침내 받아들이고 슬퍼하는 상황과도 비슷하다. 이와 같은 현실 자각은 사실상 필수적이며 또한 바람직하다고 볼 수 있다. 앞서 우리가 다루었던 암울한 여러 예측과 결과를 떠올려보면 상황이 이렇게나 심각한 가운데 어떤 절망감이나 슬픔도 느끼지 않는다는 게 오히려 더 이상하다는 생각이 든다. 아직 이런 감정을 느껴보지 않은 사람이라면 여전히 현실을 부정하는 입장을 견지하고 있을 가능성이 높다. 이런 사람들은 상황이 나빠지는 데는 한계가 있으며 이미 벌어진 상황은 어쩔 수 없다고 생각하는 한편 적절한 정책을 시행하거나 발전된 기술을 적용함으로써 현실에 나타날 문제들을 방어할 수 있다는 희망을 갖고 있다.

좀 역설적이기는 하나, 만약 지금 절망감을 느끼고 있다면 기뻐해도 좋다. 마침내 현실을 자각하고 수용했다는 신호이기 때문이다.

절망은 우리가 개인이나 집단으로 반드시 경험해야 하는 단계이지만 또한 헤쳐나갈 수 있고 헤쳐나가야만 하는 단계이기도 하다. 마치 사랑하는 사람을 떠나보낼 때처럼 우리는 현실을 부정하는 단계를 거쳐 절망에 빠진다. 그러나 분명 어느 시점에는 절망에서 빠져나와야 한다. 절망에서 벗어나기가 쉽지 않다고 해서 절망 속에 계속 머물고 싶어 하는 사람은 없다. 절망을 극복했다는 말은 상실감을 떨쳐냈다거나 슬픔을 억누르는 데 성공했다는 뜻이 아니라 희망을 되찾아 절망을 헤쳐나갈 힘을 얻었다는 의미다. 절망에서 빠져나오지 못한다면 우리는 절망 속에서 그대로 무너져 내릴 수밖에 없다.

절망에서 빠져나오려면 계속해서 앞으로 나아가 무언가를 시작하고 실천에 옮겨야 한다. 이 방법은 슬픔과 절망이라는 감정이 개입되는 여타의 과정과 비교해볼 때 그리 놀라운 해결책도 아니다. 우리는 보통 새로이 방향을 잡고 그 방향으로 나아가기 위해 발걸음을 내딛는다. 물론 각자가 겪는 상실의 단계나 과정을 명확히 구분 지을 수는 없다. 기분이 나아졌다가도 다시 이전 기분으로 되돌아가는 현상이 반복되는 한편 양가감정이 드는 날도 많기 때문이다. 상실감을 온전하게 받아들이기까지는 제법 오랜 시간이 걸린다.

지금까지는 슬픔과 절망을 개인적 차원에서 다뤘다. 그러나 이런 감정을 사회 전체적 차원으로 확대해 생각해볼 필요도 있다. 사회는 아직도 현실을 부정하고 있다. 많은 사람들이 과학적 사실은 어느 정도 받아들였으나 '현실 부정 극복' 단계에 머물며 얼마나 큰 위기가 어느 시기에 다가올지에 대해서는 의구심을 갖고 있다. 기후변화 부정론자나 반과학주의 옹호자를 말하는 게 아니다. 사실 그런 사람들은 여기서 언급할 가치도 없다. 그들은 마치 알코올중독 환자처럼 현실을 부정하며 어떤 데이터에도 좀처럼 수긍하는 법이 없는 데다 결국 과학적 현상에 의해 영향을 받을 뿐 우리 사회에 어떤 기여도 하지 못하는 존재이기 때문이다.

우리가 하나의 집단으로서 '현실 부정 극복' 단계에 머물고 있다는 것은 정말 큰 문제다. 변화 국면으로 넘어가야 하는 우리를 이 단계가 가로막고 있는 셈이기 때문이다. 사람들이 상황을 파악하는 데 얼마간의 시간이 필요하다는 점에서 '현실 부정 극복' 단계는 불가피하지만, 앞으로 벌어질 일로 받게 될 충격을 회피하기 위해 현실을 부정하는 태도를 고수하는 것은 분명 우려스럽다. 보통 '현실 부정 극복' 상태에 있는 사람들은 다음과 같은 말을 한다. "상황이 나쁘지만 그렇다고 **그렇게** 나쁘지는 않네요." "심각하기는 한데 미래에나 벌어질 일이니 아직 여유가 있네요." "전 세계적인 문제인데 우리나라에서 대체 뭘 할 수 있을까요?" 또 다른 유형으로는 문제가 심각하지만 우리가 아닌 누군가, 특히 특정 기업이나 국가(대기업, 중국, 미국, 부자 나라, 가난한 나라에서의 인구 증가 현상 등 우리가 아닌 다른 누군가)가 벌인 일이라고 치부하는 경우도 있다. 참으로 어이가 없는 반응이 아닐 수 없다.

어떤 시점이 되어 이 단계가 빠르게 지나고 나면 사람들은 집단적으로 절망과 두려움을 느끼면서 현실을 완전히 받아들이는 단계로 진입한다. 이런 인정이 선행되어야 비로소 앞으로 나아갈 힘이 생긴다. 지나친 주장일까? 그렇지 않다. 그 이유는 다음과 같다.

기후변화를 다시 예로 들어보겠다. '대붕괴' 현상에도 동일한 원칙이 적용되지만 기후변화를 예로 들었을 때 전달하고자 하는 내용을 더 잘 부각시킬 수 있기 때문이다. 나는 기후변화를 부정하는 태도를 거대한 댐에 자주 빗대어 설명한다. 지금 댐에 균열이 생겼고 이 때문에 댐이 곧 무너질 위기에 놓여 있다고 가정해보자. 댐은 느닷없이 터져 엄청난 양의 물을 한꺼번에 쏟아낼 것이다. 기후변화에 대한 태도 역시 이와 같은 과정을 거쳐 행동이라는 결과로 이어진다. 즉 엄청난 압력이 쌓여 결국 부정의 댐이 무너지면 현실을 있는 그대로 수용하는 태도가 거대한 물길을 이루며 쏟아져 나와, 남아 있던 부정적인 태도마저 쓸어 가버린다는 말이다.

이 흐름을 제대로 알기 위해서는 기후변화에 대처하는 데 있어 발현되는 **사회** 심리를 먼저 이해할 필요가 있다. 지금 대부분의 사람들은 현실을 있는 그대로 받아들이지 못하는 '현실 부정 극복' 단계에 머물러 있다. 달리 보면, 현실을 이미 온전하게 받아들인 소수가 고립되어 있는 상황인 셈이다. 이런 상황에서 현실을 자각한 사람들끼리 소통하는 방식과 내용으로는 '현실 부정 극복' 단계에 있는 사람들과 이어질 수 없다. 카페에서 아내와 대화를 나누다 눈물을 흘리던 날 나도 이와 같은 어려움을 느꼈다. 주변에 있던 손님들에게 어떤 말로 내 마음을 설명해야 할지 엄두가 나지 않았던 것이다. 현실을 자각한 사람이 소수이고 이들이 그렇지 않은 다수와 의사소통을 하는 데 어려움을 겪는 상황에서는 집단 전체가 현실을 회피하는 경향을 가질 가능성이 높다. 소수에 속한 사람들이 조롱의 대상이 될까 두려운 마음에 자신이 가진 위기의식을 제대로 터놓지 못하기 때문이다. 그러나 일단 변화의 물꼬가 터지면 가장 큰 걸림돌이었던 이 현상은 되레 가장 훌륭한 촉진제가 된다. 처음에 느리게 진행되던 변화는 집단과 사회가 가진 역동성에 의해 어느 순간부터 엄청나게 속도를 높인다.

이쯤에서 이런 생각이 들지도 모르겠다. "변화가 어떤 식으로 일어날지 이론적으로는 이해가 되지만 실제로 그런 변화를 이끄는 동력은 무엇일까?"

깊은 절망에 빠진 사람들은 이 질문에 대해 대부분 다음과 같은 반응을 보인다. "상황이 정말 정말 안 좋다면서요. 그런데 대체 어떻게 대처를 하란 말이죠?" 나도 자주 그랬기에 충분히 이해할 수 있는 반응이다.

역설적이게도, 상황이 정말로 심각해질 것이라는 예측에 나는 오히려 자신감을 얻는다. 상황이 심각해졌다는 말은 반전의 시기가 도래했다는 말과도 같기 때문이다. 앞서 언급한 사회의 역동성이 댐이 터지기 직전까지 누적된 엄청난 압력과 결합해 곧 댐을 무너뜨리고 거대한 물결을 만들어낼 것이다.

이런 현상을 나는 '대각성'이라 부른다. 같은 맥락에서 처음 이 용어를 사용한 것은 요르겐 랜더스 교수였다.

우선 흔히 '끓는 물 속 개구리 문제'라고도 불리는 반론 입장부터 살펴보며 설명을 시작하겠다. '끓는 물 속 개구리 문제'란 개구리를 끓는 물에 넣으면 곧바로 뛰쳐나오지만 차가운 물에 넣고 서서히 온도를 높이면 그대로 있다가 죽고 마는 현상을 일컫는다.[2]

어떤 사람들은 인류가 서서히 재난 상황 속으로 빠져들다보면 현실을 부정하는 논리를 유려하게 앞세우며 버티다 대응하기에는 이미 늦었거나 위기에 벌써 압도당하는 지경에 놓이게 될 것이라 주장한다. 서서히 온도가 높아지는 물 속에서 죽음을 맞는 개구리처럼 조만간 직면할 위기를 감지하지 못하고 최악의 상황을 맞게 된다는 뜻이다.

그러나 이 입장은 틀렸다. 아무리 많은 노력이 든다 해도 결국 '대각성'이 일어나 새로운 변화의 시대가 펼쳐질 것이다. 다음 세 가지 이유가 이런 주장을 뒷받침한다.

첫째, 변화는 분명하고 신속하게 일어날 것이다. 붕괴 위기가 목전에 와 있다는 결론은 과학적 사실에 근거해볼 때 이견의 여지가 없다. 이런 과학적 사실을 접한 사람이라면 누구라도 현실을 부정하는 단계를 벗어나 현실을 수용하게 될 것이다. 대붕괴라는 현상이 기후변화보다 훨씬 광범위한 문제이기는 하나 기후 과학을 예로 들면 이해하기 어렵지 않다. 위기가 현실화되면 경제 분야는 타격을 입게 되고 그 결과 직접적으로 영향을 받은 많은 사람들이 비로소 문제에 관심을 갖기 시작할 것이다. 그렇게 되면 현실을 부정하는 태도는 하룻밤 사이에도 자취를 감출 수 있다.

둘째, 결심만 한다면 인류는 즉각적으로 위기에 대처할 수 있다. 인류의 역사를 보면 대응은 언제나 늦은 편이었다. 그러므로 우리가 위기를 늦게 인지하더라도 실천이 빠르다는 점은 참으로 다행이 아닐 수 없다. 우리는 일단 문제를 파악하면 어떻게 해서라도 이를 바로잡기 위해 노력한다. 만약 우리 세대의 특징을 묘비에 남긴다면 이런 내용일 정도다. "기어코 해낸 인류. 비록 느릴지언정 어리석지는 않았다."

셋째, 위기에 직면하는 순간 우리는 이 상황을 반전시킬 능력을 발휘할 것이다. 위기의 순간이 임박했고 붕괴가 불가피하다면 우리는 믿기 어려울 정도로 형세를 완전히 뒤바꿀 수 있다. 해결책이 있다고 믿는 즉시 사람들은 부정하는 태도를 버리게 될 것이다. 이게 핵심이다.

이 세 가지 이유를 하나씩 자세히 살펴보자.

첫째, 우리는 조만간 직면할 위험도 인지하지 못한 채 끓는 물 속에서 죽고 마는 개구리가 아니다. 그러므로 아무 조치도 취하지 않은 채 몰락의 과정을 그저 지켜보고만 있지는 않을 것이다. 내가 이처럼 자신하는 이유는 지구의 기후 시스템 속에 우리가 만들어놓은 변화의 동력이 우리를 향해 빠르게 달려오는 기차와 같은 기세를 갖고 있기 때문이다. 우리는 안개가 자욱한 선로에 서 있다. 안개가 걷혀 기차를 알아보게 될 수도, 아니면 안개 속에서도 모습을 식별할 수 있을 만큼 기차가 가깝게 다가올 수도 있다. 하지만 어느 경우라도 우리는 처음 끓는 물에 발을 디딘 개구리처럼 풀쩍 뛰어오를 것이다. 가만히 제자리에 서서 기차에 치이는 꼴은 결코 당할 리 없다.

기차의 속도가 점점 빨라질 것이라는 과학적 증거는 우리 주변에서 쉽게 찾을 수 있다. 민감한 사람이라면 덜커덩거리며 달려오는 기차의 존재를 이미 느끼고 있을지도 모른다. 최근에 이런 과학적 증거에서 포착된 중요한 현상이 있다. 바로 존 콜리 박사가 인체에 비유해 주장했던 것처럼 시스템이 변화를 거부하며 아무 문제가 없는 척 있다가 결국 급격하게 붕괴하고 마는 현상이다. 물론 우리는 '인체'가 아니므로 죽을 수 없다는 점에서 이 비유는 꼭 들어맞지 않는다. 그래도 기후와 생태 과학 분야에서의 불확실성이 잘못된 방향을 가리킴에 따라 변화의 속도가 대단히 빨라지고 있다는 것은 눈치챌 수 있으며 앞으로 이런 경우는 점점 늘어날 것으로 예상할 수 있다.

클라이브 해밀턴은 현실 부정이라는 문제에 대해 깊이 고민한 뒤 안개가 제때 걷히지 않을 것이라 예측했다. 보통 누군가가 사망한 이유에 의문의 여지가 남거나 그 죽음을 초래하여 비난을 받아 마땅한 사람이 있는 경우가 그렇지 않은 경우보다 더 큰 상실감을 남긴다. 기후 문제에서 역시 마찬가지다. 비난은 골치 아픈 사안이니 그런 태도가 미치는 영향에 대해서는 뒤에서 다시 살펴보겠다. 한편 의문의 여지가 남은 경우는 실제로 의문이 해소되지 않는 한 그런 태도를 버릴 수 없다. 흔들림 없는 이론과 과학적 지식만으로는 의문을 해소하기 어려운 것이다. 그러나 여기서 한 가지 중요한 점은 사람들이 그 어느 때보다 강하게 의구심을 품기 시작했다는 것이다.

의구심을 품는 현상이 환경뿐만 아니라 경제에도 영향을 미칠 것이란 점을 명심해야 한다. 앞에서 언급한 모든 이유로 이런 현상은 개별 국가 경제뿐만 아니라 세계경제에도 영향을 미칠 것이다. 그러면 사람들은 각자의 삶에서 처음으로 문제를 직접 '느끼게' 될 것이다. 개인적인 차원에서 아무런 영향을 받지 않은 사람들도 문제에 어느 정도 연관되는 느낌을 받을 수 있다. 그 대표적인 사례가 테러다. 9·11테러로 직접적인 피해를 입은 사람은 그리 많지 않았지만, 이를 지켜본 전 세계인들은 피해를 입은 사람들에게 연대감을 느꼈다. 테러의 여파로 공항에서 보안 검색이 강화되거나 개인의 법적 권리가 제약되고 전쟁을 두 차례나 치르는 등 정치와 경제에서 크나큰 변화가 나타났음에도 사람들은 큰 불만 없이 이를 받아들였다. 문제에 새로운 방식으로 접근했기 때문에 가능한 일이었다.

안개가 걷히며 우리를 향해 돌진하는 기차의 모습이 선명하게 드러나면 우리는 기차에 치이는 위기를 모면할 수 있다. 이런 과정이 앞으로 어떻게 펼쳐질지는 뒤에서 다시 살펴보도록 하자.

둘째, 역사적으로 볼 때 인류는 비록 반응은 굼뜨지만 일단 결심하면 즉각 실천하는 식의 대응을 해왔다는 점을 기억해야 한다. 우리는 마지막 순간까지 기다리다 극적으로 대응한다. 이런 방식이 슬기롭지 못하다고 주장할 수는 있지만 그렇다고 달라지는 것은 없다. 우리는 위기가 임박해져야 비로소 조치를 취한다. 이런 행태는 건강이나 기업, 경제나 사회를 관리하는 문제에 있어서도 쉽게 관찰할 수 있다. 심장마비나 경영 위기, 또는 제2차 세계대전의 시작을 알린 폴란드 침공 같은 일이 벌어져야만 사람들은 비로소 관심을 갖기 시작한다. 그러나 이런 자각에 이어지는 행동은 그야말로 극적이다. 비록 반응이 느릴지라도 어리석지 않다는 것은 인류가 가진 장점 중 하나다.

이 문제와 관련해 내가 가장 자주 받는 질문은 과연 기후변화에 있어 '9·11'에 해당하는 사건이 무엇일 것인가이다. 무엇이 변화를 이끌까? 월가를 강타할 허리케인일까 아니면 도쿄를 초토화시킬 태풍일까? 히틀러의 폴란드 침공에 비견될 만한 기후변화 현상은 과연 무엇일까?

이런 질문에 대한 답변은 그리 만족스럽지 않다. 우리가 결국 대응할 것이라는 점에는 의심의 여지가 없지만, 위기가 어떤 단일 사건으로 촉발되지는 않을 것이기 때문이다. 내가 이렇게 확신하는 이유는 우리가 믿고자 한다면 믿을 수 있는 증거가 넘쳐나기 때문이다. 원치 않는 현실을 부정하는 태도를 가진 사람들은 적어도 변화할 준비가 되기 전까지는 관련 자료가 얼마나 쌓이든 관심을 두지 않는다. 그러다 증거가 명확해지면 그제야 현실을 받아들인다. 따라서 증거가 많이 필요한 반면 그것만으로는 충분하지 않다. 증거가 압도적으로 많이 쌓인 다음이 아니라 이미 갖고 있는 증거의 중요성을 받아들였을 때 비로소 우리가 대응에 나서기 때문이다.

현실을 부정하는 태도를 버려야 세계 문명이 파괴될 정도의 위기가 다가오고 있다는 현실을 자각하고 즉각 받아들이게 될 것이다. 그때부터 우리는 집중력을 발휘해 비범한 속도로 적극적인 대응을 이어나갈 수 있다. 마침내 다가온 이 시기가 되면 '대각성'이 일어난다. 이 시기를 거쳐 가는 과정이 수월하거나 만만하지는 않겠지만 전체적으로는 이런 방향으로 상황이 전개되리라 예측할 수 있다.

러브록이 틀린 이유는 무엇일까? 왜 그때 벌어진 위기는 우리의 대응을 촉발시키지 못했을까? 지구 시스템이 한계치에 이르러 발생한 위험이 우리를 파멸로 이끌지 못한 이유는 무엇일까?

이것이 '대각성'을 일으키는 세 번째 이유다. 엄청난 압박을 받을 때 인류는 놀라운 창의력을 발휘해 획기적으로 변모한다. 이런 변화가 벼랑 끝에서 우리를 구하고 기후변화 현상도 어느 정도 안정시킬 수 있다. 우리가 극적인 변화를 만들어낼 수 있다는 사실을 받아들이면 현실을 부정하는 태도를 더 이상 고수할 필요가 없다. 반대로 우리가 문제를 고칠 수 있다고 믿지 않는다면 문제가 존재한다는 사실 자체를 부정하는 상태에 계속 머물러 있게 될 것이다.

이산화탄소 배출량 감축이 기후 문제를 실질적으로 해결할 수 있는 전략임에도 불구하고 이를 주제로 한 연구가 아직 미미하다는 판단하에 요르겐 랜더스 교수와 나는 공동 연구를 진행했다. 자세한 결과는 이 책의 10장에서 소개하겠다. 우리가 진행한 연구 결과에 따르면 온실가스의 대기 중 농도는 지금껏 벌여온 논란이 무색할 만큼 광범위하고 빠르게 감축시킬 수 있다. 이 결과에 근거해 나는 다른 지속 가능성 문제들 역시 해결이 가능하다고 확신하게 되었다. 결정적인 문제가 산림 벌채, 물 부족, 식량 공급, 환경오염, 또는 피크 오일 중 무엇이건 우리는 물리적으로나 기술적으로 기지를 발휘해 상황을 반전시킬 것이다. 큰 피해나 위기를 막을 수 없다 해도 러브록이 예측한 문명의 붕괴에 이르지는 않을 것이다.

연구를 마치며 랜더스 교수와 나는 우리가 가진 경제적·물리적·기술적 능력이 부족하다고 해서 기후변화를 안정시키고 경제를 지속 가능하게 만들기 위해 요구되는 변화에 어떤 제약이 발생하지는 않을 것이라는 결론을 내렸다. 사실 제2차 세계대전 당시에 겪은 경제적·기술적 어려움에 비하면 지금 우리가 문제 해결을 위해 조치를 취하며 겪는 어려움은 아무것도 아니다.

따라서 이제 남은 한 가지 의문은 과연 우리가 의지를 갖고 행동하기로 결심할 수 있는가이다.

위기가 다가오고 있다는 사실을 사회가 먼저 받아들여야 우리도 행동할 의지를 갖게 된다. 일반적인 수준을 훨씬 뛰어넘는 심각한 위기라는 점을 잊지 말자. 이런 위기의 속성은 직접 닥쳐봐야 알수 있는 게 아니다. 현실을 부정하지 않고 있는 그대로 받아들이기만 해도 알 수 있다. 우리가 당면한 위기는 환경오염이나 도시 피폐화, 일부 거대 동물의 멸종 수준이 아니라 그동안 '정상'이라고 여겼던 모든 것이 파괴되는 수준에서 발생할 것이다. 이때가 바로 우리가 붕괴의 위험을 정면으로 맞닥뜨려야 할 순간이다.

그동안 환경 분야에서 붕괴라는 단어가 남용된 탓에 오히려 그 심각성이 경시되는 경우가 많은 것 같다. 따라서 더 논의를 이어가기 전에 붕괴라는 단어에 대해 먼저 자세히 알아보려 한다. 나는 우리가 붕괴를 경험하게 되리라 생각하지 않는다. 그러나 붕괴를 피하려면 그 위험성에 대해 먼저 이해할 필요가 있다. 붕괴라는 단어는 재러드 다이아몬드가 그의 저서 『붕괴 Collapse』에서 과거 인간이 이룩한 문명과 사회가 환경 변화 요인으로 붕괴되는 과정을 설명하며 사용해 널리 퍼졌다. 그러나 우리가 지금 처한 상황에서의 붕괴란 인류의 멸망이라기보다는 한 사회의 종말을 뜻한다. 또한 정치 구조가 와해되고 있으며 오늘날의 낮은 기준으로 본다 하더라도 관리 체계가 전 세계적으로 제대로 작동하지 않는 상황을 지칭한다. 기존의 생활 방식을 비롯해 국가 안보, 개인 안전, 식량과 에너지 공급, 물질적 측면에서의 삶의 질, 선진 의료 체계를 더는 유지할 수 없는 상황이라는 뜻이기도 하다. 붕괴는 또한 개인의 안전이 전처럼 보장되지 않으면서 토머스 홉스가 말한 '자연 상태'로 돌아가는 상황을 의미한다고도 볼 수 있다.

다이아몬드와 여러 학자들은 위대한 문명이라 할지라도 자연의 영향 앞에 무릎 꿇을 수 있으며, 따라서 우리가 생존을 위해 어떤 '결정'을 내려야 하는 상황이 올 수도 있다는 점을 여실히 보여주었다. 다이아몬드는 자연의 영향 때문에 문명이 붕괴한 사례로 중앙아메리카의 마야문명을 들었다. 브라이언 페이건 역시 그의 저서 『뜨거운 지구, 역사를 뒤흔들다 The Great Warming』에서 마야문명에 대한 연구 결과를 발표했다. 페이건은 서기 800년에서 1300년 사이에 있었던 중세 온난기가 당시 존재하던 사회 전반에 어떤 영향을 미쳤는지를 살펴봤다. 일부 지역의 기온이 지금보다 1도 정도 높았을 뿐이었으나, 이 기온 차이는 당시 번창했던 마야문명을 멸망시켜 마야인들이

유카탄에 지은 사원을 버리고 떠나게 했을 뿐만 아니라, 산업화 이전 가장 큰 규모를 자랑했던 도시 앙코르와트를 중심으로 번성한 캄보디아 문명을 무너뜨렸으며, 미국 서남부 지역의 아나사지 문명을 강제 이전시키기도 했다.

오늘날에는 더 나은 기술과 자원이 있으므로 이런 위기 상황도 너끈히 넘길 수 있다고 생각할지 모른다. 사실 이 생각이 맞다. 하지만 고작 1도의 기온 상승이 한때 강성했던 여러 문명을 붕괴시켰다는 점을 잊어서는 안 된다. 과거 그런 기후변화가 일어나기까지 벌어진 과정에 비해 우리가 맞닥뜨린 위기는 훨씬 크고 심각하며 또한 빠르게 진행될 것이기 때문이다.

지금까지 우리가 논의해온 문제들을 한데 모아놓고 경향성을 파악해보면 세계적 위기를 초래할 심각한 붕괴가 어떤 모습일지를 상상하기는 그리 어렵지 않다. 10억 또는 그 이상의 인구가 절대적 빈곤에 시달릴 것이며 중동 지역을 비롯한 세계 여러 나라에서는 수자원 확보를 위한 전쟁이 이어질 것이다. 중국, 인도, 파키스탄 사이에서 비롯된 분쟁은 수백만이 넘는 정치 난민이나 식량 난민을 배출하는 한편, 폭풍 해일의 영향으로 저지대에 있는 섬나라가 물에 잠겨 인명 피해가 발생할 것이다. 기후 재난이 이어지며 전 세계의 보험 산업이 파산함에 따라 보험에 가입되지 않은 자산을 담보로 자금을 빌려준 은행 역시 연쇄 타격을 입을 것이다. 이와 같은 일들이 주식 시세에 위험 요소로 작용하여 세계 주식시장이 붕괴할 가능성 또한 배제할 수 없다.

한편 국가 안보를 위해 현재 또는 미래에 들이닥칠 위협을 합리적으로 평가해야 하는 위치에 있는 군사 계획 전문가들은 붕괴를 포함한 여러 가지 위험 요소를 철저하게 파악하고 있다. 이들은 앞서 언급한 문제들이 어떻게 전개되는지를 살피고 이러한 전개 양상이 앞으로의 분쟁 위기와 국제 안보 측면에서 어떤 의미를 갖는지를 면밀하게 검토해왔다.

미 중부 사령부의 사령관을 역임하고 해병대 수장으로 퇴역한 앤서니 지니는 이런 문제를 다루는 고위급 군사 자문 위원회에서 활동하며 오늘 당장 기후변화의 심각성을 받아들이고 행동하지 않는다면 "추후에 군사적인 측면에서 대가를 치르게 될 것"이며 "여기서 대가란 인명의 희생을 포함한다"라고 직언한 바 있다. 2007년 이 위원회가 제출한 보고서는 기후변화가 자원을 둘러싼 갈등을 악화시켜 위협이 배가될 것이라는 의견을 내놓았다. 또한 우리가 기후변화를 통제하기 위해 노력하지 않는다면 식량 생산이 감소하여 발생한 난민의 대규모 이동으로 국경에서 긴장이 고조될 뿐만 아니라 높아진 정치적 불안정성을 통제하지 못하는 나라들이 속출할 것으로 내다보았다.

이 보고서의 결과는 총 16개 정보기관의 조정 기구인 미국 국가정보위원회NIC, National Intelligence Council가 기후변화가 안보에 미치는 영향을 기밀 평가한 결과와 일치했다. NIC의 수장이었던 토머스 핑거는 의회 청문회에 참석해 기후변화가 "기존의 문제들을 악화시켜 국가 안보에 광범위한 영향을 미칠 것"이라고 증언하고, 특히 사하라 이남의 아프리카와 중동 같은 취약 지역에서 안보 위기가 발생할 가능성이 높다고 덧붙였다. NIC의 요약 문건은 기후변화가 자원 확보에 대한 부담을 증폭시킨 결과 "각 국가 내부의 긴장감이 높아지고, 자원 경쟁이나 난민에 대한 대응과 책임을 둘러싼 공방이 격화되며 국가

간 분쟁이 일어날 것"이라고 지적했다.

2010년 미국 국방부는 4년마다 발표하는 국방 검토 보고서에서 기후변화가 "불안정성을 높이고 분쟁을 촉발하여 전 세계의 민간과 군이 이로 인해 발생한 문제들에 대응하는 데 큰 부담을 느끼게 될 것"이라고 명시했다. 정치계의 반응이 미진하자 2010년 4월 미국의 퇴역 장성 33명은 상원의 여야 대표에게 성명을 내고 "기후변화가 미국의 안보를 위협하고 있으며 (……) 불안정성을 높이고 갈등을 조장하여 테러리스트를 육성하는 사회경제적 조건을 양산하고 있다"라고 지적한 뒤 "국무부, NIC, CIA가 이런 상황을 인지하고 기후변화 때문에 발생할 수 있는 위협에 대한 대비책을 세우고 있다"라고 언급했다.

비공식적인 자리에서 군사 전문가들은 더욱 냉담한 태도를 보였다. 다음은 2004년 미국 국방부의 기밀문서에 담긴 기후변화의 영향에 대한 의견이다. "붕괴와 분쟁이 당연시되다 결국 우리 삶의 기본 특성으로 자리 잡고 말 것이다. (……) 전쟁이 또다시 우리의 삶을 좌지우지하게 되는 것이다."[3]

앞서 언급한 책이나 보고서, 그 밖의 다른 연구들이 전하는 교훈은 명확하다. 위기가 언제, 어디서, 어떤 규모로 발생할지는 여전히 특정할 수 없지만, 우리가 세계적인 규모로 일어날 붕괴와 혼돈의 나락으로 빠지게 될 위기에 직면해 있다는 것을 뒷받침하는 증거는 차고 넘친다. 그리고 이와 같은 현실을 받아들일 때 비로소 '대각성'이 일어난다.

데이터에 대한 이야기가 아니라는 점을 다시 한번 강조하고 싶다. 데이터에 따르면 우리는 이미 위험 국면에 들어섰다. 지금의 위기가 어느 정도나 위험한지에 대해서는 논란의 여지가 있을 수 있겠으나 아무리 위험도가 낮다 해도 우리가 그동안 군사 및 안보 차원에서 대대적인 노력을 기울이거나 공공자금을 대규모로 투입해 대처하고 있는 다른 어떤 위기보다도 그 강도가 높을 것이다. 전 세계 군사 전문가들이 이 문제에 촉각을 곤두세우고 있는 이유다. 증거는 더없이 확실하다.

이제 남은 것은 현실을 부정하는 단계를 넘어서는 일이다.

미래를 예상하는 시나리오들을 살펴보는 것도 도움이 되지만 과거에 유사하게 벌어진 상황에서 우리가 어떻게 대처했는지를 되짚어보는 것도 좋다. 이런 비교를 통해 전환점에서 벌어질 일들을 미리 알 수 있으며 또한 우리가 행동하기로 결심했을 때 얼마나 극적인 변화를 만들어낼 수 있는지를 배울 수 있기 때문이다.

경제적·물리적·정치적 측면에 나타난 갑작스러운 변화에 우리가 어떤 대처를 할 수 있었는지를 보여주는 사례로 나는 제2차 세계대전을 자주 언급한다. 물론 이 전쟁은 기후변화와는 모든 면에서 다르다. 제2차 세계대전 당시 연합군은 아돌프 히틀러라는 인물로 상징되는 뚜렷한 위협에 직면해 있었다. 연합군은 불과 20년 전 제1차 세계대전에서 맞붙었던 국가를 다시 상대했기에 독일을 쉽게 적국으로 받아들였으며 또한 자신들과 구별되는 외부의 이질적 상대로 받아들였다. 이는 적의 형체나 출신이 분명할 때 맞서 싸울 수 있는 최적의 조건이 갖춰진다는 점에서 중요한 의미를 갖는다. 그러나 기후변화의 경우 의인화하기 어려운 데다 비난의 대상은 우리 자신이다. 맞서 싸워야겠다는 의지가 있다 해도 실제로 맞서 싸워야 할 적의 정체가 모호한 경우라 할 수 있다. 연합군은 폴란드 침공을 규탄하며 전쟁을 벌일 수 있었지만 기후변화나 지속 가능성 문제에서는 맞서 싸울 대상을 찾기 어렵다.

제2차 세계대전과 기후변화 사이에 다른 점이 여럿 있기는 하지만 좀 더 자세히 살펴보면 생각처럼 그리 많지도 않다. 둘을 비교함으로써 오히려 우리는 유익한 교훈을 얻을 수 있으며 할 수 있다는 자신감을 갖게 될 것이다. 사실 히틀러에 대한 대응은 더뎠지만 어리석지 않으며, 늦었지만 극적인 사례의 전형이다.

폴란드 침공을 전쟁의 시발점으로 여기는 사람들이 많지만 그보다 훨씬 전부터 히틀러는 유럽 여러 나라에 심각하고 명백한 위협이었다. 히틀러는 1933년 총리직에 오른 직후부터 대대적으로 군을 무장시켰다. 이후 베르사유조약을 위반하고 1936년 라인란트 지역에 다시 군대를 주둔시킴으로써 프랑스를 위협했다. 1938년에는 오스트리아를 합병했으며 1939년 3월에는 체코를 전면적으로 침공했다. 그사이 이런 규모의 위협에 대해 많은 논란이 일었으나 1939년 9월 1일 히틀러가 세 번째 나라인 폴란드를 점령하고 나서야 비로소 전쟁이 선포되었다. 이보다 한 해 전 영국이 동원령을 통해 독일의 행태에 적극적으로 개입을 시도한 바 있으나 사실상 합리적인 대응이 나오기 전까지는 유화책이 오래도록 유지되었다.

즉 전쟁이 선포되기 전까지 히틀러는 오래도록 다른 국가에 부인할 수 없이 명백한 위협을 가했던 것이다. 처칠 수상을 비롯한 여러 국가의 지도자들이 오랫동안 이 위협에 대해 경고했으나 대부분은 무시되었고 심지어는 조롱을 당하기도 했다. 또한 사회는 가시화된 위협을 못 본 척하며 현실을 부정하는 태도를 보였다. 전쟁으로 인해 현재 상황이 대대적으로 바뀌게 될 것이라는 사실을 받아들이고 싶지 않았기 때문이다. 그러나 현실을 부정하는 태도를 버리고 있는 그대로를 받아들이자 극적인 대응이 신속하게 이어졌다. 하루아침에 상황이 뒤바뀐 것이다.

과거를 되짚어보지 않았다면 히틀러의 위협을 부정하는 상황이 정확히 언제 끝날지 예측하기 훨씬 어려웠을 것이다. 기후 문제에 있어서도 마찬가지다. 모든 일이 벌어지고 난 뒤에 돌이켜보면 '명백할' 수 있어도 현실을 부정하는 상황이 언제 끝날지 예측하기란 쉽지 않다.

이런 관점에서 제2차 세계대전은 적절한 비유 대상이다. 기후변화는 오래도록 이어진 명백한 위협이었다. 처칠처럼 20년이 넘게 기후변화에 따른 위기를 경고하는 사람들이 있었지만 그들의 의견은 모두 무시되었다. 네빌 체임벌린의 실속 없는 평화 선언에 비견될 만한 교토 의정서나 코펜하겐 협약도 있었다. 그렇게 우리는 현실을 부정하는 쪽에 버티고 서 있었다. 현실을 온전히 받아들인 사람들이 지켜보기에는 힘든 상황이었겠으나 역사 속에서 이런 상황은 꽤나 흔하게 찾아볼 수 있다. 역사를 통해 또 하나 알 수 있는 사실은 결국은 모든 것이 변한다는 것이다. 댐이 무너진 다음에는 홍수가 밀려오는 것과 같은 이치다.

다만 여기서 주의해야 할 점이 있다. 현실 부정이나 비관주의가 행동을 가로막는 것처럼, 대책 없는 낙관주의도 행동을 가로막을 수 있다는 사실이다. 아무 일도 하지 않은 채 뒷전에 앉아 댐이 무너지기만을 기다린다면 댐이 붕괴하는 날을 늦추는 결과를 낳을 뿐이다. 그러므로 대책을 마련하는 동시에 희망을 갖고 적극적으로 실천에 나서야 한다.

이제 그만 이런 얘기가 끝나기를 바라는 독자가 있을지도 모르겠다. 우리가 처한 위기와 그 여파에 대한 설명이 상세하게 이어지는 것을 더는 견디기 어렵고 붕괴 위험과 붕괴를 뒤잇는 대혼돈의 시기에 대해 더는 알고 싶지 않으며 또 이 모든 것이 독자 자신과 가족에게 무슨 의미가 있는지에 대한 관심도 사그라졌을 수 있다.

그런 여러분에게 전할 좋은 소식은 바로 여러분을 암울하게 했던 이야기가 여기에서 끝난다는 점이다! 지금부터는 희망을 이야기해 보려고 한다. 희망이 깃든 곳이 절망에 휩싸인 곳보다 더욱 논리적이고 고무적이라는 점을 기억하자.

희망은 개인적인 차원의 개념이 아니다. 절망이 아닌 희망의 입장에 서서 불확실성을 다루는 것이 보다 전략적이며 실용적이다. 희망은 또한 세계에 접근하는 방식이기도 하다. 환경문제를 연구하는 데이비드 오어 교수는 희망을 "소매를 걷어 올린 동사"라고 정의한 바 있다.

희망적인 태도를 갖는 것이 지속 가능성을 위해 노력하는 많은 사람들에게 요구되는 가장 중요한 전략적 변화이며, 이와 같은 태도의 전환 자체가 '대각성'을 일으키는 전환점이 될 것이다.

이는 정치 전략 차원에서 만만찮은 문제가 된다. 힘겨운 상황 속에서도 희망이라는 청사진을 보여준 지도자와 운동은 역사적으로 여러 긍정적인 변화를 이끌었다. 간디, 만델라, 킹, 처칠은 모두 어려운 상황에 놓여 있었음에도 불구하고 미래에 대한 희망을 역설했다. 이들이 추구하는 낙관적 입장에는 어느 정도 개인차가 있으나 전략적 실용주의를 추구했다는 점에서는 모두가 같았다. 희망을 문제 해결의 열쇠로 본 것이다.

마틴 루서 킹은 연설에서 "나에게는 꿈이 있습니다"라는 문장을 외치며 희망을 이야기했다. 만약 그가 "나는 매일같이 주변에서 자행되는 인종차별과 변화를 거부하는 사람들의 고집스러움 때문에 악몽을 꿉니다"라고 말했다면 어땠을까? 한편 넬슨 만델라는 붕괴와 혼돈의 나락으로 떨어지기 직전의 상황에 놓인 남아프리카공화국에서 희망을 구현했다. 당시 남아공에서는 수십 년 동안 무력으로 변화를 진압한 인정사정없는 백인 정부에 흑인들이 저항하며 끔찍한 폭력 사태가 번지고 있었다. 만델라는 수십 년간 투옥 생활을 했음에도 스스로 인류애를 실천하는 데 앞장섰으며 국민들에게 인종차별 없는 통합을 호소했다. 이를 통해 만델라는 역사상 가장 놀라운 변화를 만들어냈다. 또한 아프리카 국민회의African National Congress는 '지금 여기에서 자유를 누리자'라는 구호를 내걸고 이런 희망이 현실적이고 중요하며 쟁취해 얻어낼 가치가 있다는 점을 역설했다.

남아공을 방문할 때면 백인 정권이 시행한 인종 분리 정책인 아파르트헤이트가 종식되고 난 후 얼마나 많은 변화가 있었는지에 매번 놀라곤 한다. 많은 사람들이 불가능하다고 말했지만, 남아공은 온갖 어려움을 겪어내며 다인종 사회로 거듭났다. 아무도 이전의 모습을 떠올리지 못할 정도로 말이다.

윈스턴 처칠의 경우가 희망적인 태도의 중요성을 더욱 부각시키기 좋은 예시라 할 수 있다. 제2차 세계대전 중 영국의 전세를 평가한 결과는 매우 참담했다. 언제라도 독일에게 점령당할 수밖에 없는 상황이었기 때문이다. 처칠이 심각한 우울증을 앓고 있다는 것은 당시에도 익히 알려진 사실로 어떤 이들은 심지어 처칠의 상황이 너무 절망적이라 정신이 나가지 않고서는 희망을 가질 수 없다고 말하기도 했다. 그러나 정신의학과 의사였던 앤서니 스토는 처칠의 증세를 다음과 같이 분석했다.

처칠이 기복이 없는 평온한 사람이었다면 절대로 국민들에게 희망을 주지 못했을 것이다. 1940년, 영국의 전세가 기울던 그해에 만약 냉철한 판단력을 가진 지도자가 영국을 이끌고 있었다면 '영국은 이제 끝났다'라는 결론을 내렸을 가능성이 높다.[4]

처칠은 개인적으로도 어려움을 겪는 상황에 놓여 있었음에도 희망을 외쳤고, 패전의 기색이 짙은 상황에서도 승리를 확신하며 영국을 단결시켰다. 이런 이유로 처칠은 현재까지도 역사상 가장 위대한 지도자 중 한 명으로 꼽힌다.

실용적이고 전략적인 차원에서 우리에게 필요한 경제적·사회적 변화를 만들어내는 동시에 앞으로 다가올 위기를 탐색하기 위해서는 처칠이 발휘했던 것과 같은 리더십이 필요하다. "모든 것을 잃은 상황에서 희망을 갖기는 어렵지만 나락으로 빠지는 가운데 조금만 더 노력해보자"라고 주장하는 지도자를 따를 사람은 없다. 이 같은 방식으로 대중을 설득하려는 사회운동도 마찬가지다. 물론 실제로 그렇게 말하는 활동가는 많지 않지만 무의식적으로라도 그렇게 생각한다면 실제 활동에 영향을 미칠 수밖에 없다.

우리가 맞닥뜨린 상황이 '현실적으로' 절망적이었던 처칠의 상황과는 **다르다는** 점을 기억하자. 앞에서 이미 언급했으며 뒤에서 또 다루겠지만 굳게 마음을 먹고 행동한다면 원하는 미래를 얻을 수 있다. 앞으로 어떤 일을 어떻게 실행해야 하는지 우리가 잘 아는 상황에서 실패란 있을 수 없기 때문이다.

　이번 장의 결론을 내리기 전에, 우리가 처한 위기에 대해 내가 느꼈던 슬픔과 절망이라는 마음 상태로 다시 돌아가보려고 한다. 진화하기까지 수십억 년이 걸린 생물 다양성의 절반이 우리 때문에 사라진다는 사실은 정말 가슴 아픈 일이다. 생태계에서 벌어질 이러한 변화 때문에 수십억 인구가 오래도록 광범위한 부분에서 고통을 겪게 될 것이라는 사실 역시 비통한 일이 아닐 수 없다. 미리 막을 수 있었던 문제들이 결국 벌어지고 만다니 이 또한 통탄할 일이다.

　환경운동가로서 내 역할을 제대로 수행하지 못하고 있다는 생각에 좌절한 적이 많았다. 내가 이끌고 참여했던 환경운동과 내 삶 속에서 실천한 노력으로는 위기가 다가오고 있다는 것을 알면서도 위기를 막을 수 없다는 자책감이 들었기 때문이다. 이런 감정은 쉽사리 분노로 이어졌고, 다시 환경운동을 펼쳐 엑손모빌 같은 회사들을 응징하고 싶은 마음에 사로잡히기도 했다. 환경오염 문제를 제기했던 쪽의 수고를 물거품으로 만들기 위해 꼼수를 부린 전적이 있는 악덕 기업이었기 때문이다. 그러나 시간이 지나면서 이런 감정들은 결국 내가 느낀 슬픔에 뿌리를 두고 있다는 것을 깨닫게 되었다.

　내가 뉴욕에서 강연을 하다 눈물을 흘린 이유도, 아내에게 그때의 이야기를 하며 운 이유도 모두 이런 슬픔 때문이었다. 그렇다고 달라지는 것은 없다. 어느 정도의 슬픔을 느끼는 것은 자연스러운 현상이나 절망감에 매몰되어 있는 것은 문제다.

　이런 경험을 통해 나는 희망은 가질수록 커진다는 것을 깨닫게 되었다. '붕괴'에 집착하고 있었을 때는 계속 슬픔을 느꼈지만 기회에 초점을 맞추고 나니 기분이 한결 좋아졌다. 희망찬 생각으로 하루를 보내니 행복감도 밀려왔다. 이런 나의 모습을 보고 아내는 이제야 함께 살기 편해졌다는 농담을 던지기도 한다! 이처럼 희망을 갖는 것은 삶의 질을 높이는 방법일 뿐만 아니라 정치적 전략으로서도 바람직하다.

곧 맞닥뜨릴 위기의 심각성을 놓고 볼 때, 낙관적인 태도를 견지하기로 마음먹는 일이야말로 우리 각자가 할 수 있는 최선의 선택이다. 낙관적인 태도를 갖기로 마음먹은 다음에는 다른 사람들도 같은 선택을 하게끔 설득에 나서야 한다. 시기를 놓치지 않는 것이 중요하다. 변화를 향한 움직임이 빨리 시작될수록 선택지가 늘어나 감내해야 할 고통이 줄어든다. 그러니 절망을 빠져나와 소매를 걷어붙이고 희망 속에 살아가자.

지금은 현실을 있는 그대로 받아들인 처칠이 되어 불가능에 도전할 때다.

9장
부정이라는 댐이
무너질 때
THE GREAT DISRUPTION

우리 사회가 세계 또는 국가 단위로 과거에 일어났던 심각한 위기에 어떻게 반응했는지를 보면 '대각성'이 일어날 때의 상황도 쉽게 짐작할 수 있다. 인류가 보이는 반응은 언제나 대체로 비슷하기 때문이다.

'대각성'이 일어나는 시기에는 사회의 거의 모든 부문에서 극적인 반응이 나타나 많은 사람들의 이목을 집중시킨다. 사회는 문제 해결을 위해 모든 수단을 동원하는 식으로 대응에 나설 것이며, 정부 역시 강력하게 직접 개입할 가능성이 높다. 지금이야 상상하기 어렵겠지만, 이쯤 되면 전 세계가 대기오염 감축을 목표로 뭉쳐 '어떤 대가를 치러서라도' 기후변화를 안정시키기 위해 다소 유난스러울 정도로 긴급 조치를 시행하게 된다. 이런 반응 다음에는 지속 가능성과 관련된 변화가 여러 분야에서 빠르게 나타나기 시작한다.

이 시기에는 생각의 차이 하나가 대응의 규모와 정도를 결정짓기도 한다. 이와 관련해 나는 기후변화 전략가이기도 했던 윈스턴 처칠의 다음 발언을 즐겨 인용하는 편이다. "'최선을 다하고 있다'라는 말처럼 헛된 것이 없다. 우리는 **꼭 해야만 하는** 일을 찾아 실행해야 하며 그 결과는 반드시 성공이어야 한다."

기후변화나 지속 가능성을 위협하는 그 밖의 문제들을 성공적으로 막아내기 위해서는 먼저 온실가스 순배출량을 수십 년 안에 제로로 줄여야 한다. 이와 같은 획기적인 대처는 앞에서 여러 차례 다루었던 지연 현상이나 극적 전환점에서 불거질 위험이 어느 정도냐에 따라 그 효과가 달라질 수 있다. 그렇다고 대처의 수준을 낮춘다면 붕괴 위험은 감당할 수 없을 정도로 치솟게 될 것이다. 이 경우, 처칠이 말한 '꼭 해야만 하는' 일이란 국제사회가 공동의 목표를 세워 비상한 수준으로 협력하는 긴급 조치라 할 수 있다. 여태 본 적 없는 수준의 조치여야만 한다. 그나마 유사한 예로 제2차 세계대전 때 여러 나라가 동원된 경우를 들 수 있지만 이조차 우리에게 필요한 대처 수준에는 한참 미치지 못한다. 이런 조치는 명확한 목표('적'의 실체)를 갖고 빠르게 진행되어야 한다. 그 진행 과정에는 상당한 혼란과 대대적인 희생이 뒤따를 것이다.

획기적인 조치들이 이어지며 인류는 수십 년에 걸쳐 지속될 대응기에 들어설 것이다. 이 시기는 벼랑 끝에 아슬아슬하게 발을 딛고 서 간신히 추락을 모면하고 있는 상태라 할 수 있다. 오래도록 예견되었던 문명 간의 충돌이라기보다 문명을 지켜내기 위한 전쟁이 벌어지는 시기가 될 것이다. 우리가 이 전쟁에서 결국 승리할 수 있으며 승리를 통해 한 단계 도약할 수 있다는 사실이 참으로 다행스럽다.

이러한 극적인 변화가 어떻게 일어날지를 설명하기에 앞서 퍼즐을 완성하기 위해 추가해야 할 조각이 하나 더 있다. 이 조각 없이는 이처럼 큰 변화가 일어날 것이라 상상하기 어렵다.

실제 전쟁의 목적은 오로지 승리를 통해 기존 질서를 유지하는 데 있다. 전쟁을 계기로 기술이 발전하거나 사회가 단결하는 등 부차적인 이득이 발생한다고 해도, 그 이득이 전쟁 때문에 치러야 할 고통과 대가를 뛰어넘는 수준으로 생기지는 않는다. 그러나 우리가 치러내야 할 '전쟁'은 이와 다르다. 이 전쟁에서 지면 마치 실제 전쟁에서도 그렇듯 대혼란이 빚어지므로 참전하지 않고 상황을 마냥 지켜보는 것은 유효한 선택 사항이 아니다. 반면 이 전쟁에서 승리하는 경우에는 모든 측면이 눈부시게 발전하게 된다.

이 시기에 필연적으로 겪을 수밖에 없는 고통을 경시할 의도는 없다. 다만 이 '전쟁'이 얼마나 특별한 기회가 될 수 있는지에 대해서는 여러분이 충분히 이해하기를 바란다. 초기 대응은 주로 기후변화, 그중에서도 특히 에너지나 운송, 농업 분야에 초점을 맞춰 진행되겠지만, 앞에서도 여러 차례 언급했듯 기후변화는 문제가 아닌 징후다. 이 말은 이 전쟁에서 승리하려면 초기 대응 때 초점을 맞췄던 문제에서 여타의 지속 가능성 문제로 대응 범위를 넓혀가야 한다는 것을 의미한다. 지속 가능성 문제에 대한 대응에는 자원 부족이나 환경문제로 발생한 분쟁을 해결하고 소비 지상주의나 물질적 성장이 배제된 새로운 경제모델을 개발해 빈곤과 극심한 불평등을 없애는 활동들이 포함된다. 이런 실천들을 통해 우리는 국가나 세계 차원에서 더 응집력 있는 사회를 만들게 될 것이다. 우리가 직면한 변화는 인류의 진화 측면에서 볼 때도 근원적인 질적 변화로서 큰 의미를 갖는다.

한편 기후변화에만 초점을 맞춘 초기 대응만으로도 사회 및 경제에 수없이 많은 긍정적 변화가 나타나며 삶의 질이 향상될 것이다. 이런 변화가 당장 일어나지는 않겠지만 사람들의 일반적인 예상보다 훨씬 빨리 나타날 것은 분명하다. 실천에 나서야 한다는 절박함을 전 세계가 갖게 되었기 때문이다.

예를 들어, 에너지 체계가 풍력이나 수력, 또는 태양열에 기반을 두고 있는 국가의 경우 지정학적 요인이나 수입 가격의 등락과는 무관하게 에너지를 안정적으로 확보할 수 있다. 이런 에너지 체계 운영에 필요한 제반 시설을 마련하는 데 드는 초기 비용은 상당하지만 재생에너지 생산 비용이 줄어들면서 결국 가난한 나라들도 자국에서 생산한 에너지를 여유롭게 사용할 수 있게 된다. 해당 시설을 마련하는 데 드는 초기 비용은 부자 나라가 보통 감당해야 하는데, 기후 문제를 국제적으로 해결하는 추세에서 이 같은 원조는 꽤 보편적이다. 에너지는 삶의 질을 높이는 핵심 요소이며, 에너지 자립은 경제를 발전시키고 빈곤 문제를 해결하는 데 있어 특히 중요하다.

에너지 가격과 공급이 안정된 나라는 경제적 측면에서 탄력을 받을 수 있다. 누가 태양과 바람을 독점할 수 있겠는가? 그러므로 어느 나라든 재생 가능한 에너지를 사용하여 가격과 공급을 안정화시키면 경제적 이득은 자연스럽게 뒤따를 수밖에 없다. 이런 전환으로 에너지와 연료의 효율성이 높아지면, 소비자들도 비용 절감 효과를 체감할 수 있을 것이다. 예를 들어, 내연기관 자동차보다 전기 자동차의 연료비가 약 80퍼센트 낮다면, 배터리의 감가상각 비용을 감안하더라도 차량 운행비가 더 낮으므로 전기 자동차를 구매하려는 사람들이 더 많아질 것이다.

차량이나 화력발전소 등에서 비롯된 대기오염을 없애 하늘이 맑아지면, 아이들의 건강이 향상되어 천식이나 그 외 호흡기 질환에 따른 의료 비용이 감소할 것이다. 한 연구는 연방 정부가 제시한 대기 정화 지침을 제대로 준수하지 않은 결과 2005년과 2007년 사이 캘리포니아에서만 1억 9300만 달러가 넘는 의료비가 발생했으며, 이 비용의 3분의 2를 공공 납세자 보험으로 충당했다고 밝혔다.[1] 보행로와 자전거 도로를 잘 갖춘 도시를 설계하면 공동체는 더욱 안전해질 것이며 응집력 또한 높아질 것이다. 건강이 향상됨에 따라 진정한 의미에서 삶의 질이 향상되는 것은 물론이다.

세계적인 관점에서 볼 때 에너지 확보를 위한 분쟁이 사라지고 국가 간 또는 국민 간의 극심한 불평등이 해소된다면 지정학적 안정성이 가져오는 이득은 상당할 것이다.

그렇다고 '대붕괴' 시기에 우리가 겪게 될 지정학적·경제적·사회적 문제들이 사라지지는 않겠지만 최소한 이런 문제들을 고민하며 가려낸 변수들은 우리가 '대각성'하는 데 도움을 준다.

기후변화와 지속 가능성을 주제로 그동안 진행된 정치적 논의들은 자발적인 실천과 막대한 사회적·경제적 대가를 전제로 진행되었다. 따라서 대응할 필요가 없다고 주장하는 사람들은 (새로운 에너지 시스템을 구축하여 얻어지는 크나큰 경제적 이득을 간과한 채) 대응할수록 오히려 삶의 질이 떨어지고 경제활동이나 일자리가 위협받게 될 것이라고 주장한다. 이런 맥락에서는 탄소세를 매기거나 수십 년에 걸쳐 서서히 청정에너지로 전환하는 식의 소극적 대처도 완강한 반대에 부딪히게 되므로, 내가 주장하는 변화는 납득하기 어렵거나 심지어 불가능한 것으로 여겨질 수 있다. 이런 상황에서는 '대각성'이 일어날 수 없다. 대신 다음과 같은 상황이 전개될 것이다.

8장에서 언급한 것처럼, 부정의 시기가 지나 현실을 있는 그대로 받아들이면 기후변화에 대한 대응과 여론을 가로막고 있던 댐이 무너지게 될 것이다. 상황이 이렇게 되면 지도자들은 긴급하게 포괄적인 대응에 나설 수밖에 없다. 우리는 지도자들이 세계 금융 위기 시기에 나타났던 상대적으로 사소한 문제들에도 얼마나 강도 높게 대응했는지를 지켜보았다. 세계 각국이 갑자기 몇 조에 달하는 자금을 출자하거나 미국 대통령이 은행이나 자동차 회사를 국유화하는 것과 같은 조치를 단행할 것이라고 누가 상상이나 할 수 있었을까? 대안이 통하지 않아 파국이 예상될 때는 기존에 상상조차 할 수 없었던 것이 곧 현실이 된다. 그러니 문명의 존립과 경제성장이 위협받고 있는 상황을 인지한 지도자들이 어떻게 행동할지를 한번 상상해보라.

현실을 수긍하면 앞서 언급한 장점들이 유의미해지면서 이에 따라 대응 전략의 틀을 마련하게 된다. 오로지 패배에 대한 두려움 때문에 행동하게 되는 전쟁과 달리, 이 경우는 패배에 대한 두려움보다는 행동함으로써 얻게 되는 이득이 더 크다. 따라서 그 어떤 결정을 내리더라도 손해 볼 것이 없다. 아무 대응도 하지 않는다면 감당해야 하는 경제적·사회적 고통이 헤아릴 수 없이 커질 뿐이지만, 과감하게 대응한다면 그 결과 얻게 되는 이득은 역사에 남는 동시에 미래를 만들 것이며 또 다른 변화의 동력이 될 것이다. 아예 대응하지 않았을 때 겪을 수 있는 고통이 현저하게 줄어드는 효과는 말할 것도 없다.

이런 상황이 되면 정치 지도자들이 어떤 식으로 연설을 할지 쉽게 상상할 수 있다. 전시에나 사용하던 수사 여구를 총동원해 역사적으로 중요한 이 시기에 모두 함께 나서 재앙을 피하고 아이들에게도 안전하고 번영한 세상을 만들어주자고 촉구할 것이다.

앞서, 내가 진행한 강연에서 청중 각자가 겪게 될 재정상의 위기에 초점을 맞추자 달라진 반응에 대해 설명한 바 있다. 각성이 일어나는 시기를 상상하는 데 있어서도 위기의 속성과 전개 양상을 반드시 염두에 두어야 한다. 사실 그동안 우리는 환경문제에 제대로 대응하지 못했으며 이런 현상은 앞으로도 지속될 수 있다.

생물 다양성이 절반으로 줄어들 것이라는 경고가 있다고 해서 우리가 기후변화나 지속 가능성 문제 해결을 위해 노력할 공산은 크지 않다. 그러나 지금의 경제나 생활 방식이 위협받고 있다는 경고에는 즉각 반응할 가능성이 높다. 그동안 전쟁이나 경제 위기, 자연재해 같은 위협에 대한 우리의 대처는 그야말로 대단했다. 그러니 이번에도 이와 같은 수준의 반응이 분명 다시 나타날 것이다.

오늘날의 정치 상황은 이런 변화를 어떻게 받아들일까? 역사학자들은 인류가 이렇게나 극적으로 변화하는 현상을 어떻게 설명할까?

변화의 시기, 두 가지 유형의 대응이 각기 다른 속도로 병행되며 점차 제 모습을 갖춰나갈 것이다. 이와 관련된 자세한 내용은 이 책의 뒷부분에서 다시 이어가겠다.

우선 구경제와 시스템이 기존의 가설과 운영 체계를 고수한 채로 자정 노력을 기울이는 식의 반응이 나타날 수 있다. 이 반응은 효율성을 높이고 탄소 집약도를 낮추는 방식으로 경제성장이 지속될 수 있다고 가정한다.

또 다른 형식의 대응은 혁신적으로 사고하며 신경제를 건설하려는 노력으로 나타날 것이다. 여기에는 소비 지상주의나 물리적으로 정의된 삶으로부터 탈피하려는 노력과 세계경제를 지역화하고 전 세계적 협력을 증진시키려는 노력이 포함된다.

구경제와 신경제의 접근 방식은 각기 다른 국면에서 중요도를 갖는다. 두 대응 방식이 경쟁구도에 있는 것은 아니다. 하지만 앞서 설명했듯 물질적 경제성장이 지속되는 것은 현실적으로 불가능하기 때문에 결국 신경제의 대응이 우세해질 가능성이 높다.

구경제는 기존의 경제 및 정치 모델과 시스템 저변에 깔려 있던 신념을 활용하여 사회에 진정한 의미의 비상사태를 선포하고 긴급 대응 계획을 마련할 것이다. 또한 우리가 절벽에서 추락하는 것을 막기 위해, 전시 상황에 준하는 자원과 인력을 동원해 위기에 맞설 것이다. 이를 위해서는 강력한 리더십을 가진 정부가 시스템 전반에 개입해 기술적인 문제들을 수정해야 하며 시장 역시 활용할 수 있어야 한다. 과거에도 우리는 이런 조치들을 시행해 성과를 거둔 경험이 있다. 10장에서 이런 접근법이 구체적으로 적용되는 사례들을 자세히 다뤄보겠다.

구경제의 대응 방식에 대해 많은 신경제주의자들은 문제를 일으킨 사고방식으로는 문제를 해결할 수 없다는 알베르트 아인슈타인의 말을 인용하며 반감을 표한다. 이 같은 신경제주의자들의 논리는 한편으로는 맞고 다른 한편으로는 그르다. 우리의 신념과 가치뿐만 아니라 세계경제의 설계 자체를 문제 삼지 않는다면 기후변화와 지속 가능성 문제 기저에 깔린 근본 원인을 해결할 수 없다는 점에서는 이들의 생각이 옳다. 그러나 우리가 이 위기를 인지했을 때는 이미 붕괴가 임박한 상황이라는 점에서는 이들의 생각이 틀리다. 이때는 시스템을 혁신적으로 바꾸거나 위기에 즉각 대응할 시간도, 정치

적 역량도 남아 있지 않아 경제 붕괴와 정치적 혼란에 빠질 위험이
아주 높아진다.

신경제식 대응들은 서로 같은 중요도를 갖고 동시에 진행될 것이
다. 신경제식 대응의 시작은 더디겠지만 결국 구경제식 대응에 비해
더 강력한 영향력을 행사하게 될 것으로 기대된다. 신경제는 기후변
화라는 단순한 문제보다는 완전한 의미로서의 지속 가능성에 초점
을 맞추고, 세계경제가 운영되는 기본 전제와 인식에 의문을 제기할
것이다. 세계은행에서 경제 전문가로 일했던 허먼 데일리 교수를 비
롯한 여러 저명한 경제학자들과 경제 평론가들이 주장했듯, 신경제
는 성장에 집착하는 행태에 문제를 제기하는 반면 안정된 상태로 지
속될 수 있는 경제모델을 모색해나갈 것이다. 신경제의 대응 방식을
지지하는 사람들은 세계경제가 폐기물을 발생시키지 않으며 생태계
와 조화를 이룬 순환 경제체제로 재설계되어야 한다고 주장하고 있
다. 이는 이 분야에서 잘 알려진 두 이론가인 『생체모방*Biommicry*』의 저
자 재닌 베니어스와 『요람에서 요람으로*Cradle to Cradle*』를 쓴 윌리엄 맥
도너의 주장과도 일치한다. 이런 생각은 진취적인 몇몇 기업이나 다
국적 기업에서 실행에 옮기고 있으나 향후에는 정부 정책이나 가격
조정 등의 방식으로 지원을 받아 확장될 필요가 있다.

점점 더 많은 사람들이 소비 지상주의와 물질만능주의를 거부하
고 있다는 사실은 신경제의 취지가 대중 속에 제대로 자리 잡고 있
다는 증거로 볼 수 있다. 이들은 대신 유연성을 갖춘 강한 공동체를
만드는 데 관심을 두고 소유물의 양보다는 삶의 질을 향상시키는 데
초점을 맞춘다. 이런 노력이 결국 우리의 행복 증진을 목표로 하고
있다는 점에서 더욱 의미가 깊다. 신경제식 대응 조치는 우리의 가

치나 신념에 대해 더 깊이 성찰해볼 수 있는 기회를 제공하며 꾸준히 발전해 하나의 강한 의식으로 자리 잡을 것이다. 또한 신경제식 대응을 통해 우리는 두려움을 버리고 사랑과 희망 속에서 살며 인식도 함께 성숙하기를 바라게 될 것이다.

구경제를 지지하는 이론가들은 시장 중심주의의 논리에 더해 인간의 천성이 탐욕스럽고 이기적이라는 편견을 주장으로 앞세우며 이런 움직임에 반기를 든다. 이들은 인류가 지난 수천 년 동안 물질적 부를 추구해왔으며 경쟁과 갈등은 사실 본능과 같다고 주장하고 신경제가 추구하는 이상처럼 고상한 생각은 수도승에게나 어울린다고 말한다. 그러므로 전쟁을 치러야 할 상황에 그런 점잖은 얘기를 주고받을 시간이 없다고 목소리를 높일 것이다.

이들의 주장에도 맞는 부분과 틀린 부분이 있다. 이 문제를 해결하기 위해 필요한 근본적인 변화까지는 오랜 시간이 걸리므로 임박한 위기에 제대로 대처하기 어렵다는 점에서는 이들의 생각이 옳다. 대응책을 찾는 데 수년에서 수십 년이 걸리기 때문이다. 또한 재러드 다이아몬드가 그의 저서 『제3의 침팬지의 흥망성쇠 *The Rise and Fall of the Third Chimpanzee*』에서 설명하듯, 유전적으로 정해진 탓에 나타나는 여러 행위들은 극복하기가 어렵다는 점에서도 이들의 지적이 맞다.

그러나 기술이나 시장 또는 자금에 의존해 문제를 해결하려는 접근 방식은 단지 시간을 벌어줄 뿐 근원적으로 문제를 해결하지 못한다는 점에서 이들의 주장에는 한계가 있다. 온실가스 배출을 획기적으로 감축해 기후변화를 완화한다 하더라도 유한한 지구에서 경제가 무한히 성장하기를 바라는 것은 무리다. 특히 경제가 소비를 조장하는 상황이라면 무한 성장의 가능성은 더욱 희박해진다. 또한 경제성장을 물질 성장과 따로 떼어놓으려는 시도는 위기를 늦추려는 지연책에 불과하다고 생각한다. 즉 벼랑 끝으로 향해 가는 우리의 속도를 조금 '늦춰줄' 뿐 근원적인 해결책은 될 수 없다는 말이다. 4장에서 이미 다룬 바와 같이 수치가 쌓이면 그에 맞는 결과가 뒤따를 수밖에 없다.

앞서 언급한 구경제 이론가들이 틀린 부분이 하나 더 있다. 그들의 생각과 달리, 인간에게는 근원적인 변화를 이뤄내고 유전적 요인을 극복할 **능력**이 있으며, 그런 능력이 하나의 종으로서 인간의 성장과 발전을 **이끌어왔다**. 지구상에 가장 늦게 출현한 유인원이지만 우리는 긴 세월 동안 진화해왔으며 아직도 가야 할 길이 멀다.

우리가 선천적으로 탐욕스럽고 경쟁적인 면모를 갖고 있으며 이런 기질은 절대 변하지 않는다고 주장하는 것은 마치 인류의 조상인 침팬지처럼 우리도 유아를 살해할 것이라고 주장하는 것과 다를 바 없다. 유전적으로 정해진 보편적 기질이 있다 하더라도 인간에게는 이런 기질을 극복할 이성이 있으며, 위기의 순간이면 법과 규칙에 따라 구성된 사회가 나서 변화를 꾀할 수 있다는 사실은 지난 역사를 통해 입증된 바 있다.

그러니 우리가 얼마나 유의미하게 변할 수 있을지를 과소평가해서는 안 된다. 우리는 계속 진화해나갈 것이다. 다가올 위기는 인류가 진일보할 절호의 기회다.

두 가지 대응 방식이 어쩔 수 없이 함께 사용되는 가운데 앞서 언급한 설명들을 근거로 과연 어떤 접근법이 더 옳은가에 대한 논란은 계속 이어질 것이다. 하지만 이런 논란에 지나친 관심을 쏟아서는 안 된다. 이런 논란으로 얻을 수 있는 소득이 없기 때문이다. 지금 권력을 잡고 있는 사람들은 '구경제'의 틀 안에서 정책을 펼치므로, 기존의 시스템을 유지하는 데 전력을 다할 것이며 또한 새로운 경제성장 모델을 통해 위기를 극복할 수 있다고 주장할 가능성이 높다. 많은 사람들이 이에 반기를 들고 나서겠지만 그 효과는 미미할 것으로 보인다. 아직 막강한 힘을 갖고 있는 기존의 시스템이 쉽게 뒤로 물러서지 않을 것이기 때문이다.

게다가 전쟁을 치르는 데는 본래 전쟁에 능한 권력자의 힘이 필요하다. 이들이 전쟁을 승리로 이끌지 못한다면, 수억 명으로 줄어든 전 세계 인구가 한곳에 모여 살면서 그나마 남은 기술과 지식을 활용해 다시 새로운 경제모델을 수립하는 상황이 연출될 것이다. 새로운 시기가 도래하기까지 수십 억 인구가 당할 고통은 재차 언급할 필요도 없다.

신경제체제를 구축하려는 사람들은 새로운 경제모델과 소유 구조를 구축하고 성공적인 목적 지향적 비즈니스를 개발하여 문화와 가치 측면에서의 질적 변화를 이끌어내는 일에 심혈을 기울여야 한다. 물리법칙에 따르면 지속적인 경제성장이 불가능하므로 구경제의 접근법이 실패로 끝날 공산이 크다. 따라서 그런 결말에 이르기 전에 다른 대비책들을 잘 준비해둘 필요가 있다.

지금까지의 내용은 우리가 '대붕괴' 시기를 통과하고 더 나은 세상을 만들기 위해서는 두 가지 접근법을 **모두** 최대치로 사용해야 한다는 것으로 요약될 수 있다. 그 과정은 복잡하고 혼란스럽겠지만 앞으로 수십 년 동안 이런 상황이 이어질 것이다.

다음 장에서는 기후변화에 긴급하게 대응하기 위해 불가피하게 사용해야 하는 구경제의 접근 방식을 소개하려고 한다. 진짜 흥미를 끄는 내용은 이제부터 시작이다.

10장
1도 전쟁
THE GREAT DISRUPTION

지속 가능성 확보를 위해 노력하고 있는 대부분의 환경운동가들과 마찬가지로 나 또한 전 세계가 사태의 심각성을 인지하고 깨어나 문제 해결에 대한 논의가 보다 효율적으로 이뤄질 수 있는 시기가 올지 의심하던 시절이 있었다. 사실 이 책을 쓰고 있는 시점에도 상황을 낙관하는 사람들은 여전히 많다. 코펜하겐 기후회의에서 이렇다 할 성과를 내지 못하고, 과학적 사실들이 되레 비난을 받는 데다, 여론이 잘못된 방향으로 흘러가고 있으며, 정부가 문제의 심각성에 대한 우려를 표명할 뿐 가시적인 조치를 취하지 못하고 있는 상황인데도 말이다. 이런 상황은 서서히 물이 끓는 냄비 속 개구리 사례와 조금도 달라 보이지 않는다!

　그럼에도 내가 결국 전 세계가 대응에 나설 것이며, 일단 대응에 나서면 제때 성과를 만들어낼 것이라고 자신하는 이유는 무엇일까? 이 질문에 대한 답은 9장에서 다루었으므로 이번 장에서는 우리의 대응이 너무 늦은 것은 아닐지에 대해 좀 더 자세히 답해보겠다. 이 질문은 지난 몇 년간 내가 진행해온 연구의 핵심 주제이기도 하므로, 이번 장에서는 우리의 대응이 너무 늦은 것은 아닌지에 대한 답과 함께 내가 연구 과정에서 확신하게 된 사실들을 언급하려고 한다. 이제부터는 임박한 지속 가능성 위기와 기후 위기에서 우리가 어떤 방식으로 생존해 새로운 경제와 사회를 만들어갈지가 핵심이다. 나는 바로 이 부문에서 인류의 진가가 발휘될 것이라 생각한다.

나는 지난 몇 년간의 연구를 통해 앞으로 가능한 조치들에 대한 인식을 새로이 할 수 있었다. 이전까지는 이 분야의 선두에 서서 활동하는 대부분의 운동가들과 마찬가지로, 우리 사회가 조치를 취하기에 늦은 시점까지 상황을 방치한 결과 생태계가 본격적으로 붕괴하기 시작하여 더 이상 손쓸 수 없는 시기를 맞게 될 것이라는 생각을 떨칠 수 없었다. 이처럼 통제할 수 없이 붕괴가 이어지는 상황은 그야말로 중차대한 문제이므로, 과학자들은 특히 지구 생태계가 붕괴하기 시작해 우리가 더 이상 통제할 수 없게 되는 변곡점을 알아내는 데 관심이 많았다.

나는 그런 변곡점이 존재할 뿐만 아니라 우리가 그 변곡점에 이르기 전에 행동에 나설 것이라는 점을 믿어 의심치 않는다. 솔직히 이전에는 늘 이 부분에 의구심을 품고 있었다. 그러나 진정한 의미로 위기 대응에 나섰을 때 우리가 극적인 변화를 만들어낼 수 있으며, 마음만 먹으면 언제고 그런 식의 대응에 나설 수 있다는 믿음이 생기자 처음 가졌던 의구심은 눈 녹듯 사라져버렸다. 보기 좋은 청사진을 그려내려고 하는 말이 아니다. 우리는 분명 극적인 변화를 만들어낼 수 있다.

이제 소개하려는 연구는 BI 노르웨이 경영대학원에서 기후 전략을 가르치던 요르겐 랜더스 교수와 공동으로 진행했다. 2장에서도 소개했듯, 랜더스 교수는 로마클럽의 보고서 『성장의 한계』를 집필한 저자 중 한 명이다. 1972년 이 보고서가 책으로 출간되고 환경 분야의 베스트셀러가 된 이래로 랜더스 교수는 지속 가능성을 위한 여러 활동을 꾸준히 지원해오고 있다. 그는 MIT에서 박사 학위를 받은 뒤 교수로 재직하는 동안, 경영대학원의 총장, 국제적인 비정부기구인 세계자연기금World Wildlife Fund의 부총재, 기업의 대표이사, 자산운용가로 활동하는 등 다방면에서 활약한 이력을 갖고 있는 보기 드문 인물이다.

랜더스 교수와 나는 케임브리지 대학의 지속 가능성 리더십 과정에서 기업체 임원들을 대상으로 운영했던 웨일스 공의 비즈니스와 지속 가능성 프로그램의 교수진이었다. 2007년 이 프로그램에서 진행된 한 세미나에 참석하고 난 뒤, 나와 아내는 요르겐 교수와 함께 시드니 북부에 위치한 한 국립공원으로 산악자전거 여행을 떠났다. 그때 함께한 저녁 식사 자리에서 우리는 경제성장이 한계를 넘어섰을 때 세계적으로 나타날 수 있는 대응의 유형에 대해 이야기를 나눴다. 처음 이 문제를 두고 토론을 벌인 건 1년 전으로, 내가 대표로 있던 자문 기업 에코스 코퍼레이션ECOS Corportation의 직원들과 함께 전 세계적으로 휘몰아칠 위기에 우리가 어떻게 대응할지 브레인스토밍을 하던 자리에서였다.

무려 35년간 이 문제에 헌신해온 요르겐 교수의 식견은 그야말로 놀라웠다. 1972년에 『성장의 한계』를 공동 집필했던 동료들과 함께 그간의 자료들을 업데이트하여 2004년에 다시 『성장의 한계: 그 후

30년 *The Limits to Growth: The 30 Year Update*』를 출간하며 이 문제를 집중적으로 다룬 경험이 있었기 때문이다.

우리가 이 문제에 대해 토론을 시작하던 무렵은 기후변화와 지속 가능성에 대한 대중의 관심이 다시금 고조되던 시기였다. 정부와 기업이 이 문제에 지대한 관심을 보였으며, 앨 고어나 팀 플래너리 같은 유명 인사의 활동이나 극심한 피해를 입힌 기후 재난 사건에 영향을 받은 사람들이 이 문제를 공론화하자 이는 곧 정치계의 주요 쟁점으로 떠올랐다. 이런 현상에 근거해 많은 전문가들은 이제 분위기가 전환된 만큼 중대한 조치들이 취해질 것이라는 예측을 내놓았다.

그러나 요르겐 교수는 이와 같은 전문가들의 예측에 회의적이었다. 이런 관심이 1970년대의 석유파동부터 1980년대와 1990년대에 벌어진 몇몇 위기 상황과 이후 나타난 금융 위기에 이르기까지 마치 조수처럼 밀려왔다 밀려가는 모습을 여러 차례 지켜봐왔기 때문이다. 요르겐 교수의 판단에 따르면, 세계는 아직 경제체제를 대대적으로 전환시킬 준비가 되어 있지 않았다. 그의 주장에 설득력이 있었으므로, 우리는 주로 실제적 대응이 일어날 시기와 그 시기에 시행될 것으로 보이는 정책이 가져올 결과에 대해 이야기를 나누었다. 정말 너무 늦어버린 것은 아닐까? 아직 늦지 않았다면 어떤 대응을 해야 사회가 붕괴되는 것을 막을 수 있을까?

너무 늦지 않았는지에 대한 질문에 우리 셋은 아마도 앞으로 10년은 지나야 세계가 제대로 대응에 나서게 될 것이라는 결론을 내렸다. 생태계의 지연 현상이나 최근의 연구 결과가 입증한 충격 가속화 현상을 감안할 때 우리가 이런 결론을 내리며 한 가지 우려했던 바는 다음과 같았다. 그렇게 뒤늦게 지구 생태계를 안정화시키고자 시행하는 조치들은 2007년에 취해진 어떤 대응 조치보다도 훨씬 큰 규모여야만 한다는 것이다. 그렇지 않으면 모든 조치가 늦어버린 것과 별반 다를 바 없는 상황이 벌어질 게 뻔했다. 그저 그런 수준의 대응으로는 지연 현상으로 누적되었던 충격을 감당할 수 없기 때문이다. 이런 사실을 감안하면 세계대전 때의 사회경제적 조치에 버금가는 대응이 필요하다는 결론에 금세 다다를 수 있다.

산악자전거나 도보로 산길을 다니며 계속 이야기를 나누던 우리는 이 주제와 관련해 다음 두 가지 생각에 이르게 되었다. 하나는 대대적인 대응에 나설 준비를 채 마치기 전에 전 세계를 휩쓸 크나큰 위기가 발생할 수 있다는 점이었다. 정치적 맥락에서 극적인 변화가 일어나려면 큰 규모의 위기를 상정할 수밖에 없다. 다른 하나는 전 지구적 위기에 대응할 효과적인 방법들을 모색하는 연구가 딱히 진행되고 있지 않다는 사실이었다. 지금껏 진행된 연구는 처칠이 말하는 '꼭 해야만 하는 일'을 찾아 이루어졌다기보다 '최선을 다하고 있다'는 쪽에 더 가까웠다. 과학적 사실은 또한 2007년 가장 극적이었던 대응조차도 우리에게 필요한 수준에는 크게 미치지 못하리라는 것을 명확히 알려주고 있었다.

이렇게 생각이 정리되자 미래가 어떤 식으로 펼쳐질지를 예측할 수 있었으며, 앞으로 어떤 일들을 해나가야 할지 또한 분명해졌다.

사회가 반응하려면 위기가 선행되어야 한다는 말은 위기를 겪는 일이 불가피하다는 말과도 같다. 9장에서 다루었듯, 시스템에 변화를 만들어낼 동력이 '대각성'을 일으키면, 결국 위기 대응은 사회 전반으로 확대된다. 이는 2007년에는 상상도 못 했을 대규모 대응이 실제로 가능하며 심지어 그렇게 대응할 가능성이 매우 높다는 말과 같다. 게다가 역사적으로 볼 때 대응은 언제나 사람들이 놀랄 정도로 급작스럽게 시작되었다.

위기에 제대로 대처하려면 당장에라도 견고하게 잘 짜인 대응 계획이 필요하지만, 현실적으로 그런 준비는 되어 있지 않았다. 그래서 요르겐 교수와 나는 2년에 걸쳐 나름의 대응 계획을 마련하고 이를 사회 전반으로 확대시키기 위한 노력을 기울여나갔다.

우리가 제안한 대응 계획에 다른 전문가들이 동참하도록 독려했으며, 이를 통해 궁극적으로는 정부의 지원을 받아 보다 포괄적인 대응책을 마련할 수 있게 되기를 바랐다. 기후운동가나 사업가, 공동체가 전시 상황에 맞먹는 비상사태에 대비하도록 경각심을 갖게 하는 것 또한 우리의 목표 중 하나였다.

우리는 이 계획을 정리해 논문을 작성하고 2010년 『더 저널 오브 글로벌 리스폰서빌리티 *The Journal of Global Responsibility*』에 투고했다.[1] 지금부터 설명할 내용은 바로 이 논문을 바탕으로 한다.

9장에서 이미 설명한 것처럼 대붕괴가 본격화되면 나타날 대응 유형은 크게 두 가지다. 먼저, 위협의 규모를 인지한 구경제는 본래의 모습을 유지하거나 복구하기 위한 노력에 나설 것이다. 따라서 구경제체제를 유지하며 그와 관련된 권력 구조를 지키려는 노력이 이어질 것으로 보인다. 시스템이 본래의 모습을 유지하기 위해 열심히 싸워나가는 셈이다. 지금부터는 그 과정이 어떻게 펼쳐질지에 대한 나의 생각을 설명해보겠다.

이 시기가 되면 사람들은 세계가 붕괴 위험에 처해 있다는 사실을 알아차리고 각성하게 된다. 생존을 위협할 중대 변곡점을 지나게 될 수 있으므로 더 이상 행동을 미뤄서는 안 된다는 사실을 깨닫게 되는 것이다. 또한 충격적인 현상들을 연달아 목격하게 되면서 원인이나 위험을 놓고 벌이는 정치적 논쟁이 쓸모없게 느껴질 수 있다. 이 시점에는 기업, 군軍, 더 넓게는 지역사회에 긴급하고 극적인 대응을 요구하는 강력한 정치권력이 나타날 가능성이 높으며, 이런 요구는 자신들의 경제적 부를 지키려는 기득권층의 저항을 충분히 제압할 정도의 힘을 갖게 될 것으로 보인다.

여기서 영국과 미국에서 제2차 세계대전이 선포된 정황과 유사한 점을 발견할 수 있다. 제2차 세계대전이 처칠의 위대한 명언 이상으로 우리에게 여러 시사점을 던진다는 것을 알 수 있는 지점이다.

붕괴 위기에서 우리가 가장 먼저 던져야 할 질문은 처칠이 말한 '꼭 해야만 하는 일'이 과연 무엇인가이다. 우리가 직면한 변화가 기후변화보다 훨씬 더 광범위하며 사회경제적 모델의 핵심을 파고들 것이라는 점은 분명하나, 사람들의 관심은 다음 두 가지 이유로 기후변화에 쏠릴 공산이 크다. 첫째, 기후변화가 가장 즉각적으로 드러나는 현재의 위험이므로 이를 제대로 해결하지 못하면 경제 및 사회에 붕괴가 일어난다는 합리적인 판단 때문이다. 둘째, 우리가 이산화탄소 배출과 성장을 분리시키고 물질을 보다 효율적으로 소비한다면 지금의 경제모델이 계속 유지되리라는 잘못된 믿음을 갖고 있기 때문이기도 하다. 앞서 논의한 자료에 따르면 이는 사실이 아니지만, 현재의 시스템은 그런 현실에 대처하지 못할 것으로 보인다. 그런 현실이 권력 구조와 그 이면에 깔린 철학을 근본적으로 뒤엎기 때문이다. 따라서 우리가 처한 현실을 부정하는 태도는 한동안 지속될 가능성이 높다.

그러나 첫 번째로 언급한 이유가 사실이라는 점을 감안할 때, 사회가 온실가스 배출과 기후변화 문제에 민감하게 반응함에 따라 얻을 수 있는 이점이 많을 것이다. 결국 효과를 얻기 위해서는 엄청난 관심과 노력이 필요하기 때문이다.

이런 상황에서 **꼭 해야만 하는** 일은 무엇일까?

기후 과학은 우리가 꼭 해야만 하는 일이 무엇인지를 분명하게 제시하고 있다. 기후 과학의 경우, 산업혁명 이전 대비 지구의 연평균 기온을 계산해 우리가 용인할 수 있는 수준을 따진다. 그다음, 정해진 목표 온도를 유지하기 위해 대기 중 온실가스 농도를 어느 정도까지 허용할 수 있는지를 계산한다. 이는 보통 이산화탄소 환산량 (CO₂e, 주요 온실가스의 배출량을 등가의 이산화탄소 양으로 환산한 단위)으로 표기되는데, 지금의 대략적인 추정에 따르면 2도 정도의 기온 상승 시나리오가 가장 유력하며 그렇게라도 기온 상승을 억제하기 위해서는 이산화탄소 농도를 450ppm CO₂e이하로 유지해야 한다.

지구의 연평균 기온이 2도 상승한다는 것은 곧 엄청난 위험을 감수해야 한다는 뜻이다. 정책 입안자들뿐만 아니라 2009년 코펜하겐 기후회의 및 수백 개에 이르는 세계적인 기업들은 이 문제를 주요 해결 과제로 받아들였다. 과학자 그룹이 2도의 기온 상승을 '안전한' 수준이라 주장하는 경우는 거의 없었지만, 정치인들은 '현실적인' 분석 결과를 바탕으로 이 억제 기준을 '우리에게 가능한 최선'으로 받아들였다. 기온이 2도 상승하면 환경·사회·경제 분야에서 광범위한 붕괴 현상이 나타나게 된다. 이에 따라 전 세계적으로 식량 공급이 어려워질 것이며 이상 기후 현상이 급증하고 해수면 상승 현상 또한 나타날 것이다. 그러나 더욱 심각한 사실은 통제할 수 없는 온난화 현상 때문에 문명의 영속성이 위협받는 상황에 놓이게 될 것이라는 점이다. 따라서 지구의 연평균 기온이 2도나 상승하도록 방치하는 것은 부적절한 목표이며, 심지어 붕괴를 자초하기 위해 세운 계획이나 마찬가지라 할 수 있다.

온난화 현상에 과학적 근거를 두어 논리적으로 대응하고자 한다면 사회가 '안심할 만한' 결과를 도출하는 것을 목표로 삼아야 한다. 지금까지 밝혀진 과학적 사실에 따르면, 지구의 연평균 기온이 산업화 이전 수준 대비 1도가 넘지 않아야만 인류는 비교적 '안전한' 상태에서 삶을 영위할 수 있다. 즉 지구의 연평균 기온이 1도 이상 상승하지 않도록 억제하는 것이 곧 **문제를 해결하는 열쇠**인 동시에 앞서 말한 '꼭 해야만 하는 일'이라는 것이다.

따라서 요르겐 교수와 나는 위기가 닥쳐 위협의 규모가 파악되었을 때 사회가 비로소 지구의 연평균 기온이 1도를 넘지 않도록 통제할 방법을 찾아 나서게 될 것이라는 결론을 내렸다. 우리가 진행한 연구에 따르면 이 목표를 맞추기 위해서는 이산화탄소 농도가 350ppm CO_2e선에서 억제되어야 했다. 이는 미국항공우주국NASA의 제임스 핸슨과 같은 과학자들의 주장과도 비슷한 수준으로, 다른 여러 과학자들 역시 실현 가능한 최종 목표로 공개 승인한 수치였다. 빌 매키븐이 이끄는 350.org를 비롯한 전 세계 기후운동 단체들 또한 이 수치에 큰 관심을 보였다. 2도를 목표치로 잡는 데도 저항이 만만치 않았던 상황에서 기후 문제가 민감한 정치 문제로 떠오르자 공개토론회에 참석해 제 목소리를 내는 과학자를 찾기 어려웠다. 그럼에도 나는 세계적인 과학자들과 개별적으로 충분히 의견을 나눈 끝에 과학계가 곧 1도를 적정 목표치의 상한선으로 잡을 것이라고 확신하게 되었다.

위험이 벌어지는 맥락에서 반드시 고려해야 할 요소가 하나 있다. 온실가스 감축 커브(최종 목표치에 도달하기 위해 해마다 얼마의 감축이 필요한 지를 환산한 것)의 특성상 목표치를 마지막 순간에 몰아 한 번에 달성하기가 매우 어렵다는 것이다. 이런 상황에서 불확실성을 다룰 때는 초기에 더 엄격한 목표치를 갖고 있다가 과학적 검증 절차가 제시하는 결과에 따라 목표치를 완화하는 방식을 채택해야 한다. 이렇게 따져볼 때, 현 단계에서 시작하기 가장 적합한 출발선이 바로 1도다.

지구의 연평균 기온이 불가피하게 2도 이상 증가하게 될 거라고 믿는 사람들은 인류가 1도 목표에 근접도 못 할 것이라는 입장을 견지한다. 이런 입장을 고려했을 때 다음 두 가지 상황을 구분할 필요가 있다. 바로 우리가 최선을 다해 이 문제를 해결하기로 결정했을 때 기술적으로 가능한 것과 사람들이 정치적으로 '현실성 있다'라고 믿는 기준에서 가능한 것 사이의 구분이다.

『네이처 지오사이언스*Nature Geosicences*』 2010년 호에는 캐나다 과학자 두 명이 기존 모델을 활용하여 진행한 연구가 게재되었다. 이들은 우리가 당장 내일부터 온실가스 배출을 완전히 중단한다면 기온 증가 추세는 거의 즉각적으로 멈출 것이며 시간이 지남에 따라 차차 정상 기온을 회복하게 될 것이라 주장했다.[2] 이는 결국 우리가 온실가스를 계속해 배출한다면 온난화 현상이 '꼼짝없이' 일어날 수밖에 없다는 말과도 같았다. 2010년 9월 『사이언스』에 실린 또 다른 연구는 만약 우리가 기존의 모든 에너지와 운송 체계를 본래의 수명에 따라 사용하고 온실가스를 배출하는 새로운 체계를 일절 구축하지 않는다면 지구의 연평균 기온은 1.3도에서 최고점을 찍고 점차 내려갈 것이라는 예측을 내놓았다.[3] 이를 종합해보면 결국 우리가 이를 실천해서 이뤄낼 수 있다는 결론에 이른다. 다만 반드시 그렇게 해내고야 말겠다는 강한 열의가 필요하다.

지구의 연평균 기온 상승 폭을 1도 미만으로 통제하는 것이 **꼭 해야만 하는** 일이며, 이 목표를 '1도 전쟁'의 '적'으로 규정했을 때 이 전쟁에서 승리하기 위해 우리가 취해야 하는 행동은 무엇일까? 그런 행동은 실천이 가능할까? 이 질문들을 다시 정리해보면 다음과 같다.

1. 이런 계획을 추진하겠다는 정치적 합의가 도출될 수 있을까?
2. 만약 그런 합의가 도출될 수 있다면, 지구의 연평균 기온을 1도 미만으로 낮출 정도로 온실가스 농도를 전 세계적으로 감축하는 일이 기술적·경제적 측면에서 가능할까?

오늘날의 세계 상황을 기준으로 본다면, 전 세계가 한마음으로 1도 전쟁 계획에 합의하고 이를 실천해가는 모습을 상상하기는 어렵다. 그러나 제2차 세계대전과 2008년의 금융 위기 같은 대표적 사례를 통해, 우리는 변화의 속도뿐만 아니라 분명 다루기 힘들어 보였던 반대와 저항이 얼마나 빨리 사그라질 수 있는지 또한 알고 있다. 제2차 세계대전의 경우, 미국의 대응 속도는 그야말로 놀라웠다. 1940년 미국의 국방비 지출액은 미국 GDP의 1.6퍼센트에 지나지 않았으나 3년이 지난 시점에는 32퍼센트로 껑충 뛰어올랐으며 1945년에는 무려 37퍼센트가 되었다. 같은 기간 미국의 GDP가 75퍼센트 증가한 점을 감안하면 국방비 증액 폭은 실로 어마어마했던 셈이다.[4] 경제 분야에서도 비상한 정치적 결정이 내려졌는데, 대표적으로는 진주만 공습 나흘 후 미국의 자동차 업계에 내려진 민간 차량 생산 중단 명령을 들 수

있다.[5]

 그에 더해 휘발유와 타이어가 배급의 대상이 되었고 육류 소비를 줄이자는 캠페인이 벌어졌으며 전쟁에 필요한 금속을 모으기 위한 재활용 운동도 전개되었다. 물론 이런 움직임에는 반발도 거셌으나 당시 정치 지도자들은 대중과 기업계의 지지를 발판으로 공공의 선이라는 대의를 앞세워 그러한 저항을 쉽게 제압해갔다. 전쟁에서 패배한 결과를 수용하기 어렵다는 것을 모두가 알고 있었기 때문이다.

 변화는 그렇게 만들어졌다. 그렇다면 이제 **어떻게** 해야 할까? 1도 전쟁에 전 세계가 동참할 가능성은 희박하다. 교토 의정서나 코펜하겐 기후회의 사례를 보면 전 세계적인 합의를 이끌어내기가 얼마나 어려운지 알 수 있다. 합의에 이르기가 이처럼 어렵다보니 사람들은 내게 이것이 바로 기후변화에 우리가 제대로 대응하지 못하게 될 것이라는 증거가 아니겠냐고 묻곤 한다. 그럴 때마다 나는 주요 군사 행동이나 경제 분야에서의 대전환이 세계적인 합의에 기반을 두고 추진된 사례가 도대체 몇이나 되는지 되묻는다. 대체 어떤 근거로 기후변화에 있어서만큼은 그런 방식이 가능할 것이라고 주장하는 걸까? 특히나 많은 사람들이 그런 방식을 무산시키려고 노력하는 상황에서 말이다.

 예를 들어, 어떤 조치를 발효하기 위해 자유무역에 대한 전 세계적 차원의 단일 협약을 먼저 마련하려는 시도는 이전에도 없었다. 만약 그랬다면 우리는 아마 50년 후에도 여전히 협정의 전문을 놓고 협상을 벌이고 있을 것이다! 대신 우리는 관세무역일반협정GATT, General Agreement on Tariffs and Trade과 같은 협의체를 구성하여 개별 국가 간 협정 체결을 위한 협상을 먼저 진행한 다음, 그 협정을 다른 국가로 확장시키는 방법을 썼다. 그러는 사이 마치 1947년 GATT가 출범한 뒤 1995년 강제력을 가진 세계무역기구WTO, World Trade Organization가 만들어졌던 식으로 전 세계적인 차원의 무역 관리 체계는 아주 점진적으로 제 모습을 갖춰나갔다. 사실 GATT가 출범한 지 오랜 시간이 흘렀고 WTO도 마찬가지지만 여전히 세계적으로 영향을 미치고 있다고는 볼 수 없다. 중국이라는 나라 하나도 15년 동안의 협상을 거친 후 2001년에야 비로소 WTO에 가입했으니 말이다.

기후변화의 경우 훨씬 더 복잡한 경제문제와 결부된 데다가 기업이 변화에 반발하는 양상까지 동반되므로, 법적 효력을 갖는 전 세계적 차원의 단일 협약을 곧바로 만들어내기란 결코 쉽지 않을 것이다.

우리가 신속하게 대응하기로 결정하는 경우 변화는 일부 강대국이 모여 일종의 '온난화 방지 연합'을 구성하고 행동에 나선 다음 다른 나라들이 이 연합의 조치를 뒤따르는 형국으로 전개될 가능성이 더 높다. 여기에는 강대국과 연대하려는 목적을 갖고 참여하는 국가도 있겠지만 군사·경제·외교 분야에서의 압박 때문에 참여하는 나라도 있을 것이다.

기술적으로 보면 이 과정은 무척 간단하다. 중국·미국·EU 27개국이 행동에 나서기로 뜻을 모으면 전 세계 온실가스 배출량의 절반이 통제될 수 있다. 여기에 러시아·인도·일본·브라질이 합류하면 전 세계 온실가스 배출량의 67퍼센트가 통제된다.[6] 참여국이 늘어날수록 문제 해결에 충분히 영향을 줄 수 있는 조치를 취하게 되는 셈이다. 이런 활동은 이미 코펜하겐 기후회의에서부터 시작되었다. 앞으로 몇 년 동안 성쇠를 되풀이하며 혼란스러운 양상이 나타나겠지만, 그래도 이런 과정을 겪으며 인류가 진일보하리라는 점을 나는 믿어 의심치 않는다.

따라서 1도 전쟁을 위한 계획을 실천하기 위한 정치적 합의가 가능하냐는 첫 번째 질문에 대한 답은 분명 '그렇다'이다. 위기를 받아들일 때, 비로소 우리는 실행 계획을 이행하는 데 필요한 정치적 결정을 내릴 수 있다. 그렇다면 실효성이 있는 실행 계획이란 무엇일까?

우리가 진행한 연구는 1도라는 목표치가 지금의 지식과 기술 수준으로 볼 때 100퍼센트 성취 가능하며, 또한 실패할 경우 치러야 할 대가에 비해 적은 비용이 든다는 결과를 도출해냈다. 이 목표를 달성하기까지는 경제의 여러 부문이 타격을 입고 많은 사람들이 고통을 받는 등 단기적인 여파가 나타나겠지만 그래도 분명 문제는 해결될 것이다.

정치적 의사 결정 능력과 과학기술 및 경제 능력이 뒷받침된다고 할 때 관건은 우리에게 행동할 **능력**이 있느냐가 아니라 우리가 행동하기로 결단할 수 있느냐. 결단의 시기는 쉽게 파악할 수 있다. 기후변화가 문명의 생존과 세계경제를 위협한다는 사실을 다수가 받아들여 공동의 관심사가 될 수만 있다면, 위기 대응은 신속하게 이뤄질 것이기 때문이다. 이렇게 되면 사회는 '정치적으로 가능한' 수준에서 해결책을 고민하던 단계를 벗어나, 처칠이 말한 '꼭 해야만 하는 일'을 찾는 방향으로 사고의 틀을 전환하게 된다. 그때까지는 그 순간을 대비할 뿐, 실제적인 대응이 나타날 가능성은 거의 없다.

그렇다면 '전쟁 계획'은 어떤 내용을 담고 있어야 할까? 결정적 순간에 실행 가능한 대응의 형태를 미리 예측할 수는 없을까? 요르겐 교수와 나는 그런 예측이 가능하다고 보았다. 그래서 계획의 초안을 설계하는 단계에서 대응이 시작되는 해를 대략 2018년으로 상정하고, 우리가 생각하는 대응책과 그 효과를 모델링하는 데 있어서도 2018년을 시작점으로 설정했다.

모델링 결과, 마지막 순간에 나서 위기를 통제할 경우 다음 네 가지 유형의 대응이 필요하다는 결론을 내릴 수 있었다.

1. 온실가스 배출량을 초기 5년간 50퍼센트 감축하고 향후 20년 내에 그 수치를 제로로 만들 수 있도록 산업 및 경제 체제를 대대적으로 개조할 것.
2. 기온 상승을 직접적으로 둔화시키고 온실가스 배출량과 기온의 상관관계로 나타날 수 있는 지연 현상을 안정적으로 극복할 수 있도록 가역적이며 위험 부담이 적은 기후 공학적 조치를 취할 것.
3. 대기에서 약 100년간 매년 지속적으로 약 60억 톤에 이르는 이산화탄소를 제거하고, 이렇게 수집한 이산화탄소를 지중에 매립할 것.
4. 기후변화에 따른 불가피한 변화(식량 부족·강제 이주·자원을 둘러싼 군사적 충돌 등)로 나타난 어려움을 해소하고 지정학적 불안을 낮출 수 있는 대응 조치를 마련할 것.

이와 같은 1도 전쟁 계획이 진행된다 해도 기온이 금세기 중반까지는 1도를 넘겨 계속 오르다가 2100년이 되어야 1도 수준으로 떨어질 것이라는 예측은 이 과업의 중요성을 다시 한번 일깨운다.

우리가 연구에서 제안한 1도 전쟁 계획은 다음 3단계로 이루어져 있다.

1. **기후 전쟁(1~5년)**: 미국이 제2차 세계대전에 참전한 뒤 시행한 조치를 모델로 삼아 5년 안에 온실가스 배출량을 절반으로 감축하

기 위한 세계적 수준의 동원령을 발효한다. 이 같은 대응을 통해 목표치의 절반을 달성한 결과 시스템에는 극적인 변화가 나타날 것이다.

2. **기후 중화(5~20년)**: 50퍼센트로 긴급 감축한 온실가스 배출량을 20년이 될 때까지(2018년에 기후 전쟁을 시작했다면 2038년까지) 제로로 만들기 위해 노력하는 시기다. 보유한 과학기술이 총동원되고 전 세계적 차원에서 대응이 이루어져야 하는 시기로 인류의 행동뿐만 아니라 문화 측면에서도 대대적인 변화가 요구된다.

3. **기후 회복(20~100년)**: 기후변화를 통제하기 위해 많은 시간과 노력을 들여야 하는 시기다. 기후를 안정화하고 세계경제의 지속 가능성을 확보해야 한다. 이 목표를 이루기 위해서는 (대기 중에 있는 이산화탄소까지도 제거함으로써) 오랜 기간 온실가스를 마이너스로 배출하여 기후를 산업화 이전의 '정상' 수준으로 되돌려놓아야 한다. 예를 들어, 북극의 만년설을 다시 결빙시키려면 지구 공학적 조치를 통해 대기 중에 누적된 이산화탄소를 제거해야 한다. 화력발전소에서 목재를 원료로 사용하고 배출한 이산화탄소를 포집해 땅속에 저장하는 것이 대표적인 지구 공학적 조치다. 2100년대 초반이 되면 이와 같은 안정화 작업이 완료될 수 있을 것으로 보인다.

이와 같은 온실가스 감축 방안을 클라이밋 인터렉티브Climate Interactive, 벤타나 시스템Ventana Systems, 지속가능성연구소Sustainability Institute, MIT의 슬론 경영대학원Sloan School of Management이 개발한 기후 예측모델인 C-ROADS로 평가한 결과, 1도 전쟁을 개시할 경우 다음과 같은 효과가 나타날 것이라는 결론이 도출되었다.[7]

- CO_2e 농도는 440ppm까지 치솟았다가 금세기 말에는 350ppm 이하로 떨어질 것이다.
- 지구 기온의 상승 폭은 금세기 중반에 일시적으로 1도를 넘었다가 금세기 말에 다시 1도 이하로 줄어들 것이다.
- 평균 해수면은 대략 2100년까지 0.5미터 상승하고 2300년쯤에는 1.25미터 상승할 것이다. 이는 여전히 큰 파괴력을 가진 수치이므로 목표치를 더욱 엄격하게 설정해야 한다는 주장이 나올 수 있으나, 1.25미터 상승이 300년이라는 긴 기간에 걸쳐 진행되는 만큼 장기적 안목을 갖고 대비를 철저히 한다면 충분히 통제가 가능한 수준이라고 볼 수 있다.

결국 이 결론은 기후변화가 안정화되어 사회가 더 이상 기후 문제로 애를 먹지 않아도 되는 상황이 도래할 것이라는 의미를 내포하고 있다. 물론 기후 요인으로 나타나는 변화가 상당하고 경제와 식량 공급 부문에서 큰 차질이 빚어지는 데다 생물 다양성이 축소되는 현상은 여전히 관측되겠지만, 이런 현상은 모두 통제할 수 있는 범위 안에서 일어날 것이며 붕괴 위험도 감당할 만한 수준으로 줄어들 것이다. 이런 상황에서라면 예상보다 심각한 상황이 나타날 수 있다는 과학적 근거가 제시되더라도 더욱 강력한 조치를 취할 여력이 생긴다.

이와 같은 결론에 비추어볼 때, 진행 계획을 제대로 수립하여 실천한다면 필요한 만큼의 감축을 충분히 이뤄낼 수 있을 것으로 보인다. 물론 이 말은 하나의 진술에 불과하다. 실제로는 여러 해에 걸쳐 모델링을 면밀하게 진행하여 모두가 감당할 수 있는 수준의 계획을 수립해야 하는데 이는 정부 차원에서나 가능한 일이다. 여기서 우리

연구가 보여준 것이 무엇이 가능한지였다면, 어떤 실제적 조치가 뒤따라야 하는 걸까?

우리는 다음 두 가지 이유를 들어 1도 전쟁을 단호하고 강력하게 추진해야 한다고 주장했다.

1. 초기 대응만이 갖는 압도적인 가치가 있다.[8] 특히 온실가스가 배출되어 발생하는 영향이 계속 누적되는 상황이라면 시간이 갈수록 짊어져야 할 부담이 증가하므로 초기에 미리 강력한 조치를 취해 나중을 대비해야 한다.

2. 인류가 과거에 맞닥뜨린 여러 위기 상황을 돌이켜보면, 점진적이고 지속적으로 대처하기보다 극단적인 방식으로 긴급하게 대응에 나설 필요가 있다는 것을 알 수 있다. 그래야만 대중의 참여를 유도할 수 있으며 기존 체제를 유지하려는 강한 저항을 저지할 수 있다.

이런 이유로 1도 전쟁 계획은 온실가스 배출량을 초기 5년 안에 신속하게 절반으로 줄일 수 있는 일련의 조치들을 제안했다. 매년 10퍼센트씩 줄이는 방식이다. C-ROADS 모델에 따르면 우리가 제안한 목표에 도달하기 위해서는 2023년까지 50퍼센트를 감축해야 한다. 또 2038년까지는 순배출량을 제로로 줄이고 금세기 중 남은 기간 동안에는 매년 CO_2e를 60억 톤씩 흡수해야 한다. 초기 5년 동안 온실가스 배출량을 절반으로 줄이는 일은 무척 어렵겠지만 분명 실현 가능한 일이다. 만약 이 계획을 늦게 이행하기 시작한다면 1도 목표 달성은 더욱 어려워지고 말 것이다.

세계적인 경영 컨설팅 회사인 매킨지앤드컴퍼니에서 진행한 연구와 결을 같이하는 여러 연구들은 CO_2e 1톤당 60유로에 못 미치는 사회적 비용으로도 2023년까지 온실가스 배출량을 절반으로 감축할 수 있다는 희망적인 결론을 내놓았다.[9] 물론 감축 속도를 높일수록 비용이 증가한다는 통념이 이 경우에도 해당된다는 문제는 남아있다. 아직 수명이 다하지 않은 기반 시설을 폐기해야 하며 또 과학기술이 충분히 상업성을 갖기 전에 실전에 투입되어야 하기 때문에 발생하는 비용이다. 그렇다고 뒤늦게 실천에 나서는 것은 불행한 결과를 초래할 뿐이다. 대응을 지연시켜봐야 상황은 더 나빠질 수밖에 없다.

우리가 모델링에 포함시킬 수 없었던 반론도 물론 있었지만, 에너지 및 운송 제반 시설을 전환하기 위해 전시에 준하는 동원령을 내리는 일은 가능할 뿐만 아니라 대대적 혁신과 경제활동을 촉진하여 경제적인 면에서 긍정적인 결과를 만들어낼 것이라 생각한다. 많은 전문가들도 이에 동의하고 있다. 이들은 비록 재생에너지 기술이 아직 궤도에 오르지는 못했지만 나중에는 분명 탄소세를 제한 화석연료 값보다 더 저렴해질 것이라 전망한다. 이 내용은 뒤에서 다시 자세하게 다루겠다.

1도 전쟁 계획에서 제시한 접근법들은 대대적인 규모의 기술혁신을 이끌어낼 것이며 그 결과는 어느 쪽으로든 빠르게 도출될 가능성이 높다. 지금까지 벌어진 전쟁에서 기술혁신이 새로운 산업을 출현시키며 효율성을 높였던 이유는 기술혁신을 이루어내려는 굳은 결심과 상업적 개발에 동반되는 어려움을 극복하려는 강한 의지가 있었기 때문이다.

이런 논의는 어쩌면 주로 학계의 관심사일지도 모른다. 위기가 닥치면 비용이 얼마든 과감한 접근법이 시행될 수밖에 없기 때문이다. 나는 미국 정부가 맨해튼계획Manhattan Project을 구상하고 원자폭탄을 만들어야 한다는 결정을 내렸을 당시, 편익-비용 분석을 먼저 했을 거라고 생각하지 않는다. 따라서 이산화탄소 감축에 소요되는 비용에 대한 판단 역시 안심하고 역사에 남겨두어도 좋을 것이다.

지금부터는 우리가 제시한 대응 방안이 시행되었을 때 나타날 수 있는 현상에 대해 감을 잡을 수 있도록 1도 전쟁 계획안의 일부를 요약해 소개하겠다. 다음은 세계경제가 궁극적으로 기온 상승을 1도 이하로 낮추기 위해 첫 5년간 시행해야 할 조치들이다.

산림 벌채 및 기타 벌목 행위 50퍼센트 축소

열대 지역의 산림 벌채를 포함하여 전 세계적으로 진행 중인 산림 및 토지 개간 작업을 절반으로 줄여야 한다. 또한 상업적으로 산림과 토지를 활용할 방법을 궁리하기보다 탄소 흡수를 극대화할 수 있는 조림지 조성에 더 관심을 기울일 필요가 있다. 이를 위해, 아직 온전한 숲을 유지하며 기후 서비스를 제공해주고 있는 여러 개발도상국에 상당한 정도의 비용을 지불할 수 있어야 한다. 이는 충분히 실행 가능한 조치이며, 이런 지원을 통해 개발도상국의 산림을 보호하는 것이 결국 비용 효율성을 높이는 방안이다.[10]

5년 이내 석탄화력발전소 1000개 폐쇄

전력 생산 목적으로 가동되고 있는 발전소에서 배출되는 온실가스를 지금의 3분의 1 수준으로 줄이기 위해서는 엄청난 양의 미세먼지와 이산화탄소를 뿜어내는 석탄화력발전소를 충분한 수만큼 폐쇄해야 한다. 우리 연구에서는 그 수를 1000개로 추산했다.[11] 석탄화력발전소 1000개를 폐쇄함에 따라 전력 생산량은 6분의 1로 동반 감소하게 될 것이다. (석탄화력발전소는 에너지 단위당 더 많은 이산화탄소를 배출하기 때문에 전력 생산량은 배출량 감소와 비례하지 않는다.)

전기 배급제 실시 및
전력 활용 효율성 제고를 위한 캠페인 전개

전력 생산량이 감소할 것에 대비해 전기 배급제를 시행해야 하며 에너지 효율성 제고 캠페인 또한 긴급하게 전개할 필요가 있다. 냉난방기를 사용하는 모든 건축물에서 계절별 권장 실내 온도를 1, 2도 낮추거나 높이는 캠페인을 전 세계적으로 벌이는 방식을 도입해볼 수 있다. 대중의 참여를 적극 유도해 즉각적으로 전력을 절감하는 효과를 얻을 수 있어야 한다. 또한 주거 및 상업 용도로 사용되는 모든 건축물에 대대적인 개보수 작업을 서둘러 진행해야 한다. 이와 같은 작업에는 벽과 천장에 단열재를 보강하거나 에너지 절약형 조명을 설치하고 태양열 온수기를 도입하거나 교체하는 일이 포함된다. 이를 통해 단기 일자리가 창출되는 효과 또한 얻을 수 있을 것이다.

석탄화력발전소 1000개에 탄소 포집 및 저장 시설 설치

남은 석탄화력발전소 1000개에는 탄소 포집 및 저장 시설CCS, Carbon Capture and Storage[12]을 설치해야 한다. CCS를 설치하는 데는 막대한 투자가 필요하나 국제 표준을 활용하면 훨씬 간단하게 시행할 수 있을 것이다. CCS는 1도 전쟁의 여러 국면에서 대기 중의 이산화탄소를 제거하는 데에도 사용할 수 있는 기술이다. 다만 아직 상용화되지 않은 탓에 정부의 강력한 개입이 필요하다. 랜더스 교수는 비록 설치 비용이 많이 들기는 해도 CCS가 온실가스 배출을 감축할 수 있는 가장 간단한 방법이므로 모든 석탄화력발전소에 CCS 설치를 강제해야 한다고 주장했지만, 나는 앞으로 과학기술이 더욱 발전함에 따라 그에 맞는 조치가 취해질 가능성이 높으므로 지금 단계에서 미리 강제할 필요는 없다는 생각을 갖고 있다. 이 내용은 12장에서 자세히 다뤄보겠다.

풍력발전기나 태양에너지발전소 설치 확대

1000명 이상의 인구가 모여 사는 모든 지역에 풍력발전기를 최소한 대 이상 설치해야 한다. 만약 바람이 충분히 불지 않는 지역이라면, 태양열이나 태양광발전소로 대체할 수도 있다. 이 조치에는 이산화탄소를 줄이고 재생에너지 기술을 발전시킨다는 이점만 있는 것이 아니다. 이 방법이 시행됨에 따라 세계의 수많은 사람들은 자신들도 '전쟁 노력'에 이바지하고 있다는 사실을 실감하게 될 것이다.

적절한 입지에 거대한 풍력발전소나 태양에너지발전소 설치

주로 육지나 근해에 설치되는 풍력발전소나 태양에너지발전소에 중점을 둔 재생에너지 프로그램을 대대적으로 시행해야 한다. 문제의 시급성을 고려할 때, 초기에는 세계적으로 체결된 협정에 의해 지원되는 자금을 활용하여 단기간에 대규모로 시행할 수 있는 분야에 초점을 맞춰야 할 것이다. 아프리카 북부 사하라사막에 대규모 태양열발전기를 설치하여 유럽에 전기를 공급하는 데저텍DESERTEC 프로젝트는 여러 나라가 연대한 형태로도 해결책을 제시할 수 있다는 것을 보여주는 흥미로운 사례다.[13] 세계 각지에서 진행된 다양한 연구들에 따르면 우리는 비교적 빠르게 100퍼센트 재생 가능한 에너지 체제로 전환할 수 있을 것으로 보인다. 한 연구는 2030년까지 재생에너지가 기초 전력 요구량 전체를 감당할 수 있을 것으로 내다보았다. 특히 이 연구에서 주목할 점은 재생에너지 생산과 전기 사용에 기반을 둔 에너지 체계가 가진 효율성 덕에 재생에너지 발전 원가가 화석연료나 원자력의 발전 원가보다 더 저렴해질 것이라는 결론이었다.[14] 일부 논란의 여지가 있기는 하지만, 전시에 준하는 접근 방식이 필요한 절체절명의 상황 속에서 재생에너지가 가진 무궁한 잠재력이 폭발하는 시기가 올 것이다.

원자재 생산 제약 및 재활용

한번 쓴 재료를 재활용하고 재사용해 자원 환원 비율을 조금이라도 더 높여야 한다. 이를 강제하기 위해서는 알루미늄·시멘트·철·플라스틱·목재 등의 원재료 생산을 제한할 필요가 있다. 가령 국제 협약을 제정해 한 번도 사용한 적이 없는 원재료에 보다 높은 가격을 매긴다거나 특별세를 부과하는 방법을 도입할 수 있을 것이다. 또한 '전쟁 노력'의 일환으로 대중이 재활용 운동에 동참하도록 독려해야 한다. 제2차 세계대전 당시, 참전국 국민들은 전쟁에 필요한 핵심 원자재가 포함된 물품을 재활용하는 운동에 적극 참여했다.

교통 공해 50퍼센트 감축을 위한
매연 자동차 운행 할당제 시행

화석연료를 사용하는 자동차를 충전 가능한 전기차로 교체하는 캠페인을 대대적으로 전개해야 한다. 또한 연비 기준을 대폭 높여야 하며, 연비가 낮은 차량의 운행을 금지시키는 대신 하이브리드 차량 사용을 적극 권장할 필요가 있다. 연료 효율이 심각하게 나쁜 차량을 공공이 사들여 폐기하는 계획을 시행함으로써 재생 가능한 연료를 사용하는 차량 수를 빠르게 늘리고, 새 차를 살 형편이 안 돼 화석연료 차량을 계속 써야 하는 사람들을 위한 형평성 문제를 해결해 나가야 한다. 친환경 자동차의 생산량을 늘리는 데 시간이 걸린다는 점을 감안할 때, 휘발유와 디젤 차량 구입에 할당제를 실시하고, 화석연료 차량에만 속도를 제한하는 식의 특별 제재도 함께 시행할 필요가 있다. 이와 같은 제한 조치로 인해, 대중은 특별한 제한 조치가 없는 전기차나 연료 효율이 좋은 차를 선호하게 될 것이다. 고속도로에서 속도 제한을 받지 않는 전기차가 속도 제한을 받는 화석연료 차량을 보란 듯 앞질러 가는 모습이 연출되는 것이다!

제2차 세계대전 당시 미국 정부는 연료를 차량 한 대당 1주 기준으로 4갤런씩 배급하는 정책을 시행했다. 이후 배급량은 3갤런을 거쳐 2갤런으로 줄어들었다. 또한 전국적으로 주행 속도를 시속 56킬로미터로 제한했으며, 속도를 위반한 경우에는 연료와 타이어 배급을 제대로 받을 수 없게 조치했다. 정부는 '꼭 가야 하는 여행입니까?'라는 제목의 홍보물을 통해 이와 같은 정책 시행을 대중에게 알렸으며, '차가 없어도 주말을 즐겁게 보내는 방법'을 소개하는 식의 계몽성 캠페인을 벌이기도 했다.[15] 마치 미 국방부에서 환경운동가들이 일하기 시작한 것 같았다!

CCS 설비를 갖춘 바이오연료 생산 시설 구축

한 가지 흥미로운 점은 기후 전쟁을 벌이는 동안 육상 운송에 쓰일 바이오연료 수요가 크게 증가하지 않을 수 있다는 사실이다(셀룰로오스로 만들어진 2세대 바이오연료도 마찬가지다). CCS 설비를 갖춘 발전소에서 셀룰로오스를 사용해 에너지를 생산하는 동시에 대기 중에 있는 이산화탄소를 제거할 수 있다면 기후 문제 해결에 도움이 될 것이다. 이 경우 조림지를 비롯한 그 외 지역에서 셀룰로오스 생산에 박차를 가할 수 있을지가 관건이다.

전 세계 항공기 운항 횟수를 절반으로 줄이기

규제를 통해 개입하고 항공료를 인상하여 매년 10퍼센트씩 항공기 운항 횟수를 줄여나가면 기후 전쟁 5차 년도에는 항공기가 대기 중에 내뿜는 이산화탄소 배출량을 절반으로 줄일 수 있게 된다. 이렇게 되면 항공기용 바이오연료의 개발 속도가 빨라지는 것은 물론, 항공기를 이용해 이동하는 대신 인터넷 등을 활용해 교류하는 방식을 선호하는 문화적 전환이 일어날 것이다.

메탄 포집 또는 연소

쓰레기 매립지나 농작물 재배 과정에서 배출되는 메탄의 상당 부분을 포집해 에너지로 활용하거나 연소시켜 온난화에 미치는 영향을 줄이는 세계적 규모의 프로젝트를 시행해야 한다.

기후에 비친화적인 단백질 소비 자제

법적 제재나 가격 정책으로 뒷받침되는 계몽적 교육을 통해 기후에 비친화적인 육류 소비를 줄이도록 분위기를 조성해가야 한다. 여기서 문제 삼는 것은 특정 육류가 아니라 육류로 소비되는 동물을 사육하는 과정에서 배출되는 오염 물질이다. 따라서 온실가스 배출량이 적은 방식으로 사육된 육류를 소비해야 한다. 예를 들어, 콩·닭고기·돼지고기·소고기를 생산하는 과정에서 배출되는 온실가스의 양은 각각 크게 다르다(같은 소고기라 하더라도 풀을 먹인 것과 곡물 사료를 먹인 소에 차이가 있으며, 특히 어떤 방식의 방목이냐에 따라 토양 내 탄소 비중이 크게 달라진다). 따라서 과학 연구에 기반을 두고 정책을 수립해 가장 큰 효과를 낼 수 있는 방식으로 사람들의 행동을 바꿔야 하며, 또 1킬로그램당 CO_2e를 산출하여 그 정도에 따라 가격을 달리 매길 필요가 있다. 제2차 세계대전 중 미국 정부는 '고기 없는 화요일' 캠페인을 벌여 상당한 성과를 거둔 바 있으며, 지금은 지역사회를 중심으로 '고기 없는 월요일' 운동을 벌이는 곳들이 있다.

이산화탄소 10억 톤을 토양에 가두기

농작물 재배 과정에서 발생하는 온실가스의 양을 줄이고 토양 내 탄소 저장률을 극대화할 수 있는 농사법을 개발해 보급해야 한다. 이를 위해서는 농업기술에 큰 변화가 필요할 뿐만 아니라 농민들의 마음가짐도 달라져야 하므로 기후 전쟁 시기 중에는 가시적 진전이 없을 가능성이 높다. 그렇다 해도 임업과 농업 분야에서 발생하는 탄소를 대규모로 포집하기 위한 준비는 즉각 시작되어야 한다. 1도 전쟁의 1단계 기간이 끝나는 시기부터 대기 중 이산화탄소를 제거하려는 노력이 더욱 필요하기 때문이다. 어떤 경우거나 목표는 가능한

한 많은 초목을 키워 이산화탄소가 대기로 빠져나가지 않고 토양이나 지하 저장소에 갇혀 있도록 하는 데 있다. 현재 전 세계 삼림의 탄소 흡수량은 한 해 약 30억 톤 CO_2e다. 우수한 조림지로 빠르게 성장하는 열대 지역을 활용하고 해조류를 상업적으로 배양한다면, 향후 수십 년 동안 한 해 약 60억 톤 CO_2e에 이르는 이산화탄소를 안전하게 가둬둘 수 있을 것이다.

정부 및 지역사회가 주도하는 쇼핑 자제 캠페인

기후 전쟁을 제대로 치르려면 모든 제조 역량과 자금 및 자원을 자유롭게 활용할 수 있어야 한다. 따라서 탄소 집약도가 높은 제품의 소비를 줄이거나 최소한 더는 늘지 않도록 경각심을 일깨우는 대규모 캠페인을 벌이는 것이 큰 도움이 될 수 있다. 이런 캠페인은 경제활동의 성격을 탄소 집약도가 높은 상태에서 기후 친화적인 상태로 전환하려는 노력과도 일맥상통한다. 물질이 풍요롭지 않은 저탄소 생활 속에서 어떻게 삶의 질을 높일 수 있는지를 보여주는 캠페인은 하향식으로뿐만 아니라 상향식으로도 전개되어야 한다.

오늘날의 기준으로 볼 때, 이와 같은 활동들은 지나치게 가혹하거나 비현실적으로 보일 수 있지만, 사회 전체가 전시 체제에 돌입하고 '꼭 해야만 하는 일'을 찾아 실행에 나설 때가 오면 특별할 것 없는 일로 느껴질 것이다. 제2차 세계대전 당시, 처음에는 성취할 수 없을 것처럼 보이던 정책이라 할지라도 일단 '전쟁 노력'의 일환으로 받아들여지면 실행할 수 있는 일로 곧장 추진되는 현상이 나타났다. 정부가 세금을 대폭 인상해 거둬들이거나 물품의 공급을 관장하고 캠페인을 통해 대중의 행동을 변화시키려는 노력이 모두 그런 경우에 해당한다. 결국 관건은 적절한 대응 조치를 찾는 데 있는 것이 아니라 문제 해결을 위해 행동에 나서는 결정을 내리는 데 있다.

1도 전쟁의 상세 계획과 그 외 조치들에 대한 우리의 주장을 담은 논문은 해당 학회지의 웹사이트에서 확인할 수 있다.[16] 이 논문에는 어떻게 전 세계에서 매년 2조 5000억 달러의 탄소세를 거둬들여 빈곤층을 돕고 혼란 상황을 안정시키며 동시에 신규 산업을 창출하고 고용을 늘릴 수 있는지와 같은 다양한 아이디어가 담겨 있다. 그 외에도 '기후 전쟁 사령부' 같은 다국적 의사 결정 기구를 설립하는 방안을 비롯해 5년간의 기후 전쟁이 끝나고 난 뒤에 실시할 수 있는 조치들을 총망라했다. 특히 이 조치 가운데는 햇빛을 반사시켜 대기에서 이산화탄소를 제거함으로써 기후변화를 안정화시킬 수 있는 세계적 규모의 프로젝트가 포함되어 있다.

그렇다고 랜더스 교수나 내가 이 연구에서 한 치의 오류가 없는 절대적인 계획이나 대응 방안을 소개하고 있다는 뜻은 아니다. 우리가 함께 수립하고자 했으며 또한 내가 이 책을 통해 주장하려는 요지는 인류가 결국 기후변화라는 위기에 대응해야 한다는 점이며 또한 실제로 대응에 나서게 되면 이전에는 상상조차 하지 못한 수준의 제한조치라 할지라도 결국 이행이 가능하다는 것을 알게 되리라는 점이다. 이 계획은 또 기후 전쟁에 드는 비용이 기후변화를 통제하지 못했을 때 치러야 할 비용보다 훨씬 적을 것이라는 점도 일러주고 있다.

물론 기존에 성행했던 여러 산업 부문이 쇠퇴하고 사람들이 새로운 경제활동을 시작함에 따라 상당한 혼란이 빚어질 것으로 예상된다. 마치 실제 전쟁에서처럼, 1도 전쟁에 뛰어듦과 동시에 상당한 손해를 입게 될 수도 있다. 그렇다고 강력한 조치를 시행하지 않는다면 경제는 필연적으로 붕괴하게 될 것이다.

그래도 1도 전쟁은 실제 전쟁처럼 인명 피해를 동반하지 않는다. 오히려 수백만 인구를 위기에서 구할 수 있다. 1도 전쟁은 재원을 낭비하는 활동이 아니다. 오히려 이 재원을 활용하여 새로운 산업 분야를 개척하고 전 세계 인구의 삶을 한층 향상시키는 결과를 낳을 것이다. 또한 1도 전쟁에는 실제 전쟁에서처럼 젊은 세대가 희생되고 생존자들이 정신적으로 충격을 받는 일이 없다. 그 대신 한 세대가 미래 기술을 배워 혁신을 주도하며 새로운 산업과 기업을 육성해 나갈 것이다.

1도 전쟁은 선택의 여지가 없는 전쟁이나, 일단 참전하면 얻게 되는 이득이 많은 전쟁이 될 것이다.

11장
어느 경제학자가
세상을 구하는 방법

THE GREAT DISRUPTION

우리가 제시한 1도 전쟁 계획에 사람들이 보일 반응은 둘 중 하나다. 우리 계획에 실효성이 없다고 보는 이들은 차라리 많은 사람들이 경각심을 갖고 깨어날 때를 기다리는 게 낫다고 말할 것이다. 충분히 이해할 수 있는 반응이다. 최근 제시되고 있는 대처 방안들이 당면한 과제를 해결하는 데 크게 도움이 되어 보이기는커녕 연습 삼아 시도해보기에도 부적절한 경우가 많았기 때문이다.

이와 달리 긍정적인 반응을 보이는 사람들은 무엇보다 우리가 문제를 해결할 수 있게 되었다는 점에서 희망을 느낄 것이다. 비록 수십 년이 지연되었다고 해도, 결국 우리가 현실을 깨닫고 굳은 결의 속에 문제를 해결할 때가 올 것이라고 믿고 있었기 때문이다. 이들은 우리가 그대로 무너지지 않을 것이라는 사실에 안도의 한숨을 내쉴 것이다.

긍정적인 반응을 보이는 사람들은 또한 우리에게 1도 전쟁을 치러

넬 수십 년 치의 계획이 있다는 점을 곧바로 인식하고, 그 안에서 자기가 수행해야 할 역할을 찾아낼 것이다. 이들은 우리가 시행해야 할 대응의 규모를 깨닫고 경고등이 켜지면 언제라도 문제 해결에 나설 준비를 한다. 사실상 바로 행동에 나선다고 해도 과언이 아니다. 이들은 지금이 바로 기업이나 지역사회 그리고 우리 각자가 앞으로 다가올 상황에 대비하고 성과를 만들어내기 위한 노력을 기울여야 할 시기라고 생각한다. 또한 자신 앞에 크나큰 가능성을 가진 세계가 열려 있다고 보고 크게 생각하고 과감하게 실천한다.

이들의 태도를 본받아 **지금 당장** 우리가 해야 할 일들을 파악하고 진척시켜나가야 한다. 적당한 때가 될 때까지 손 놓고 앉아 기다리는 것은 결코 옳은 대응이라 할 수 없다.

그렇다면 언제, 어떻게 이런 상황이 전개될까? 지금 우리가 해야하는 일은 무엇일까? 개인과 지역사회 차원에서 던지는 이러한 질문에는 추후에 다시 답하기로 하고, 먼저 경제에 미치는 영향, 그중에서도 기업이 어떤 미래를 맞이하게 될지에 초점을 맞춰 이야기를 풀어나가보겠다. 많은 독자들이 직장인이라고 가정할 때 이런 상황이 기업에 어떤 영향을 미칠지에 대해 무척 궁금해할 것이라 생각해 이번 장을 구성했다. 또한, 우리 앞에 놓인 역사적 과업을 달성함에 있어 기업과 시장이 온전히 동원되어야 한다는 나의 오랜 믿음 역시 이번 장을 준비한 이유임을 밝힌다.

우선 내가 가장 좋아하는 경제학자를 소개해보겠다. 환경운동가이자 기업인으로 일하는 동안 나는 오스트리아 태생의 경제학자 조지프 슘페터와 그가 주창한 '창조적 파괴'라는 이론에 각별한 관심을 갖게 되었다. 그는 기본적으로 시장은 "내부에서부터 경제구조를 끊임없이 혁신해, 낡은 것을 끊임없이 파기하고, 새로운 것을 끊임없이 창조하는 산업적 변이 과정"을 겪는다고 설명했다.

처음 이 설명을 접했을 때, 열대우림과 같은 생태계에도 적용될 수 있는 개념이라는 생각이 들었다. 열대우림의 경우, 전체적인 체계는 안정되어 있으나 그 내부를 보면 오래된 생명이 죽고 새로운 생명이 태어나는 변화가 끊임없이 일어난다. 시장과 다를 바 없이 생태계는 아름다운 동시에 가혹한 면모를 갖고 있다. 우리는 열대우림을 웅장하고 평화로운 곳으로 여기지만, 만약 여러분이 피식자라면 생각이 달라질 것이다.

시장은 사회의 한 부분 또는 실체가 아니라 우리 모두가 일원으로 속해 있는 하나의 시스템이자 과정이다. 이런 생각에 근거해 나는 그린피스에서 활동하던 1990년대부터 시장이 곧 사회에 변화를 가져오는 강력한 메커니즘이 될 수 있다고 주장했다. '대붕괴'로 야기될 변화의 규모라는 맥락에서도 우리는 슘페터의 창조적 파괴 현상이 활발하게 일어나는 것을 목격하게 될 것이다.

이쯤에서 먼저 기업과 시장에 대해 사람들이 갖고 있는 편견에 대해 얘기해보겠다. 기업과 경영진이 보이는 요즘의 행태를 비판적으로 보는 사람들이라면 기업은 언제나 부도덕하고 시장은 본래 파괴적이라는 인식을 갖고 있을 것이다. 영리 추구에 끔찍할 정도로 집착한다고 생각하기 때문이다.

이 책에서 앞서 언급한 것처럼, 지금의 경제모델이나 기업, 경영진에 대한 합당한 비판에 나는 아무런 이견을 갖고 있지 않다. 우리가 처한 이 난장판 같은 상황은 결국 지금의 경제모델하에서 벌어진 것이며 그 과정에서 기업과 경영진의 역할을 무시할 수 없기 때문이다. 그러나 기업과 시장은 분명 긍정적인 면모도 갖고 있다. 이런 특성은 우리가 새로운 경제모델을 만들어 시행하고자 할 때 분명 효과적으로 활용될 수 있다.

개인적으로 비영리 조직뿐만 아니라 영리 목적을 가진 기업에서 수십 년간 일하며 이러한 문제들에 대해 깊이 생각하다보니, 이 사안과 관련이 있는 것은 조직의 형태(즉, 조직의 소유 구조)가 아니라 사람, 가치관, 그리고 시스템의 설계라는 결론에 이르게 되었다.

예를 들어, 기업에서 일하는 사람들은 이기적이고, 비정부기구에서 일하는 사람들은 이타적이라고 일반화하는 것은 전혀 이치에 맞지 않는 생각이다. 기업에도 동점심이 많고 진실한 사람이 있으며, 비영리 기관에도 도대체 상종할 수 없는 부류의 사람이 있다. 반대의 경우도 마찬가지다. 조직의 형태는 원하는 목표를 달성하기 위해 사람들을 모아 구성하는 방식이 달라 나타난 차이일 뿐, 결국 안에서 조직을 움직이고 할 일을 정해 수행하는 것은 사람이다.

영리 조직이든 비영리 조직이든, 가장 중요한 것은 그 조직이 갖고 있는 기업 문화와 경영 이념이다. 나는 주주의 이익 창출을 핵심 목표로 삼아야 회사가 영속할 수 있다는 생각에 동의하지 않는다. 이런 목표는 이렇다 할 장점이 없는 얄팍한 술수에 가깝지만, 많은 기업들이 이런 방식으로 사람들을 모아 결과를 창출해낸다. 회사가 주주의 이익 창출을 핵심 목표로 삼는 것에 대한 문제 제기는 대부분의 회사가 갖고 있는 지배적인 사고와 맞지 않지만 그렇다고 소수가 갖고 있는 급진적인 생각도 아니다. 이미 경영 관련 문헌에도 잘 정리되어 있는 내용이니 말이다. 주주 가치 중심의 기업 경영을 주장해 '주주 가치 운동의 아버지'라고도 불렸던 잭 웰치는 GE의 CEO

자리에서 물러난 뒤 다음과 같이 발언하고 기존의 입장을 전격 수정했다. "주주 가치를 추구하는 것은 세상에서 가장 어리석은 생각이다. (……) 주주 가치란 결과이지 전략이 되어서는 안 된다."

시장과 기업은 정부가 나서 목표를 설정하고 규제를 시행하는 동시에 소비자와 공동체가 나서 적극적으로 기업의 활동을 감시할 때 원활히 작동할 수 있다. 자유주의 시장경제 옹호자인 토머스 프리드먼은 "나는 자본주의를 움직이는 동물적 활력을 죽이고 싶지 않다. 그렇다고 그런 활력에 잡아먹히고 싶은 생각도 없다"고 말했다.[1]

그린피스에서 기업을 겨냥한 캠페인을 벌이며 깨닫게 된 점은 우리가 시장을 구성하는 일원이며, 따라서 기업이 저지른 과오로 발생한 환경 및 사회 문제를 근거로 해당 기업의 브랜드 불매 운동을 벌이는 것이 시장에서 하나의 힘으로 작용할 수 있다는 점이었다. 공동체가 정한 규정 역시 같은 맥락으로 이해할 수 있다.

공개 토론을 하면 내게 자유주의 시장 체제를 옹호하는지 아니면 시장에도 규제가 필요하다고 생각하는지 묻는 사람들이 있다. 사실, 이분법적 사고를 드러내는 이런 질문은 사안을 지나치게 단순화시킬 위험을 안고 있다. 시장은 규제가 있어야 원활히 움직인다. 과연 계약과 관련된 법규 없이 기업을 제대로 운영할 수 있을까? 계약법은 신뢰라는 사회적 기대를 법제화한 것이다. 이와 같은 규제가 있어야 기업이 운영되며, 적절한 규제가 적용될 때 기업 운영은 더 용이해질 수 있다. 하버드 대학의 마이클 포터 교수와 같은 학자들은 보다 엄격하게 환경 관련 규제를 시행하는 것이 한 국가가 국제사회에서 더욱 경쟁력을 갖게 되는 핵심 요소라고 오래도록 주장해왔다. 규제가 기업의 성공을 가로막는 장애물이라기보다는 오히려 성공을 이끄는 견인차 역할을 한다는 이 주장은 이른바 포터 가설이라고도 불린다.

또한 재러드 다이아몬드가 『제3의 침팬지 *The Third Chimpanzee*』에서 주장하듯, 인류는 지구상에 가장 늦게 출현한 유인원이지만 의식을 발휘해 선택하는 능력 덕에 유전으로 인한 부정적인 성향을 통제할 수 있었다. 이와 같은 선택은 ('문명화'라는 용어의 뜻이 시간이 지남에 따라 크게 달라졌다 해도) 결국 문명화된 사회를 만들기 위한 규제와 다를 바 없다.

기후변화와 관련해서는 사회가 나서 온실가스 처리 방침 기준을 명확하고 상세하게 세워 기업에 제시할 수 있어야 한다. 나아가 지속 가능성에 관련된 기준도 마련해 널리 알려야 한다. 정부가 이 기준을 세운다면 기업과 시장이 사회를 변화시키는 핵심 메커니즘으로 기능할 수 있을 것이다.

여기에서 다시 슘페터의 주장으로 돌아가 어떻게 시장이 '대붕괴'를 통해 전환을 이끄는 메커니즘 역할을 톡톡히 해낼 것인지에 대해 이야기해보겠다.

슘페터의 '창조적 파괴'는 우리에게 필요한 과정을 완벽하게 묘사한다. 우리에게는 내부에서부터 끊임없이 경제구조를 혁신해, 낡은 것을 파기하고, 새로운 것을 창조하는 과정이 필요하다. 나는 기업과 시장에 적절히 규제가 필요하다는 입장을 견지하고 있지만 동시에 구경제의 상당 부분을 파기하고 새로운 것을 만들어내야 한다고 생각한다. 이를 위해서는 슘페터가 말한 '파괴'가 필요하다. 이는 기존의 많은 기업들을 퇴출해야 한다는 말과도 같다. 사실 퇴출만이 정답인 기업들도 이미 상당수다(퇴출 기업 목록을 만든다면 나는 1위 자리에 반드시 엑손모빌을 올릴 것이다).

그러나 이런 활동을 하면서도 시스템 전체가 안정된 상태에서 생산적으로 움직일 수 있도록 사람들에게 상품과 서비스, 일자리를 제공할 수 있어야 한다. 그러므로 시스템과 그 시스템을 구성하는 요소를 명확히 분리해 이해할 필요가 있다. 여기서 시스템이란 세계경제와 사회를 말하며, 시스템을 구성하는 요소는 기업·기술·제품 등을 포함한다.

기업과 시장은 시스템 안에서 운영된다. 시스템 안에서는 비정부기구가 기업의 부실 행위에 대해 책임을 묻는 캠페인을 벌일 수 있으며, 소비자는 사회에 해악을 끼치는 기업의 제품과 채용을 거부할수 있다. 또한 국민의 이익을 최우선으로 두고 행동하는 정부가 필요에 따라 법을 바꿀 수 있으며, 그렇게 함으로써 문제가 되는 기업을 퇴출시키고 새로운 기업이 출현할 수 있는 여건을 조성할 수 있다. 이런 변화가 항상 일어나는 것은 아니다. 그러나 시스템이 용인하는 변화가 무엇인지를 알면 우리가 시스템 안에서 어떤 실천들을할 수 있는지가 분명해진다.

우리가 그동안 시스템을 관리하는 데 있어 잘못한 점은 경제성장을 평가의 잣대로 삼고, 시장경제를 신성불가침의 영역으로 보호했으며, 현존하는 기업들을 시장경제를 떠받치는 주춧돌로 여겼다는데 있다. 정부가 경제성장에 초점을 맞추면 다른 모든 부문도 뒤따라 성장할 것이라는 가정에서 비롯된 착오였다.

정부는 경제가 사람들에게 도움이 될 뿐만 아니라 삶의 질을 향상시키는 데도 기여하고 있다는 점을 받아들이고 올바른 여건을 마련해 결단력 있게 행동에 나서야 한다. 시스템의 구성 요소인 회사·근로자·투자자는 당연히 그리고 때로는 합법적으로 변화에 반기를 들고 나설 수 있다. 누구도 자기가 가진 것을 기꺼이 포기하려 하지 않을 것이기 때문이다. 따라서 정부는 이렇게 말할 수 있어야 한다. "여러분이 어떤 부분을 우려하는지 잘 알고 있습니다. 그렇지만 공공의 이익을 위해 변화가 불가피한 만큼 이 변화를 공정하게 이룰 수 있는 방법에 대해 계속 논의해보는 게 좋겠습니다. 하지만, 변화 자체를 막을 수는 없습니다."

물론 세부적으로 보면 이것은 '정도'의 문제로 볼 수 있다. 2009년 호주에서 기후변화와 관련된 입법 논의가 한창 뜨겁게 달아오르던 시기 한 CEO와 사적으로 이런 대화를 나눈 적이 있다. 그는 정부가 이산화탄소 배출을 통제하기 위해 기업들이 '전혀 예상하지 못한' 규제들을 만들고 시행했으므로, 그로 인해 기업들이 입게 된 피해는 반드시 보상되어야 한다고 말했다. 그 말은 듣고 나는 혼자 이런 생각을 해보았다. '지금 상황이 이렇게까지 흘러왔는데도 어떤 규제가 도입될지 전혀 예상하지 못했다면, 앞으로 20년 뒤에 당신이 유능한 경영인으로 현역에서 활동하고 있을 가능성은 매우 희박해 보입니다. 이런 위험이 다가올 것이라 생각하지 못했다는 말은 당신이 기업을 운영할 자격이 없다는 말과 별반 다르지 않거든요.' 물론 이 생각을 직접 그에게 말로 전하지는 않았다!

슘페터가 말한 '창조적 파괴'가 일어나는 시장에서 개개의 기업과 투자자는 위험을 기꺼이 감수하고, 그렇게 함으로써 얻을 수 있는 보상을 감안하여 위험을 관리한다. 만약 위험 관리에 실패하면 그들은 대가를 치를 수밖에 없다. 정부가 할 일은 경제 체계 전반이 효율적으로 기능하도록 하는 데 있지 경제를 구성하는 모든 요소를 일말의 변화 없이 있는 그대로 보호하는 데 있는 것이 아니다.

앞서 언급한 CEO의 경우, 특히나 변화를 예상하지 못했기 때문에 가능한 한 원활하게 전환이 이루어지도록 정부가 개입하기를 바라고 있었다. 그러나 기업이라면 위험 예측 실패로 벌어진 손실을 직접 감수해야 한다. 특히 기후변화와 관련된 위험은 오래도록 지속되어왔으며 앞으로도 더 뚜렷하게 나타날 수밖에 없으므로, 기업들은 어떤 손실이라도 더욱 감내하는 태도를 가져야 한다. 시장 역시 이런 태도를 견지하고 위기 대응에 나설 필요가 있다.

그렇다면 지속 가능성의 문제로 확대해볼 때 기업이 할 수 있고 또 해야만 하는 역할은 무엇일까? 일각에서는 기업과 시장을 소탐대실의 전형으로 보고 가혹하게 비난하기도 하지만, 반대로 기업이 자발적으로 실천할 수 있는 일이 있다는 비현실적인 기대를 거는 사람들도 있다. 내 경우 미국, 유럽, 아시아, 호주 전역에 있는 주요 기업의 CEO나 고위급 임원을 대상으로 자문을 하는 일을 오래 하다보니 이 두 가지 입장을 모두 경험해볼 수 있었다.

나는 그린피스를 그만두고 1995년에 에코스 코퍼레이션을 설립했다. 당시 나는 지속 가능성을 고취하는 데 기업들을 동원할 수 있다고 생각하며 회사 설립을 통해 이런 구상을 시험해보고자 했다. 그러나 이 분야의 전문가였던 일부 지인들이 에코스 같은 기업이 제 역할을 하기에는 아직 때가 이른 감이 있다고 조언해 에코스와 함께 갈 비영리 재단을 구성하는 방법을 별도로 고민해야 했다.

이런 우려 속에서도 나는 환경운동가로 20년을 지내온 내가 기업의 경영진들로부터 신뢰를 얻기 위해서는 기업 운영 경험이 있어야 한다는 생각을 했다. 기업 운영에 대해 실무적인 차원에서 이해하고 싶은 마음도 있었으며, 내 가족의 안녕이 사업의 성과에 달려 있다는 점을 직접 체험해봐야겠다는 생각도 했다. 실전이 시작되고 얼마 지나지 않아, 운영비 걱정 없는 비영리 기관에서 오래도록 일하다보면 잘못된 생각을 고집스럽게 붙들고 살게 될 수도 있다는 점을 깨닫게 되었다. 위기 상황을 극복하기 위해 무엇이 필요한지 잘못 파악하는 경우, 시장의 반응은 훨씬 무자비했기 때문이다. 이런 깨달음을 통해, 시장 참여자들이 진정으로 원하는 것에 초점을 맞출 수 있었으며 기업의 현실과 지나치게 동떨어진 해결책들을 걸러낼 수 있었다.

에코스는 13년 동안 성공적으로 운영되다 2008년 매각되었다. 당시 에코스에는 전 세계에서 활동하는 노련한 전문가 20명이 모여 있었다. 그 누구보다 헌신적이었던 이들은 많은 기업을 대상으로 경영전략에 지속 가능성이라는 가치를 통합시킬 수 있는 방안들을 제시했다. 에코스의 고객사는 사업 부문이나 국가별로도 무척이나 다양했다. 듀폰·포드·디아지오·BHP 빌리턴·ANZ 은행·호주보험그룹·중국전력회사·취리히보험·플레이서 돔·KPMG·앵글로 아메리칸 등이 모두 우리의 고객사였으니 말이다.

내가 이런 내용을 말하는 이유는 나의 견해가 실전 감각이 없는 관찰자적 입장에서 형성된 것이 아니라는 점을 명확하게 하기 위해서다. 나의 생각은 세계적으로 유수한 기업들을 10년 넘게 상대하며 그들에게 현실적으로 가능한 해결책을 제안했던 경험에 기초하고 있다.

에코스는 고객사에 분명한 사회적 목적을 담아 경영전략을 세울 것을 권고했다. 그러나 고객사 입장에서는 반드시 합리적인 수준에서의 실익이 보장되어야 했다. "아, 영리기업인 것을 깜빡했네요"라고 말할 수는 없었기에 우리는 기업에 적절한 수준의 이익을 보장하는 일에도 심혈을 기울였다. 이 무렵 기업의 책임이란, 영국 기업 서스테인어빌리티의 설립자인 존 엘킹턴이 제안한 '세 가지 성과 기준TBL, Triple Bottom Line에 맞춰 평가되고 있었다. 기업의 지속 가능성 문제를 깊이 고민한 개척자이자 나의 친구이기도 한 엘킹턴은 이 개념을 통해 기업이 이익을 추구하는 것은 당연하지만 동시에 사회적·환경적 측면에서도 지속 가능성을 염두에 둔 성과를 내야 한다는 소신을 밝혔다.

엘킹턴이 제시한 개념에서 영감을 받은 우리는 이익 추구와 지속 가능성 확보를 위한 노력을 '한 가지 성과 기준'으로 묶어 둘이 따로 떨어진 별개의 목표가 될 수 없음을 역설했다.

2002년, 나는 에코스 자문팀 소속이던 돈 리드, 머리 호가스와 함께 『한 가지 성과 기준Single Bottom Line Sustainability』이라는 제목의 보고서를 내놓았다. 이 보고서는 기업의 지속 가능성 문제를 놓고 고민하던 이들에게 상당한 파문을 일으켰다. 기업은 지속 가능성이 **반드시** 보장되는 선에서만 이윤을 창출할 수 있다는 내용을 담고 있었기 때문이다.

우리는 주주의 이익을 기업이 추구해야 할 단일 목표로 제안하지 않았다. 에코스 역시 '한 가지 성과 기준'을 지키고자 노력했으며 우리가 고객에게 제안한 바를 실천하는 형태로 운영되었다. 에코스가 지속 가능성을 향한 변화를 만들어내고자 설립된 기업이라는 점을 대내외적으로 분명히 밝히고 맹목적으로 돈을 좇지 않았다. 한 가지 분명한 것은 고객에게 아무런 이익도 담보하지 않은 채 지속 가능성이란 가치를 추구하라고 설득했다면 우리의 조언을 따를 기업은 거의 없었을 것이라는 점이다. 기업들로 하여금 지속 가능성을 고취할 조치들을 지속적으로 시행하게 하려면 그에 상응하는 수익이 반드시 보장되어야 했다.

10년 넘게 에코스를 운영하며 깨달은 가장 중요한 사실은 지속 가능성이라는 가치를 추구하는 데 있어 기업의 역량에는 한계가 있으며, 이런 한계는 시장 또는 규제가 그들의 성과를 보상하거나 과오를 처벌할 수 있을 때에야 비로소 넘어설 수 있다는 점이었다. 지속 가능성 실천을 선도했던 여러 고객사의 경우에도 시장의 흐름 앞에 이내 한계에 부딪혔던 사례가 많다.

포드 자동차는 우리와 각별한 협력 관계를 유지하던 회사였다. 특히 서스테인어빌리티의 제프 리에가 이끌던 팀에 합류해 포드의 문제점들을 짚고 대안을 제시하는 과정에서 포드 자동차의 CEO를 역임한 자크 나세르와 빌 포드 회장과는 더욱 긴밀한 유대를 맺을 수 있었다.

포드 자동차는 전형적인 지속 가능성 딜레마에 빠져 있었다. 당시 수익 대부분은 SUV 차량과 픽업트럭 판매에서 나오고 있었다. 한동안은 성공적으로 여겨지던 이 판매 전략은 몇 해가 지나자 곧 문제에 봉착했다. 매출과 수익이 제자리걸음을 하는 사이 안전성과 연비에 대한 대중의 우려가 커지고 규제가 강화될 조짐이 나타났기 때문이다. 단기적 수익 전략과 장기적 기업 운영 전략이 상충되는 상황이었다. 규제 조치나 소비자의 심리 변화로 인해 시장이 급변하게 되면서 포드가 경쟁력을 잃게 될 위험에 빠진 것이다. 빌 포드 회장은 한 공공 포럼에서 회사가 이런 딜레마를 겪고 있다는 사실을 가감 없이 밝히고 이를 해결하겠다는 의지를 천명했다.

우리는 포드에 소속된 임원진 및 여러 과학자와 함께 팀을 이뤄

기후 과학이 포드사의 제품 전략에 어떤 의미를 갖는지에 대한 논의를 진행했다. 이 과정에서, 시장 상황은 언젠가는 불가피하게 바뀔 수밖에 없으며, 신제품 개발에 시간이 오래 걸리는 자동차 업계의 특성상 준비 단계부터 기후변화와 연비에 신경을 쓸 필요가 있다는 결론을 내릴 수 있었다. 이러한 문제들을 해결하기 위한 전략이 필요하다는 점을 이해하고 있던 CEO 나세르는 우리를 전체 임원진을 모은 자리에 여러 차례 초빙해 당시 에코스가 제안하려는 전략을 공유하고 기후변화뿐만 아니라 다른 지속 가능한 사업들과 관련된 내용들을 설명해달라고 부탁했다. 그는 기후변화에 영향을 끼치는 데다 가격 변동에 민감하고 재생이 불가능한 자원인 석유에 의존하는 전략은 더 이상 안전하지 않다고 판단했으며, 포드가 근본적으로 방향을 전환하기까지는 상당한 시간이 소요될 것이라는 점 역시 잘 이해하고 있었다.

포드의 많은 임직원은 이 문제를 해결하는 일에 상당한 열의를 보였다. 특히 회사의 미래가 이 문제를 어떻게 해결하느냐에 달렸다고 생각한 신진 경영진은 변화를 만들기 위해 열심히 노력했다. 그러나 안타깝게도 이 기간 동안 파이어스톤 타이어 리콜 사태가 불거지고, 2001년 경기 침체가 시작되면서 장기적인 안목에서 지속 가능성을 추구하던 경영진의 열의는 점차 사그라들고 말았다.

나세르는 포드가 직면한 문제들을 정확히 파악했을 뿐만 아니라 오랜 역사를 가진 회사에 변화의 바람을 불러일으킬 정도로 적극적이었다. 미디어에서는 이런 그를 일컬어 '변화를 두려워하지 않는 사람'이라 칭했다. 포드 가문 출신인 빌 포드는 환경문제에 특히 많은 관심을 갖고 있었고 심지어 유류세 시행에 대해 찬성 의견을 공개적으로 표명하기도 했다. 그러나 둘의 관계가 어긋나며 결국 나세르는 포드를 떠나게 된다.

그 뒤로 몇 년 동안 포드는 연이은 실패를 맛보았으나, 세계 최초로 하이브리드 SUV를 출시하고 포커스와 같은 소형차 모델을 개발하며 침체기를 벗어났다.

그러나 몇 년 뒤 유가 급등으로 고객들의 소비 심리가 바뀌면서 포드의 주력 상품이던 SUV와 트럭 판매가 급감하게 되었으며 여기에 세계적인 불경기까지 겹치면서 위기는 증폭되고 만다. 그래도 연비가 좋은 신규 모델들을 시장에 일찍 선보인 덕에 GE처럼 정부 지원을 받는 지경으로까지 상황이 악화되지는 않았다. 그러나 이후에도 포드는 환경 친화적인 자동차 시장을 초기에 선점할 수 있었던 잠재력을 제대로 발휘하지 못한 채 대형 차량 판매에 대부분의 수익을 의존하는 태도를 고수했다. 그렇다고 미국 정부가 나서서 포드가 실현했어야 할 변화를 장려하지도 않았다. 오히려 미국 정부는 휘발유 가격과 연비 기준을 낮은 수준으로 관리했으며, 그 탓에 미국 자동차 산업은 세계 시장에서 경쟁력을 잃고 만다.

이런 모든 경험을 통해 우리는 변화를 이끄는 데 있어 한 시대의 문화와 리더십이 얼마나 중요한지를 깨달을 수 있었다. 대전환의 시기에 기업들은 이러한 요인들이 어떻게 작용하느냐에 따라 변화를 위한 행동에 나설지 여부를 결정하게 된다. 물론 포드는 위기 상황을 헤쳐 나와 회생의 기회를 얻기도 했지만, '대붕괴' 현상이 본격화되는 시기에도 기업들이 변화를 위해 각고의 노력을 기울일 수 있을지는 미지수다. 변화를 저돌적으로 추구하던 나세르와 환경을 생각했던 빌 포드가 한 팀으로 제대로 활동할 수 있었다면 어떤 시너지 효과가 나타났을지 궁금해지는 지점이다.

이후 나세르는 BHP 빌리턴에서 회장직을 역임하며 기후변화 문제에 대해 그가 갖고 있던 생각과 경험을 십분 발휘했다. (BHP 빌리턴은 세계 최대 규모의 천연자원 기업으로, 석탄과 우라늄 등 다양한 광물자원 개발에 투자를 하고 있어 사실상 기후 논란의 양측 입장을 모두 견지한 기업이라 볼 수 있다.)

에코스와 긴밀히 교류했던 또 다른 고객사는 화학 전문 기업 듀폰이다. 우리가 주로 함께 일했던 사람은 폴 테보 박사였다. 그는 듀폰 사내에 지속 가능성과 관련된 활동의 중요성을 알려 기업에 변화를 일으키고자 열의를 다한 인물이다. 우리가 듀폰과 일하던 당시 재임했던 CEO는 채드 홀리데이였다. 채드는 내가 전 세계 여러 기업과 협업하며 만난 그 어떤 경영진보다도 회사에 헌신적이었던 인물로, 1998년부터 2008년까지 듀폰이 지속 가능성을 향해 진일보할 수 있도록 혁신을 이끈 장본인이다.

사회적 목적을 중심으로 기업을 조직해 운영하는 것이 중요하며 이때 주주 가치는 한 기업이 추구해야 할 주요 목표가 아니라 성공의 척도 정도로 보는 것이 바람직하다는 주장을 펼칠 때면, 나는 채드와의 일화를 빼놓지 않고 소개한다.

듀폰에서 안전과 지속 가능성 문제를 고민하던 임원들을 대상으로 강연을 하던 어느 날이었다. 채드도 참석해 있던 그날 강연에서 나는 과연 하나의 조직으로서 이런 문제들을 고민하고 있는 듀폰이라는 회사에 사람들이 얼마나 관심을 가져줄 것 같은지 다소 도발적인 질문을 던져보았다. 고유한 기업 문화를 간직한 채 200년 넘게 존립하며 발전해온 회사에 소속된 임원진을 향해 내가 던진 질문은 다음과 같았다. "듀폰이 없어지면 안 되는 특별한 이유라도 있습니까?

고작 제품을 생산하고 일자리를 창출하는 게 듀폰이 지금 하고 일이 라면, 사라져도 그만 아닐까요? 곧 다른 기업이 그 역할을 대신할 테 니까요."

곧 열띤 토론이 벌어졌다. 임직원들의 눈동자가 그야말로 반짝이 던 순간이었다. 만약 한 기업이 제품과 일자리를 생산하는 일에 기 계적으로 몰두할 뿐 사회에 기여하는 바가 달리 없다면, 하나의 조 직으로서 그 기업은 사회에서 아무런 가치를 지니지 못한다. 물론 주주 가치를 창출하는 일도 중요하나, 그 일이 기업이 존재하는 이 유가 될 수는 없다. 임종의 순간, "주주들에게 더 많은 수익을 안겨줬 더라면 좋았을 텐데"라고 후회할 사람은 아무도 없을 테니 말이다.

강연이 끝나자 채드는 내게 "이제 당신이 우리 회사에서 이루려고 하는 목표가 뭔지 확실히 알겠습니다. 그렇게 계속 진행해주세요"라 고 말했다. 에코스가 제시한 목표가 기업 문화뿐만 아니라 수익 창출 에 있어서도 중요하다는 점을 그가 간파한 것이다. 그 뒤로 몇 년 동 안 듀폰은 많은 문제를 놓고 우리에게 자문을 구했다. 그 과정에서 우리는 듀폰을 외부의 다양한 주주들과 연계시켰고, 지속 가능성을 중심에 두고 사업 계획을 짤 수 있도록 독려했다. 또 투자할 신사업 영역을 찾아내도록 돕고, 규제를 강화하는 방향을 제안해 경쟁 기업 에 비해 훨씬 환경 친화적인 기업으로 인식될 수 있도록 노력했다.

이렇게 진행했던 프로젝트 중 하나를 소개해보겠다. 사실 듀폰은 작업장 내 안전 규정을 모범적으로 준수하는 기업으로 널리 알려져 있었다. 폴 테보 박사가 작업장에서 일어나는 사고를 제로로 만들기 위해 각고의 노력을 기울인 결과라 해도 과언이 아니다. 이 과정에 서 '제로의 영웅'이라는 별명을 얻은 테보 박사는 200년이 넘는 역사를 자랑하는 듀폰이 무사고 작업장 조성의 중요성을 깨닫도록 만든 주역이었다.

당시 테보 박사는 듀폰이 지속 가능성에 무게를 두는 쪽으로 뜻을 넓히기를 바랐다. 그래서 채드와 다른 임원진이 기업 운영 전략의 초점을 사회적 가치를 구현하는 데 맞출 수 있도록 과학적 근거를 제시하는 일에 앞장섰다. 목표는 환경에 미치는 영향을 최소화하는 가운데 사회적 요구를 충족시키면서도 듀폰 주주들에게 돌아갈 수익 또한 놓치지 않고 연계하는 데 있었다. 듀폰은 이를 '지속 가능한 성장'이라 불렀다. 한때 미국 내 독성 폐기물 배출 1위 기업으로 선정되어 그린피스로부터 '세계 최대의 오염원'이라 불리는 불명예를 얻었던 듀폰에 대전환이 일어나기 시작한 것이다!

채드가 이끄는 팀은 안전이라는 가치가 듀폰이 추구하는 기업 이념의 핵심으로 자리매김함에 따라 '안전'이 새로운 전략을 시험해보는 이상적인 플랫폼 구실을 할 수 있을 것이라 판단했다. 듀폰은 먼저 엘런 쿨먼의 지휘 아래 소방관용 방화복에 쓰일 난연성 소재인 노멕스Nomex를 개발하고 방검복이나 방탄복의 소재가 되는 케블라Kevlar와 같은 섬유를 개발하는 등 안전과 관련된 다양한 제품들을 선보였다. 이어 짐 포스먼을 책임자로 세워 안전 관련 컨설팅 업무를 담당하는 듀폰안전자산을 만들고 인명 구조에 특화된 부서를 신설하기도 했다. 엘런과 짐이 이끄는 팀들은 주주를 위한 가치 창출에도 신경을 쓰는 동시에 안전을 보장함으로써 사람들의 생명을 구하는 일에 성심을 다했으며, 그들이 구사하는 일상의 언어 속에는 언제나 그런 진심이 배어 있었다. 이 사업 부문은 성공적으로 성장했고, 엘런은 은퇴한 채드의 뒤를 이어 듀폰 본사의 회장 겸 CEO직을 맡았다.

에코스의 고객사 가운데 가장 성공적으로 대전환을 이룬 기업은 단연 듀폰이다. 주주 가치 중심의 화학 및 화석연료 회사에서 사회적 가치를 실현함으로써 수익을 창출하는 목적 지향형 과학 회사로 사업 모델을 완전히 탈바꿈했기 때문이다. 물론 여전히 재정적 성과를 올리는 데 급급한 면이 없지 않으나, 사회적 목적이라는 테두리 안에서 그런 노력을 기울인다는 점에서 큰 차이가 있다.

듀폰과 협업을 마치고 난 다음 확인한 기업의 상태는 무척 만족스러웠다. 비록 폴 테보는 2003년에 은퇴했지만, 린다 피셔가 그 뒤를 잇고 '최고 지속가능경영책임자'라는 역할까지 맡게 되었다. 듀폰이 지속 가능성을 단순한 법규 준수가 아닌 기업의 성장 목표이자 이념으로 받아들일 수 있게끔 테보 박사가 끊임없이 노력한 결과였다. CEO가 된 엘런은 '대붕괴'에 대응하는 전략과도 맞닿아 있는 네 가지 메가트렌드를 듀폰의 성장에 필요한 핵심 과제로 삼았다. 네 가지 메가트렌드에는 충분한 식량을 확보하기 위한 개발 노력과 화석연료 의존도 감축, 사람과 환경 보호, 새롭게 부상하는 시장에서의 사업 확장이 포함되어 있었다. 우선 듀폰은 당시 연구 개발비의 75퍼센트를 네 가지 메가트렌드 추진 업무에 분할 할당했다. 각 부서가 사업 전략을 세우는 가운데 지속 가능성 추세를 따라갈 수 있도록 독려하는 역할을 맡았던 린다는 불과 몇 년 사이 제품의 지속 가능성에 관심을 나타내는 고객이 늘었다며 직접 목격한 변화의 흐름을 내게 설명해주기도 했다.

그러나 듀폰의 선도적 활동은 곧 한계에 부딪혔다. 당시 대부분의 기업들과는 달리, 듀폰은 고객들의 환경적·사회적 요구에 부응할 제품과 해결책을 갖고 있었다. 과학기술을 영민하게 활용해 오염 물질의 처리 비용에 대한 걱정 없이도 자동차에 쓰일 경량 소재를 개발하고 이산화탄소 저감형 건축자재를 만들어 시장에 소개했던 것이다. 그러나 시장은 듀폰의 선도적 역할을 보상해줄 만큼 반응하고 있지 않았다. 이를 인지한 듀폰은 정부로 하여금 환경오염 물질 배출 기준을 강화할 것을 요구했다. 채드는 이산화탄소 배출 상한선을 낮추는 방법 등을 정부에 강력히 제안했으나 재계는 이 주장에 크게 호응하지 않았다. 엘런도 같은 전략을 이어갔지만 반응은 매한가지였다.

사회적 가치를 우선에 둔 선도 기업으로 듀폰이 이룩한 실질적인 업적과 성공을 과소평가하려고 하는 말이 아니다.[2] 고질적인 환경오염 문제를 완전히 해결할 수는 없었으나, 그럼에도 듀폰은 해당 사례에 있어 가장 모범적인 모습을 보여주었다. 듀폰이 환경문제를 공론화하는 데 큰 역할을 했으며 해결책을 내놓고 사회에 기여해왔다는 사실은 널리 인정받아 마땅하다. 그러나 오랜 역사를 가졌음에도 진보적이었던 듀폰조차 자신의 영향력을 시장 전반으로 확대하기에는 역부족이었다. 열정적이고 헌신적인 경영진의 리더십하에 직원 6만 명이 뭉쳐 300억 달러의 매출을 올리던 기업이 시행한 선구적인 조치들이 어떤 의미를 갖는지를 당시의 시장이 제대로 알아보지 못했던 탓이다.

듀폰의 사례를 통해 다시 정부 역할의 중요성에 대해 생각해볼 수 있다.

15년 동안 한 기업의 대표이자 전문 경영 컨설턴트로 일한 결과, 나는 당면 과제와 관련해 시장이 기여할 수 있는 것과 없는 것이 무엇인지를 구분 지을 수 있게 되었다. 시장은 강력한 매개체가 되기도 하지만, 기업은 수익성이 없는 행위를 할 수 없으며 또 하지 않는다. 만약 아무런 비용도 청구되지 않는다면 기업들은 마음 놓고 오염물질을 배출할 것이다. 세계적 규모로 손꼽히는 회사 정도가 되면 이 흐름에 저항하겠지만 결국 그들조차 항복하고 말 가능성이 높다.

이럴 때 해결책은 더 강력한 정부의 조치다. 정부가 사업 부문에 제재를 가하는 것을 탐탁지 않게 여기는 입장도 분명 있겠으나, 환경문제에 있어서만큼은 정부의 제재가 필수적이라 해도 지나침이 없다. 하버드 대학의 마이클 포터 교수가 증명했듯, 더 엄격한 기준을 마련하기 위해 정부가 규제에 나서는 것은 오히려 국가나 기업의 경쟁력을 강화시킨다.[3] 만약 미국 정부가 연비 기준을 유럽이나 일본 기준처럼 높여 시행했다면 어땠을까? 포드 자동차와 GM은 휘발유 가격이 급등했을 때 그들이 겪어야 했던 위기를 모면할 수 있었을 것이며, 듀폰은 두 자동차 기업을 상대로 연비 감축에 효과가 좋은 경량 소재 판매를 늘릴 수 있었을 것이다. 그럼 더 많은 국민이 일자리를 얻는 결과로 이어지지 않았을까?

기업이 규제 강화를 요구하는 경우는 드물다. 실제로 미국 자동차 업계는 더 엄격해진 연비 기준에 격렬하게 반대한 바 있다. 자신들의 사업에 부정적인 영향을 미칠 것이라는 오판 때문이다. 정부는 미국 자동차 업계를 사춘기 청소년으로 보고 이들이 더 나은 어른으로 성장할 수 있도록 다소 엄격한 잣대로 규제를 시행할 필요가 있다.

정부는 주요한 변화를 주도하고 추진해나가야 한다. 정부가 일단 행동에 나서면 기업과 시장도 그 변화의 물결을 따라갈 것이다. 바로 그때, 듀폰처럼 잘 준비된 기업은 변화 속에서 펼쳐지는 경쟁에서 승리할 수 있을 것이다. 그러는 사이, 사회적 책임 측면에서나 개별 기업의 이익 측면에서도 변화를 추진하는 것이 옳다는 생각에 이른 많은 선도 기업들이 규제 강화를 적극 지지하고 나설 것이다. 이런 압박 속에 결국 정부는 규제를 강화할 것이다. 이것이 정부의 역할이다.

실제 상황에서 정부의 개입은 어떻게 나타날까? 다수가 상황을 있는 그대로 받아들여 대대적인 각성이 일어나면, 깨어 있는 시민들과 선도적인 기업들에 의해 압박을 받은 정부는 구체적으로 어떤 행동이 필요한지를 파악하기 위해 과학적 근거를 찾기 시작할 것이다. 지금까지 나온 과학적 증거만으로도 충분하나 앞으로는 더 많은 증거가 쌓이게 되므로, 이산화탄소 배출을 극적인 수준으로 신속하게 감축해야 한다는 주장을 뒷받침하는 수많은 과학적 근거를 바탕으로 정부는 정책의 큰 틀을 잡게 될 것이다.

앞서 언급한 1도 전쟁 계획에서 우리는 하나의 시나리오를 제시하고 어떤 대응이 필요한지에 대해 설명했다. 실제 상황에서는 분명이 계획과 다르게 흘러가는 부분도 있겠지만, 과학적 근거에 비추어 볼 때 대응의 규모나 시기가 달라질 가능성은 거의 없다.

결국 정부가 변화를 주도하는 데 앞장서면, 기존 기업이나 신생 기업에서 모두 대대적인 투자를 단행하여 산업 전반이 재편될 것이다. 마치 자동차 산업에서 거대 기업과 신생 기업 모두 전기차를 시장에 내놓기 위해 경쟁하는 것처럼, 신생 기업은 기존 기업에 과감하게 도전장을 내밀 것이다. 이는 산업계 전반의 판도를 뒤바꾸는 변화의 한 사례에 불과하다.

성공적으로 슘페터의 창조적 파괴를 이행하는 기업도 많겠지만 현존하는 기업들 중 다수는 이에 실패할 가능성이 더 높다. 또한 20년 뒤에는 오늘날에도 존재하기는 하나 여러분이 아직 들어본 적이 없는 기업들이 세계 상위 100대 기업으로 선정될 것이다. 이 회사들이 기존의 기업들을 쓰러뜨릴 기회를 얻고자 필사적으로 노력하고 있기 때문이다. 시장은 이렇듯 창조적 파괴에 능하다.

어떤 과학기술을 활용해 어떤 기업과 어떤 국가가 승자와 패자로 갈릴 것인지는 불확실하지만 그 결과만큼은 분명하다. 일단 행동에 나서면, 우리는 놀랄 만큼 신속하게 이산화탄소 순배출량을 제로로 만들고 지속 가능성과 관련된 여타의 문제들로 관심을 확대해나갈 것이다.

우리는 비록 느릴지라도 어리석지 않다.

12장
창조적 파괴:
헌것을 버리고
새것을 취하다
THE GREAT DISRUPTION

우리가 맞닥뜨릴 크나큰 변화에 대해 강연을 할 때면 특히 기업인들은 다음과 같이 반응하는 경우가 많다. "좋습니다. 대대적인 변화가 나타날 거라고 생각하시는 이유를 이해했어요. 그런데 그런 변화가 어떤 모습으로 실현될지 도무지 감을 못 잡겠어요. 심지어 그런 변화가 아예 일어나지 않을 것 같다는 생각까지 드는데요?"

또 이산화탄소 배출 감축이 경제와 사회를 안정시키는 데 필수적이라는 주장을 뒷받침하는 과학적 증거가 무척 많다는 설명을 마치고 나면 사람들은 이렇게 대꾸한다. "그럴지도 모르죠. 하지만 그걸 **어떻게** 실현할 수 있죠?" 그러고는 과학기술·시장·인센티브·정부 규제·여론의 지지 측면에서 여러 가지 제약이 있다는 점을 지적하기 바쁘다. 그러면 나는 이렇게 되묻는다. "그렇다면 선생님은 앞으로 어떤 상황이 펼쳐질 거라고 예상하십니까? 인류는 그냥 붕괴를 향해 나아가게 되는 건가요?" 이 반문에 사람들은 그저 그런 일이 일어나지 않을 거라고 생각하는 이유를 장황하게 다시금 늘어놓을 뿐, 제대로 된 설명을 하지는 못한다.

사실 청중이 이런 반응을 보이는 이유를 이해하게 된 것은 그로부터 몇 년이 지나 세계적인 규모의 석탄 회사 CEO와 대화를 나눈 뒤였다. 나는 그 CEO에게 이산화탄소 감축의 필요성을 뒷받침하는 과학적 증거들을 나열하며 변화가 맹렬한 기세로 빠르게 진행될 수밖에 없다고 설명한 다음, 이런 현상은 우리가 지금껏 실천을 미룬 결과이며 따라서 탄소 포집에 상당한 진전이 있기 전까지는 석탄 산업이 급격히 쇠퇴할 수밖에 없다고 덧붙였다. 그러자 그 CEO는 그런 일이 **어떻게** 벌어질 수 있는지 영 납득할 수 없다는 표정을 지으며 석탄 산업을 사양산업이라 치부하기에는 가용 석탄의 양이 아직 풍부해 석탄 사용을 중단하는 데 오히려 더 많은 사회적 비용이 들 거라고 반박했다. 사회가 에너지를 필요로 하는 상황에서 매장량이 풍부한 데다 저렴하기까지 한 석탄을 외면할 이유가 없다고 보았던 것이다.

그는 엔지니어 입장에 서 있었다. 어떤 일이 일어날 수 있다고 믿으려면 그 일이 일어나는 과정을 먼저 이해해야 했다. 이는 물리법칙에 익숙한 엔지니어들이 갖춰야 할 어쩌면 당연하고도 바람직한 태도다. 그러나 CEO라면, 자신이 속한 시장의 틀 안에서 '어떻게'에 대한 해답을 찾아서는 안 된다. 특히나 그는 가격에 따라 성장이 결정되고, 정치적 제도가 뒤를 떠받치는 시장에 속해 있었다. 그는 분명 과학적 사실에 근거해 이성적으로 사고하는 사람이었지만 엔지니어의 관점에서만 문제를 바라보았기에 내가 말한 변화들이 실제로 일어날 거라는 사실을 믿지 못하고 있었다. 또 이 변화가 자신과 관련이 없다고 생각했기 때문에 그 파장을 깊이 고민하지도 않았다. 절대 일어나지 않을 일이라고 맹신한 것이다. 어쩌면 이런 태도는 현상 유지에 대한 바람과 이기심에서 비롯됐을 수 있다.

한편 나는 시스템 이론가이자 환경운동가의 눈으로 세상을 바라보고 있었다. 나는 우리가 대응에 나서지 않았을 때 벌어질 결과를 과학적 근거에 입각해 판단하고 이를 막으려면 어떤 대응이 필요한지를 파악해 알리는 일을 해왔으며, 또한 사회가 스스로의 이익을 위해서라도 어떤 변화를 만들어낼 것이라는 믿음을 갖고 있었다.

이런 나의 입장에서 볼 때, 석탄 소비가 수십 년은 더 증가세를 유지하며 지속될 거라는 그 CEO의 가정은 결코 현실화될 수 없었다. 석탄 소비를 중단하자는 움직임이 일어나면 언제라도 그가 운영하는 사업은 타격을 받을 수밖에 없는 상황이었기 때문이다. 우리가 이산화탄소 배출을 막으면 그는 시장을 잃게 될 게 뻔했다. 그런데 이산화탄소 배출을 통제하지 못해 기후변화나 지속 가능성 문제가 악화되며 경제가 무너져도 결과는 같다. 그는 에너지 수요가 증가하는 가운데 값싼 석탄을 사용하도록 강력히 권장하는 정책을 펴는 나라들이 여전히 많다는 데 희망을 걸고 있었다. 판단을 함에 있어 과학적 근거를 그저 하나의 고려 대상으로 여긴 탓이다. 우리는 그렇게 서로 의견 차이만 확인한 채 대화를 마무리지었다.

사업 전략을 세우는 데 있어 과학적 근거의 중요성은 아무리 강조해도 지나침이 없다. 내가 어떤 식으로 변화가 전개될 것인지 확신에 차 설명할 수 있는 것도 과학적 사실에 근거를 두고 있기 때문이다. 이 세상은 생태계, 시장, 그리고 인간 사회가 구성하는 하나의 시스템이다. 이 말은 설령 우리가 시스템을 구성하는 개별 요소의 행태를 정확히 예측하지는 못한다 해도, 시스템은 하나의 분명한 흐름을 따라 작동할 것이라는 의미를 갖는다. 더구나 이런 작동 원리는 여러 과학 법칙뿐만 아니라 지금까지 인류가 위기에 대응해온 역사를 통해서도 여러 차례 입증된 바 있다. 따라서 이 작동 원리를 전제로 계획을 세워도 계획 자체가 크게 흔들릴 가능성은 거의 없다.

어디에나 어느 정도의 불확실성은 있게 마련이지만, 경영전략을 세우거나 우리 삶을 계획하는 데 토대가 되는 사실들은 대부분 '거의 확실한' 편에 속한다. 이 책에서 나는 '거의 확실하다'라는 표현을 '실현 가능성이 높아 미래를 계획하는 데 활용해도 좋다'라는 의미로 사용하려고 한다.

그럼에도 세계적인 규모의 주요 기업들과 투자자들은 '거의 확실한' 여러 가지 요인을 외면하고 있다. 이런 상태로 경영전략을 세우면 경제적으로 큰 타격을 입을 수밖에 없다.

기업은 극단적인 변화가 불연속적으로 나타나는 미래에 대비할 수 있는 계획을 세워야 한다. 경제는 환경이라는 테두리 안에서 운용된다는 점을 상기해보자. 변화가 불가피하다고 예측하는 여러 과학적 증거가 있다는 말은 결국 변화가 반드시 현실화될 것이라는 말과도 같다. 1도 전쟁 같은 대응책에 어떤 오류가 있다거나 혹은 잘 준비된 대응책을 제대로 이행하지 못하게 되는 경우, 기후변화와 지속 가능성 문제로 발생한 피해가 불가피하게 증가하며 경제는 결국 붕괴하고 말 것이다. 이렇게 되면 극단적인 양상을 띤 변화가 불연속적으로 끊임없이 나타나는 상황이 펼쳐지며 미리 세워둔 계획은 무용지물이 되고 만다. 지금의 어떤 훌륭한 경영전략도 세계경제 붕괴로 야기된 대혼란 속에서는 제 기능을 발휘할 수 없게 될 것이란 뜻이다.

　지금부터는 투자자들이 이런 문제를 어떻게 인식해야 하는지에 대해 설명해보겠다. 이런 문제가 시장 상황과 경영전략에 어떤 영향을 미칠 수 있는지를 좀 더 깊이 알아보기 위해 기후와 에너지 문제에 설명의 초점을 맞춰보려고 한다. 물론 다른 부문을 통해서도 이런 변화의 전개 양상을 관찰할 수 있다. 예를 들어, 식량과 농업, 도시계획과 교통, 원자재 운송과 제품의 제조 및 포장 같은 문제들 말이다. 그러나 기후와 에너지 영역에 국한시켜보면, 변화의 전개 양상은 물론 시장과 이산화탄소 배출량에 단기적으로 나타나는 중대한 경제적 손실 양상 또한 깊이 있게 살펴볼 수 있다.

　일단 앞서 설명한 '거의 확실하다'라는 개념이 적용되는 대상들에 대해 먼저 이야기해보자. 기술적인 측면에서 획기적인 해결책이 나타나지 않는 한, 석탄과 석유의 미래는 밝지 않다. 수조 달러에 이르는 시장을 형성하고 있는 광산 업체나 석유 회사 대부분이 도산하게 될 거라는 의미다. 그 이유는 다음과 같다.

　앞에서 온실가스 농도를 350ppm으로 줄이고 지구의 평균 기온 상승 폭을 산업화 이전 수준 대비 1도 이하로 통제해야 할 필요성에 대해 언급한 바 있다. 나는 우리가 이 목표에 매우 근접한 성과를 이뤄낼 것이라 확신한다. 그러나 이와 별개로, 각국 정부나 여러 대기업은 이미 이보다 느슨한 목표치를 수용해 적용하고 있는 실정이다. 이런 상황이 지속되면 어떤 일이 벌어질까? 지금 각국 정부나 여러 대기업에서 받아들인 목표치는 2도다. 사실상 지구온난화에 있어 치명적인 결과를 초래할 수치다. 앞서 나는 이런 목표를 '붕괴를 자초하기 위해 세운 계획'이라 부른 바 있다. 이런 계획을 고수할 경우 시장에는 참혹한 변화가 불연속적인 간격으로 끊임없이 나타날 수밖에 없다. 모두가 이런 상황을 분명하게 인식하고 있는 가운데, 투자자나 기업은 어쩐지 상황을 외면하기 급급해 보인다.

이런 현상이 초래할 결과는 다음에서 소개하는 과학적 연구들을 통해서도 확인할 수 있다. 독일의 국책 연구소인 포츠담기후영향연구소PIK, Potsdam Institute for Climate Impact Research에서 진행한 연구에서 출발해보자. 이 연구가 진행되던 시기 PIK를 맡고 있던 책임자는 케임브리지 대학의 여러 프로그램에서 나와 함께 일한 바 있는 한스 요아힘 셸른후버 교수였다. PIK는 2도 목표일 때 가능한 이산화탄소 총배출량을 산출해 2도 목표가 의미하는 바를 연구했다. 상승 최대치를 2도로 통제하기 위해 우리가 배출할 수 있는 이산화탄소 허용량을 따져본 것이다. 무엇보다 배출된 이산화탄소 가운데 상당량이 대기 중에 길게는 수천 년까지 머문다는 점을 먼저 떠올리기 바란다. 이 사실을 고려한다면, 산출 대상은 지금 배출하는 양이 아니라 대기 중에 누적되어 있는 이산화탄소의 총량이 되어야 한다. 이런 기준을 적용해 연구를 진행한 PIK는 기온이 2도 이상 상승할 위험을 20퍼센트 이하로 낮추려면 2000년에서 2050년 사이 이산화탄소 허용량을 약 8900톤으로 제한해야 한다고 밝혔다. (재앙이나 마찬가지인 지구온난화의 위험을 고작 5분의 1 수준으로 낮추려는 목표 역시 느슨하기 짝이 없다고 비난할 수 있겠으나, 일단은 이 수준을 나름 합리적인 목표치라 받아들이고 논의를 이어가보자.)

PIK는 또한 만약 기업 활동을 이전과 다름없이 이어갈 경우 우리에게 허용된 이산화탄소 배출량이 소진될 시기가 언제일지를 산출했다. 이는 우리에게 허용된 화석연료의 양이 소진되는 시기가 언제인가를 묻는 질문과도 같다. 연구 결과, 기온이 2도 이상 상승할 위험을 20퍼센트 수준으로 낮추기로 했을 때 우리가 태울 수 있는 화석 연료가 소진되는 시기는 2024년으로 예측되었다. 이 예측은 채굴을 통해 경제적 가치를 얻을 수 있다고 파악된 석탄 매장량의 약 75퍼센트를 그대로 땅에 남겨두어야 한다는 의미로도 해석될 수 있다. 사실상 아직 미확인된 상태로 매장되어 있는 양은 이보다 훨씬 많을 것이다. '석기시대는 돌이 다 떨어져서 끝난 게 아니다'라는 문장이 떠오르는 지점이다.

PIK의 결과치는 합리적인 분석 과정을 거쳐 과학적·경제적·상업적 측면에서 산출된 것이지 윤리적·이념적 차원의 주장이 아니라는 점을 기억하기 바란다.

이 결과치로 판단해볼 때 우리가 나아갈 수 있는 길은 두 갈래로 나뉜다. 앞으로 10년 이내에 석탄·석유·가스 사용을 점차 줄여가다 완전히 중단하는 극단적인 조치를 취하는 방법이 하나다. 이 길로 가지 않는다면, 기온 상승폭이 2도를 넘게 되어 통제할 수 없는 수준으로 나타나는 극한 기후 현상을 경험하게 될 것이다. 즉 기후변화라는 절벽을 향해 달려가게 되는 셈이다. 그 절벽이 어디에 있는지, 얼마나 가파른지도 모르는 상황에서 두 갈래 길 중 무엇을 선택할지 결정하는 것은 그리 어렵지 않아 보인다.

이제 사업과 시장이라는 맥락에서 앞으로 사용할 수 있는 석탄의 양에 대한 연구 결과를 살펴보자. 여기서부터는 과학적 증거 대신 어떤 주장이나 시장에 대해 다루게 될 것이다.

탄소 포집 및 저장 시설ccs을 사용하는 것은 어떤 결과를 가져올까? 이산화탄소를 포집해 땅속에 가둬두면 최소한 석탄 산업을 유지할 수 있지 않을까? 나는 기술적·환경적 측면에서 CCS가 긍정적인 역할을 담당할 수 있으리라 기대한다. 화력발전소에서 배출되는 이산화탄소를 포집해 안전하게 저장할 수 있다고 보기 때문이다. 탄소를 포집하고 저장하는 과정이 복잡하고 더딜 수는 있어도, CCS를 사용함으로써 얻게 되는 이점이 분명 있으므로 CCS를 사용하는 것 자체를 문제시해서는 안 된다고 생각한다.

오히려 문제는 경제적 효율성에 있다. 과연 석탄을 태우는 데 드는 비용과 이산화탄소를 포집해 안전하게 이동시킨 다음 지하 저장소에 매장하는 데 드는 비용을 합한 값이 재생에너지를 사용할 때 드는 비용보다 적을 수 있을까? (CCS를 사용하면 석탄화력발전소의 효율이 크게 떨어진다는 점 역시 문제다.) 재생가능한 에너지 개발 기술에는 대규모 투자가 이어지며 가격이 빠르게 하락하고 있다. 이에 반해 재생가능한 에너지는 입증된 기술로 평가받으며 대규모 투자를 받아 가격이 빠르게 하락하고 있다. 또 자본과 관련된 위험 부담이 적을 뿐 아니라 CCS 같은 대규모 설비를 갖춰야 하는 문제로 시간이 지체될 우려도 없다.

아직은 기술이 미흡하다고 볼 수 있는 CCS가 설치되어 제구실을 하는 데까지 걸리는 시간과 재생에너지에 대한 대규모 투자와 연구가 이루어지는 속도를 비교해볼 때, 아무리 CCS 설비를 갖춘 석탄산업이라 해도 재생에너지와 경쟁해 우위를 차지할 가능성은 매우 낮아 보인다.

그럼에도 나는 정부가 CCS 구축을 위해 투자에 나서기를 바란다. 꼭 석탄 때문에 발생한 것이 아니더라도 대기 중의 이산화탄소를 제거하는 데 CCS를 활용할 수 있기 때문이다. 예를 들어, 나무 같은 바이오매스를 발전소에서 태워 전기를 생산하고 그 과정에서 발생한 이산화탄소를 포집해 땅속에 매장하면 결국 이산화탄소는 흡수량보다 배출량이 적어지는 '마이너스' 상태를 만들 수 있다. 이런 방안이 적용될 수 있다면 CCS에 대한 투자를 환영하지 않을 이유는 없다.

이성적인 사고를 하는 사람이라 할지라도 석탄 문제와 관련해 경제 논리를 따지다보면 소위 말하는 관성의 덫에 빠지기 쉽다. 사용 가능한 석탄의 양이 풍부한 가운데 시장의 규모까지 큰 상태라면 석탄 산업의 영속성을 의심하기가 어려워지는 것이다. 그러나 시장은 생각만큼 녹록하지 않다. 석탄 산업에 더 이상 희망이 없다고 판단하는 즉시 정부는 그동안 이어온 지원을 중단할 것이다. 이에 따라 소비자가 외면하게 되면 석탄 산업은 자연스레 시장에서 퇴출될 수밖에 없다. 이때, 어떤 관성으로 인해 퇴출 속도가 늦춰질 수는 있어도 퇴출 자체를 막지는 못한다.

CCS를 석탄에만 국한해 사용한다면 상업적으로 경쟁력 있는 기술로 자리매김할 수 없을 것이다. 이와 관련된 논의가 수십 년 동안 지속되었음에도 불구하고, 석탄화력발전소에서 배출된 이산화탄소를 포집해 땅속에 저장하는 시범 프로젝트는 이 책을 집필하는 시점 기준으로 단 한 건도 진행된 적이 없었다. 또 CCS가 하나의 산업으로 수조 달러의 가치를 갖고 있으며 정부의 지원이 상당함에도, CCS를 갖춘 화력발전소를 상업적 규모에 맞게 건설하겠다고 약속한 광산업체는 아직 전 세계 어디에도 없다.

그러는 사이 재생에너지 분야는 어려운 경제 여건 속에서도 연간 약 2000억 달러에 육박하는 투자를 유치하며 눈부시게 성장하고 있다. 정치 분야와 다르게 시장은 궁극적으로 합리적이다. 사실 CCS에 대한 투자가 거의 없는 이유도 시장의 이런 특성 때문으로 볼 수 있다.

이쯤에서 다시 내가 CCS에 대한 투자와 지원에 반대하는 입장을 갖고 있지 않다는 사실을 분명히 하고 싶다. 곧 논의하겠지만, 나는 시장이 나서 해결책을 찾아야 하며 그 과정에서 우리가 어떤 기술의 도입 여부를 좌지우지해서는 안 된다고 생각한다. 대신, 우리는 안전과 청정이라는 관점에서 예측되는 결과에 대한 의견을 적극적으로 개진해야 한다. 이는 사업 전략상의 위험 요소 관리 측면에서도 반드시 필요하다.

CCS는 기술적으로 실현 가능할까? 물론이다. 그렇다고 석탄 대신 CCS에 투자하라고 권하기에는 다소 무리가 있는 것도 사실이다.

2024년을 이산화탄소 배출 허용량이 소진되는 시기로 가정한 다음 투자에 대해 생각해보자. 석탄·석유·가스 소비를 갑작스럽게 전면 중단하는 것이 사실상 비현실적이며 CCS가 위험 부담이 있는 해결책이라는 점을 감안한다면, 이산화탄소 배출 허용량이 빨리 소진되지 않도록 화석연료 사용을 적극적으로 줄여나갈 필요가 있다. 강단 있는 조치가 취해지기까지는 시간이 걸리겠지만, 실행이 지연되면 나중에는 더 세게 브레이크를 밟아야 절벽 아래로 떨어지지 않을 수 있기 때문이다.

이 말은 현시점에서 석탄과 석유 매장량에 매겨진 가치 평가뿐만 아니라 광산 업체와 석유 회사에 내려진 가치 평가에도 위험 요인이 있다는 것을 의미한다. 경제적 가치를 얻을 수 있다고 파악된 석탄 매장량의 약 75퍼센트가 결코 채굴되지 못할 수 있다는 점에서 현시점을 기준으로 진행된 시장의 가치 평가는 온전하다고 볼 수 없으며, 향후 정부는 석탄·석유·가스 소비를 극적으로 감축해야 하는 시기를 맞게 될 것이다.

이는 수년 안에 시장이 화석연료를 생산하거나 사용하는 기업들이 처한 위험을 깨닫고 그 기업들의 가치를 폄하하게 된다는 뜻과 같다. 정부가 어떤 조치를 시행하느냐는 이 판단에 아무런 영향도 미치지 못한다. 오히려 매년 위험도가 높아지는 만큼 추락의 고통은 커질 것이다. 주가가 떨어지면 투자가 줄어 해당 산업은 퇴출 일로를 걷게 될 것이다. 이런 흐름 속에 소비자의 인식이 바뀌며 자금은 청정에너지 쪽으로 이동하게 될 것이다. 이런 현상은 단숨에 나타날 가능성이 높다. 시장의 분위기가 언제나 그런 식으로 형성되어왔기 때문이다. 이렇게 되면 정부도 석탄과 석유 대신 재생에너지를 대상으로 지원 정책을 펴게 될 수밖에 없다.

잠시 지금까지의 설명을 요약해보겠다. 지금 정부가 어떤 조치를 취해야 한다는 점은 분명하며, 정부 역시 이를 알고 정책을 수립해 실천해나가야 할 것이다. 정부가 이산화탄소 배출량을 극적인 수준으로 감축시키는 조치를 취하면 석탄·석유·가스 관련 산업은 쇠퇴하겠지만, 아무런 조치가 없을 경우 지구의 연평균 기온이 2도 이상 상승하는 온난화를 피할 길은 없다. 이산화탄소 배출량을 대폭 감축해야 하는 상황임에도 세계 각국의 정부와 기업들은 아직도 뜻을 한데 모으지 않고 있다. 이런 상황이 지속된다면 경제 위기 논리가 현실화되는 것은 오로지 시간문제다.

앞으로 여러분이 석탄과 석유 산업에 투자했다가 큰 손실을 본다고 해서 사전에 아무런 경고를 받지 못해서라고 변명하지는 말기 바란다!

석탄과 석유 산업은 '거의 확실하다'라는 개념이 적용되는 대상이 시장에 어떤 영향을 미칠 수 있는지를 보여주는 하나의 사례였다.

이제 불확실한 것들에 대한 이야기로 넘어가보자. 석탄·석유·가스가 시장에서 퇴출되고 나면 새로운 기술과 기반 시설이 그 뒤를 이어받아 새로운 경제 호황의 주연이 될 것이다.

이와 같은 변화는 어떤 결과를 가져올까? 어떤 기술이 어느 시기에 성공을 거둘까? 투자자에게 추천할 수 있는 투자처는 어디일까?

이런 질문들에 대한 나의 견해를 밝히기에 앞서 다음 두 가지 유의 사항을 먼저 숙지할 필요가 있다.

첫째, 지금부터는 불확실성에 대한 논의이므로 불안한 느낌이 드는 건 당연하다. 그러니 이제부터 언급할 새로운 기술과 기반 시설을 **어떻게** 실현시킬지에 대한 고민은 거둬두어도 좋다. 지난 역사를 돌이켜볼 때 인류가 하나의 공동체로서 목표를 달성한 사례가 많기 때문이다. 만약 우리가 앞으로 의존할 수 있는 기술이나 에너지가 고작 하나였다면 이런 주장을 펴기 어려웠을 것이다. 그러나 우리에게는 원하는 결과를 만들어낼 수 있는 선택지가 이미 여럿이다. 이를 적절히 활용하면 이산화탄소를 배출하지 않는 에너지를 합리적인 가격으로 전 세계에 공급할 수 있다.

그런데 우리가 어떤 기술을 활용할 수 있는가는 중요한 문제다. 실현 가능한 방안을 찾으려면 우선 잠재되어 있는 다양한 기술을 폭넓게 살펴봐야 한다. 이는 정책 수립과 투자처를 선정하는 데도 반드시 필요한 과정이다. 어떤 일을 하는 방식이 그 일의 본질을 결정할 수는 없다. 앞서 언급한 석탄 회사 CEO는 이 사실을 깨닫지 못한 경우라 할 수 있다.

과연 영국은 제2차 세계대전에 참전하기로 결정하기 전, 전시경제 체제로 국가가 운영되었을 때 발생할 수 있는 변화들을 총망라해 파악하고 있었을까? 물론 검토해봤을 수 있다. 하지만 그런 변화들이 예상된다고 해서 참전을 포기하지는 않았을 것이다. 달리 선택의 여지가 없는 상황이었기 때문이다. 루스벨트 대통령의 경우는 어떨까? 참전을 결정하기 전, 미국이 국방비를 GDP의 37퍼센트 수준으로 끌어 올리고 원자폭탄을 만들면 전쟁에서 승리하게 될 거라 생각했을까? 그런 계산은 하지 못한 채 전쟁에서 필히 이겨야 한다는 생각으로 참전했을 가능성이 훨씬 높다. 루스벨트 대통령은 일정한 한도가 설정되고 정책적 지원이 뒷받침되기만 한다면 압박 상황 속에서도 인간이 특유의 독창성을 발휘할 수 있다는 확신을 갖고 있었다. 우리도 그럴 수 있다.

물론 기술과 관련해 진행된 수많은 분석과 우리가 경험할 변화에 대한 많은 예측은 여러 측면에서 유의미하고 중요하다. 그러나 우리가 대응에 나설지 여부는 그런 분석과 예측이 내놓은 결과에 따라 정해지는 것이 아니다. 지금 우리가 대응에 나서야 하는 이유는 대응에 나서지 않으면 안 되는 상황이기 때문이다.

두 번째 유의 사항으로 이데올로기와 과학기술에 대해 언급하려고 한다.

환경 분야에 관심이 많은 사람들은 에너지 전환과 관련된 과학기술에 지대한 관심을 갖고 있다. 물론 과학기술에 대한 관심이 에너지나 기후변화에만 국한된 것은 아니다. 사람들은 언제나 새로운 과학기술의 등장을 반기고 그것에 대해 이야기하는 것을 즐긴다. 그러나 이 현상이 과학기술에 대한 과도한 맹신으로 변질되기 시작하면 이야기는 달라진다. 애플과 마이크로소프트, 포드와 GM, 플레이스테이션과 엑스박스를 각각 비교하며 무엇이 나은지를 논쟁하는 것은 무해하나, 이런 유형의 논쟁이 에너지 기술로 확대된다면 문제가 될 수 있다.

사실 기후 문제를 놓고 이런 논쟁을 벌이는 것은 무척 위험하다. 이런 문제가 과학기술을 소신의 문제로 둔갑시켜 석탄·원자력·태양에너지 가운데 하나의 입장을 선택하도록 강요하기 때문이다. 찬반 중 어느 한쪽에 서도록 강요받는 상황에서는 이성적으로 사고하기가 어렵다. 평소 지극히 이성적이었던 사람이 말도 안 되는 주장을 늘어놓는 경우는 일상에서도 제법 흔하다. 한번은 어느 강연장에서 또 다른 석탄 회사 CEO가 내게 다가와 말을 건 적이 있다. 그는 풍력발전의 이점이 지나치게 과장된 면이 없지 않다며 문제점을 늘어놓기 시작했다. 특히 풍력 터빈의 수명 주기가 짧아 터빈을 생산하는 과정에서 배출되는 이산화탄소 양이 석탄을 연료로 쓸 때 배출되는 이산화탄소 양보다 더 많다고 주장했다. 이념적으로 입장을 가르기 시작하면 과학적 사실은 제 힘을 발휘하지 못한다. 사실 풍력 터빈의 수명 주기 동안 발생되는 이산화탄소 배출량은 석탄 대비 약 99퍼센트 적다![1]

CCS 도입에 반대 의사를 표명하는 환경운동가들도 있다. CCS를 사용하면 석탄 산업이 계속 유지될 수 있다는 이유 때문이다. 이런 결정은 이산화탄소 배출을 중단시켜야 한다는 본래의 목표를 망각하고, 석탄 산업을 퇴출시키는 데 우선순위를 둔 결과라 할 수 있다.

여러 에너지원 가운데서도 특히 원자력은 지난 몇십 년 동안 신념에 가까운 믿음을 가진 사람들의 지지를 받아왔다. 일반적으로, 진보나 좌파 성향을 가진 사람들이 원자력에 반대하는 반면 보수나 우파 성향을 가진 친시장주의자들은 원자력에 우호적이다. 최근 들어 원자력이라는 '우파적' 기술이 기후변화라는 '좌파적' 문제에 있어 관심 대상으로 급부상함에 따라 원자력은 이념적 격차를 줄이는 결과를 낳기도 했다. 제임스 러브록이나 제임스 핸슨 같은 환경운동가들이 원자력을 적극 지지하고 나섰던 반면, 우파 성향의 지도자들은 기후변화 문제를 해결하기 위한 대응에 적극 호응하는 모습을 보인 것이다.

호주 굴지의 광산 업체인 WMC의 CEO 휴 모건은 신념에 가까운 믿음으로 원자력을 옹호한 대표적인 인물이다. 그는 수십 년간 기후변화를 부정했으며, 기후변화를 막기 위한 실천에 반대하는 활동을 펼치기도 했다. (WMC는 1990년대 후반 환경 보고서를 만들면서 에코스에 자문을 구한 적이 있다.) CEO 자리에서 물러난 뒤에도 보수 논객으로 활발하게 활동하던 그는 한 인터뷰에서 기후변화는 사실이 아니며 따라서 대응에 나설 필요가 없다고 말한 바 있다. 또한 그는 모두가 기후변화에 대한 최선의 해결책으로 원자력을 지지해야 한다고 주장했다(당시 그는 새로운 원자력 사업에 몸담고 있었다). 그의 견해에 담긴 모순은 이념에 사로잡혀 이성적인 사고를 하지 못한 결과로밖에 달리 해석될 여지가 없다.

누군가는 석탄과 원자력에 반기를 들고 나설 것이며, 다양한 재생에너지를 활용함에 있어 신중해야 한다는 의견도 나올 것이다. 하지만 여기서 그런 이야기를 하자는 게 아니다. 나는 우리가 절호의 기회 앞에서 신중하고 이성적인 태도로 토론에 임하기를 바란다. 변화하지 못하면 치명적인 결과가 뒤따를 것이라는 점을 수용하고 합리적인 토론을 통해 대안을 찾아가야 한다.

이 문제가 중요한 이유는 제대로 방향을 잡지 못할 경우 대가가 뒤따른다는 데 있다. 특히 경영전략과 투자전략을 세우는 과정에서 과학기술 정보를 배제하게 되면 제대로 된 판단을 할 수 없다. 과학기술을 신념에 가까운 믿음으로 부정하는 사람들이 과학기술에 투자해서는 안 된다고 주장하는 **캠페인**에 나서게 되면, 문제를 해결함으로써 진일보하기 위해 노력하고 있는 우리에게도 의심이 번져 결국 대응 속도가 더뎌지고 말 것이다. 대중의 반응이 이런 식으로 변하기 시작하면 정부도 선뜻 행동에 나서지 못하게 된다.

이제 이 두 가지 유의 사항을 염두에 두고, 이어지는 내용을 읽기 바란다. 과학기술은 분명 우리가 앞으로 나아가는 데 있어 중요한 역할을 할 것이다. 물론 기술이 모든 것을 해결할 것이라고 생각하지는 않는다. 앞서 살펴본 바와 같이, 기후변화는 지속 가능성과 관련된 하나의 문제일 뿐이며 기술만으로 우리가 맞닥뜨린 모든 문제를 해결하여 경제성장을 지속할 방도는 없다. 기술만으로 모든 문제를 해결하고자 한다면 기술이 효율성을 높인 결과 다시 기술의 필요성이 높아지는 반동 효과가 나타날 수밖에 없다. 결국 생활 방식과 행동을 바꾸는 것이 가장 중요하다. 단, 여기서 과학기술이 변화를 만들어내는 원동력이 될 것이라는 점만큼은 분명하다.

기술과 이데올로기가 만들어낸 덫을 피하려면 기술이 가져올 긍정적인 측면을 평가할 수 있는 몇 가지 기준을 갖고 있어야 한다. 에너지와 관련된 기술을 평가하기 위해 내가 사용하는 기준은 간단하다. 좋은 과학기술은 이산화탄소 배출량이 거의 제로에 가까워야 하고, 우리가 감당할 수 있을 정도로 안전해야 하며, 수요에 맞춰 생산을 신속하게 할 수 있어야 한다. 또한 시스템이라는 맥락에서 삶의 질, 지정학적 안정성, 미래의 번영, 경제적 안정성과 같은 요소들도 고려하고 있어야 한다. 달리 말해, 우리가 설계하려는 것은 사회이지 어떤 설비가 아니라는 뜻이다.

이런 기준을 적용해 볼 때, 원자력은 과연 어떤 평가를 받을까? 궁금한 만큼 원자력에 대해 먼저 이야기를 나눠보자.

사실 원자력이 갖고 있는 핵폐기물·테러리즘·공급 제한 같은 복잡한 문제들을 감안한다면 어떻게 원자력이 좋은 해결책으로 대두될 수 있는지 좀 의아하다는 생각이 든다. 이 문제에 관해 누군가 내 생각이 틀렸다고 짚어주기를 바라는 마음도 있지만 아직은 나를 제대로 납득시킨 사람이 없다. 사람들은 내게 원자력을 사용하지 않으면 기후변화를 감수해야 하는 상황이라는 조건을 주고 어느 쪽을 선택할지 묻기도 한다. 이런 경우 나는 당연히 원자력을 사용하는 쪽을 택한다. 하지만 이 질문에는 문제가 있다. 제대로 된 질문이라면 이산화탄소를 전혀 배출하지 않는 가장 값싼 에너지 중 우리가 사용할 수 있는 것이 무엇인지를 물어야 한다.

만약 이처럼 제대로 된 질문을 받는다면, 나는 탄소 포집을 해야 하는 석탄도, 핵폐기물을 처리해야 하는 원자력도 좋은 해결책이 될 수 없다고 답할 것이다. 결국 시장이 어떻게 판단하는가가 가장 중요하다. 시장은 상황의 변화 추이를 지켜보며 위험 부담에 드는 비용과 대중의 수용 가능성을 감안해 최선책을 찾아낼 것이다. 그렇다면 최선책에는 어떤 것들이 있을까? 만약 10년 안에 세계의 모든 석탄화력발전소에 CCS가 도입되어 충분한 시장 경쟁력을 갖추게 된다면 이는 무척 반가운 소식이 아닐 수 없다. 방사성 폐기물과 용융 위험, 핵테러가 일어날 위험 없이 원자력을 활용할 수 있는 방법이 준비되었다면 그 또한 환영할 일이다.

그러나 앞서 나열한 판단의 기준과 지금까지 알려진 사실에 비춰 볼 때, 가장 유력한 차세대 에너지원으로 꼽을 수 있는 것은 바로 재생에너지와 지열이다. 안전하고 오염물 방출이 적으며 에너지 생산을 위한 원자재 비용이 전혀 들지 않는 데다 지정학적 위험이 적어 원활하게 공급될 수 있기 때문이다. 따라서 재생에너지로 전환할 수 있는 기회를 잡기 위해 적극적으로 노력할 필요가 있다. 더 안전하고 풍요롭게 번영할 수 있는 사회를 만들 수 있다면 단기적으로는 비용이 더 들더라도 이를 감수해야 한다.

이산화탄소 배출량을 감축할 수 있다는 이점을 제외하고라도, 지구에 닿는 태양에너지의 어마어마한 양을 생각하면 재생에너지 사용이 어쩌면 당연하다는 생각이 든다. 생각해보자. 태양이 한 시간 동안 지구 표면에 내리쬘 때 그 에너지 양은 인류 전체가 한 해 동안 사용할 에너지 양에 맞먹는다. 활용 가능한 에너지로 전환하는 데 어느 정도의 한계가 있다고 하더라도 일주일이면 한 해분의 에너지 수요가 충족될 수 있다.[2]

연간 에너지 수요는 각각 한 달분의 풍력과 지열로도 충족될 수 있다. 심지어 수력·조력·파력으로도 가능하다. 지금껏 이 에너지원들을 효율적으로 활용하지 못했다는 점이 아쉽다는 생각마저 들 지경이다. 앞으로 이처럼 다양한 에너지원을 적극 활용한다면 분명 합리적인 가격으로 에너지 수요가 충족될 수 있을 것이다.

에너지는 예나 지금이나 인류의 진보에 있어 중추적인 역할을 해왔다. 기후변화 문제가 논란의 대상이 되는 이유 중 하나가 바로 이런 사실이다. 에너지의 공급과 활용이 우리의 삶과 경제에 미치는 영향이 지대하다는 인식이 널리 깔려 있는 탓에 사람들은 에너지 전환에 민감하게 반응할 수밖에 없다. 따라서 우리가 사용할 수 있는 안전한 청정에너지의 양이 충분하다는 것을 먼저 인정함으로써 비로소 인식은 바뀌기 시작할 것이다. 에너지가 부족한 상황 속에 살게 될지 모른다는 생각을 갖게 되면 두려움에 위축될 수밖에 없다. 그러나 실제 상황은 분명 다를 것이다. 우리는 자원이 풍부한 행성에서 살고 있으며, 우리의 미래는 우리의 생각에 따라 달라진다는 점을 기억하자.

시스템 설계 차원에서도 태양에너지와 풍력을 사용했을 때 얻을 수 있는 이점이 많다. 두 에너지원은 연료비가 전혀 들지 않으며 세계 어디에서라도 구할 수 있으므로 에너지 수입과 관련된 문제가 모두 해소된다. 에너지원을 차지하기 위해 발생되는 지정학적 긴장과 그에 수반되는 군사적 위협이나 불안 요인 역시 모두 사라지게 될 것이다. 이와 관련된 비용은 말할 것도 없다. 두 에너지원을 사용해 절감할 수 있는 비용이 얼마나 되는지를 보여주는 정보는 어렵지 않게 찾을 수 있다. 『포린 폴리시 *Foreign Policy*』에 실린 한 논문은 1976년부터 2007년까지 페르시아만에 항공모함 몇 척을 배치하는 데 무려 7조 달러가 넘는 비용이 들었다고 지적했다. 석유 수송을 안전하게 진행하기 위한 임무를 띤 배치였기에 직접비가 집행된 것이다.[3] 그러나 햇볕이 내리쬐고 바람이 부는 자연현상에서 얻는 에너지에는 그런 비용을 지불할 필요가 없다.

재생 가능한 에너지의 또 다른 이점은 연료비가 들지 않는다는 데 있다. 따라서 이와 같은 에너지를 생산하는 공장을 짓게 되면 연료비의 가격 변동성에 따른 불안 요인이 사라지게 되므로 에너지 공급 가격은 예측 가능한 수준에서 수십 년간 안정세를 유지할 수 있다.

가격 변동성에 따른 위험이 크게 줄어듦에 따라 특히 에너지 집약적 산업 부문에서는 장기 투자가 가능해질 것이다. 이런 변화는 국가 경제를 운용하는 데 있어 탄력성을 한층 강화시키는 긍정적인 결과를 낳을 수 있다.

소비자 차원에서도 흥미로운 현상이 나타날 것이다. 승용차를 구입할 때 5년간 같은 가격으로 연료를 공급받는 계약을 진행할 수도 있다. 이는 연료 가격이 예측 가능한 범위에서 안정되어 있으므로, 연료를 공급하는 업체와 태양에너지 발전소가 가격을 고정시킬 수 있기에 가능한 상상이다.

또한 재생에너지 가격은 관련 기술이 발달함에 따라 점차 낮아질 것으로 예측된다. 석탄의 경우 자원 소진에 따른 공급 제한과 채굴의 어려움 등으로 인해 가격은 지속적으로 상승할 수밖에 없다. 그러나 생산 규모가 점점 커질 것으로 기대되는 재생에너지의 경우, 가격은 앞으로 점차 하락할 수밖에 없다. 재생에너지를 사용하면 채탄을 위해 산을 폭발시킬 필요가 없으며, 오염수가 바다로 새어 나갈 걱정을 하지 않아도 된다. 특히 태양에너지 생산에 과부하가 걸릴 일은 수십억 년이 지나도 없을 것이다.

물론 재생에너지를 본격적으로 생산하고 공급하기까지 극복해야 할 문제도 있다. 재생에너지 생산 과정에 사용되는 일부 희귀 금속과 물을 문제없이 조달할 수 있어야 하고, 수요와 공급 시기를 조율해 생산을 진행해야 하며, 공급이 원활하도록 배전망을 연결해야 하는 과제들이다. 그러나 이는 지금의 에너지 시장도 겪고 있는 문제이므로 점차적으로 충분히 해결해나갈 수 있으리라 본다. 따라서 재생에너지는 앞으로 수십 년이면 더욱 저렴해진 가격으로 전 세계적으로 확대 사용될 수 있을 것이다. 우리가 전쟁에 임하는 각오로 실천에 나선다면 이 시기는 더욱 앞당겨질 수 있다.

가격이 안정된 상태에서 전기가 널리 사용될 경우 자동차 산업에도 변화가 생길 것이다. 전기차가 점차 보급됨에 따라 전력 체계와 도시 모습이 크게 달라질 것으로 보인다. 배터리 전기차 수백만 대가 운행된다는 말은 에너지가 저장된 별도의 시스템 수백만 개가 도로 위를 돌아다닌다는 뜻과 같다. 자동차 한 대가 개인 소유의 전력 설비가 되는 셈이기 때문이다. 가령 무더위로 전력 수요가 급증한 상황이라면, 주차된 내 차 배터리에 저장된 전기를 배전망을 통해 전송하는 식으로 수익을 창출할 수도 있을 것이다.

이런 예시는 기술과 관련해 내가 내린 결론을 뒷받침하는 일부 사례에 불과하다. 새로운 경제 건설과 관련된 내용을 소개하는 이 책의 후반부에서 더 많은 예시들을 소개하겠다. 에너지 문제를 좀 더 깊이 연구해보고 싶다면 사실상 참고할 수 있는 도서나 자료는 많다. 기후 문제에 대한 해결책을 큰 틀에서 보고 싶다면 앨 고어가 쓴 『우리의 선택 *Our Choice*』을 참고하기 바란다. 또 어떻게 하면 20년 안에 재생에너지를 100퍼센트 사용하는 시대로 전환할 수 있는지를 알고 싶다면 과학 잡지 『사이언티픽 아메리칸』에 실린 스탠퍼드 대학의 연구가 도움이 된다.[4] 에너지에 대해 관심이 많은 독자라면 http://www.withouthotair.com에서 데이비드 매카이의 책을 무료로 다운받아 읽어보는 것도 좋겠다.

한편 투자자가 주목해야 할 사실은 청정에너지와 관련된 선택지가 매우 많다는 것이다. 청정에너지는 실험실에서 진행되는 실험 수준을 훌쩍 넘어 이제 하나의 산업으로 자리매김하고 있다. 만약 재생에너지를 단기적으로 지나갈 유행 정도로 생각하고 있다면, 2008년과 2009년 사이 더 많은 자금이 몰린 투자처가 화력발전이나 원자력발전이 아닌 재생에너지 분야라는 점을 기억하기 바란다.[5] 재생에너지 사업에 더욱 힘이 실리는 현상은 되돌릴 수 없는 흐름이다.

경쟁력이 없는 사업은 시장에서 자연스럽게 퇴출되겠지만, 나는 변화의 속도가 하나의 변수로 작용하는 가운데 원자력발전소나 CCS 설비를 갖춘 화력발전소도 퇴출 대상이 될 수 있다고 확신한다.

사람들은 기술이 적용되면 현장에서 금세 실제적인 효과를 보일 거라 기대하면서도 그런 기술이 급성장하기까지는 오래도록 기다려야 한다고 생각한다. 그러나 디지털 음악은 첫 등장 이후 오래도록 이렇다 할 영향력을 발휘하지 못하다 갑작스럽게 붐을 일으켰다. 디지털 카메라나 전자책도 마찬가지다.

청정에너지와 관련된 기술 역시 마찬가지 경향을 보일 것이다. 사람들은 40년째, 태양에너지가 앞으로 20년 뒤에는 경쟁력을 갖게 될 거라고 말하고 있다. 맞는 말이다. 아직 이렇다 할 영향력을 발휘하지 못하는 것처럼 보여도, 사실상 태양에너지 가격은 급락하는 추세다. 게다가 태양에너지 부문에 투자금이 기하급수적으로 몰리고 있다는 점에 주목해야 한다. 자본 회전에 시간이 소요되는 관계로 재생에너지 사용 비중이 아직은 얼마 안 되지만 매년 25~40퍼센트의 성장률을 보이고 있다는 점에서 곧 재생에너지 사용 비중은 계속 높아질 것이다. 또한 이런 변화는 정부에서 적극적으로 재생에너지 사용을 권장하는 행동에 나서기 전부터 나타날 것으로 예측된다.

그렇다면 이런 상황이 기업 활동과 투자에는 어떤 영향을 미칠까?

그동안 저탄소 경제로 전환하는 문제에 대한 논의는 비교적 활발하게 진행되어왔다. 그러나 논의 내용은 이런 전환을 맞을 준비가 아직 되어 있지 않은 기업들이 감당해야 할 위험의 수준이나 기회의 규모를 제대로 반영하지 못했다. 앞서 여러 장에 걸쳐 언급했듯, 실전에서는 정부의 역할이 중요하다. 일단 대응하기로 결정했다면 정부는 쓸데없는 논쟁이나 허위 뉴스가 퍼지지 않도록 관리하며 전시에 임하는 자세로 실행에 나서야 한다. 복잡한 양상을 띠며 비효율적으로 나타나는 변화지만, 그 변화가 가능한 한 신속하고 안정적으로 일어나도록 노력해야 한다. 국민들이 정부 정책을 지지하고 그 정책을 이행하는 데 적극 참여하도록 장려하는 일 역시 정부의 역할이다. 국민들의 지지와 동참 없이는 정부 정책을 제대로 실현하기 어렵기 때문이다.

필요한 변화의 규모는 산업혁명 수준과 견줄 만하다. 그러나 산업혁명은 비교적 천천히 일어났다는 점에서 비교가 적절하지 않다고도 볼 수 있다. 우리가 겪을 변화는 약 20년간 지속된 닷컴 붐과 유사한 측면이 있을 것이다. 슘페터가 말하는 '창조적 파괴'가 들불이 번지듯 경제 부문을 휩쓸고 지나갈 것이다.

이러한 변화를 신속하게 실현하기 위해서는 정부가 나서 정해진 기간 내에 이산화탄소 배출량 감축 목표를 달성할 수 있도록 시장을 압박해야 한다. 경제 부문에서의 변화는 일각에서 예상하는 것보다 훨씬 더 빠르게 진행될 것이다. 예측 대부분이 정부가 전쟁에 임하는 자세로 시장에 개입하는 상황이 아니라 평소의 시장 상황과 투자 주기를 상정하고 있기 때문이다.

그럼에도 우리는 대응에 늦게 나설지 모른다. 늑장 대응은 기존의 기업 입장에서 볼 때 우려할 만한 일이다. 이 중 많은 기업이 변화에 더 현명하고 기민하게 대처하는 신생 기업들로 대체될 것이기 때문이다.

대대적인 규모로 일어나는 변화 앞에 여러 회사가 퇴출되는 가운데 다수의 신생 기업이 등장하게 될 것이다. 새로운 기술과 경영 모델로 무장한 신생 기업이 기본기까지 탄탄하게 갖춘 경우, 긴급한 사회적 요구를 해결하는 면모를 보이며 각광받게 될 것이다. 반면 엉뚱한 재생에너지 기술에 투자한 기업이나 화석연료 사용을 고수하며 변화에 미온적으로 대응한 기업은 뼈아픈 실패의 고통을 경험하게 될 수밖에 없다.

디지털 기술로 전환하는 과정에서 나타난 몇 가지 변화 사례를 살펴보자. 지금 당면하고 있는 과제에 비해 그 규모는 훨씬 작지만 코닥의 사례를 통해 산업 부문에서 나타난 변화의 양상을 이해해볼 수 있다. 코닥은 1990년대까지 카메라 및 필름 제조사로 명성을 떨치던 기업이었다. 그러나 디지털 시대로의 대전환이 일어나고 있다는 사실을 경시하고 적절히 대처하지 못한 결과 전체 직원의 무려 60퍼센트인 6만 명을 해고하는 구조조정을 단행할 수밖에 없었다. 반면 시대의 흐름에 따라 기업의 경쟁전략을 바꿔 성공한 경우는 넷플릭스다. 본래 우편으로 DVD를 대여해주던 기업이었던 넷플릭스는 스트리밍 엔터테인먼트 기업으로 거듭났다. DVD 크기를 축소해 물류비를 줄이는 전략으로 성장하다 스트리밍 기술로 전환하는 보다 근원적인 변화를 단행함으로써 경쟁력을 확보한 것이다. 그 결과 몇 년 사이 비디오 대여 시장은 근본적으로 무너졌다. 한때 비디오 대여 업계의 대기업에 속했던 블록버스터의 경우, 2002년 주당 30달러에 거래되던 주식은 2010년 기준 20센트를 밑돌기도 했다. 블록버스터가 기존의 경영전략을 고수하는 한, 하루에 한 편 영화를 본다고 가정할 때 한 편당 30센트 꼴이었던 넷플릭스와 경쟁할 방법은 없었다.

닷컴 붐과는 달리 저탄소 경제로의 전환은 실제적이며 근본적인 변화이다. 한 녹색투자펀드가 볼베어링 회사의 주식을 매입하고 있다는 소식을 들은 적이 있다. 풍력발전기 터빈의 핵심 부품인 볼베어링의 수요가 크게 늘 것이라는 기대로 내린 결정이었다.

닷컴 붐 시기와 또 다른 점은 재생에너지 관련 신사업 분야 대부분에서 실질적인 수익을 창출할 수 있다는 점이다. 탄소 배출이 적고 재생 가능한 자원으로부터 얻은 전력의 판매량을 법 제정을 통해 점차 늘려갈 수 있으며, 판매 실적은 빠르게 상승할 것으로 예상된다. 2008년 기준으로 볼 때, 미국의 약 1억 2500만 가구 한 달 평균 전기 요금은 104달러였다. 가계 소비 지출에서 전기 요금으로만 한 해 1500억 달러 이상을 지불한 셈이다. 여기에 상업 및 산업용 전기 요금을 포함하면 2008년 미국에서 사용한 전기요금 총액은 3637억 달러에 달한다.[6] 이 수치는 최종 소비자가 1년 동안 사용한 전기 요금일 뿐, 전기를 생산하고 공급하는 데 쓰인 시설과 제반 설비에 투입된 비용까지 합하면 금액은 수조 달러로 늘어난다. 앞으로 수십 년에 걸쳐 운송용 연료를 석유에서 재생에너지로 교체하는 일의 규모는 이보다 훨씬 크다는 점을 감안할 때 무궁무진한 수익 창출의 기회가 열려 있다고 볼 수 있다.

국제에너지기구가 내놓은 2009년도 『세계 에너지 전망_World Energy Outlook_』은 2030년까지 기후변화에 대한 선제적 대응의 일환으로 에너지 생산에 필요한 제반 시설을 구축하는 데 약 10조 5000억 달러가 추가 투입되어야 할 것으로 내다보았다. 많은 투자 분석가들은 만약 우리가 이와 같은 대응에 나서기로 결정한 시기에 경제가 침체되면 이처럼 엄청난 비용을 어떻게 감당할 수 있을지 의문을 제기했다. 하지만 이는 에너지 효율 증가로 얻어지는 비용 절감 효과를 간과한 지적이며, 오히려 투자자들에게는 단기 수익을 노릴 절호의 기회가 될 수 있다.

국제에너지기구는 에너지 효율 증가로 얻을 수 있는 경제적 이익이 탈탄소화 준비에 드는 비용보다 훨씬 더 클 것이라 추정했다. 지금부터 2050년까지 이산화탄소 배출량을 50퍼센트 감축하는 데 약 46조 달러가 들 것으로 예측했으며 이 중 대부분은 에너지 효율을 높이는 데 투자되는 금액으로 보았다. 이 비용만 놓고 보면 지출 규모가 상당하다고 생각할 수도 있다. 그러나 이 비용을 투자한 결과 에너지 효율이 증가함에 따라 112조 달러가 절감되고 그로 인해 얻을 수 있는 경제적 이득이 약 66조 달러에 이른다는 점을 생각하면 결코 큰 비용이 아니다. 이산화탄소 배출량을 10퍼센트만 감축해도 순절감액은 8조 달러에 이른다. 따라서 도전하기로 결단하는 문제가 남았을 뿐, 실제적 대응이 어렵다거나 준비하는 데 비용이 많이 든다는 이유로는 변화를 피할 수 없다는 사실이 분명해진다.

지금껏 결단이 지체된 탓에 시장이 주도하는 앞으로의 변화는 결코 순탄치 않을 것이다. 이런 상황은 특히 투자 시기를 기민하게 판단해야 하는 투자자들에게 난감할 수 있다. 그러나 이런 상황이 앞으로 수십 년 후에나 일어날 것이라는 생각은 빨리 버릴수록 좋다. 홍콩상하이은행HSBC은 2020년까지 저탄소 기술 시장 규모가 연간 2조 달러를 넘어설 것으로 추정했으며, 그 전에 10조 달러 규모의 자본 투자가 이루어질 것으로 예상했다. HSBC는 또한 세계 저탄소 시장에서 중국이 미국을 추월하고, 인도가 일본을 추월하는 등 지정학적 차원의 변화가 나타날 것으로 내다보았다. 이러한 변화가 2010년대 말부터 본격화될 것이라는 사실에 기업인이나 자산 운용 전문가는 각별히 주의를 기울일 필요가 있다. 처음에는 에너지와 수자원에 관심이 쏠리겠지만 곧 고탄소 경제 구조가 타격을 받고 나면 시장은 폭넓게 지속 가능성 문제를 고민하기 시작할 것이다.

이쯤에서 이런 의견이 나올 수 있다. "이거 다 전에 들어본 얘기입니다. 그것도 여러 번이요. 소위 말하는 에너지 혁명은 1970년대부터 시작된 거 아닙니까? 석유파동을 경험하고 태양에너지를 도입하기 시작했을 무렵이죠. 그러다 유가가 떨어져 안정세를 찾은 다음에는 모든 게 다시 제자리로 돌아갔던 거 아닌가요? 아무튼 그다음부터 사람들이 항상 호황이 '임박했다'라고 말했죠."

이 말은 모두 사실이지만 이번은 한 가지 이유에서 과거의 상황과는 근본적으로 차이가 있다. 이전에는 언제나 경제가 변화를 이끌었다. 가령 화석연료 가격이 상승하면 이를 대체할 에너지가 경쟁력을 갖게 되는 식의 변화였다. 변화의 속도는 시장이 결정했으나, 기후변화로 야기된 손실분을 시장에 떠넘기지는 못했다. 그러므로 대체에너지를 특정하지 못했다거나 특정된 대체에너지가 더 비싸다는 주장은 변화를 가로막는 장애물이었으며, 변화를 꾀하고자 펼치는 새로운 정책의 시행을 막는 장벽이 되곤 했다.

그러나 이번에는 과학이 변화를 주도한다. 석유나 석탄 가격이 폭락한다 해도 아무런 상관이 없다. 청정에너지가 부상하는 시점이 되면 석유나 석탄 가격은 폭락하고 말 것이다. 더 이상 이산화탄소를 배출해서는 안 되는 상황이 올 것이기 때문이다. 과학적 사실에 근거해, 시장이나 세금 또는 엄격한 규제를 동원해서라도 화석연료 사용을 금지해 이산화탄소를 배출을 막아야 한다는 사실을 모두가 깨닫게 될 것이다. (석탄 가격이 폭락한 상황에서 CCS까지 갖추었다면 이야기는 달라질 수 있다. 바로 이런 변동성 때문에 투자자들은 예측에 어려움을 겪는다. 그래도 분명한 것은 이산화탄소를 배출하며 에너지를 생산하던 시대가 끝났다는 점이다.)

청정에너지가 더 비싸다고 해도 큰 문제가 되지 않을 것이다. 이것이 지난 40년과 다른 점이다. 청정에너지 가격은 점차 더 저렴해지겠지만, 그 역시 상관없다. 우리가 당면한 상황의 심각성을 있는 그대로 받아들였다면 가격은 더 이상 문제가 될 수 없기 때문이다.

이 주장은 그동안 변화를 가로막았던 장애물이 바로 가격이었다는 점에서 터무니없게 들릴 수도 있다. 그러나 정말로 우리가 처한 현실을 자각했다면, 다음 두 갈래 길 중 어떤 길을 선택할지 한가롭게 질문을 던지고 있을 시간이 없다. "인류의 문명을 구하기 위해 나설 것인가 아니면 화석연료를 고집해 비용을 아끼는 대신 절벽을 향해 달려나갈 것인가?" 물론 우리가 후자를 선택하는 일은 없을 것이다.

우리 앞에 펼쳐질 사업 기회와 기술 선택에 대한 이해를 돕기 위해 지금까지 에너지 생산 문제를 대표적인 사례로 들어 설명해보았다. 앞서 언급한 예시들은 사업 측면에서 볼 때 그저 시작에 불과하다. 우리는 반드시 '탈화석연료' 기조를 유지하며 에너지원을 다양화해야 한다. 이와 동시에 집을 단열재로 마감하고 창호를 다중으로 설치하는 등 에너지 효율을 높이는 노력도 병행할 필요가 있다. 전기차 사용 확산 속도가 빨라지도록 충전소를 갖추고, 어떤 기술이 경쟁에서 우위를 차지했다면 이를 제도적으로 지원할 수 있어야 한다. 또한 보상 제도를 활용해서라도 음료수 병·컴퓨터·자동차 등의 제품을 100퍼센트 재활용하거나 재사용하도록 권장할 필요가 있다. 가령 매년 미국에서 쓰고 버리는 플라스틱 병과 알루미늄 캔 1000억 개를 분리해 배출하면 일정 금액을 적립해주는 방식을 도입할 수 있을 것이다.

또한 농업 방식을 바꿔 토양이 탄소를 최대치로 흡수할 수 있도록 하고 수자원이 질소화되는 현상을 막아야 한다. 강우의 유형에 따라 수질을 달리 관리하여 공급할 수 있는 체계와 기반 시설을 갖출 필요도 있다. 이 밖에도 경제 전반에는 온갖 변화가 나타날 것이다.

사실 이런 변화들은 모두 지난 수십 년간 이미 언급된 바 있으며 많은 사람들이 투자자·정부·기업을 대상으로 이런 변화의 필요성을 역설해왔다. 만약 이런 변화가 좀 더 일찍 시작됐다면 굉장한 사업 기회가 될 수 있었을 테지만 주장만이 거듭된 채 시간이 흘렀다.

하지만 지금은 다르다. 나는 더 이상 이런 변화가 필요하다고 주장하지 않는다. 이런 변화는 이미 시작되었으며 그 무엇도 이런 움직임을 막을 수는 없다. 이 변화의 흐름 속에 남은 한 가지 질문은 과연 어떤 기업과 투자자가 구명정에 올라타 새로운 시대를 경험하게 될 것인가이다. 대세는 정해졌다.

13장
녹색 경제:
중동의 석유에서
중국의 태양에너지로

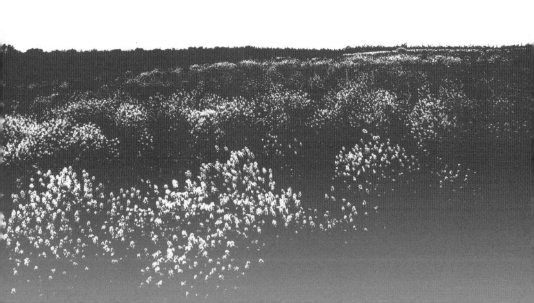

한때 강력한 영향을 갖고 있던 기업이나 국가 또는 제국이 무사안일주의에 빠져 있다가 몰락한 사례는 역사 속에서 어렵지 않게 찾을수 있다. 자신들이 쥐고 있던 패권에 취해, 지구상에서 가장 오래도록 존속하고 있는 '문명'이기도 한 생태계가 주는 교훈을 망각했던 탓이다. 그러나 한 시스템 안에서 생존할 수 있느냐는 권력의 규모나 힘에 의해 결정되는 것이 아니다. 공룡을 떠올려보라. 생존하려면변화하는 환경에 적응할 수 있는 능력이 있어야 한다.

변화에 잘 대처하고 적응하기 위해서는 변화의 속성을 이해해야하며 뜻밖의 사태에도 준비가 되어 있어야 한다. 이를 위해 반드시필요한 것이 바로 회복 탄력성이다.

회복 탄력성이 특히 더 중요한 이유는 거대한 변화가 다각도에서일어날 것으로 예상되기 때문이다. 앞으로는 기후대 변동, 해수면 상승, 기후 재난, 난민 발생 같은 물리적 차원의 변화는 물론 경제적·

지정학적 측면에서도 변화가 나타날 것이다. 특히 자원이 가진 중요도가 급격히 높아져 갑자기 석유 공급이 중단된다거나 물과 같은 자원을 둘러싼 분쟁이 일어나고 경제 분야의 경쟁적 구도가 재편되는 등의 위기 상황이 전개될 수 있다.

이런 위기 상황에 대비하기 위해서는 핵심 기술 개발에 투자하는 등 실제적인 준비가 필요한 반면 빠르게 전개되는 변화와 그에 따른 불확실성을 감당해낼 마음의 준비도 필요하다. 우리는 과연 이 변화를 전화위복의 계기로 만들어낼 수 있을까? 아니면 옴짝달싹할 수 없이 궁지에 몰려 변화의 속도와 규모를 한탄하는 신세가 될까?

이런 상황이라면 우리 모두 변화 너머에 있는 보상을 생각하며 다음과 같은 질문을 던져보아야 한다. 과연 내 가족과 회사, 지역 사회, 그리고 국가는 다가올 변화에 대처할 준비가 되어 있는가?

이 책에서 앞서 다룬 바에 따르면, 시스템에 가해질 타격 자체를 피하기는 무척 어려울 것으로 예상된다. 그렇다면 대응의 효율성을 높여 시스템을 안정시키는 데 주안점을 둘 필요가 있다. 다양한 가능성을 열어두고 대응책을 마련해두어야 앞으로 벌어질 여러 상황에 제대로 대처해나갈 수 있으며 그 과정에서 최대한의 이득을 얻을 수 있기 때문이다.

지금부터는 이런 상황이 여러 국가와 국가 경쟁력에 어떤 지정학적 의미를 갖는지 살펴보려고 한다. 특히 다음 네 가지 문제를 다뤄보자.

- 기존의 지속 가능성 관련 문제들에 더해 기후변화가 안보 및 경제 분야에 미칠 영향

- 자원 가치의 변동 및 신기술로의 전환으로 야기될 국가 경쟁력의 구도 변화
- 한 국가의 도덕적 지위와 경제체제가 위기 대응 능력으로 평가될 가능성
- 기후변화에 대한 책임 공방 및 징벌 조치

앞으로는 우리의 대응과는 별도로 기후변화가 야기할 물리적·안보적·경제적 차원에서의 영향이 중요해질 것이다. 1도 전쟁 같은 극적인 대응에도 불구하고 기상이변은 지속될 수 있으며 그 외 여러 지속 가능성 문제가 사회 및 경제에 미치는 영향 또한 상당할 것으로 예상된다. 지금도 적지 않은 지속 가능성 문제가 대두되는 가운데 이미 수자원 부족 현상이 나타나고 있다. 또한 극한기후 현상이 증가하고, 해수면이 상승하는 데다, 식량 공급 안전성 역시 위협받고 있는 실정이다. 이런 추세는 더욱 가속화될 것으로 보인다. 과학계와 달리 우리는 이제야 겨우 이런 현상이 가져올 경제적·안보적·사회적 영향에 대처할 계획을 세우기 시작했다.

대표적으로 식량 부족 현상, 공급난, 그리고 가격 상승 문제를 살펴보자. 2008년에 이어 2010년에도 식량난으로 인해 가격이 급등하는 현상이 나타난 바 있다. 식량 공급 체계에 그동안 누적된 압박을 감안하면 식량난은 더 큰 파급력을 갖고 나타날 수밖에 없을 것으로 보인다. 이미 공급 측면에서 압박을 받고 있는 상황임에도 불구하고 앞으로 1인당 식량 수요는 더욱 증가하게 될 것이다. 인구가 33퍼센트나 더 늘어날 것으로 예측되는 데다 부의 증대로 더 고급스럽고 다양한 식단에 대한 요구가 높아지고 있기 때문이다. 지난 수십 년

동안 농업 생산량이 크게 증가했지만 결국 1인 기준으로 따져보면 증가분이 없는 셈이나 마찬가지다. 한편, 농기계 사용으로 이뤄낸 식량 생산 증가분에는 토양의 질소 과다 증상 같은 폐해가 뒤따른다.

우리는 식량 생산을 자연 친화적인 산업으로 인식하는 경향이 있다. 하지만 현대의 산업형 농업은 탄소 집약적이며, 수확량 목표 달성을 위해 가용 자원을 최대치로 끌어다 쓰는 소진성 산업의 성격을 띠고 있다. 따라서 식량 공급 문제는 앞으로 더욱 심각해질 수밖에 없다.

식량 산업화는 환경에만 물리적 영향을 미치고 마는 현상이 아니다. 오늘날 식량은 고도로 상품화되어 전 세계적 연결망을 통해 공급되고 있다. 이렇게 전문화된 방식은 적은 비용으로도 효율적으로 식량을 공급할 수 있게 해주는 장점이 있는 반면 갑작스러운 변화나 충격에는 취약한 단점이 있다. 신경제재단NEF, New Economics Foundation은 『무정부 상태까지 96시간*96 Hours to Anarchy*』이라는 이름의 보고서에서 서구 국가들이 적시에 식품이 공급되도록 정밀하게 체계를 설계한 탓에 운송 과정에서 나흘만 차질이 생겨도 일부 국가의 슈퍼마켓 진열대에 식품을 채울 수 없는 상황이 벌어질 것이라 지적했다. 이 보고서는 또한 운송 문제는 연료 저장소가 테러 공격을 받거나 유가가 급등하는 상황 또는 팬데믹으로 운전자 수요가 충당되지 않을 때 언제고 나타날 수 있으며, 이로 인한 물류 대란의 여파는 신속하게 퍼져 엄청난 사회적·정치적 혼란을 초래할 수 있다고도 경고했다.

현재 가동 중인 식량 공급 체계는 이미 이런 압박에 노출되어 있다. 기후변화 요인은 지정학적 위험도를 높이며 이런 압박을 가중시킬 뿐이다. 특히, 이미 환경 악화로 어려움을 겪고 있는 인도와 중국에서 문제가 발생할 가능성이 가장 높아 보인다. 두 나라의 농작에 필요한 관개수는 그동안 남용한 탓에 이미 부족한 상황이며, 기후 관련 문제로 이런 상황이 더욱 악화될 처지에 놓여 있기 때문이다. 두 나라의 인구가 20억에 이르는 만큼 식량 부족 사태는 곧 지정학적·경제적·사회적 차원에서 여러 가지 문제를 일으킬 것이다. 예를 들어, 난민이 급증하는 등 사회적 문제가 발생하고 안보 불안정성이 높아질 수 있다.

다른 나라도 예외는 아니다. 전 세계 많은 인구가 해안 지역에 살고 있다. 따라서 해수면 상승은 이들 국가의 안전과 안보에 큰 영향을 미치게 될 것이다. 특히 가난한 나라에서는 수백만 명의 난민이 발생할 가능성이 높다.

불가피하게 발생한 분쟁으로 국가 간 힘의 균형이 무너지며 발생하는 권력 이동이 어떤 양상을 보일지는 누구도 정확히 예측할 수 없다. 그럼에도 안보 관련 싱크탱크와 군, 그리고 원조 기관을 총동원해 이런 사태에 대비해야 한다. 분쟁으로 인한 영향을 피할 수는 없다 해도, 회복 탄력성을 염두에 두고 수립한 사전 계획이 있다면 위기를 보다 잘 관리해낼 수 있기 때문이다.

이와 같은 분쟁은 지정학적 측면에서 문제를 일으키겠지만, 저탄소 경제로 전환하는 과정에서 일부 국가가 경쟁 우위를 차지하는 기회가 될 수도 있다. 혼돈의 시기를 관통하다보면 피해를 입기도 하지만 혜택을 보는 경우도 발생하기 때문이다.

예를 들어, 석유 수출 의존도가 높은 나라의 경우 이런 분쟁으로 큰 경제적 타격을 받을 수 있다. 이에 따라 중동 등 그 외 지역의 안보가 보장될 수 없는 상황이 야기될 수 있다.

호주는 이러한 세계적 추세를 잘 보여주는 사례다. 그동안 호주는 풍부한 석탄을 수출해 경쟁 우위에 설 수 있었다. 그러나 앞으로도 그 지위가 계속될지는 미지수다. 국가별 1인당 연간 이산화탄소 배출량 순위 상위권에 올라 있는 호주에 탄소 배출권 가격 상승은 국가 경쟁력을 위협하는 직격탄이 될 수 있기 때문이다. 호주는 기후변화로 인한 영향을 일찍부터 체감하고 있는 나라이기도 하다. 심각한 가뭄과 물 부족 현상을 만성적으로 겪고 있으며, 전례 없는 수준의 산불이 빈번하게 일어나 화재 등급 체계를 재편해야 할 지경에 이르렀기 때문이다. 또한 환경문제로 산호초 군락지가 사라짐에 따라 호주의 주요 수입원인 관광산업이 큰 타격을 입고 있는 실정이다. 이를 두고 일각에서는 기만적인 행태가 자초한 결과라는 비판이 나오기도 한다.

그렇다고 호주에 마냥 불리한 상황만 펼쳐지고 있는 것은 아니다. 호주는 넓은 땅을 갖고 있으며, 이는 토양에 탄소를 저장하는 데 있어 상당히 유리한 입장에 있음을 시사한다. 만약 토양에 저장할 수 있는 탄소의 양을 늘리는 방식으로 목장을 운영할 수 있다는 사실이 과학적으로 입증될 수만 있다면, 넓은 영토는 엄청난 잠재력을 갖게 되는 셈이므로 호주는 오히려 호기를 맞을 수 있다.

강렬한 햇볕이 내리쬐는 호주는 또한 태양에너지 생산에 최적화된 대륙이라 할 수 있다. 다른 나라에 비해 훨씬 더 저렴하게 태양에너지를 공급할 수 있는 여건을 갖춘 셈이기 때문이다. 민간뿐만 아니라 대용량 전력을 필요로 하는 공공시설 역시 이 혜택을 누릴 수 있을 것으로 보인다. 게다가 해안선이 길어 파랑에너지 생산에 유리하고, 너른 농토 덕에 풍력도 에너지원으로 활용할 수 있다. 지열이 풍부한 지역이 많은 것도 장점이다.

나라마다 가진 고유의 여건에 따라 국가 경쟁력의 구도가 달라질 것이다. 특히, 중국과 미국 간의 대결이 흥미로운 경쟁 구도를 만들어낼 것으로 예상된다. 미국은 그동안 과학기술에서 발전과 혁신을 주도하며 경쟁에서 앞서 있었다. 그러나 다가오는 변화에 기민하게 대처하지 못함으로써 중국에 자리를 내어줄 빌미를 제공하고 있는 상황이다.

여기에서 상당한 모순을 발견할 수 있다. 지난 수십 년 동안, 서구의 많은 기업들은 중국이나 다른 후발 추격국과의 경쟁에서 밀릴 것을 우려하여 환경 정책 강화에 반기를 들어왔다. 서구 기업들이 친환경적으로 제품을 생산하라는 온갖 규제에 시달리는 사이, 중국이 상대적으로 적은 비용을 들여 제품을 생산해 결국 시장에서 우위를 차지하게 될 것이라는 논리였다.

이런 논리를 일부 받아들여 환경보호 조치를 미루는 사이, 중국은 서구의 여러 나라를 맹추격했다. 심지어 저탄소 경제를 실현하기 위한 전략을 적극 모색하고 있다는 점이 더욱 놀랍다. 중국은 왜 저탄소 경제를 목표로 삼은 것일까? 세계를 위험에서 구하려는 노력의 일환일까? 아니다. 초강대국으로 부상하려는 야망 때문이다. 이와 관련해 프리드먼은 다음과 같이 말했다.

중국은 녹색 경제를 지향하기로 결단했다. 석탄이나 석유 기반 제조업을 성장 동력으로 삼은 결과 야기된 환경오염으로 많은 사람들이 제대로 숨을 쉴 수도, 수영을 할 수도, 고기를 잡을 수도, 농사를 지을 수도, 물을 마실 수도 없었기에 내린 불가피한 결정이었다. 청정에너지 시스템을 도입하고 지식 집약적 사업을 강화하는 방식으로 발전 동력의 패러다임을 전환하지 않는 한 중국은 성장 때문에 몰락하게 될 것이다.

이런 의미에서 중국은 우리로 하여금 '대붕괴' 현상을 대입해보게 하는 동시에 미래를 통찰해볼 수 있는 기회를 준다. 기존의 경제성장 모델이 물리적 한계에 부딪히게 되면서, 중국은 기존의 성장 방식을 더는 고수할 수 없는 상황으로 내몰렸다. 그렇다고 비상 대응 체제를 가동하고 있는 것은 아니지만, 환경이 경제에 미치는 영향을 분명하게 자각한 가운데 중국은 오염 물질 배출이 많은 낙후 산업을 퇴출하고 새로운 청정 산업을 적극 지원하는 방식으로 시장에 개입하며 한층 강력한 조치를 취하고 있다.

의도가 무엇이든, 이런 추세라면 중국이 미래 기술을 선점할 가능성이 높다. 빠르게 대규모로 변화를 만들어낼 능력을 갖고 있는 나라이기 때문이다. 미국과 호주가 정치적 절차를 운운하며 시간을 끄는 사이, 중국이 먼저 나서 탄소 가격제를 시행한다 해도 전혀 놀랍지 않은 상황이다.

중국에는 태양에너지 사업으로 세계 최고 갑부 자리에 오른 스정룽 박사가 있다. 스정룽 박사는 호주에 있는 기업의 행사에 나를 연사로 초청한 자리에서 기후변화에 기민하게 대처해야 할 필요성을 피력한 적이 있다. 태양에너지 분야에서 잘 알려진 과학자인 그는 또한 태양에너지 가격을 석탄 가격과 유사한 수준으로 내리기 위해 애썼다. 중국에서 태어나 호주에서 교육을 받고 자란 박사는 자신이 그동안 공부한 내용을 적용해볼 사업 기회가 중국에 있다고 판단하고 귀국해 선테크파워를 설립했다. 이후 선테크파워는 미국 애리조나주에 태양광 패널 제조 공장을 세웠으며, 이는 중국의 클린테크 기업이 미국에 제조업 일자리를 제공한 첫 사례로 기록되기도 했다. 또한 중국에는 전기차와 배터리를 생산하는 기업 비야디BYD가 있다. 세계적인 규모를 자랑하는 BYD는 2008년 회사 지분의 10퍼센트를 사들인 워런 버핏에게 엄청난 부를 안겨준 것으로도 잘 알려진 기업이다. BYD는 플러그인 하이브리드 차량을 세계 최초로 선보여 GM과 도요타를 꺾었고 2011년부터는 전기차로 미국 시장 공략에 나섰다. 그런데 뜻밖에도 미국은 이와 같은 기술 경쟁에서 뒤처지는 모양새다. 투자은행 라자드가 집계한 각종 에너지 신기술 분야의 상위 10대 기업 목록에서도 일본, 유럽, 중국에 뒤처져 있는 것으로 나타났다.[1] 첨단 기술과 사업 부문에서 선도적인 역할을 해오던 미국의 입장에서는 무척 곤혹스러운 일이 아닐 수 없다.

앞서 나가는 것은 중국만이 아니다. 인도는 이미 석탄에 탄소세를 부과하여 재생에너지 산업 촉진에 필요한 자금을 마련하고 있으며, 브라질은 바이오에너지 초강대국으로 각광받고 있다. HSBC에 따르면, 한국은 경기 부양을 위해 마련한 재정의 78퍼센트를 환경 분야에 투입하기로 결정했다. 같은 해 미국에서는 그 비중이 11퍼센트에 불과했다는 점이 대비를 이룬다.

이런 사례를 언급하는 이유는 특정 접근 방식을 제안하기 위해서가 아니라, 이제는 모든 국가가 이 문제를 있는 그대로 받아들일 필요가 있다는 점을 강조하기 위해서다. 이는 곧 한 국가의 경쟁력을 높일 수 있는 변화의 동력을 알아내기 위한 과정이기도 하다. 지금의 경쟁력이면 충분할 것이라 생각하고 안주하는 국가들은 앞으로 실패할 가능성이 높다. 더 기민하게 대처하는 경쟁자를 상대해야 하는 상황에서 지금 가진 힘의 크기는 결코 무기가 될 수 없다.

한편, 새로운 세계에서 누가 살아남고 누가 도태될지가 가려지는 가운데 몇 가지 본질적인 문제가 나타날 것으로 보인다. 시장을 기반으로 하는 서구의 민주주의 모델은 20세기를 주름잡았다. 20세기 말에 중국이 새로운 세력으로 부상하지 않았다면, 그간 서구를 지탱해온 모델을 제고할 필요는 없었을 것이다. 많은 사람들은 그동안 미국의 정치적·사회적·문화적 접근 방식에 대한 불편함을 표출하면서도 미국이 대표하는 것들을 모방하기 위해 애쓰는 이중적인 면모를 보여왔다. 이와 같은 양가감정은 제2차 세계대전과 냉전, 기술혁신, 음악과 영화, 부의 창출 면에서 미국이 압도적인 우위를 차지한 결과로 이해할 수 있다.

그러나 과연 21세기에도 미국이 이와 같은 지위를 유지할 수 있을지는 생각해볼 문제다. 특히 미국의 정치제도나 경제모델을 사람들이 계속 따르고 싶어 할지가 의문이다. 시장에 기반을 둔 민주주의가 여러 가지 문제를 겪고 있는 동안 중국은 녹색 성장 정책 기조를 견지하며 과감한 결정을 내리고 있다. 중국이 과연 얼마만큼 실행해낼 수 있을지 의구심을 갖는 이들도 있겠지만, 시장에서 중국이 미국을 앞서 나가고 있다는 증거는 지금도 적지 않다. 중국은 이미 세계 최대 규모의 풍력에너지 시장이자, 태양광 패널을 세계 최대 규모로 제조하는 나라로 인정받고 있다.

미국이 높은 군사비 지출과 부채에 시달리며 새로운 에너지 기술 경쟁에서 한참 뒤처져 있는 상황에서, 브라질·인도·한국 같은 신흥국마저 앞서 나간다면 미국은 계속 표류할 수밖에 없다. 중국이 별다른 내부적 혼란 없이 환경과 기술 부문에서 변화를 주도하게 된다면 어떤 일이 벌어질까? 많은 논평가가 지적하는 것처럼, 과연 서구와 다른 중국 특유의 의사 결정 방식과 자유와 개방에 대한 폐쇄성은 녹색 성장을 가로막는 걸림돌이 될까? 아니면 서구의 민주주의 국가에서 흔히 나타나는 기업 로비와 포퓰리즘 정치로 인한 지체 현상이 나타나지 않아 오히려 기술 혁신과 변화를 주도하는 데 유리할까?

이런 변화의 흐름 속에 만약 중국이 성공하고 미국이 실패한다면, 상황은 단순히 경쟁력이나 부의 우위가 뒤바뀌는 선에서 정리되지 않을 것이다. 우선 민주주의의 권위가 추락한 결과 사회주의 체제에 다시 힘이 실리며 세계의 지정학적 균형이 흔들릴 가능성이 높다. '대붕괴'가 일어날 가능성이 커질수록 이런 상황이 벌어질 위험성도 함께 높아질 것이다. 결국 경제적 성공 그 이상의 대전환이 일어날 수 있다는 뜻이다.

이와 같은 결과를 아예 피할 수 없는 것은 아니다. 제2차 세계대전 때 미국과 영국은 비민주적인 세력과 싸워 결국 승리를 쟁취했다. 또 첨단 기술과 혁신 부문에서 미국이 그동안 얻어낸 성과처럼 민주주의와 자유를 지켜 얻을 수 있는 경제적 이익을 무시해서는 안 된다. 이에 반해, 중국은 자유를 제한함에 따라 고조된 정치적 불안으로 인해 결국 체제가 붕괴될 수 있다는 변수를 안고 있다.

다수가 민주주의를 상대적으로 더 우월한 체제로 여긴다고 해서 우리가 경험하게 될 새로운 시기에 나타날 수 있는 민주주의 특유의 위험을 간과해서는 안 된다. 이제부터는 크게 얻지 않으면 크게 잃는 게임이 시작된 셈이기 때문이다.

이 모든 문제가 어떤 방식으로 전개될지는 사실 예측하기 어렵다.

그러나 기후변화와 지속 가능성이 사회·경제·안보 분야에 미친 영향이 세계의 지정학적 구도를 크게 재편하게 될 것이라는 점만큼은 분명하다. 여기서 승패를 가르는 것은 변화에 대처하는 능력이다. 기존의 권력이나 권위는 아무런 도움도 되지 못한다.

오염 물질 배출이 적은데도 재앙에 가까운 피해를 입을 수밖에 없는 상황에 놓인 '피해' 국가들의 반응 또한 흥미롭게 지켜봐야 할 부분이다. 이와 더불어, 부유한 나라에서는 환경문제에 대한 책임 소재를 개인이나 기업, 산업 분야별로 따져 묻는 법적·경제적 분쟁이 빈발할 것으로 보인다. 실제적인 경제 위기가 전면적으로 확대됨에 따라 이런 상황을 초래한 비난의 대상을 찾아 나서게 되는 것이다. 어지럽고 복잡한 양상을 띤 이런 과정을 피하기는 어려워 보인다.

이런 상황이 어떻게 전개될지 상상해보는 일은 그리 어렵지 않다. 세계에서 가장 적은 온실가스를 배출하는 투발루·키리바시·몰디브 같은 저지대 국가들이 다른 나라들이 일으킨 온난화 문제로 수몰될 경우 대규모 소요 사태가 일어날 수 있다. 피해를 입은 나라의 국민들은 분명 수몰 사태를 일으킨 주범을 찾아 응당의 대가를 치르게 하고 싶어 할 것이다. 그러나 이들의 요구가 아무리 정당하다 해도 국제사회는 미온적으로 반응할 가능성이 높다. 작고 힘없는 나라의 요구이기 때문이다.

그러나 방글라데시·중국·인도·미국 같은 나라들이 영향을 받게 되는 경우 이야기는 달라진다. 해수면 상승과 기후 재난으로 수많은 난민과 지정학적 분쟁이 발생해 수조 달러에 이르는 부동산이 그 가치를 잃게 되는 경우도 마찬가지다. 작고 힘없는 나라의 요구와 달리, 이런 상황을 만든 원인과 책임 문제를 무시할 가능성은 낮다.

이러한 양상 중 일부는 지정학적 갈등을 유발할 수도 있다. 가난한 나라들은 오염 물질 배출의 주범으로 지목된 부유한 나라를 대상으로 보상을 요구할 것이다. 주로 군사적 원조나 식량 지원을 요구할 테지만, 그중 일부는 개인이나 기업, 국가를 상대로 법적 소송을 제기할 수도 있다. 오염 물질을 배출한 것에 대한 책임에 더해, 이를 수십 년 동안 고의적으로 은폐하거나 과학적 사실을 왜곡해 거짓을 일삼고 대처를 지연시킨 책임을 묻는 소송이 될 것으로 보인다. 이런 과정에서 세계적인 규모를 자랑하는 기업 중 상당수도 법정에 소환될 수 있다. 지금의 석탄 회사나 석유 회사가 과거의 석면 회사나 담배 회사 꼴이 나는 것은 시간문제다.

이어지는 소송과 캠페인으로 거대 기업의 명성이 무너지는 현상이 나타날 것이다. 또한 정부가 오염 물질을 배출하는 기업을 대상으로 그에 상응하는 비용을 부과하게 되면서 경제력의 중심축이 이동하는 현상도 나타날 수 있다. 2010년 한 연구는 세계 상위 3000개 기업이 훼손한 환경을 회복시키는 데 든 비용이 2008년 한 해에만 약 2조 2000억 달러에 이른다고 발표했다.[2] 이는 이들 기업이 창출한 이익의 약 3분의 1에 해당하는 액수다. 머지않아 정부와 관계 당국은 환경을 훼손해 얻게 된 기업의 이득을 추적해 회수하는 절차에 나서게 될 것이다.

안타깝게도 이런 문제들이 일부 국가나 기업에 대한 테러 행위로 이어질 가능성을 완전히 배제하기 어렵다. 이런 테러 행위는 분명 불의에 저항하는 의미로 자행될 것이다. 역사적으로 볼 때, 대체로 한 국가가 영토를 잃었거나 특정 문화나 집단이 억울한 피해를 입어 발생한 분쟁은 오래도록 지속되는 경향이 있었다.

한 국가의 존립을 위협하거나 많은 국민이 희생되는 것보다 더 큰 불의는 없다. 특히 이런 불의가 여러분의 자동차에 컵 홀더를 하나 더 설치하거나 빈방에 대형 텔레비전을 한 대 더 들여놓은 결과로 촉발된 피해라면 더욱 납득되기 어렵다.

14장
성장으로
해결할 수 없는
빈곤
THE GREAT DISRUPTION

금세기는 우여곡절이 많은 시기가 될 것이다. 변화는 숨이 막힐 정도로 빠르게 진행될 것이며, 순탄치 않은 변화의 소용돌이 속에 예측하기 어려운 일들이 연달아 일어날 것이다. 어쩌면 절벽 아래로 추락해 죽음을 맞이할 상황이 현실화될 수도 있다. 하지만 목표를 잘 이행해내기만 한다면, 2100년을 맞이하며 우리는 이렇게 안도할 수 있을 것이다. "휴, 지난 100년은 정말 힘겨웠다!"

그러나 그 과정에서 겪을 일을 모두 설명한다는 것이 사실상 불가능하므로 대처해야 할 과제가 무척 많은 것처럼 느껴지기도 한다. 우선 '대붕괴'로 인한 경제위기를 겪고 나면 1도 전쟁이 본격화될 것이다. 이 과정을 통해 세계경제는 탄소 순배출을 제로화하는 단계까지 진입해야 한다. 이와 동시에 생태계 붕괴로 군사적·사회적 갈등이 높아지며 지정학적 구도가 재편되는 현상도 나타날 것이다. 그러나 지금 언급한 사례는 우리가 겪어야 할 일의 제1막에 해당될 뿐이다.

이제 우리 앞에 펼쳐질 여정에서 가장 흥미진진하다고 볼 수 있는 부분으로 넘어가보자.

앞서 언급한 과제들을 모두 해결했다고 하더라도, 마지막 장애물 하나를 더 넘어야 인류는 비로소 진일보할 수 있다. 지구라는 행성에는 물리적 한계가 있다는 사실을 다시금 떠올려본다면 어렵지 않게 이해할 수 있는 내용이다.

이번 장에서는 이 문제에 대해 자세히 다룰 예정이다. 하지만 그전에 지금까지 설명한 내용을 상기하는 시간을 먼저 가져보자.

지난 50여 년 사이 진행된 많은 연구가 성장에 한계가 있다는 경고를 수차례 해왔음에도 우리는 이렇다 할 대응에 나서지 않았다. 그리고 우리의 논의는 이런 사실을 인정하는 데서 출발했다. 세계경제가 지구에 있는 유한한 자원을 소진하는 방식으로 성장해온 데다가 지구가 인간의 영향을 더는 견뎌낼 수 없는 한계에 다다르게 되면서, 지금의 경제모델이 서서히 작동을 멈추게 될 것이라는 결론에 이른 것이다. 우리는 이런 과정이 예측할 수 없이 어지럽게 진행되겠지만 그렇다고 결과가 달라지지는 않을 것이며 다음 두 가지 국면이 연달아 전개되는 가운데 위기가 촉발될 것이라 내다보았다.

첫 단계에서는 사람들이 더 이상 성장이 지속될 수 없다는 사실을 인식하게 됨에 따라 크나큰 경제적·정치적 위기를 맞을 것으로 전망했다. 전 세계적 시스템이 경제성장을 통해 사회가 번영할 수 있다는 가정하에 움직이고 있기 때문이다. 우리는 경제성장을 가난한 사람들을 빈곤에서 구할 수 있는 방법이자, 우리 모두의 삶의 질을 끝없이 향상시킬 수 있는 방법으로 여겨왔다. 또한 경제성장을 통해 사회와 환경에 나타난 온갖 문제들을 해결하는 데 필요한 자원과 기술을 모을 수 있다고 믿어왔다. 따라서 더 이상 성장할 수 없다는 것은 인류의 발전을 뒷받침해온 근본적인 인식이 와해되는 것이나 다를 바 없다. 이렇게 되면 문화·정치·가치 차원에 상당한 혼란이 빚어지게 된다. 어쩌면 성장이 중단된다는 사실을 극구 외면한 채 다시금 경제를 성장시키기 위해 필사적인 노력을 다할지도 모른다. 비록 한동안일지라도 말이다.

두 번째 단계에서 우리는 지구가 물리적 한계에 부딪힘에 따라 성장 역시 한계에 다다를 수밖에 없다는 사실을 깨닫게 된다. 앞서 자세히 설명한 것처럼, 이는 전 세계 곳곳에 영향을 주게 될 것이다. 성장이 한계에 부딪히는 현상이 일시적이 아니라는 점을 사람들에게 알림으로써 성장이 종식된다는 위기의식은 한층 더 강화될 가능성이 높다. 그에 따라 인도적·사회적·정치적·물리적 차원에서 나타난 여파가 퍼져나가며 정치·안보·경제 체제를 크게 압박할 것이다.

이런 위기를 계기로 일단 우리가 실상을 깨닫고 각성하게 되면, 대응은 신속하고 빠르게 일어날 것이다. 정치권력을 쥐고 있는 엘리트들은 기후변화를 위기 유발 요인으로 간주하는 동시에 그들의 권력과 영향력을 위협하는 요인으로 받아들일 것이다. 기후변화로 자신들이 추구하던 기존의 발전 모델을 더 이상 유지할 수 없게 되기 때문이다. 그러므로 기득권을 유지하고 싶은 정치인들은 랜더스 교수와 내가 제시한 1도 전쟁 계획과 같은 대응 방안을 따라 즉각 문제 해결에 나서게 될 수밖에 없다. 비록 실행에 돌입한 시점이 늦었더라도, 전시 상황에 맞먹는 정부의 대응과 위기 상황에서 발현되는 인류의 독창성이 어우러진다면 가시적인 성과를 만들어낼 수 있다.

이런 대응은 처음에는 성장이 중단되는 것을 막기 위해 펼치는 해결책으로 여겨질 가능성이 높다고 보았다. 이산화탄소 순배출량을 제로로 낮추기 위해 필요한 상당한 수준의 경제활동이 새로운 산업이나 기업을 만들어내면서 국가 경쟁력을 재편시키기 때문이다. 이런 현상은 시장과 경제성장이 가진 힘을 입증하는 모든 특징을 갖고 있어 마치 중단되었던 성장이 다시금 시작된 것으로 여겨질 가능성이 높다.

우리는 또한 이러한 '창조적 파괴' 현상으로 기존의 거대 기업이 퇴출되는 반면 재생에너지 관련 기업이나 친환경적 대안을 제시하는 신생 기업들이 성장해갈 것이라고 예측했다. 우리가 한번 실천에 나서면 문제를 얼마나 잘 개선할 수 있는지를 입증하는 동시에 삶을 획기적으로 향상시킬 수 있는 놀라운 기술들이 문제 해결의 돌파구를 마련해줄 것으로도 기대했다. 도시의 하늘이 맑아지고 운송비가 저렴해지는 데다 농업 방식도 개선되는 등의 획기적인 변화를 통해 세계경제와 사회가 붕괴되는 것을 막음으로써 인류는 크나큰 혜택을 입을 것으로 예측했다.

그러나 변화가 한창 진행되는 전환기는 혼란스러운 양상을 띨 수밖에 없다. 시기는 다르겠지만 세계 각국은 사회적·경제적·정치적 차원에서 변동성에 따른 혼란을 경험하게 될 것이다.

넘어야 할 장벽이 많은 데다 전시에 준하는 대응이 수십 년간 지속되어야 함에도 불구하고, 우리는 결국 기후변화라는 위협을 넘기고 안도하며 기뻐하는 순간을 맞게 될 것이다. 정부의 지침을 중심축으로 삼아 문제를 해결함에 있어 우리가 발휘한 인내심과 독창성, 전 세계적 변화를 이끈 혁신과 시장의 힘을 자축하는 날이 분명 올 것이라는 데는 의심의 여지가 없다.

하지만 그것만으로는 충분하지 않다.

이 책 전반부에서 다루었듯, 기후변화는 단지 징후일 뿐, 문제 그 자체가 아니다. 진짜 문제는 양적 경제성장이 무한하다고 믿는 데 있다. 지구의 자원이 소진되어가고 있는 가운데 더 많은 것을 소유하고자 하는 마음은 일종의 망상이다. 다시 말하건대, 무한한 성장은 없다.

석탄·석유·가스 산업이 퇴출되고 그 자리를 새로운 산업이 대체하는 현상은 지금도 그렇듯 앞으로도 기적적으로 느껴질 것이다. 인류는 세계경제와 사회를 지탱하던 질서를 크게 훼손하지 않고도 특유의 독창성을 발휘해 영농 방식과 운송 체계, 나아가 도시 구조를 변화시키는 방법을 찾아낼 것이다.

그러나 이 모든 변화를 만들어낼 수 있다고 해서 물리학과 생물학 법칙까지 바꿀 수는 없다는 사실을 기억해야 한다. 물질적 부를 얼마나 이루었느냐가 발전과 성공의 척도가 되는 한, 물리학과 생물학 법칙이라는 장벽에 계속 부딪힐 수밖에 없다. 이런 현상은 근본적인 각성 후에야 비로소 사라질 것이다.

이 단계에서는 기후 문제 그 이상의 어떤 물리적 한계가 이런 상황을 유발하고 있는지 알 길이 없다. 그러나 90억 인류가 서구가 추구하는 물질적 삶의 수준을 갈망하고 있다는 점에서 우리가 한계에 부딪히게 될 것이라는 점만큼은 확신할 수 있다.

스톡홀름회복력센터는 『지구 위험 한계선*Planetary Boundaries*』이라는 제목의 보고서를 내고, 지구에는 우리가 넘어서는 안 되는 한계선 9개가 있으며 이를 침범할 경우 경제는 위기를 맞게 될 것이라고 경고했다. 보고서는 지구 위험 한계선으로 1)기후변화, 2)성층권의 오존층 파괴, 3)토지 사용의 변화, 4)담수 사용량, 5)생물 다양성, 6)해양 산성화, 7)생물 및 해양 안으로 유입되는 질소와 인, 8)대기 중 에어로졸 농도, 9)화학물질로 인한 오염을 꼽었다. 물론 이와 같은 개별 한계선은 과제를 정의하고 진행 상황을 측정하는 데 용이하지만, 시스템이 하나로 연결되어 있다는 점을 감안하면 한계선 하나를 침범하는 것은 결국 여러 개의 한계선을 한 번에 넘어서는 것이나 마찬가지인 결과를 낳을 수 있다.

지구 위험 한계선 목록이 특정한 물리적 한계 외에도 다른 여러가지 한계가 존재한다. 가령 자원 한계 같은 것이다. 90억 인류가 모두 2050년까지 미국의 생활수준을 따라잡으려고 한다면, 수많은 자동차를 생산하는 데 필요한 철강과 기타 원자재를 과연 어디에서 충당할 수 있을까? 자동차 생산 과정에서 배출되는 이산화탄소가 전혀 없다고 가정한다 해도, 지금보다 10배나 많은 자동차 60억 대를 생산하고 유지하는 데 드는 어마어마한 양의 자원은 여전히 자연에서 얻을 수밖에 없다.

일각에서는 바이오 플라스틱처럼 식물 유래 자원으로 신소재를 개발해 자동차 생산에 활용할 수 있다고 주장하기도 한다. 이미 경작지 규모가 줄어드는 데다 기후대가 급격히 변화하고 있는 상황에서, 자동차 60억 대와 기타 제품에 들어갈 플라스틱을 생산하기 위해 초목을 재배해야 한다고 생각해보자. 과연 입맛이 까다로워진 90억 인구가 원하는 먹거리를 재배하고 목축까지 할 수 있는 땅이 남아 있기는 할까? 땅은 이런 용도 외에도 필요한 곳이 많다. 90억 인구가 쓸 종이와 목재를 공급하는 데도 땅은 필요하며, 이미 배출된 이산화탄소를 흡수하고 자동차와 비행기에 필요한 바이오 연료를 만드는 데도 필수적이다(25갤런짜리 SUV의 연료 탱크 하나를 채우는 데는 한 사람이 1년 동안 먹을 수 있는 만큼의 옥수수가 필요하다). 이를 다 합해 따져보면 지금보다도 더 많은 땅이 필요하다는 계산이 나온다. 흡사 만병통치약처럼 보였던 많은 해결책들은 시스템 차원으로 넓혀 따져보면 모두 무용지물이 되고 만다는 것을 어렵지 않게 깨달을 수 있다.

이런 예시는 끝도 없이 나열할 수 있다. 전자제품을 만드는 데는 금속이, 단백질 공급을 위해서는 생선이, 90억 인구를 수용할 건축물에는 자재가, 일상생활 및 수자원 집약적인 제조업과 농업에는 물이 필요하다. 석탄이야 태양에너지로 대체할 수 있다지만, 사실상 집·자동차·전화기를 만들 원자재를 대체할 뾰족한 방법은 전무하다 해도 과언이 아니다.

혹시 소재와 농업 부문에서 획기적인 혁신이나 변화를 기대할 수 있지는 않을까? 난제를 해결해 숨통을 틔워줄 간편하고 획기적인 기술은 얼마든지 개발될 수 있다. 왜 미리 이런 기술을 개발하지 못했을까 의아한 마음이 들 정도로 말이다. 그러나 이런 돌파구가 마련되었다 한들, 지구가 물리적인 한계에 부딪히지 않게끔 관리하며 경제를 계속 성장시킬 수 있다고 생각하는 것은 크나큰 착각이다. 정확한 시기에 대해서는 이견이 있을 수 있으나 기본적인 자연의 법칙은 논의의 대상이 될 수 없다. 유한한 행성에서 무한한 경제성장을 꿈꾼다는 것 자체가 이치에 맞지 않는다는 뜻이다. 기본적인 자연의 법칙과 그 법칙이 뜻하는 바를 있는 그대로 받아들여야 한다. 이와 관련해 미국의 상원 의원인 대니얼 패트릭 모이니핸은 "모두가 자기 나름의 생각을 가질 권리가 있으나 엄연한 사실에 대해서는 그럴 수 없다"라고 말한 바 있다.

기후변화를 막기 위해 엄청난 노력을 기울인다 해도 근본적인 문제까지 해결할 수는 없을 것이다. 지금의 경제체제가 성장한다 한들 지속적으로 성장하지도, 성장할 수도 없다는 사실을 받아들여야 한다.

우리가 처한 상황을 직시해야 한다. 성장 중단으로 인해 벌어지고 있는 현상들은 지금의 사회·경제 모델이 고통스러운 쇠퇴 과정을 겪고 있다는 증거다. 변화할지 말지는 더 이상 선택의 문제가 아니다.

이제 우리가 할 수 있는 **유일한** 선택은 언제, 어떻게 변화할 것인가를 결정하는 일뿐이다. 우리는 유한한 지구의 한계를 감안해 경제는 물론 정치와 시장, 그리고 개인적 차원의 기대까지도 새롭게 설계해야 한다. 다음은 이 분야에 정통한 허먼 데일리 교수의 말이다.

> 지구의 역량 한계치에 근접해갈수록 경제는 더욱 지구의 물리적 행동 양식에 발맞춰 운영되어야 한다. 질적 개선은 허용하나 양적 성장은 허용하지 않는 상태를 통해 시스템은 안정될 수 있다.[1]

성장이 중단되는 현상은 피할 수 없다 해도 이에 대응할 수 있는 방법은 다양하다. 단, 대응 시기를 결정하고 어떤 상태로 옮겨 갈지를 선택하는 상황에서, 경제는 어떤 경우에도 성장에 더 이상 의존하지 않는 '정상' 상태에 놓여 있어야 한다. 그렇다고 정상 상태를 '정체' 상태와 혼동하지 않길 바란다. 우리의 새로운 목표는 번영을 추구하되 지구의 한계 역량을 지키는 경제체제를 설계하는 것이다.

이제 다음 장부터는 개인, 기업, 국가, 나아가 전 세계적 차원에서 우리가 어떤 선택을 해야 하는가에 대한 논의를 이어가보려고 한다.

불가피하게만 보이는 경제 측면에서의 변화는 궁극적으로 긍정적인 결과를 가져오겠지만 그렇다고 그 과정 속에서 느낄 수 있는 불안감까지 잠재우기는 쉽지 않을 것이다. 1972년『성장의 한계』가 출간되자 많은 사람들의 첫 반응은 공세적이었다는 점을 떠올려보자. 성장에 미련을 갖고 있는 사람들은 기존의 방식을 고수하려들 것이다. 이런 상황을 막기 위해서는 우리가 무엇을 떠나보내야 하는지를 명확하게 짚어볼 필요가 있다. 변화의 과정에서 우리가 잃게 되는 것은 무엇이며, 성장 지향형 경제하에서 지금껏 우리가 받은 혜택은 무엇일까?

성장 지향형 경제를 지지하는 사람들은 경제가 성장하면 우리의 삶이 더 윤택해진다는 믿음을 갖고 있다. 경제성장을 통해 가난한 사람이 부자가 되고, 부자는 더 부유해질 수 있으므로, 이 시스템이 제대로 작동하는 한 언제나 만족스러운 삶을 영위할 수 있다는 것이다. 또한 성장 지향형 경제모델의 마케팅은 가히 성공적이었다고 할 수 있다. 전 세계 사람들은 정치체제의 선호도와는 별개로 서구식 시장경제모델을 선망했다. 과연 그 결과는 어땠을까?

다음 두 가지 관점에서 살펴보면 이 질문에 대한 해답을 찾을 수 있다. 하나는 시스템의 역량이라는 관점에서 이 경제모델이 무한한 성과를 이룰 만큼 탄탄한가이며, 다른 하나는 개인적 차원에서 이 경제모델이 사람들의 삶을 개선시킬 수 있는가이다.

우선 첫 번째 관점에서 던진 질문에 대한 대답은 '아니요'다. 허먼 데일리 교수는 우리가 지금까지 이룬 것을 '비경제적 성장'이라 일컬었다. 경제학에서 이 용어는 '경제 하위 시스템의 양적 팽창이 생산 이익이 발생하는 속도보다 더 빨리 기후 환경 비용 및 사회비용을 늘려 적어도 소비가 많은 국가에서 사람들을 되레 가난하게 만든다'라는 의미로 쓰인다.

다시 말해, 소유물이 늘면 자칫 더 부유해진 것 같은 느낌이 들지만, 사실상 그런 소유물을 만드는 데 온갖 자원이 소모된 결과 실질적 부는 오히려 감소될 수 있다는 뜻이다. 어느 달에 신용카드를 최대한도로 사용해 휴가비를 펑펑 쓰고 쇼핑을 하면 마치 부자가 된 듯한 느낌을 받을 수 있다. 그러나 다음 달 날아온 청구서를 감당할 수 없는 상황이 지속되면 결국 집을 팔아야 하는 지경에 이르게 될지도 모른다. 『새천년 생태계 평가』와 같은 복수의 경제 분석 자료는 전 세계 주식 자본의 총액이 우리가 새로운 부를 창출하는 것보다 더 빠른 속도로 하락하고 있음을 보여준다. 시스템 안에서 순환하는 돈의 양과 경제 활동량이 늘어나는 사이, 실제 가치는 사실상 파괴되고 있는 거나 마찬가지인 셈이다. 이런 현상은 결국 경제성장이 더 큰 부를 창출해내지 못한다는 점에서 '비경제적'이라 할 수 있다.

물론 실생활에서는 이런 '비경제적' 현상을 체감하기는 어려울 것이다. 서구의 경우 유례없이 물질적 풍요를 누리고 있는 데다, 중국이나 인도 및 그 외 국가에서 가난을 벗어나 물질적 풍요를 누리게 된 수많은 사람들이 지금의 부에 만족하고 있기 때문이다. 그러나 이런 만족감은 신용카드로 미래 자산을 앞당겨 소비한 결과일 뿐이다. 청구서를 확인하기 전까지만 지속되는 짧은 행복일 뿐, 그 비용을 감당할 수 없다면 집을 잃게 될 수도 있다. 나는 향후 10년을 우리가 그동안 순간의 행복을 위해 마구 사용한 신용카드의 청구서를 마주해야 할 시기라고 본다. 이때 주의하지 않으면 집을 잃게 되는 건 시간문제다.

그렇다면 개인적 차원에서는 어떨까? 서구의 경우, 20세기 중반

이래로 눈부신 경제성장을 이뤄냈다. 1장에서 언급했던 것처럼, 조부모 세대 입장에서 볼 때 지금 우리가 누리고 있는 삶은 그야말로 놀라운 수준이다. 서구 중산층 가정의 생활수준은 어쩌면 과거 황제나 왕이 누리던 호화로운 생활과 다를 바 없을지도 모른다. 그렇다면 이런 상황을 거시적 차원에서는 성장 지향형 경제모델이 비경제적이었다 해도 개인적 차원에서는 제 역할을 다한 결과라고 평가해야 하는 걸까? 그리고 과연 지금도 그럴까?

이 질문에 대한 대답 역시 '아니요'다.

허먼 데일리 교수는 이와 관련해 다음과 같이 말했다.

최근 여러 경제학자와 심리학자는 정상 상태에 있는 경제의 일면을 보여주는 결과들을 발표했다. 행복은 절대적 소득액이 높아짐에 따라 증가하지만, 일종의 '포화점'을 지나면 상대적 소득액만이 개인이 평가하는 각자의 행복 정도에 영향을 미친다는 내용이다. 이런 결과는 특정일 기준으로 부유한 나라와 가난한 나라를 비교한 데이터뿐만 아니라 한 국가의 소득이 늘기 전후를 비교한 데이터에서 모두 관찰되었다.[2]

즉, 소득이 증가한다 하더라도 한번 가난을 벗어나면 소득 증가분에 비례해 행복해지지 않는다는 뜻이다. 데일리 교수의 발언은 일상생활에서도 우리가 충분히 경험할 수 있는 현상이다. 사람들은 누구나 그럴싸한 전자제품이나 멋진 집, 승용차, 휴가를 꿈꾼다. 이는 분명 선뜻 포기할 수 없는 요소다. 하지만 이런 요소를 마침내 갖췄을 때 느끼는 만족감이 일시적이라는 사실을 모르는 사람은 없다. 일시적인 만족감을 계속 느끼려면 쇼핑은 꼬리에 꼬리를 물고 이어져야 한다. 행복과 생활 만족도 사이의 상관관계를 다룬 여러 연구에서 나온 결론은 서로 크게 다르지 않았다. 기본적인 욕구가 일단 충족된 상태에서는 경제성장이 지속되더라도 삶의 질이 이에 비례해 나아지지 않았으며, 이런 결과는 문화·국가·시기와 무관하게 동일했다.

이런 상황에서 만족감을 느낄 수 있는 경우는 내가 동료보다 좋은 성과를 냈을 때뿐일 것이다. 비교 대상보다 내가 더 돈을 많이 벌고 재산도 많다면 자존감이 올라가 만족감이 함께 높아질 수 있다. 그러나 나의 만족감이 높아졌다고 해서 사회에 돌아가는 이득은 없다. 구성원들이 한 시스템 안에서 서로 자리를 바꾸는 의미 없는 게임을 펼치고 있는 셈이기 때문이다. 게다가 이런 일이 지구라는 신용카드를 한도 초과해 사용하는 사이에 일어나고 있다는 점을 잊어서는 안된다.

우리는 분명 이보다 잘할 수 있다.

지속적인 경제성장을 지지하는 쪽에 선 사람들은 흔히 이런 논리를 내세운다. "전 세계 빈곤층은 우리의 생활수준을 동경하고 있어요. 당연히 그렇게 살 권리가 있는 사람들이죠. 그런데 서구 중산층이 지구의 안위를 염려하고 있다고 해서 전 세계의 빈곤층이 부자가 될 권리를 빼앗는다니 그건 좀 너무한 거 아닙니까?"

이런 발언을 처음 접했을 때 정말 어이가 없었던 기억이 난다. 이런 발언을 일삼는 사람은 대부분 자유주의 시장경제를 옹호하는 우익 성향의 사업가나 평론가였다. 내 경험상, 이들은 지금껏 빈곤층에 그다지 큰 관심을 보인 적이 없으며, 심지어 가난을 자유주의 시장경제체제하에서 성공하기 위해 노력하지 않은 개인들이 치러야 할 대가라고 주장했다. 그런 사람들이 지금은 빈곤층의 부유해질 권리를 운운하며 지속적인 성장을 옹호하기 위한 억지 논리를 펴고 있는 것이다. 이들의 주장을 듣고 있자면 지금은 돌아가신 장인어른이 즐겨 인용하던 문장이 떠오른다. "기득권을 도덕적 원칙인 것같이 둔갑시키는 행위처럼 파렴치한 일은 없다."[3]

이런 감정적인 반응은 별개로 두고, 지속적인 경제성장을 옹호하는 사람들의 주장을 반박하기 위해 내가 선택한 방식은 지금의 경제 시스템이 안고 있는 문제를 하나씩 짚어가는 것이었다. 양적인 경제성장은 빈곤층의 생활 만족도와 삶의 질을 향상시키는 데 분명 매우 효과적이다. 구매력 평가를 척도로 사용한 수많은 연구가 1인당 연간 소득이 0달러에서 약 1만 달러나 1만 5000달러로 증가하는 사이 삶의 질이 극적으로 개선된다는 결과를 내놓은 바 있다. 그러나 이런 개선 효과는 한 가구당 연간 소득이 약 6만 달러가 될 때까지 지속되다 그 이후에는 평균치에도 미치지 못한다고 한다.

양적 경제성장이 빈곤층에 그다지 도움이 되지 않는다고 주장하는 것이 아니라는 점을 먼저 분명히 밝힌다. 양적 경제성장은 분명 빈곤층을 구제하는 데 도움이 된다. 그러나 지금의 경제 시스템에서는 빈곤층의 생활을 개선하려다보면 결국 부자가 더 부자가 되는 결과가 동반된다는 데 문제가 있다. 경제성장의 산술에 따르면 부자가 더 부자가 된다는 것은 곧 불평등이 심화된다는 뜻이다. 이는 논리적으로 유추해낼 수 있는 결과이자, 지난 반세기 동안 우리가 지켜봐온 현상이기도 하다. 지금의 시스템하에서는 가난한 사람들을 그저 덜 가난하게 만드는 대가로 심각한 불평등을 계속 감수해야 하는 것이다.

불평등이 심화되면 어떤 문제가 나타날까? 한 국가에서 불평등이 심해지면 **모든** 구성원의 삶의 질이 **저하된다.** 부유한 사람도 예외는 아니라는 말이다. 경제성장을 통해 빈곤 문제를 해결하려고 하다보면, 부자가 더 부유해진 결과 불평등을 심화시켜 결국 그 사회에 소속된 모든 구성원의 삶의 질을 떨어뜨린다. 가난한 사람들이 좀 더 윤택한 생활을 할 수만 있다면 이 정도의 문제는 감수해야 하는 것일까?

이와 관련해 지금부터는 왜 빈곤 완화가 경제성장을 옹호하는 입장을 뒷받침하는 논거가 될 수 없는지에 대해 이야기해보려고 한다. 만약 경제성장이 '비경제적'이라면 누구도 순자산을 늘릴 수 없다. 가난한 사람도 마찬가지다. 물론 단기적으로는 빈곤층 일부에서 삶의 질이 향상되는 현상이 나타날 수 있다. 이런 현상은 주식 자본이 고갈되어(우리가 빠르게 접근하고 있는 지점이다) 경제 시스템이 총체적으로 붕괴될 때까지 지속될 수 있으나, 그 후에는 모두가 빈곤 상태에 빠지게 될 것이다. 모두가 가난해짐으로써 불평등 문제가 사라진다 해도 이것이 사회를 운영하는 최선의 방법이 될 수는 없다.

만약 이 문제를 두고 논쟁을 벌일 때 내가 제시한 설명이 잘 먹히지 않는다면 신경제재단이 제시한 자료를 인용해보기 바란다. 1990년과 2001년 사이 하루 1달러 미만을 버는 사람들을 위해 쓰인 돈은 경제성장에 따른 수익 100달러당 0.6달러에 불과했다. 지금의 기득권층이 0.6달러가 빈곤층에 돌아간다는 이유로 자신들이 얻을 99.4달러를 옹호하고 있는 셈이다. 이 수치를 보고도 부유층이 빈곤층을 진심으로 걱정하고 있다는 생각이 드는지 되묻고 싶다.

지금의 경제성장 모델로는 빈곤 문제를 제대로 해결할 수 없다.

이 문제는 17장에서 좀 더 살펴보기로 하자.

어쨌든 여러 데이터는 상식과 직관에 근거한 판단이 옳다는 사실을 뒷받침하고 있다. 개인 또는 제3자 입장에서 지금의 경제모델에 대해 의구심을 표출하는 많은 사람들과 대화를 나누며 알게 된 것은 다음과 같다. 이들은 지난 수십 년에 걸쳐 자신과 사회의 살림살이는 나아졌다고 생각하지만 그렇다고 삶의 질까지 향상되었는지는 잘 모르겠다는 반응을 보였다. 열심히 일하고는 있지만 빚에 허덕이는 상황에 놓여 있었으며, 공동체의 결집력이 약화되어 안전하다는 느낌을 받지 못하고 있었다. 또한 이들은 너무도 불확실한 나머지 두려움마저 느껴지는 미래를 살아가게 될 자녀들을 걱정했다. 이런 사람들은 지구 생태계가 위험에 처해 있다는 과학적 근거를 접하게 되면서, 과연 우리가 올바른 길을 따라가고 있는지를 의심하기 시작했다. 이들 중에는 이미 생활 방식을 획기적으로 바꾼 사람들도 있었다. 소득이 줄어드는 대신 시간적 여유를 누리며 더욱 만족스럽고 행복한 삶을 누릴 수 있다는 사실을 깨달았기에 가능한 실천이었다.

이 책을 통해 인류의 발전이라는 큰 틀에서 우리가 어디로, 어떻게 나아가야 할지에 대해 이야기하는 과정에서 지난 반세기 동안 인류가 걸어온 길이 잘못되었다고 매도하며 무시할 생각은 추호도 없다. 그동안 의학과 과학기술은 눈부시게 발전했으며, 생태계의 작동 원리를 이해하는 등 여러 가지 성과를 얻었다는 사실을 인정하지 않을 수 없기 때문이다. 오히려 내 주장의 핵심은 다음과 같다. 과거의 성과가 무엇이었든 간에 시스템은 더 이상 우리가 의도했던 결과를 내지 못할 것이며, 우리 주변에서 나타나고 있는 여러 위험 신호를 계속 무시하고 넘어간다면 인류가 지난 반세기에 걸쳐 이뤄놓은 성과는 한순간 물거품처럼 사라지고 말 것이다.

후퇴하지 않으려면 지금 당장 행동에 나서 변화를 꾀해야 한다.

15장
행복 경제학:
우리는 지금
행복한가?
THE GREAT DISRUPTION

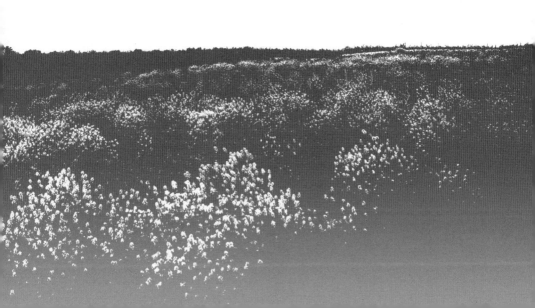

우리가 변해야 하는 이유는 두 가지다.

첫째, 달리 선택의 여지가 없다. 이보다 더 좋은 이유가 어디 있을까! 양적 경제성장이 지속될 수 없기 때문에 붕괴를 피하려면 인류 발전을 도모할 새로운 경제모델을 모색해야 한다.

둘째, 기존 모델의 운영 기간이 이미 만료되었다. 나름의 성과가 있었지만 더 이상은 기존 모델이 제 기능을 다할 수 없을 것으로 보인다. 기본적인 욕구가 이미 충족된 사람들은 기존 모델하에서 더 이상 삶의 질이 향상되는 것을 느낄 수 없다. 게다가 기존 모델은 기본적인 지구 자원을 소진하는 형식으로 운영되고 있기 때문에 '비경제적'이다. 또한 기존 모델에는 수십억 빈곤층을 구제할 저력도 없다. 빈곤층에 부를 안겨준다는 명분으로 기존 모델을 계속 유지하다가는 전체 시스템이 와해되며 오히려 빈곤층이 더 큰 타격을 입고 말 것이다.

그렇다면 어떻게 바뀌어야 할까? 사회와 경제를 제대로 운영할 수 있는 새로운 방식은 과연 무엇이며, 또 어떻게 작동할까? 우리는 새로운 경제 시스템하에서 어떻게 살아갈 수 있을까?

이런 질문을 따라가다보면, 새로운 방식이 그리 급진적이지도 새롭지도 않다는 사실을 깨닫게 된다. 사실 경제 이론이나 시장자본주의를 창시한 석학들은 성장의 종식이 우리가 필연적으로 다다를 수밖에 없는 종착지라고 이미 예견한 바 있다. 다음은 가장 영향력 있는 20세기의 경제학자로 평가받는 존 메이너드 케인스의 지적이다.

경제 문제는 곧 뒷전으로 밀려날 것이다. 머지않아 사람들은 인간관계와 사회생활, 신앙과 종교 등 진정한 삶의 의미를 탐구하는 문제들에 대해 깊이 고민하고 또 고민하게 될 것이다.

이보다 훨씬 전인 1848년에 존 스튜어트 밀은 경제가 성장기를 지나 '정체 국면'을 맞게 될 것이라고 예상했다. 다음은 자신의 저서 『정치경제학 원론*Principles of Political Economy*』에서 밀이 밝힌 생각이다.

부가 축적되는 데는 한계가 있다. 성장이 더 이상 불가능하다면 부가 축적되지 않는 정체 상태로 이어질 것이다. 자본과 부가 미리 정체되었더라면 (……) 우리가 처한 상황은 차라리 지금보다 나았을 것이다.

마치 150년 후를 내다본 듯, 밀은 인류의 발전에 있어 경제성장이 필수적이라고 주장하는 이들을 향해 다음과 같이 일침을 날렸다.

자본이 더는 늘지 않고 인구 성장 또한 정체되었다고 해서 인류의 발전이 멈췄다는 뜻이 아님은 다시 언급할 필요조차 없다고 생각한다. 경제성장이 멈췄다 해도 정신문화는 번성할 수 있으며 도덕적·사회적 차원에서 발전할 여지 역시 여느 때와 다를 바 없이 크다. 우리가 더 이상 성공에 몰두하지 않을 때, 비로소 삶을 대하는 올바른 태도를 익힐 수 있으며 그로 인해 발전 가능성은 더 높아진다.

달리 덧붙일 말이 없을 정도로 핵심을 짚어내는 발언이라 생각한다. 이제 경제학이 하나의 학문으로 자리 잡기 시작하던 때로 거슬러 올라가보자. 1776년, 애덤 스미스가 쓴 『국부론An Inquiry into the Nature and Causes of the Wealth of Nations』은 사실상 경제학을 별도의 학문으로 탄생시킨 책이나 다름없다. 애덤 스미스는 천연자원의 고갈 등 다양한 이유를 들어 경제성장이 멈추게 될 것이라는 사실을 예측하고 안정적인 경제 상태로 전환해야 할 필요성을 언급했다. 그는 모든 경제모델은 궁극적으로 "정체 상태", 즉 "토양과 기후, 또는 그 외 요소들이 허용 한도를 초과한 나머지 전진도 후진도 할 수 없는 상태"에 이를 것으로 내다보았다.[1] 그러니까 무려 200년 전에 현대 자유주의 경제학의 기틀을 마련한 한 석학이 어떤 경제 시스템이건 "토양과 기후" 또는 천연자원을 따로 떼어놓고는 운영될 수 없다는 점을 지적했던 것이다.

따라서 성장에 반대하는 입장은 자본주의 체제에 의문을 제기하려는 급진주의자들의 논리라기보다, 자본주의의 학문적 기틀을 마련한 경제학자들이 우리가 불가피하게 다다를 수밖에 없는 하나의 상태를 설명하기 위해 오래전부터 제기한 논리라는 점을 알 수 있다.

이제 그 상황이 임박했으므로, 우리는 안정적인 경제 상태가 어떤 모습인지, 또 그런 상태로 어떻게 전환해나갈지를 미리 살펴볼 필요가 있다. 안정적인 경제 상태로의 전환은 생각보다 더 급작스럽게 일어날지도 모른다. 그러지 않으면 우리를 여기까지 오게 한 지난 수백 년간의 발전이 물거품이 되어 사라질 수도 있기 때문이다.

여기서 한 가지 다행인 것은 우리가 어떤 행동을 취하는 게 좋을지가 이미 정립되어 있고 그 과정에서 길잡이가 되어줄 만한 안내서도 충분하다는 점이다. 이런 현상을 예측하는 논리가 비교적 명확했기에 가능했던 일이라 할 수 있다.

이런 준비에 있어 선도적인 역할을 한 조직으로 신경제재단을 꼽을 수 있다. 신경제재단의 수장이었던 스튜어트 월리스가 내놓은 한 의견을 듣는 순간 나는 그것이야말로 우리가 가장 시급하게 시행해야 할 과제라고 생각했다. 월리스의 의견은 다음과 같았다. 안정적인 상태의 경제를 설계하는 것은 사실상 그리 어렵지 않으며, 오히려 문제는 성장이 멈춘 지금의 경제와 안정적으로 굴러가도록 설계된 경제 사이에 큰 차이가 난다는 데 있다는 것이다. 그는 경제성장이 멈춘 결과 실업률이 증가하고 다른 사회적·경제적 문제가 동반된 상황이 사회 및 정치 체계 전반을 위협해 심각한 고통을 초래할 수 있다는 점을 우려하고 있었다. 그는 또한 새로운 시스템은 경제를 안정적인 상태에서 운영할 수 있어야 하며 실패한 경제성장으로 초래된 문제들을 겪지 않게끔 설계되어야 한다고 지적했다.

월리스는 실제적으로 위기 상황에 직면하기 전에 행동에 나설 것을 촉구하고 있었다. 지금의 경제모델이 실패하여 붕괴될 때까지 기다리지 말고 새로운 모델을 적극적으로 모색해 변화를 꾀하라는 메시지였다. 기존 모델이 실패할 때까지 기다리다 새로운 모델로 전환하는 것은 사실상 훨씬 어렵다. 신경제재단은 어떻게 하면 효과적으로 이런 전환을 이뤄낼 수 있는지, 또 즉각적인 이익을 보장하는 구체적인 시행 정책에는 어떤 것들이 있는지를 알아내려고 노력했다. 그 외 다른 전문가들 또한 정부나 개인이 올바른 방향으로 나아가기 위해 지금 당장 실천할 수 있는 여러 가지 실행 계획을 제안하고 나섰다.

이런 실행 계획을 살펴보면 안정된 상태의 경제가 어떤 모습일지 좀 더 구체적으로 그려볼 수 있다. 사실 이런 계획은 완전히 새로운 아이디어가 아니다. 이 중 다수가 이미 기존의 주류 정책에 포함되어 있으며, 그 외 정책들도 현행 경제구조에 적용시키기 크게 어렵지 않다.

여기에 해당하는 한 예로 주요 자원에 대한 탄소 배출권 거래제를 들 수 있다. 이 제도는 수자원·어자원 등의 자원 공급과 이산화탄소·아황산가스 등의 탄소 배출량에 모두 적용된다. 또 다른 예로, 일부 국가에서 이미 의제로 검토하고 있거나 추진 중인 과세 제도를 들 수 있다. 이 제도는 과세 대상을 우리가 더 늘리고자 하는 것(노동력)에서 더 줄여야만 하는 것(오염 물질이나 자원 소비)으로 옮긴다는 점에서 특별하다. 이런 과세 제도는 성장 지향 경제가 실패할 때 가장 큰 위험 요소가 될 수 있는 고용을 장려하는 대신, 자원이 낭비되는 것을 막아 피크 오일 같은 급격한 변화가 나타날 위험을 낮춘다. 뿐만 아니라 적게 일하고 적게 소비하기로 결정한 사람들에게 혜택을 안겨줄 수도 있다. 이 내용은 곧 다시 자세히 살펴보겠다.

그 외 몇 가지 방안은 불평등을 제한하는 내용을 담고 있다. 이 내용은 18장에서 다시 자세히 다뤄보겠다.

과세 제도를 조정하는 것 외에도, 시간제 근무 시행을 늘리는 등 탄력적 근무 제도를 확대함으로써 사람들이 근무시간을 자율적으로 선택하고 덜 소비하는 방식을 삶 속에서 실천하도록 장려할 수 있다. 시간제 근무 제도를 도입하면 실업률을 높이지 않으면서도 경제 성장의 속도를 둔화시킬 수 있다. 또한 시간제 근무 제도를 행복을 높이는 새로운 삶의 방식으로 소개함으로써 대중의 인식을 바꿀 수 있다. 여기서 새로운 방식의 삶이란, 덜 일하는 대신 빚을 줄이고 물질에 대한 의존도를 낮춘 삶이자 공동체 속에서 어울려 안전하게 살아가는 삶을 뜻한다.

애덤 스미스, 허먼 데일리뿐만 아니라 정상상태경제학연구소CASSE, Center for the Advancement of the Steady State Economy나 신경제재단이 수행한 여러 연구가 우리에게 제안하는 바는 명확하다.[2] 우리에게 주어진 과제는 간단치 않지만 그렇다고 실현이 불가능한 것은 아니다. 사회가 붕괴되는 것을 지켜보고만 있을 수 없는 상황에서 우리가 선택할 수 있는 유일한 방안이 이런 변화라면 반가움에 안도해도 좋을 정도다!

이런 전환에 착수하면 곧 긍정적인 효과들이 나타날 것이다. 기후변화에 대한 대응만으로도 삶의 질은 즉각적으로 개선될 수 있다고 앞서 밝힌 바 있다. 그런데 안정적인 상태로 운영되는 경제체제를 설계하지 않고는 즉각적으로 나타난 긍정적인 효과들을 사회 전반으로 확산시킬 수 없다. 경제체제가 전환되는 과정에서 우리는 비로소 잠재력과 창의성을 온전히 발휘하며 경제와 사회, 그리고 삶을 새롭게 꾸려나갈 수 있을 것이다. 그렇게 함으로써, 오랫동안 우리를 괴롭혀온 많은 문제들을 해결하고 삶에 대한 만족도를 꾸준히 높여갈 수 있다. 극심한 빈곤과 불평등, 오염 물질로 더렵혀진 도시와 안전을 보장하지 못하는 공동체, 과도한 노동으로 인해 여가 시간이 부족한 삶과 같은 고질적인 문제들로부터 비로소 자유로워지는 것이다. 다음에서 먼저 정부의 역할에 대해 살펴본 다음 개인적 차원에서 즉각 실천할 수 있는 행동에 대해 이야기를 나눠보자.

전환 초기에는 개인적 차원의 실천이 중요할 수 있다. 그러나 사안의 시급성을 감안할 때 정부의 대대적인 개입은 불가피한 측면이 있다. 정부는 경제성장 대신 삶의 질을 향상시킬 수 있는 다양한 정책을 마련해야 한다. 솔직히 그동안 한 정부가 사회 발전을 위해 얼마나 노력했는가를 그 국가의 경제활동 총량을 나타내는 GDP를 잣대 삼아 평가해왔다는 사실은 어쩐지 좀 낯부끄럽다. 이는 경제활동이라면 어떤 것이든 상관없이 많을수록 좋다는 생각에서 비롯된 처사이기 때문이다. 하나의 수단이라기보다는 절대적 목표로 경제성장에 집착하다보니 우리는 한 사회의 발전을 바람직하지 못한 잣대로 평가해왔다. 지금과 같은 경제체제를 유지해야 할 타당성을 뒷받침하는 증거가 마땅치 않았음에도, 이런 평가 방식에 의문을 제기하는 정치 지도자를 찾아보기는 어려웠다. 이런 점에서 1965년 로버트 케네디의 발언을 눈여겨볼 필요가 있다.

너무 오랫동안 그리고 너무 과하게 물질적인 부를 축적하는 데만 몰두한 나머지 우리는 개인이 가진 우수성과 공동체적 가치의 중요성을 망각한 채 살고 있다. 우리의 국민총생산GNP은 (……) 대기를 오염시키거나 건강에 해로운 담배를 판매하여 얻은 대가와 고속도로에서 주검을 수습한 구급차 비용을 포함한 값이다. 또한 현관에 특

수 잠금장치를 설치하고 이를 부순 사람을 교도소로 보내고 얻은 대가이자, 무분별한 개발로 삼나무 숲을 파괴한 대가이며, 네이팜탄과 핵무기 그리고 경찰의 장갑차로 도시에서 일어난 폭동을 진압한 비용을 포함한다.

그럼에도 GNP는 아이들의 건강은 물론 아이들이 앞으로 받을 교육의 질이나 즐겁게 놀 권리도 보장하지 못한다. 시의 아름다움이나 결혼의 진정한 의미, 지성, 공직자의 청렴함도 마찬가지다. GNP로는 우리가 가진 용기나 재치, 지혜나 지식, 동정심이나 애국심을 평가할 수 없다. 간단히 말해, GNP는 삶을 유의미하게 만드는 모든 것을 뺀 나머지를 평가하는 기준일 뿐이다.

번영을 누렸던 시기에도 삶에 대한 진지한 고민은 있었다. 다음은 미국의 리처드 닉슨 대통령이 1970년 국정 연설에서 발언한 내용이다.

1970년대로 접어들면서 우리는 전 세계 역사를 통틀어 가장 크게 발전할 수 있는 기회를 갖게 되었습니다. 미국의 GNP는 앞으로 10년 안에 5000억 달러 이상 증가할 것으로 보입니다. 이 규모는 1790년부터 1950년까지 우리가 이룩한 경제성장의 총량보다도 많습니다. (……) 앞으로 10년 안에 미국의 경제 규모는 지금보다 50퍼센트 더 성장할 것입니다. 하지만 깊이 생각해봐야 할 문제가 있습니다. 과연 경제 규모가 50퍼센트 더 성장한다는 말이 진정한 의미에서 우리가 50퍼센트 더 부유해지고, 50퍼센트 더 잘 살고, 50퍼센트 더 행복해진다는 의미일까요?

로버트 케네디의 제안처럼 이제 우리는 경제활동의 양이 아니라 삶의 질이라는 잣대로 성장을 평가할 필요가 있다. 정부의 노력을 평가할 때 역시 마찬가지다.

올바른 기준으로 성장을 평가하기 위한 연구 작업은 상당한 진전을 보이고 있다. 유엔개발계획UNDP, UN Development Programme은 GDP에 기대 수명과 교육의 질을 더한 방식의 인간개발지수Human Development Index를 제안했다. 한편 신경제재단은 지구촌행복지수Happy Planet Index를 소개했다. 이 지표는 삶의 만족도에 기대 수명 수치를 더한 다음 그 결과를 생태발자국으로 나눠 현재 세대가 누릴 수 있는 진정한 삶의 질과 그러한 삶을 살아갈 예상 기간을 예측한 다음, 그 값을 미래 세대의 주식 자본에 가해질 위험 수치로 나눠 최종 값을 산정한다.[3]

혹시 내가 현실과 동떨어진 이상주의에 사로잡혀 있는 것은 아닐까? 과연 이와 같은 급진적 전환이 가능하기나 한 것일까? 정말 사람들은 부에 집착하는 지금의 습성을 버리고 심오한 변화를 수용할 준비가 되어 있는 걸까?

이런 질문들에 답하기 위해서는 먼저 우리가 맞닥뜨려야 할 도전의 규모를 파악할 수 있어야 하며, 급진적인 전환을 통해 위기가 오히려 기회가 될 수 있다는 점을 기억할 필요가 있다. 우리는 전혀 다른 차원으로 전개될 변화를 앞두고 있다.

만약 우리가 정말 이런 일을 감당해낼 수 있을지 의심스럽다면, 운동의 필요성에 대해 건강할 때 의사와 나눈 대화와 심장마비에서 살아남은 직후 나눌 법한 대화 내용을 비교해보라. "꾸준히 운동을 하다보면 나중에 효과를 느낄 수 있답니다"와 "지금 당장 운동을 시작하지 않으면 다음에 또 심장마비가 왔을 때 살아난다는 보장이 없습니다"에는 동기 부여 측면에서 엄연한 차이가 있다. 지금 우리가 놓인 상황은 후자와 다를 바 없다.

그러나 지금의 정치 현실이나 사회 상황을 보면 우리가 가진 잠재력을 의심하거나 부정하는 분위기가 만연한 것 같다. 우리 사회가 결국 붕괴하고 말 거라고 믿는 사람들은 안정된 상태에서 운영되는 경제가 가진 개념적 잠재력이나 그런 경제체제를 설계하고 현실화할 우리의 능력에 큰 의미를 부여하지 않는다. 오히려 이들은 우리가 그런 변화를 만들어낼 수 없다고 생각하고 있다고 말하는 게 더 정확하다. 다시 말하지만, 핵심은 변화하기로 결정하는 데 있다.

지금의 정치 상황과 우리의 소비 행태를 놓고 보면 사실 우리 사회가 결국 붕괴하게 될 거라고 믿는 사람들의 태도를 아주 이해할 수 없는 것도 아니다. 이른바 세계 금융 위기가 닥쳤을 당시 전 세계 지도자들은 돈을 끌어다 국민들에게 배분해 소비를 촉진시키는 방식으로 해결책을 강구했다. 과도한 부채와 소비가 당시 금융 위기의 주요 원인이었는데도 말이다.

하지만 인류의 역사를 돌이켜 우리가 얼마나 진화하고 발전했는지를 놓고 볼 때, 나는 우리가 가진 잠재력이 반드시 발휘될 것이라 믿는다. 그동안의 변화는 보통 위기를 계기로 불가피하게 촉발된 경우가 많았으나 그 결과는 대체로 긍정적이었다. 이번에 맞이할 변화는 그 어느 때보다 어려울 것이며 전쟁에서 승리하거나 신기술을 발명하는 것보다도 더 복잡할 수 있다. 그렇다고 우리의 능력을 터무니없이 벗어난 것은 아니며, 결국 우리가 문제를 해결해가는 과정은 짜릿하고 흥미진진할 것이다.

수많은 역사적 증거가 뒷받침하고 있음에도, 우리가 행동·문화·

가치 차원에서 극적이고 근본적인 변화를 만들어내고 사회의 의식 수준을 진일보시킬 능력을 갖고 있다는 사실은 홀시되고 있다. 지금껏 인류는 이런 능력을 발휘하며 발전해왔으며, 앞으로는 더욱 많은 것을 이뤄낼 것이다.

다시 말하지만, 우선 우리가 처한 상황을 제대로 파악해야 이런 잠재력이 제대로 발휘될 수 있다. 기존의 방식을 고수해봐야 위기를 면할 수 없는 상황이라면, 오로지 변화를 전제로 어떻게 변화할지를 고민해야 한다. 변화할지 말지는 더 이상 선택할 수 없는 사항이라는 뜻이다.

변화를 통해 우리가 새롭게 구축할 경제 시스템이 어떤 모습일지에 대해 자세히 생각해보아야 할 시점이다. 앞으로 몇 년 안에 새로운 경제 시스템이 도입될 거라고는 생각하지 않는다. 그러나 머지않은 미래에는 반드시 구현될 것이라는 확신을 갖고 미리 충분하게 검토하고, 토론하고, 연구할수록 실전에서 더 잘 대처하고 적응해나갈 수 있다. 지금 올바른 방향을 잡고 행동하기로 결심한다면, 새로운 시스템을 보다 잘 준비해 즉각적으로 더 나은 삶을 향해 나아갈 수 있을 것이다.

이런 준비의 일환으로 실제적 조치를 취할 수도 있다. 앞서 언급한 것처럼 과세 대상을 변경하거나 시간제 근무를 보편화하고 소비를 줄이도록 권장할 수 있다. 이런 조치들을 미리 시행하면, 앞으로 나타날 위기의 강도가 줄어들 뿐만 아니라 어떤 방법이 효과적인지를 사전에 평가해볼 수 있으며 기업과 소비자는 앞으로 예상되는 상황을 미리 체험해볼 수 있다.

여기서 새로운 경제 시스템 설계의 밑바탕이 되는 이론을 늘어놓을 생각은 없다. 이미 다수의 문헌에 잘 설명되어 있기 때문이다. 그렇다고 이론경제학자들에게 모든 것을 마냥 남겨둘 일도 아니다. 새로운 시스템이 인간 중심의 경제체제가 되려면, 그 체제하에서 살아갈 우리가 설계 초기 단계부터 참여해 의견을 내고 원하는 바를 제시할 수 있어야 한다.

특히 우리가 당장 오늘부터 실천할 수 있는 일이 무엇일지 고민해 볼 필요가 있다. 이런 실천에서부터 변화의 여정이 본격적으로 시작될 수 있으며, 그 결과 우리의 삶과 사회에 즉각적인 혜택이 나타날 수 있기 때문이다. 그렇다면 개인이나 단체 단위에서 실천할 수 있는 일들을 먼저 시작해야 하는 것일까, 아니면 사회 전체가 움직일 때까지 기다렸다가 그에 맞춰 실천을 시작해야 하는 것일까?

이 질문에 대해서만큼은 환경운동가들도 속 시원한 답을 내놓지 못한다. 개인에게 에너지 절약형 전구로 바꾸고 환경에 미치는 영향을 줄이라고 호소하는 것은 나름의 장점이 있지만, 그 효과의 크기는 누구도 장담할 수 없기 때문이다. 개개인의 노력이 아무리 크다 해도 방대한 위기의 규모를 감안하면 그 효과는 보잘것없을 수 있다. 심지어 일각에서는 개인 차원에서의 실천이 오히려 부정적인 영향을 끼칠 수 있다고 주장하기도 한다. "궁극적으로는 정치 분야나 생활방식 측면에서 보다 급진적인 형태로 나타날 변화에 동참해야 하는데, 개인 차원에서 실천을 하다보면 각자가 이미 어떤 역할을 하고 있다는 이유로 큰 변화의 물결에 동참할 필요가 없다고 느끼기 때문"이라는 것이다.[4]

개인 차원에서의 실천이 필요하다고 옹호하는 쪽의 의견도 있다. 이들은 행동을 하지 않을 때보다 행동을 할 때 더 빠르게 마음가짐을 바꿀 수 있다고 생각한다. 또한 개인의 활동이 변화를 바라는 대중의 열망이 되어 결국 정부와 시장을 움직이는 힘이 될 수 있다고 주장한다.

개인 차원에서의 실천에 대한 입장이 어떠하든, 이런 실천이 전 지구적 차원에서 볼 때 환경보호에 괄목할 만한 영향을 끼친다고는 볼 수 없다.

새로운 경제체제로의 전환이 불가피한 이 시기에 과연 사람들이 이처럼 실효성이 보장되지 않는 개인적 차원에서의 희생을 자처할지는 의문이다.

이제 이런 질문과 역사적 맥락을 염두에 두고 안정된 상태의 경제체제가 어떤 모습일지에 대해 좀 더 구체적으로 살펴보기로 하자. 빈곤과 같은 전 세계적 문제와 관련해 새로운 경제체제는 어떤 해결책을 내놓을 수 있을까? 기본적인 욕구가 이미 충족된 사람들에게 새로운 경제체제는 어떤 의미로 다가올까? 지금 우리 각자가 실생활에서 실천할 수 있는 행동은 무엇일까? 또 그런 실천은 어떤 영향을 미칠까?

지면이 제한된 관계로 모든 문제를 다룰 수는 없기에 미래 하면 대표적으로 떠오르는 네 가지 사례, 즉 쇼핑과 소비 지상주의, 빈곤과 불평등, 기업 운영과 투자, 노동과 지역사회를 위주로 논의를 전개해보려고 한다. 이 주제들을 통해 우리가 겪게 될 미래의 모습을 함께 상상해보자.

16장
쇼핑 후에도
삶은 계속된다
THE GREAT DISRUPTION

지금부터는 세계경제를 지탱해온 버팀목이라 할 수 있는 쇼핑에서 출발해 논의를 이어가보자.

　앞에서도 말했듯, 한동안 느낌으로만 추측했으나 이제는 데이터로 확인되고 있는 현상이 있다. 바로 기본적인 욕구가 한번 충족되고 나면 시간과 노력을 더 쏟아부어 일한 대가로 자산이 늘어도 예전만큼의 행복감이나 만족감을 느끼지 못하게 되는 현상이다. 어쩌면 이 책에서 언급한 내용 중 가장 충격적인 주장일지도 모르겠다. 이런 사실은 테러나 전쟁, 심지어 공산주의보다도 오늘날 세계 자본주의 체제의 근간을 뒤흔든다. 우리 모두가 일시에 쇼핑을 중단한다고 가정해보자. 어떤 일이 벌어질까?

　물론 양적 경제성장과 관련된 문제에 쇼핑만 있는 것은 아니다. 그러나 쇼핑이야말로 문제의 핵심이자 해결책이며, 사회를 안정적인 경제체제하에서 운영할 수 있게 해주는 결정적 요인이다. 또한 쇼핑을 통해 우리는 경제 이론 너머에 있는 여러 현상을 실생활에서 경험할 수 있다.

사실상 쇼핑은 세계경제가 마주한 문제의 본질과 직접 맞닿아 있다. 쇼핑이라는 요소가 빠지고는 세계 경제체제가 제대로 굴러갈 리 없기 때문이다. 우리가 열심히 일하고 부를 축적해 더 많은 물건을 소유하려는 이유는 그래야 나와 내 아이들이 윤택한 삶을 누릴 수 있다고 생각해서다.

이런 생각이 틀렸다면, 세계경제는 소비자의 심리가 바뀌는 것만으로도 큰 위기를 맞을 수 있다. 사실 실제 데이터가 이미 이런 생각이 틀렸다는 점을 뒷받침하고 있는 상황에서, 소비자의 심리 변화는 정치적 혁명으로까지 이어질 가능성이 높다. 마치 무술 대련에서 적시 적소에 사용된 작은 동작 하나가 판세를 뒤집는 것과 마찬가지다.

이런 가능성이 가진 중요성은 아무리 강조해도 지나침이 없다. 전세계를 통틀어 소비에 기반을 둔 경제 시스템에서 자유로운 사람은 없다. 원치 않은 사람들도 마찬가지다. 이 시스템은 모든 과정이 유기적으로 연결되어 있으므로 어느 한 부분에라도 문제가 생기면 전체가 무너지기 쉽다.

만약 사람들이 소비를 통해서는 삶의 질이 높아질 수 없으며 자신들이 시간을 쏟아부어 일하는데도 부채가 좀처럼 줄어들지 않는 이유가 지나친 소비 때문이라는 점을 깨달아 이것이 하나의 추세가 될 수 있다면, 쇼핑은 중단될 수밖에 없다. 물론 전면적인 중단은 어려울 것이다. 그래도 현격한 수준으로 소비를 줄이면 분명 그에 상응하는 효과가 나타날 것이다.

이런 효과는 곧바로 극적인 결과를 낳으며 시스템 전반으로 퍼져나갈 것이다. 우리가 쇼핑을 중단하면 애초에 쇼핑 비용을 마련하기 위해 그렇게까지 많은 일을 할 필요가 없어진다. 또 소비를 줄인 덕에 빚을 갚게 되고 신용카드를 소지해야 할 필요성도 없어지면서, 대부분의 은행이 기존에 사용하던 영업 방식은 더 이상 시장에 통하지 않을 것이다. 돈이 크게 필요하지 않고 일하는 것을 그다지 즐기지 않는 사람이라면 일을 더 많이 하려는 의욕도 그만큼 줄어들 것이다. 일하는 시간을 줄이면 반대급부로 여가 시간이 늘어난다. 매년 소비를 10퍼센트 줄이는 대신 5주의 **추가** 휴가가 주어진다면 어떨까? 비행기를 타고 세계 곳곳을 누비는 대신 지인들과 즐겁게 시간을 보내야 한다는 전제 조건이 걸려 있다고 해도, 분명 5주의 추가 휴가를 선호하는 사람이 더 많을 것이다.

이런 변화의 여파는 연쇄적으로 이어질 것이다. 우리가 쇼핑을 멈추면 개발도상국의 경제성장 모델은 타격을 받고 무너진다. 사실 여러 개발도상국은 환경을 오염시키는 가운데 값싼 노동력을 들여 부자들이 쓸 물건을 만들어내는 방식으로 성장해왔다. 단순하기 그지없는 방식이다. 그러나 경제가 세계적으로 연결된 탓에, 개발도상국이 받은 타격은 곧 다른 나라에 영향을 미치게 된다. 미국에서 물건을 사 가지 않으면 중국은 더 이상 제조를 할 수 없다. 그럼 제조할 때 필요했던 광물자원을 중국에 팔던 호주는 판매처를 잃게 된다. 또 중국은 줄어든 수출액 때문에 미국 경제를 지탱해주는 국채를 사들이지 못하게 될 것이다. 한 국가에서 쇼핑을 멈춘 여파는 이처럼 곳곳으로 확산되고 또 출발지로 되돌아올 수밖에 없다.

이런 영향은 경제 부문에만 국한되지 않는다. 물건을 소유하는 데서 더 이상 행복감을 느끼지 못하는 상황이 되면, 사람들은 어딘가 다른 곳에서 이런 감정이 충족되기를 바랄 것이다. 동료나 친구, 가족 간의 친밀한 관계 속에서 행복감을 느낄 수도 있으며, 공동체 활동에 적극 참여함으로써 만족감을 얻을 수도 있다. 그러다보면 쇼핑을 갈구했던 심리적 불안 요인을 발견해 치유하고 내적 충만감을 느끼게 될 수도 있다.

더 많은 돈을 벌어야겠다는 생각에서 벗어나게 되면, 직업 선택의 폭이 넓어질 수 있다. 소비가 아니라 우리가 하는 일에서 삶의 의미를 찾게 되기 때문이다. 우수한 인재를 채용하고 싶은 기업이라면 이런 상황이 의미하는 바가 무엇인지 쉽게 알아차릴 것이다. 기업은 자신들이 가진 사회적 가치를 내세워 이와 부합되는 생각을 가진 인재를 영입하기 시작할 것이다. 기업의 사회적 역할이 부각되기 시작하면 초콜릿 바를 판매하는 기업에 우수한 인력이 몰리기는 쉽지 않다.

이런 상황을 뉴욕 타임스스퀘어 한복판에서 떠올려본다면 어떤 기분일까? 정말 얼토당토않게 느껴질 것이다. 실제로 나는 환경운동가로 오래도록 활동해온 릭 험프리스와 함께 이런 경험을 해본 적이 있다. 나의 오랜 벗이기도 한 릭은 한때 리오 틴토Rio Tinto에서 생물다양성 보호와 관련된 업무를 담당하기도 했다. 우리가 함께 미국을 방문했던 날 밤에 들른 타임스스퀘어는 소비 지상주의와 마케팅 열기로 가득 차 있었다. 사람들은 자정이 가까운 시간에도 쇼핑에 열을 올리고 있었고, 네온사인이 번쩍일 때마다 마치 "쇼핑, 쇼핑, 쇼핑"을 반복해 외치는 느낌마저 들었다. 결국 릭과 나는 똑같은 반응을 보이고 말았다. "여기서 지속 가능성을 어떻게 논하겠어? 정말 당치도 않아!"

당시 맨해튼에서 콜린 베번이 우리와 비슷한 고민을 하고 있었다는 사실을 알게 된 건 그 후 얼마가 지나서였다. 그는 쇼핑으로 점철된 생활을 하다 어떤 회의감을 느낀 후 이런 상황에서 자신이 실천할 수 있는 일이 무엇인지에 대해 진지하게 고민하기 시작했다고 한다.

그러다 2006년 11월, 콜린은 아내와 두 살 된 아이, 그리고 네 살 된 개와 함께 환경에 무해한 생활을 해보기로 결심한다. 이를 위해 쓰레기를 만들거나 이산화탄소를 배출하고 불필요한 소비를 일삼는 행동을 줄이는 대신, 기부나 자원봉사 형태로 환경 단체를 돕는 활동을 늘려나가기로 한다. 환경에 끼친 악영향을 이를 복원하는 활동으로 상쇄시키려고 한 것이다. "커피를 끔찍이도 좋아하고 쇼핑광인데다 텔레비전에 중독된" 아내를 어렵게 설득한 콜린은 계획을 구체화하기 시작했다. 그는 자신의 계획이 어떤 욕망을 절제하기 위한 수양이나 교화 운동처럼 비춰지는 것을 원하지 않았다. 콜린의 목표는 환경에 무해하게 살기가 얼마나 힘든지를 경험하고 그 결과가 자신과 가족에게 어떤 영향을 미칠지를 실험해보는 데 있었다. 이렇게 '환경에 무해한 사람No Impact Man'이 탄생한다.

다음은 이 실험을 시범적으로 일주일 진행한 다음 콜린이 쓴 내용이다.

지난 일주일은 전혀 다른 리듬으로 흘러갔다. 매디슨가를 가득 채운 온갖 유혹에서 벗어나 환경에 무해한 삶을 살아보겠다는 취지로 기획한 이 프로젝트가 어쩌면 우리를 더 행복하게 만들어줄 수 있을 거라는 생각이 든다. 비록 일주일이었지만, 환경에 영향을 주지 않고 사는 것은 가능했고, 심지어 그 과정은 즐거웠다. 이 실험이 끝나는 날은 분명 씁쓸함보다는 행복감이 가득할 것이라는 확신으로 앞

으로 1년 동안 이 프로젝트를 더 진행해보기로 마음먹었다.[1]

그로부터 1년 뒤, 이 프로젝트의 진행 과정은 책과 영화로 만들어졌으며, 콜린의 블로그 방문자 수는 180만 명으로 급증했다. 또한 유명 잡지와 신문, TV 토크쇼를 통해 이 프로젝트가 널리 알려지면서 한 사람이 경험한 사례에 대한 흥미를 넘어선 반향이 나타났다.

이후 이와 유사한 캠페인이 확산되며 사회 분위기나 소비 풍조에도 변화가 생겼다. '친환경 제품을 사용하고 쇼핑을 줄이자'라는 구호가 제 목소리를 내지 못한 채 오래도록 시장의 주변부에만 머물러 있던 상황에서, 콜린의 이야기가 소비자의 인식을 대대적으로 바꾸기 시작한 것이다. 교황 등 종교 지도자들이 연이어 소비 지상주의에 대한 우려를 표명했고, 언론은 콜린의 가족처럼 소비를 줄이고자 노력하는 사람들을 집중 조명했다. 기업의 마케팅 담당자들이 이런 움직임을 놓칠 리 없었다. 심지어 소비 절제주의를 옹호하는 사람들을 대상으로 어떻게 물건을 홍보할지에 대한 조언이 공개적으로 오가는 경우도 있었다.[2]

사람들이 각자의 삶을 되짚어보고 기업이 매일같이 쏟아내는 소비 장려 문구에 의구심을 갖게 되면 이런 풍토는 자연스럽게 확산될 것이다. 소비 절제주의를 표방하는 이와 같은 변화들은 '대붕괴'의 위험이 커질수록 더욱 확산될 것으로 보인다. 자신이 속한 사회에 대한 확신이 줄고 불안이 높아지면, 대중은 그 원인이 물질 소비에 기반을 두고 운영되는 경제구조에 있으며 쇼핑이 바로 그 경제구조를 굳건히 뒷받침하고 있다는 사실을 받아들이게 될 것이다. 그러면 사람들은 거시적 차원뿐만 아니라 개인적 차원에서까지 쇼핑과 소비 지상주의를 예의 주시하게 될 수밖에 없다.

이런 상황은 어떻게 하나의 추세로 만들어질까? 먼저 주류가 초기 동향을 예의 주시하는 가운데 변화의 조짐들은 오랫동안 서서히 누적될 것이다. 그러다 임계점에 도달하거나 외부로부터 자극을 받으면 곧 하나의 흐름으로 이어진다. '대붕괴'나 경기 침체가 시작되면 사람들은 실험적이고 창의적인 태도로 무장하고 난제 해결을 위해 나서서 노력하기 마련이다. 환경에 해를 끼치지 않으면서 삶의 질을 개선한 콜린처럼, 다른 사람들도 자신만의 방법을 찾아낼 수 있다면 이런 추세는 더욱 급격하게 확산될 수 있다.

앞으로 수십 년간 정치·경제 부문을 휩쓸 구호는 '쇼핑을 줄이고 삶의 질을 높이자'가 될 것이다.

물론 시간이 걸린다. 우리 모두가 갑자기 현실을 자각하고 일어나 쇼핑을 단번에 멈출 수는 없기 때문이다. 대신 누군가 앞장서서 실천한 뒤 그 과정에서 얻은 교훈을 공유하면 대중이 이를 따라가는 식의 변화가 이어질 것이다.

그 대표적인 예로 콤팩트라는 그룹이 진행한 프로젝트를 들 수 있다. 샌프란시스코에 사는 열 명의 친구는 건강 또는 안전과 직결된 물품과 식음료를 제외하고는 그 어떤 물건도 사지 않기로 결심하고 이 프로젝트를 1년간 진행해보기로 한다. 이 프로젝트는 기본적으로는 과도한 소비 지상주의나 지나친 광고에 대한 문제의식에서 출발했으나, 9·11테러 이후 쇼핑을 마치 "애국주의에 입각한 사회적 책임"으로 장려하며 경기를 부양하려 한 미국 정부의 행태에 대한 반발감 역시 빼놓을 수 없는 동기로 언급됐다.

콤팩트의 쇼핑 중단 프로젝트는 호주·프랑스·아이슬란드·홍콩으로 확산되었고 참가자는 수천 명에 이르렀다. 곧 이 프로젝트에 참가하는 사람들에 대한 대중의 관심이 높아졌고 미디어는 이런 움직임을 앞다투어 취재했다. 사람들이 새로운 삶의 방식을 얼마나 갈망하고 있었는지를 보여주는 사례라 할 수 있다.

이 프로젝트를 공동으로 기획했던 존 페리는 『가디언 *Guardian*』과의 인터뷰에서 1년간의 경험을 이렇게 회고했다. "쇼핑을 하지 않고 사는 것이 그렇게 어렵지 않다는 점이 솔직히 가장 충격이었습니다. 모두 이미 지나칠 정도로 많은 물건을 갖고 있기 때문에 쇼핑을 더 하지 않아도 몇 년은 너끈히 지낼 수 있을 거라 생각합니다. 쇼핑 없이 1년을 지내며 제가 가진 것들을 달리 보기 시작했습니다. 감사한 마음도 생겼고요. 앞으로도 꾸준히 실천해나갈 생각입니다."

이런 경험들이 미디어를 통해 확산되면서 예상치 못한 반발도 나타났다. 다음은 『가디언』 기사에서 이어지는 내용이다. "보수 진영은 콤팩트가 진행한 프로젝트에 참가했던 사람들이 '반애국주의자'이며 '경제 테러'를 일으키는 주범이라고 매도했다. 심지어 샌프란시스코의 한 가게는 '콤팩트 해체 기원' 할인 행사를 벌이기도 했다."

이런 프로젝트에 참여한 사람들이 털어놓는 통찰의 결과도 중요하지만 사실 그보다 더 관심을 기울여야 할 것은 대중이 보인 열광적인 호응이다. 소비 지상주의에 대한 반발은 지난 35년 동안 이미 내재된 채 꿈틀거리던 움직임이라고 볼 수 있다. 이제야 분출되어 나타난 이 움직임을 통해 앞으로 나타날 흐름을 미리 예측할 수 있을 것이다. 이 움직임이 주류로 진입해 대세를 이루면 세계경제에 미치는 영향은 실로 엄청날 수 있다.

이런 움직임과 그에 대한 사람들의 반응은 사실 탄탄한 이론적 근거로 뒷받침된다. 특히 최근 몇 년간 인간의 행복과 삶의 만족도를 주제로 진행된 여러 연구의 결과는 서로 크게 다르지 않았다. 가령 펜실베이니아 대학의 마틴 샐리그먼 교수가 수집한 자료에서 도출된 결론이 전 세계 다른 연구자들이 수집한 자료에서 얻은 결론과 일관성을 보이며 모두가 알고 있던 상식을 이론적으로 뒷받침하는 식이다. 우리는 이미 행복해지는 방법을 알고 있다. 일단 가난에서 벗어나면, 사람들은 가족, 사랑, 유의미한 삶, 공동체와의 연대에 집중하게 된다. 석탄이나 석유와는 달리 값을 치르지 않아도 누구나 쉽게 다가갈 수 있으며 세계 어디에나 있는 것들에 비로소 관심을 두게 되는 것이다.

15장에서 살펴보았듯이, 이런 자료는 철저한 검증 단계를 거쳤으며 그 결과는 여러 국가를 비교하거나 한 국가에서 시기별로 비교해도 큰 차이가 없다. 한 국가가 부유해진다고 해서 그 나라 국민들의 삶이 동반 향상되는 것이 아니라는 것이다.

쇼핑이 행복을 보장하지 못하는데도 더 많은 돈을 벌어 계속 물건을 사들이고 삶의 여러 요소를 희생하는 악순환을 깨려면 어떻게 해야 할까? '환경에 무해한 사람'이나 '콤팩트'의 프로젝트를 따라 하기에는 부담을 느끼는 사람들이 지금 실천할 수 있는 행동은 무엇일까?

쇼핑과 일을 줄이는 대신 행복감과 만족감을 안겨줄 만한 새로운 원천을 찾으라는 메시지를 실제로 실행으로 옮기는 일은 말처럼 간단치 않다. 수많은 기업이 우리를 향해 더 행복하고, 더 섹시하고, 더 건강하고, 더 사랑받는 길은 오로지 "쇼핑, 쇼핑, 쇼핑"뿐이라고 매일같이 외치고 있기 때문이다. 그렇다고 기업의 마케팅 탓만 하고 있을 수는 없다. 지난 수십 년간 이처럼 무의미한 행위를 지속하고 있다는 것만 봐도 우리가 쇼핑에 얼마나 깊이 중독되어 있는지 알 수 있다. 그렇다고 교화 운동이 필요한 것은 아니다. 대신 제일 먼저 우리 모두에게 문제가 있다는 사실을 받아들인 다음, 쇼핑을 멈출 방법들을 적극적으로 찾아 나서야 한다.

다행인 것은 쇼핑 중단을 위한 묘안이 이미 여럿 제시되어 있다는 점이다. 콤팩트와 같은 그룹을 결성하는 것이 한 예다. 이 외에도 쇼핑 중단 방법을 소개하는 교육용 지침서를 배포하거나 코믹한 성가대 공연을 활용해 캠페인을 벌이는 경우가 있다. 빌리 목사가 이끄는 '쇼핑 이후의 삶 교회 Church of Life After Shopping'는 소비 절제주의를 설파하기 위해 미국과 영국에 있는 쇼핑센터 앞에서 성가대 공연을 하거나 유명 프랜차이즈 매장의 계산기를 없애는 등의 퍼포먼스를 수십 년째 이어가고 있다.[3] ('빌리 목사'는 쇼핑 중단 운동을 벌이기 위해 배우 윌리엄 탤런이 연기하는 캐릭터다—옮긴이)

한편 '환경에 무해한 사람'이나 '콤팩트'가 진행한 프로젝트와 신경제재단이나 샐리그먼 교수가 진행한 연구 결과를 종합해보면, 쇼핑을 줄이면 오히려 더 행복해진다는 보다 실제적이고 일상적인 교훈을 얻을 수 있다. '지구를 구하자'라는 원대한 목표를 내세워 도덕적 우월감을 느끼는 데 심취하기보다 현실적 차원에서 각자의 삶을 즐기고 행복감을 느끼는 태도를 갖는 것이 더 중요한 시기다. 콜린의 '환경에 무해한 사람' 프로젝트를 널리 권장하기 위해 만들어진 비영리단체의 홈페이지 www.noimpactproject.org에서 제공하는 몇 가지 요령을 참고해보는 것도 좋다. 이 목록에는 '즐기기·양심적으로 행동하기·절약하기·여가 시간 늘리기·건강 증진시키기'가 포함되어 있다. 이 목록에 적힌 방법들을 실천하는 데 무슨 대단한 희생이 필요할까? 그 외에도 실제적인 실천 사항을 찾아볼 수 있는 자료는 많다. 처음으로 실천해보기로 마음먹었다면 www.noimpactproject/org/change/나 콤팩트 그룹의 홈페이지인 sfcompact.blogspot.com을 살펴보기 바란다.

동기 부여를 받고 싶거나 교육 자료가 필요하다면 www.storyofstuff.com에서 제공한 영상 한 편을 참고해도 좋다. 「물건 이야기Story of Stuff」라는 20분짜리 영상에서 애니 레너드는 일상에서 흔히 사용하는 물건의 원재료가 어디에서 와 어떤 제조 과정을 거쳐 어떻게 소비되고 폐기되는지를 흥미롭게 설명한다. 지금까지 무려 1200만 명이 시청했고 15개 언어로 번역이 되기도 했다.(2010년 기준)[4] 유익한 내용을 재미있게 풀고 있어 아이들과 함께 보기에도 좋은 자료다.

이뿐만 아니라 영국 정부 산하의 과학기술부가 제안한 방법을 참고해볼 수도 있다. 과학기술부는 신경제재단에 의뢰해 서로 다른 과학 분야에서 일하는 전 세계 전문가 400명에게 행복을 증진시키는 데 도움이 되는 여러 가지 실천 목록을 확실한 근거를 토대로 추려보도록 의뢰했다. 신경제재단 행복센터의 초대 수장을 맡았던 닉 마크스는 그 결과에 대해 다음과 같이 설명했다. "이번에 우리 센터에서 충분한 과학적 근거를 바탕으로 제시한 '행복으로 가는 다섯 가지 길'은 사람들이 일상에서 행복감을 고취시키기 위해 실천할 수 있는 간단한 방법들을 소개하고 있습니다. 너무 오랫동안 우리는 한 국가의 안녕을 구매력 지수로 판단해왔습니다. 정작 삶에 있어 중요한 것들을 놓쳐온 셈이죠." 연구 결과 보고서는 **행복으로 가는 다섯 가지 길**로 사람들과의 연대, 신체 활동, 주변에 대한 관심, 배움, 그리고 자원봉사와 같은 자발적 참여를 통한 베풂을 꼽았다. 여기에 쇼핑은 언급조차 되지 않았다는 점을 기억하기 바란다![5]

과학 분야에서 행복을 주제로 진행된 여러 연구가 내놓은 결과는 특히 흥미롭다. 다음은 이와 관련해 신경제재단이 소개한 내용이다. "신경과학 분야의 여러 연구는 사람들이 협동하는 활동을 할수록 보상을 담당하는 두뇌 영역이 활성화된다고 밝혔다. 이는 인간이 본래 서로 돕는 활동을 좋아한다는 뜻으로 해석될 수 있다. 자신이 속한 공동체에서 활발하게 활동하는 사람이 더 큰 행복감을 느낄 가능성이 높으며, 이들의 도움 어린 행동은 본보기가 되어 다른 사람들을 연쇄적으로 변화시킨다."

우리 가족은 앞서 언급된 내용들을 실험적으로 실천해오고 있다. 지출을 줄이는 데 가장 효과적인 방식은 비싼 물건을 구입할 때 일주일의 냉각기간을 갖는 것이다. 사고 싶은 것이 생기면 해당 제품을 어디에서 얼마에 구입할 수 있는지 먼저 확인한 다음 일주일 동안 재고의 시간을 갖는다. 이런 방법을 시도해보면 결국 소비하지 않기로 마음을 바꾸는 경우가 더 많다. 남아프리카공화국에 사는 친구는 슈퍼마켓에서 아이들과 함께 장을 보고 난 다음 장바구니에 담긴 물품 중 10퍼센트를 도로 진열대에 가져다놓는 프로젝트를 실천하고 있다고 한다. 또 영국에 있는 다른 친구는 가구만 한 크기의 물건이 아닌 이상 쇼핑한 모든 물건을 자전거로 옮기는 가족만의 규칙을 만들어 실천 중이다. 3킬로미터 정도의 거리를 물건을 싣고 자전거로 이동하다보니 10대 자녀들의 소비량이 크게 줄었다고 한다.

우리 집에서 성공한 또 다른 사례는 생일이나 크리스마스 때 아이들이 가족이 함께할 수 있는 이벤트를 직접 기획하고 진행을 주도하게 한 것이다. 가족 모두가 참석한다는 전제하에 대략적인 예산과 장소를 정하고 나면 그 외 모든 결정은 아이들이 하게 했다. 자신들이 기획한 내용에 따라 온 가족을 이끌어보는 경험은 자신감과 성취감을 심어주기에 충분했다. 이런 과정에서 예상치 못한 재미있는 일도 벌어진다. 오빠 둘이 제안한 럭비 게임에서 호되게 당한 적이 있던 딸 그레이스가 자신의 차례가 오자 다 같이 디즈니 공주 영화를 보는 행사를 기획해 오빠들을 난처하게 만든 것이다! 아무튼 이런 과정을 통해 우리 가족만의 전통을 이어가며 여럿이 함께하는 즐거움은 물론 인내와 나눔의 가치를 아이들에게 자연스럽게 가르쳐줄 수 있었다. 만약 큰 의미 없이 아이들이 원하는 선물을 계속 사주기만 했다면 방 한구석에는 플라스틱 장난감만 산더미처럼 쌓여갔을 것이다. 아이들에게 가장 기억에 남는 선물이 무엇이냐고 물으면 보통 자기들이 받은 선물보다는 모두가 함께한 가족 행사를 꼽는다는 점 역시 이런 실천을 시도한 보람을 느끼게 되는 부분이다.

쇼핑 중단을 실천하는 데 있어 때로는 어른들의 고리타분한 생각을 고쳐야 하는 경우도 있다. 우리 집 두 아들 재스퍼와 오스카는 온라인 게임을 무척 좋아한다. 열한 살이던 재스퍼는 어느 날 자기 용돈에서 5달러를 내고 게임 구독 신청을 해도 되는지 내게 물었다. 처음에 나는 이를 허락하지 않았다. 무료로 게임을 사용하게 하다가 레벨이 높아지면 유료로 전환되는 시스템이라는 이유에서였다. "온라인 게임이 대체 뭐라고 그런 데다 돈을 쓰냐"라는 꾸중 섞인 나의 질문에 "그럼 그 돈으로 플라스틱 장난감이나 살게"라는 획기적인 답이 돌아왔다. 아차 싶은 순간이었다. 물적 집약도가 낮은 새로운 경제를 거부감 없이 받아들인 아들의 승리이자 물질 중심적 가치관을 버리지 못한 구식 아빠의 패배였다. 결국 재스퍼는 원하는 대로 게임 구독을 신청했다.

이처럼 문제 해결 과정에는 새로운 아이디어가 파고들 여지가 많다. 쇼핑이 사회성을 높일 수 있는 하나의 방법이라고 생각한다면, 쇼핑을 유지하되 횟수를 줄이는 등의 방법을 써볼 수도 있다. 지역 단위로 '무료 나눔' 제도를 만들어 실천해볼 수도 있을 것이다. 사람들이 자신에게 불필요한 물품을 지역사회 무료 나눔 거점 지점에 기부하면 이를 필요로 하는 가정에 연계해주는 형식을 도입하는 것이다. 이런 활동으로 쓸 만한 물건을 재사용하고 매립지로 향하는 쓰레기를 줄일 수 있을 뿐만 아니라 쇼핑 빈도도 낮출 수 있다. 지역사회와 사람들이 한데 어울려 베풂에 동참할 수 있는 장이 마련되는 것은 물론이다.

이런 무료 나눔 아이디어는 데런 빌이 애리조나주 투손에 있는 30~40명의 친구와 소수의 비영리단체에 이메일을 보내며 시작되었다. 출발은 소박했으나 이 모임은 더 프리사이클 네트워크The Freecycle Network라는 이름으로 불리며 불과 7년 만에 70여 개국에 있는 5000개 지역 공동체로 확산돼 회원 수가 무려 700만 명으로 늘어났다. 매일 이 단체는 쓰레기 매립지로 향할 뻔한 물품 500톤을 재사용할 수 있는 물품으로 전환시킨다고 한다. 이 단체의 홈페이지www.freecycle.org에 게 재된 내용에 따르면, 폐기물 500톤을 쓰레기 매립지로 옮기는 데 필요한 트럭을 쌓아 올릴 경우 에베레스트산 높이의 다섯 배가 된다. 다음 소개 글을 읽으면 이 단체가 자신들이 수행하는 사회적 역할에 얼마나 높은 자긍심을 가지고 있는지 알 수 있다. "우리 그룹의 구성원들은 아무 조건 없이 물품을 기부함으로써 지역사회 내 유대를 강화할 뿐만 아니라 재사용을 실천하고 환경의 지속 가능성을 확보하는 데 앞장서는 동시에 나눔의 가치를 전파하고 있다."

물론 이런 사례는 곳곳에서 목격되는 과도한 소비 지상주의 행태로 금세 압도될 수 있다. 릭 험프리스와 내가 타임스스퀘어에 서서 한 생각도 이와 크게 다르지 않았다. 비록 아직은 아니지만, 분명 이런 새로운 시도들이 대세를 형성할 것이다. 소비 지상주의에 반대하는 움직임들이 서서히 움트고 있다는 증거는 세계 곳곳에서 충분히 확인되고 있으며, 나는 이런 움직임들이 하나의 추세를 이뤄 곧 주류 시장으로 진입할 것이라 확신한다.

쇼핑을 줄이자는 운동 외에도 소비자들이 벌이는 기발한 활동은 많다. 그중 쇼핑을 하나의 긍정적 수단으로 활용해 변화를 만드는 '캐럿모빙 carrotmobbing'이라는 움직임을 소개해보겠다. 이 운동을 주도하는 사람들은 불매운동이라는 채찍을 드는 대신 구매운동이라는 당근을 동원해 사업체의 의식을 변화시키고자 한다. 이들은 지역 내 여러 업체에 연락해 손님을 몰아 보내주는 대가로 특정한 변화를 요구한다. 가령 향후 어떤 날짜에 얻은 수익 중 몇 퍼센트를 에너지 효율 개선 활동에 쓸지를 업체에 묻고, 경쟁 입찰 방식을 통해 그중 가장 높은 비용을 제시한 업체를 최종 선택한 다음, 그 업체에 소비자가 대거 몰릴 수 있도록 이메일 등으로 홍보해주는 식이다. 소비자 입장에서는 원래 꼭 필요했던 물품을 구입하는 것이지만, 특정일에 정해진 구매처에 소비가 집중되게 함으로써 이 활동의 목표가 최대치로 달성된다. 에너지 효율 개선 활동에 매출의 22퍼센트를 내놓겠다고 약속한 한 편의점은 구매운동이 벌어지던 날 평소 대비 세 배 이상의 매출을 올렸다.

이런 움직임이 대기업을 상대로도 시행될 수 있다면 상당한 위력을 발휘하게 될 것이다. 한 달 동안 한 기업 제품만 구입하도록 권장하는 캠페인이 전 세계적으로 벌어진다고 생각해보라. 캐럿몹 Carrotmob을 설립한 브렌트 슐킨은 소비자의 힘이 적재적소에 발현될 수 있다면 "소비자가 곧 경제가 되어 어떤 기업이 부를 얻을 자격이 있는지를 결정할 수 있게 될 것"이라고 말했다.

캐럿몹이나 콤팩트처럼 혁신적인 활동을 펼치는 사례가 물론 전부는 아니다. 이런 방식은 어떤 면에서는 모든 사람의 동의를 쉽게 끌어내기 어렵다는 단점을 갖고 있다. 그러나 이런 방식을 소개하면 큰 틀에서 한쪽 끝이 어떤 모습인지를 보여줌으로써 이보다 규모가 큰 다른 단체들이 같은 방향성을 갖고 어떤 유의미한 행동을 할 수 있을지를 고민해볼 수 있다. 이런 행동에는 두 가지 흐름이 있을 것으로 보인다. 우선 지금까지 언급했듯 전반적으로 소비가 줄어드는 추세가 나타날 수 있다. 또 다르게는 '공정 무역'을 통해 거래되는 커피처럼 소비자가 구입하는 물품과 구매처가 달라지는 흐름도 나타날 수 있다. 현재 공정 무역으로 거래되는 커피의 시장 점유율은 여러 나라에서 모두 높아지고 있는 상황이다. 유기농 제품 수요가 늘어난 것도 같은 맥락으로 이해해볼 수 있다.

개인의 건강은 물론 공동체의 안녕을 위해 지속 가능성을 추구하는 기업의 제품을 골라 소비하는 생활 스타일을 일컫는 로하스 LOHAS, Lifestyles of Health and Sustainability는 이미 하나의 시장을 형성하고 있으며, 2010년 기준으로 미국에서만 시장 점유율이 30퍼센트를 넘은 가운데 수천억 달러의 연매출을 올리고 있다. 특히 미국의 경우, 유기농 식품과 음료 시장은 비유기농 시장보다 서너 배 빠르게 성장 중이며 이처럼 소비 수요가 급증하자 유명 슈퍼마켓 체인들과 식료품 생산업체들은 유기농 제품을 주력 품목으로 취급하기 시작했다.

이런 추세가 나타나자, 이 시장을 선점하고 소비자의 마음을 얻으려는 전 세계 수많은 기업들은 다음과 같은 질문을 던지고 있다. 어떻게 하면 환경오염을 줄이면서 효용 가치를 높일 수 있을까? 어떻게 하면 제품 생산 위주의 경영 모델을 탈피할 수 있을까? 새로운 소비자들의 마음을 사로잡는 브랜드를 만들 수 있는 방법은 무엇일까? 소비 절제에 나선 사람들에게는 어떤 마케팅을 펼쳐야 할까?

일면 눈에 띄지 않는 듯 보이는 큰 추세는 과감하게 소비 절제를 실천하고 있는 소비자와 로하스 시장을 형성하는 녹색 소비자의 동향을 들여다보면 명확해진다. '대붕괴'란 위기가 다가올수록 이런 추세는 더욱 강화되어 경제와 사회 부문에 지대한 영향을 미치는 동시에 새로운 사업 기회를 창출할 것이다.

새롭게 출현한 기회들 속에서 어떤 일이 벌어질까? 기업과 지역 사회, 우리의 근로 환경에는 어떤 변화가 생길까? 또 더 이상 성장을 통해 가난이 해소되지 않는다면, 우리는 어떤 대안을 모색해야 할까?

17장
굶주림 없는
세상으로 가는 길
THE GREAT DISRUPTION

나는 감리교 사상의 영향을 받으며 성장했다. 감리교 교회의 목사였던 할아버지와 그 뜻을 따른 할머니는 특히 사회문제와 빈곤문제에 관심이 많았고, 그런 모습은 부모님이 삶을 대하는 태도나 공동체에서의 활동으로 고스란히 이어져 나를 키우는 데도 영향을 미쳤다.

부모님은 아주 독실하지는 않았지만 일요일마다 우리를 교회에 데려갔고, 보육원·노숙자 쉼터·요양원 등에서 불우한 이웃을 돕는 일을 하며 생계를 꾸려갔다. 그 덕분이라고 해야 할까? 우리 집에는 먼 나라에서 호주까지 찾아온 학생이나 종교 지도자가 묵어 가는 경우가 많았다. 특히 사회문제에 관심이 높은 손님들이 많았는데, 그중 가장 기억에 남는 사람이 베트남의 틱낫한 스님이다. (물론 1965년 당시 여섯 살이던 꼬마의 눈에는 그저 희한한 옷을 입은 친절한 아저씨로만 보였다.) 틱낫한 스님은 이 시대의 위대한 선승이자 평화운동가였으며 사회 참여적 불교운동을 주창한 인물로, 특히 마틴 루서 킹 목사와 특별히 교류하고 연대했다. 그 인연으로 킹 목사는 베트남전 반대 집회에 나가 미국의 베트남 침공을 비난했으며 스님을 1967년 노벨 평화상 후보로 추천하기도 했다.

좀처럼 언론에 나서지 않던 스님은 2010년 한 인터뷰에서 우리가 이 책에서 논의하고 있는 문제들과도 맞닿아 있는 내용에 대해 언급했다. "오늘날 지구는 무분별한 생산과 무분별한 소비로 야기된 문제들을 겪고 있습니다. 사람들은 걱정과 불안을 잠재우기 위해 소비를 합니다. 과소비로 마음의 평화를 찾는다니, 이치에 맞지 않지요."

깊은 통찰이 느껴지는 말씀이었다. 내가 어릴 적 우리 가족은 교외의 작은 집에서 살았고 틱낫한 스님 같은 손님을 맞는 것은 자연스러운 일상의 한 부분이었다. 이런 양육 환경에서 자란 탓일까? 나는 사회가 세대를 넘어 가난이 대물림되도록 내버려두는 것이 어처구니없다고 생각했으며, 나이가 들수록 그런 생각은 더욱 확고해졌다.

빈곤이 대물림되는 현상에는 복잡한 문제들이 뒤엉켜 있다. 이 문제들은 우리가 누구이며 앞으로 지향하는 바가 무엇인지에 대한 질문과도 직결되어 있으며, 또한 다가오는 위기에 현명하게 대처함으로써 보다 지속 가능한 문명사회를 만들기 위해 노력하자는 취지를 담은 이 책의 질문과도 맞닿아 있다. 그러나 극빈을 용인한 상태에서는 문명사회를 논하기가 어쩐지 껄끄럽다.

오랫동안 빈곤 문제는 주로 경제성장을 통해 해결하려는 경향이 있었다. 부의 재분배라는 문제는 뒷전으로 미룬 채, 오직 전체 시스템에서 순환되는 물품의 양과 부를 늘림으로써 사람들을 빈곤에서 구제할 수 있다고 생각해온 것이다. 모두가 더 많이 소유할수록 지금보다 더 행복해질 수 있다는 논리였다.

빈곤 퇴치를 위해 한층 강력한 조치를 취함으로써 가난한 사람들이 인간으로서의 잠재력을 최대한 발휘할 수 있도록 도와야 한다는 취지의 사회운동은 오래전부터 전개되어왔다. 전 세계에서 수백만에 이르는 사람들이 이런 운동에 참여했으며, 밥 겔도프와 보노 같은 유명 록 스타들도 '빈곤을 역사 속으로'라는 구호 아래 진행된 캠페인에 동참해 대중의 관심을 끌었다. 그러나 이런 캠페인 역시 경제성장을 문제 해결의 열쇠로 보고 있었다. 모두가 더 부자가 되어야 한다는 생각을 벗어나기가 쉽지 않았던 것이다.

부가 증대되면서 빈곤 퇴치 운동에 대한 도덕적 의무감을 느끼는 사람들이 늘어나고 캠페인의 정당성은 강화되었다. 전 세계가 경제성장을 거듭하며 충분히 나눌 것이 생겼다는 의미였다. 예를 들어, 우리는 전 세계 인구에 필요한 것보다 더 많은 양의 칼로리를 생산할 수 있다. 물, 에너지, 그 외 다른 자원도 마찬가지다. 이렇게 보면 경제성장은 마치 그 누구도 극도의 빈곤을 겪을 필요가 없는 풍요로운 세상을 보장하는 묘안처럼 보인다.

그러나 아직도 14억 인구가 1달러 25센트보다 적은 돈으로 하루를 살아가는 극빈층에 속해 있다는 사실을 잊어서는 안 된다. 자유시장주의자들은 오래전부터 경제성장과 세계시장이 빈곤 문제를 해결할 것이라 주장해왔다. 물론 나름의 성과도 있었다. 특히 중국과 인도의 경제가 빠르게 성장하며 빈곤에서 벗어나게 된 수백만 국민은 세계시장에서 새로운 중산층으로 부상했다. 그 결과 중국과 서구의 소득 격차가 크게 줄었으며, 중국의 1인당 GDP는 1978년 대비 2004년에 무려 7배 증가했다.[1] 이 기간 동안 중국은 선진국들의 부러움을 살 정도로 높은 경제성장률을 보였다.

이와 같은 성공 사례가 있는 반면 실패 사례도 많다. 2002년 유엔 개발계획은 지금의 속도로 세계경제가 성장한다고 가정할 때 기아를 퇴치하기까지 무려 130년이 걸릴 것으로 내다보았다. 또한 발전의 정도에 있어서도 국가별 격차가 컸다. 서구권 국가 경제는 1980년대에서 1990년대를 거치며 꾸준히 성장한 반면, 같은 시기 경제성장을 이뤄낸 개발도상국은 20개국에 불과했다. 그 밖의 40여 개국은 짧게는 5년 정도의 경기 침체기를 겪거나 1인당 국민 소득이 감소하는 현상을 겪었다.

이렇게 이룬 경제적 성과가 적하 효과로 이어지며 낙후 부문에 돌아간 혜택이 분명 있지만, 여전히 많은 비중의 부는 상류층의 소유로 남아 있다. 2000년 기준으로 볼 때, 전 세계 인구 중 최상위 부유층 1퍼센트가 전 세계 자산의 40퍼센트를, 상위 10퍼센트가 전 세계 자산의 85퍼센트를 차지한 반면, 하위 50퍼센트에 속한 이들의 자산은 전 세계 부의 1퍼센트에 지나지 않았다는 사실이 이를 뒷받침한다.[2] 소득 측면에서 역시 상위 20퍼센트가 전체 소득의 74퍼센트를 차지하며 부의 편중 현상이 나타났다. 일부 국가에서 이 같은 현상을 개선하려는 노력이 펼쳐졌으나 전반적인 추세에는 별다른 영향을 주지 못했다. 1950년에는 아프리카에 사는 사람들의 평균 소득이 북아메리카나 호주·뉴질랜드에 사는 사람들의 평균 소득보다 11배 낮았으나, 2000년이 되자 그 격차는 19배로 벌어지고 말았다.[3] 지난 50년간 부는 이론에서 예측하듯 위에서 아래로 흘러넘치기는커녕 되레 중력을 거슬러 위로 올라간 것처럼 보인다. 그런데 이 현상을 단순히 불평등과 불공정의 문제로 치부하고 끝내기에 가난은 너무 혹독하고 고통스럽다. 유니세프가 내놓은 2001년 자료에 따르면 에티오피아의 다섯 살 미만 아동 중 51퍼센트가 만성 영양실조로 발육 부진을 겪고 있다. 이처럼 안타까운 사례는 세계 곳곳에서 어렵지 않게 찾을 수 있다.

경제성장 덕에 나타난 긍정적인 변화들도 물론 있으나 안타깝게도 그런 성과만으로 현실을 감당하기에는 역부족인 상황이다. 전 세계적으로 늘어난 부의 양이 막대한 반면 빈곤 실태는 이토록 절망적인 상황에서, 다시 앞으로 130년을 기다려야 기아를 없앨 수 있다는 예측에 부끄러움이 앞선다. 부자가 더 부유해지고 남은 잉여 자산이 빈곤층으로 흘러내려 가 이들을 극빈으로부터 구제한다는 기본 생각부터가 도덕성과는 거리가 멀다. 에티오피아에서 영양실조로 고통받고 있는 아이를 둔 엄마에게 이런 논리를 설명해야 한다고 상상해보라.

지난 수십 년 동안 빈곤과 관련해 논란이 된 주제들은 무척 다양하다. 예를 들어, 빈곤이 본질적으로 안고 있는 부도덕성, 개혁을 추진하는 시장과 성장의 힘, 부의 공정한 분배 방식, 빈곤국들이 개방적인 시장경제를 갖춰야 할 필요성 등이 모두 논란의 대상이었다.

지금은 아무런 득도 없는 이런 논란을 멈추고 앞으로 나아가야 할 때다.

다시 말하지만, 지금의 경제성장 모델은 일부 빈곤층을 가난에서 벗어나게 하지만 동시에 부자를 더 부유하게 만들고 있다. 빈곤층에 있는 사람 입장에서는 가난에서 벗어날 수만 있다면 크게 문제 될 게 없는 방식일 수 있다. 그러나 지구는 이와 같은 결과를 만들어내기 위해 필요한 경제 규모를 감당해낼 수 없다. 예를 들어, 인류 전체가 EU 수준의 소득을 원한다고 가정해보자. 매년 2퍼센트씩 성장하는 가운데 향후 40년 안에 빈곤층의 소득을 목표 수준까지 올리려면, 세계 경제 규모는 2050년까지 지금의 15배로 늘어나야 한다. 지금 지구 역량의 140퍼센트가 가동되고 있다는 점을 기억한다면 이 가정이 얼마나 터무니없는지 설명을 덧붙이지 않아도 알 것이다.

성장 목표를 그보다 한참 낮춘다고 해도, 지구가 가진 물리적 한계를 넘지 않을 재간이 없다. 어렵거나 복잡해서 경제 규모를 키울 수 없다는 말이 아니다. 물리적 한계 앞에서 성장을 논하는 것은 근본적으로 불가능하다.

이 사실을 분명하게 받아들인다면 여러 부문에서 게임의 양상이 크게 달라질 수 있다. 그중에서도 빈곤과 불평등 문제에서 극명한 차이가 나타날 것으로 기대된다. 성장의 종식으로 세계의 지정학적 긴장도가 높아지고 개별 국가의 안정성이 흔들리게 될 것이다. 우리가 희망을 걸었던 성장 위주의 해결책을 걷어내야 함은 물론이다. 가장 크게는 아마도 지금의 경제모델을 운영하며 가졌던 합의된 생각, 즉 기다리면 시스템이 결국 모두에게 유익한 결과를 안겨줄 것이라는 생각을 송두리째 뒤엎어버려야 할 것이다. 이런 영향은 비단 빈곤국에만 국한되지 않는다.

경제성장은 오래도록 우리 사회에서 마치 "압력솥에 달린 안전장치"처럼 기능해왔다.[4] 극빈층이든 부유한 나라의 하류층이든 상관없이 가난한 사람들은 자신이 언젠가 가난에서 벗어날 수 있다는 희망에 기대어 부의 편중 현상을 용인해왔다. 점차 부가 증대되는 경험을 한 번도 해본 적이 없는 일부 극빈층은 아예 이런 기대조차 갖고 있지 않겠지만, 빈곤국의 지도자들이나 개발도상국의 엘리트들은 쉽게 그런 희망을 버리지 못한 채 오로지 경제성장을 통해 나라와 국민을 가난에서 벗어나게 하겠다는 의지를 불태워왔다. 다른 나라들이 같은 방식으로 성공하는 것을 보았기에 자신들의 차례가 돌아오기를 기다렸던 것이다. 그러나 성장이 종식됨과 동시에 이런 희망이나 의지는 물거품이 되어 사라지고 만다. 더 이상의 경제성장을 기대할 수 없는 상황에서 과연 가난한 사람들은 가난을 평생 자신이 떠안고 가야 할 문제로 으레 받아들일 수 있을까?

지속적인 경제성장을 옹호하는 사람들의 경우 서구에 사는 사람들의 빈곤도 도덕적 측면에서 합리화하는 것처럼 보인다. 경제성장의 토대 위에 형성된 아메리칸 드림은 열심히 일하는 사람은 누구나 자신을 향상시키고 재산도 늘릴 수 있다는 뜻을 내포하고 있다. 이런 맥락에서 많은 사람들은 가난한 사람들이 적어도 어느 정도 게으르거나 무능하다는 편견을 갖고 있다. 즉 그들이 아무 노력도 하지 않았거나 또는 그 노력이 부족했기 때문에 가난하다고 생각하는 것이다. 경제성장이 종식될 것이라는 사실을 받아들인다는 것은, 그동안 논란이 많았던 이런 생각도 버려야 한다는 말과 같다. 부의 총량이 늘어나지 않는 상황에서는 다른 사람이 가진 것을 빼앗아 와야 나의 부를 늘릴 수 있다. 아메리칸 드림은 끝났다. 지금은 바닥을 높이는 대신 천장을 낮춰야 하는 시기다.

경제성장이 종식된다는 사실을 받아들이기도 힘겨운 마당에 재분배에 대해 논의해야 하는 상황이 된 것이다! 곧 이 주제로 다시 돌아오겠다.

지금까지는 거대한 안전장치 덕에 경제가 운영되었다고 볼 수 있다. 그러나 이제 안전장치는 고장이 나 제 기능을 할 수 없다. 닥쳐올 위기가 경제성장의 종식을 촉진하게 되면서, 가난을 경감시키려는 의지가 약화된 가운데 엎친 데 덮친 격으로 물과 식량이 부족해지고 극한 기후 현상이 이어지게 된다면 빈곤층의 처지는 더 악화될 수 있다.

빈부 격차가 급격히 심화되고 탈출구가 막힌 상황임에도 어떤 조치도 없이 방관하고만 있다면 시스템 내부의 압력은 계속 증가해 결국 폭발하고 말 것이다.

어떻게 대처해야 할까? 두 가지 방법이 있다고 본다. 이 주제에 대해 발표할 때면 흔히 '순리대로 내버려두면 된다'라는 식의 반응을 목격하게 된다. 시스템이 스스로 균형을 되찾아가도록 기다리면 된다는 것이다. 이 말은 가난한 사람을 기아에 허덕이게 내버려두고 빈곤국이 몰락하게 방치하자는 말과 다르지 않다. 도덕성 문제는 차치하고라도, 이런 상황이 벌어지도록 내버려둔다면 국가 안보상의 위험이 높아지며 전 세계적으로 대규모 혼란이 빚어지고 말 것이다.

이런 상황이 실제로 어떤 모습일지 상상하기는 쉽지 않다. 순리대로 내버려두는 방식을 택했다고 해서 20억, 30억, 40억 인구가 지구 어딘가에서 조용히 목숨을 잃는 일이 벌어지지는 않을 것이기 때문이다. 하지만 선택의 결과로 전개되는 양상을 구체적으로 알기 어렵다고 해서 어떤 사태가 일어날지를 상상하는 것까지 어려운 일은 아니다.

세계경제의 붕괴 현상이 광범위한 식량난과 맞물리게 되면 세계 곳곳에서 절망적인 혼란이 가중될 것이다. 핵무기를 비롯한 다종의 무기를 보유한 국가들이 붕괴될 경우 독재자나 테러 조직이 그 나라를 장악하게 될 수 있다. 그에 따라 수억 명 규모의 난민이 발생할 수 있으며, 허약한 상태에서 대피를 준비할 여력이 없는 대부분의 난민들은 인접국으로 흩어지게 될 것이다.

난민 수백만 명이 통제된 도로 위를 걸어 난민 캠프로 이동하는 행렬은 과거 여러 위기 속에서도 익숙히 본 장면이겠지만, 앞으로 목격할 상황은 완전히 차원이 다르다. 한 나라의 국민 전체가 인접 국가로 이동하는 모습을 떠올려보라. 이들의 모습에서 더 이상 잃을 것이 없는 절망을 마주하게 될 것이다.

'순리대로 내버려두면 된다'라는 입장을 취하려면, 그런 입장을 택했을 때 벌어질 일들에 어떻게 대처할 수 있을지를 먼저 고민해봐야 한다. 모든 국가가 붕괴 일로를 걷는 과정에서 세계경제는 어떤 영향을 받게 될까? 또 그 소용돌이 속에서 우리는 어떤 대응을 할 수 있을까? 붕괴가 본격화되고 안보 불안이 높아진 상황에서는 어떤 전폭적인 지원도 소용이 없다. 그럼 한 국가가 대혼란 속에 무너져가는 모습을 마냥 지켜봐야 하는 걸까? 그리고 무너진 국가의 국경을 따라 지도 위에 제한선을 긋고 출입을 금지시키면 그만인 걸까? 절망에 빠진 난민 수억 명이 그 제한선을 넘어온다면 군은 이들을 대상으로 어떤 작전을 펼쳐야 할까? 붕괴하지 않은 몇몇 국가의 정치 지도자들은 인류가 처한 이런 끔찍한 상황에 어떻게 대응할 수 있을까?

세계화된 세상에 숨을 곳은 없다. 장벽이 높다 한들 사람들은 TV로 중계되는 모든 상황을 지켜보게 될 것이다. 이런 상황에서는 세계 전역으로 붕괴 현상이 확산되기까지 그리 오랜 시간이 걸리지 않는다.

앞서 언급한 것처럼, 군은 바로 이런 이유 때문에 상황을 예의 주시하고 있다. 이런 추세를 파악한 이상 수수방관하고 있을 수는 없기 때문이다.

2008년 영국의 안보 싱크탱크인 왕립합동군사연구소Royal United Services Institute는 이 문제와 관련해 다음과 같은 검토 의견을 내놓았다. "기후변화는 앞으로 수십 년 안에 마치 냉전 종식이 그랬듯 전략적 안보 환경 측면에 큰 영향을 미칠 것이다. 이 상황을 적절히 통제하지 않는다면, 세계대전에 맞먹는 안보상의 문제가 발생할 수 있으며 그 여파는 앞으로 수백 년 동안 지속될 수 있다."[5] 여기서 "수백 년 동안"이라는 표현에 주목하기 바란다.

사하라사막 이남 지역의 기온을 분석해 내전 발발과의 상관관계를 조사한 한 연구는 기온 상승폭이 지금과 같이 유지될 경우 2030년이면 내전 발생 빈도가 50퍼센트 이상으로 높아질 것이라는 결론을 내놓았다. 반복되는 내전으로 사망자는 수백만에 이를 것이며 그 여파는 국제적으로 확산될 것이라고도 지적했다.[6] 군사 및 국제 문제 전문기자인 그윈 다이어는 그의 저서 『기후 전쟁Climate Wars』에서 북아프리카의 난민들이 남유럽으로 넘어가고 남유럽 사람들은 사하라사막의 팽창을 피해 북유럽으로 이주하는 상황이 이어짐에 따라 2030년대가 되면 EU가 붕괴할 것이라 예측했다.[7] 또한 이 시기에 인도와 파키스탄은 수자원을 놓고 핵전쟁을 벌일 것으로 예상했으며, 미국은 대규모 이민을 막기 위해 멕시코와의 국경 지대를 완전히 군사화할 것으로 내다보았다.

물론 실제 상황은 이런 예측처럼 심각하거나 극단적이지 않을 수도 있다. 그렇다고 해서 모든 것을 '순리대로' 방치하는 상황이 선진국을 포함한 세계 여러 나라의 경제에 아무런 영향도 미치지 않을 거라고 생각하는 것은 대단한 착각이다. 인도의 생태학자 마다브 가질이 말한 '빈곤의 바다에 홀로 떠 있는 풍요의 섬'을 추구하는 전략은 실현될 수 없는 헛된 목표일 뿐이다.

따라서 우리가 가진 대안을 놓고 각각의 실현 가능성을 따져볼 필요가 있다.

나는 '순리대로 내버려두면 된다'라는 첫 번째 방안에 반대한다. 그럼 두 번째 방안은 무엇일까? 지금 소개하려는 방안이 첫 번째 방안보다 더 효과가 있기를 바란다!

유치원 시절로 기억을 되돌려보자. 서로 장난감을 갖겠다고 욕심을 부리던 탓에 친구와 나눠 쓰는 법을 배우던 때다. 어른이 된 지금은 어떤가? 장난감이 더 많다고 행복해지는 것이 아님을 알기에 나눠 갖는 것이 그때만큼 어렵지는 않다.

이 상황을 수학적으로 따지는 것은 전혀 어렵지 않다. 우리가 함께 시작한 여정의 출발점을 떠올려보자. 지구는 꽉 차 있다. 그리고 세계 경제가 90억 인구를 유지한 채 양적 성장을 거듭하기란 불가능한 일이다. 누군가는 인구수를 줄여야 한다고 주장한다. 하지만 우리가 상정한 상황을 겪어갈 90억 인구 대부분은 이미 태어났거나 곧 태어날 사람들이다. 자원과 부가 한정되어 있고 양적 성장도 더 이상 기대할 수 없다면, 분배만이 살길이다. 우리가 가진 자원을 전 세계가 골고루 쓸 수 있도록 공유하는 것이 유일한 해법이라는 뜻이다.

이는 부유한 나라에 살고 있는 사람들이 덜 갖게 된다는 것을 의미한다. 경제성장이 축소되고 가진 것을 덜어내야 한다는 말과도 다름이 없다. 소유할 수 있는 물건이 줄고 소득도 줄어들게 될 것이다. 쌓을 수 있는 부의 양이 줄고 소비 여력도 감소하게 될 것이다. 이 얼마나 끔찍한 상황인가? 그런데 현실은 생각만큼 그렇게 끔찍하지 않을 수도 있다. '환경에 무해한 사람'인 콜린 베번이나 '콤팩트'의 존 페리처럼 소비를 줄인 사람들을 통해 배울 수 있었던 교훈은 적게 소유할수록 더 행복하다는 점이었다. 더 많은 것을 갖기 위해 쏟아붓던 노력이 우리를 그동안 더 힘들게 한 것은 아니었을까?

만약 이 대안이 마음에 들지 않는다면 '순리대로 내버려두면 된다'라는 첫 번째 대안이 실현되는 과정에서 벌어질 상황을 받아들일 마음의 준비를 해야 한다. 총칼을 앞세운 군대는 우리를 '보호'한다는 명목하에 지독한 굶주림에 시달리고 있는 수십억 명의 무고한 난민을 공격하거나 학살할 것이다. 이것이 우리가 이성적으로 선택한 대안의 결과라는 점을 떠올린다면, 나누는 것이 백번 더 수월하게 느껴지지 않는가?

만약 두 번째 방안을 선택한다면, 자유시장경제와 경제성장에 의존하는 지금의 접근 방식이 더 이상 유효하지 않다는 사실을 먼저 분명히 받아들여야 한다. 앞에서도 설명했듯이, 우리에게 통제 불능의 상황을 감당할 능력은 없다. 상황이 그렇게까지 진행돼버리면 생존만이 중요해질 뿐, 다른 대처를 가동할 여력이 없어지기 때문이다.

우리가 지금 당장 실천할 수 있는 일은 빈곤 완화 문제와 성장 문제를 다루는 방법을 획기적으로 바꾸는 것이다. 이런 문제들을 빠르게 해결하려면 인력과 자금, 지혜와 첨단기술을 총동원해야 한다. 대처가 빠를수록 우리가 직면하게 될 혼란을 미연에 방지할 가능성이 높아지기 때문이다.

잠시 생각의 틀을 넓혀보자. 우리는 어떤 세상을 원하는가? 아무리 애를 써도 가난을 퇴치할 수 없다는 말은 도무지 납득하기 어렵다. 빈곤 퇴치가 쉬울 리 없겠지만, 우리 모두가 휴대전화를 들고 다니는 세상도 쉽게 상상할 수 없었다. 요원해 보이기만 했던 인간의 유전체 해독은 또 어떤가? 빈곤을 퇴치하는 과정은 결코 순탄하거나 빠르지 않을 것이다. 그럼에도 결국 우리는 또 해낼 것이다. 빈곤 퇴치를 시도하는 데 필요한 자원은 이미 갖춰져 있으므로 남은 건 결단뿐이다.

빈곤을 영구히 퇴치할 수 있다면 얼마나 좋을까? 누구도 기아에 시달리지 않고 기본적인 의료 혜택과 교육을 받을 수 있는 세상이 온다면 우리는 또 한 번 주위를 둘러보며 이렇게 말할 수 있을 것이다. "이번에도 결국 우리가 해냈군요!"

오래도록 우리 문명의 병폐로 여겨졌던 빈곤 문제를 해결할 수 있다면 가치관은 크게 바뀔 것이다. 우리가 빈곤 문제를 해결하려는 이유는 그것이 옳기 때문이기도 하지만, 그것이 '대붕괴'를 직면한 상황에서 취할 수 있는 유일한 대안이기 때문이기도 하다. 그렇다고 가치관의 변화가 가진 의미가 퇴색되는 것이 아니다. 빈곤 퇴치가 위기에 대처하는 유일한 대안이라는 사실이 오히려 가치관의 변화가 나타날 것이라는 사실을 더욱 공고히 한다.

영혼을 파괴할 정도로 고통스러운 빈곤을 퇴치하자는 주장을 유토피아적인 평등을 추구하자는 의미로 해석해서는 안 된다. 전용기를 타고 다니며 호화스러운 생활을 즐기는 사람들이 있는 사회에 따뜻한 밥 한 끼와 깨끗한 물 한 모금이 절실한 사람들이 공존해 살아가고 있다는 사실을 어떻게 받아들여야 할까? 어떤 이유로도 정당화될 수 없는 간극이다.

기회가 있을 때 반드시 이 간극을 바로잡아야 한다.

18장
불평등의
비효율성

THE GREAT DISRUPTION

청소년 시절이던 1970년대에 사회운동가로 활동하면서 읽었던 카를 마르크스의 책에서 "각자의 능력에 따라, 각자의 필요에 따라"라는 구절을 처음 접하게 되었다. 군더더기 없는 표현에 담긴 지혜에 감탄한 나는 우리 사회를 꾸려나가는 데 이만큼 좋은 방법은 없을 거라 생각했었다.

　그 후로 우리는 공산주의의 실체를 경험했다. 개인의 자유를 억압하는 전체주의 성향의 국가가 나타났으며, 인권을 유린하고 환경을 파괴하면서도 그 같은 희생을 보상할 만한 경제적 성과는 이뤄내지 못한 경우도 있었다. 중국공산당은 환경 파괴로 자국은 물론 다른 나라에까지 심각한 영향을 끼쳤지만, 매년 기록을 갈아치우며 경제적 성장을 이뤄나갔다. 중국이 거둔 경제 성과는 사실 서구 자본주의 체제가 갖고 있던 장점을 수용한 결과였지만 그럼에도 민주주의만큼은 철저히 배척하고 있는 실정이다.

이쯤에서 우리가 큰 무리 없이 내릴 수 있는 결론은 자비로운 국가 실현, 사적 소유 금지 등을 기본 논리로 하는 마르크스주의자들의 주장이 인간이 실제적으로 보이는 행태와 성향에 부합하지 않는다는 것이다.

그렇다면 자본주의가 우리 사회에 더 적합한 체제일까? 자본주의가 우세한 대안이라면 시장이 움직이는 대로 따라가면 그만 아닐까? 그런데 사실 이런 질문에 대한 답은 자본주의를 어떻게 정의하느냐에 따라 달라진다. 사유재산제와 성과주의 보상제가 경제와 사회를 발전시키는 원동력이 될 수 있다는 주장을 뒷받침하는 증거는 많다. 1000년이 넘도록 다양한 방식으로 활용되어온 이런 제도는 인간 내면에 깊숙이 자리 잡고 있는 본성을 자극하며 분명 여러 측면에서 긍정적인 영향을 끼쳐왔다.

이런 역사적 경험에 비추어볼 때 나는 시장을 움직이는 원리나 접근법이 사회 발전에 큰 기여를 할 수 있다고 확신한다. 그러나 현행 시장체제의 원리가 사회를 붕괴 직전으로 몰아가고 있다는 점을 고려할 때, 근본적인 재설계 작업이 먼저 진행되어야 한다. 시장주의를 지지하는 대표적인 경제학자 니컬러스 스턴조차 지금의 접근법에 문제가 있다고 지적하며 기후변화를 "사상 최대의 시장 실패" 사례로 언급했다.

시장을 그대로 방치하면 제대로 작동하지 않는다. 이전에도 그랬고 앞으로도 그럴 것이다. 2장에서 언급했듯 시장에는 소비자의 위임을 받은 정부의 지침이 필요하다. 시장이라는 맹수가 가진 원초적인 에너지는 높이 평가할 수 있으나 행여 위협이 되지 않도록 철창 안에 넣어 잘 관리할 필요가 있다. 이런 맥락에서 시장에 취할 수 있는 조치의 예시로 앞서 자원 사용량이나 오염물 배출량 제한 등을 언급한 바 있다.

아직 다루지 않은 한 가지 주제는 불평등 문제다. 활력이 넘치는 시장은 부를 창출하지만, 창출한 부를 잘 분배하지는 못한다. 오히려 부는 이미 많이 가진 사람들에게 쏠리는 경향이 있다.

우리 모두가 똑같이 나눠 가져야 한다는 뜻이 아니니 내 말을 오해하지 말기 바란다. 각자의 기술·성격·노력에 따라 기여도는 다를 수 있으며 그에 따라 보상의 차이가 나는 것은 당연하다. 보상의 차이는 분명 사람들로 하여금 남들보다 더 열심히 일하게 만드는 요인 중 하나다. 자신은 물론 가족의 미래를 위해 노력하다보면 사회 전체가 발전하는 경우도 많다. 하지만 계속 차등을 두어 보상을 지급하면 동기는 무한히 부여되는 걸까? 얼마만큼의 보상이 있어야 동기가 제구실을 할 수 있을까? 차등을 둔 보상으로 생기는 부작용은 없을까?

불평등은 극빈과는 다른 형태의 도덕적 문제다. 사람들은 극빈을 퇴치해야 할 현상이라고 생각하지만 불평등에 대해서는 그만큼 명쾌한 판단을 내리지 못한다. 합리적이고 적절한 수준이 어디까지인지에 대한 판단은 끊임없이 변하고 있다. 그럼에도 분명한 것은 거의 모든 사람이 완벽한 평등이란 있을 수 없으며, 사회를 조직하거나 동기를 부여하는 데 있어서도 완벽한 평등이 그리 효율적이지 않다고 여기는 동시에, 불평등에 어느 정도 한계가 있어야 한다고도 생각한다는 점이다. 쉽게 말해, 불평등이 심화되면 어느 순간 사람들이 '이건 좀 심하다'라고 말하는 지점이 있다고 이해해볼 수 있다.

따라서 불평등 문제를 이해하는 데 있어 사람들에게 동기를 부여할 수 있는 **적정한** 차등 수준을 밝히고, 불평등으로 인해 공정성의 문제가 제기되고 사회적 효과가 사라지는 지점이 어디인지를 알아내는 것이 관건이라 할 수 있겠다. 불평등이 도덕적·윤리적 차원에서 공정성이라는 가치를 저해하기 시작하는 지점은 어디일까? 또 삶의 질과 경제 문제라는 관점에서 사회적·정치적 불안정을 야기하기 시작하는 지점은 어디일까?

허먼 데일리 교수는 군인, 공무원, 대학 교직원의 경우 최저 연봉 대비 최고 연봉이 15~20배 높으면 뛰어난 실력을 갖춘 사람들이 충분히 동기 의식을 느끼며 일할 수 있다고 밝혔다. 그러나 미국 기업의 경우, 그와 같은 임금 격차는 무려 500배에 이르고 있다. 이런 임금 격차가 성과를 높인다는 증거는 경제 전반 어디에서도 찾을 수 없으며, 기업들이 주도하는 연봉 인상 경쟁은 시스템에 어떤 이득도 안겨주지 못한다. 그렇다고 기업 스스로 자제하여 바로잡기는 어려운 성격의 경쟁이므로 정부의 역할이 필요하다. 물론 정부 역할론이 대두되는 과정에서 기업의 고위 관리자들은 정부가 시장에 개입하는 것은 옳지 않다고 주장하며 강하게 반발할 것이다.

우리가 어떤 문제를 놓고 취하는 문화적·정치적 입장에는 모순이 있게 마련이다. 이 경우에는 '한도'라는 개념과 관련된 모순이 발생한 것으로 이해할 수 있다.

지금까지 이 책에서 논의해온 문제들은 대부분 한도를 설정하지 않아 비롯된 것들이었다. 성장은 무조건 좋은 것이고, 개인은 무한히 부를 축적할 수 있으며, 기술이라면 뛰어넘지 못할 한계가 없다는 믿음으로 우리는 자연마저 지배할 수 있다는 생각을 하기에 이르렀다. 물론 한도가 없다는 믿음을 가져야 할 때도 있다. 우리 아이들이 무한한 잠재력을 갖고 있다고 생각하는 상황처럼 말이다. 이런 믿음은 개인뿐만 아니라 사회에도 긍정적인 힘이 된다. 그러나 다른 대부분의 경우에는 한계를 설정하지 않으면 오만함에 취해 위험을 판단하지 못하게 된다. 따라서 적절한 선에서 한계를 설정하는 일은 무척 중요하다.

한계 설정에는 정치적인 논란이 뒤따르게 마련이지만, 역사를 돌이켜볼 때 어느 정도의 제약은 사회를 '문명화하는' 데 있어 매우 중요한 역할을 해왔다. 가령 국가가 승인하지 않은 폭력을 불법이라 정의하거나, 공중 보건을 위해 식품 안전 기준을 체계화하고, 개인이나 기업이 신뢰를 전제로 책임과 의무를 다하도록 계약 규정을 마련한 것이 그 대표적인 예다. 그렇다고 모든 규제가 사회 구성원의 지지를 받는 것은 아니다. 가령 연봉 상한제나 총기 규제, 흡연 구역 지정, 차량 운행 제한 같은 조치는 '자유권 침해'나 '시장 개입'이라는 논리로 무마되는 경우도 있었다.

그러나 사람들의 행동을 규제해야 할 필요성을 반박할 수 있는 논리적 근거는 없다. 어떤 고귀한 명분이 무분별한 폭력을 행사할 자유나 불량 식품을 시장에서 유통할 자유를 보장할 수 있겠는가? 우리는 일상에서 여러 가지 규제를 준수하며 살아간다. 이제 논의해야 할 것은 '대붕괴' 상황에서 어떤 '새로운' 규제를 시행해야 구성원들이 안정된 사회 속에서 삶의 질이 향상되는 것을 느낄 수 있느냐 하는 것이다. 개입 없이 그대로 두었을 때 시스템이 스스로 시정하지 못할 것으로 보이는 분야가 어디일까? 이제 이 질문을 던져볼 차례다.

새로운 규제가 도입되어야 할 몇 가지 사례는 앞서 언급한 바 있다. 대기 및 수질 오염 관리를 위한 규제나 양적 경제성장을 제한하는 정책, 천연자원의 소비를 억제하는 조치 등이다. 이 예시들은 대부분 환경오염과 그에 따른 경제적 여파를 우려한 규제였다. 이제는 사회문제와 직결된 규제에 대해 이야기를 나눠보자.

과연 어떤 규제가 시행되어야 구성원 모두가 안정된 사회 속에서 번영의 혜택을 누릴 수 있을까? 불평등을 해소하기 위해 필요한 규제는 무엇일까? 이런 규제를 강제해야 하는 걸까 아니면 시장이 '적절한 수준의 불평등'을 찾도록 내버려두어야 하는 걸까?

오늘날 우리는 공정을 벗어난 수준의 불평등을 받아들인 채 살아가고 있다. 과연 최고 경영자는 그 기업에서 최저 연봉을 받는 근로자보다 500배나 더 많은 연봉을 받을 자격이 있는 걸까? 정말 투자은행의 최정상급 자산 운용 전문가는 군의 최고사령관보다 사회에 20배 더 기여하고 있는 걸까? 누구도 쉽게 '그렇다'라고 답할 수 없는 질문이지만, 우리가 마주한 현실은 그렇다.

역사적으로 볼 때, 이런 문제는 상대적인 공정성이라는 틀 안에서 논의되어왔다. 사람들은 앞서 언급한 연봉 예시처럼 심각한 수준의 불평등에 대해서 불공정하다고 인식한다. 가난한 사람들만 그렇게 생각하는 것이 아니다. 영국과 미국에서 진행된 여론조사를 보면 응답자의 무려 80퍼센트가 소득 격차가 크게 벌어졌다고 생각했다. 이 결과는 재정적으로 여유가 있는 사람 중 상당수 역시 불평등이 심화되는 현상에 우려를 나타내고 있음을 의미한다. 많은 사람들이 극단적인 불평등이 정상적이지 않다는 것을 직관적으로 알고 있는 것이다.

현재 정상이라고 받아들이고 있는 것을 두고 어떤 변화를 상상해보기란 쉽지 않은 일이다. 하지만 불평등 문제는 '대붕괴' 국면 속에서 극적인 변화를 겪을 것이다. 오늘날의 정치적 맥락에서는 쉽게 상상하기 어렵겠지만, 이런 변화는 다음 두 가지 이유로 불가피하다.

첫째, 17장에서 말한 것처럼 우리 사회에서 마치 "압력솥에 달린 안전장치" 기능을 해오던 경제성장을 더는 기대할 수 없다. 사람들은 불평등이 썩 내키지는 않아도 사회적 계약에 의해 빚어진 불가피한 결과라고 생각하고 이를 받아들인다. 한편 사람들은 모두에게 성공하거나 출세할 권리가 있다고 생각하는데, 이는 경제가 양적으로 성장할 가능성이 남아 있는 상황에서만 유효하다. 이런 상황에서는 한 사람이 먼저 앞서 간다는 것이 다른 사람이 뒤로 밀렸다는 의미로 해석되지 않기 때문이다. 사실 이런 생각이 불평등을 용인하게 만드는 직접적 요인이 된다. 연방준비제도 이사를 역임하고 예일대 경제학과 교수로 재직했던 헨리 월리치는 이와 관련해 다음과 같이 발언한 바 있다. "경제는 소득 평등을 저해하며 성장한다. 성장이 계속되는 한 사람들은 희망을 품고, 이 희망에 기대어 극심한 소득 격차를 감내한다."

그러나 경제성장 없이는 이런 사회적 약속이 이행될 수 없다. 지구가 꽉 찬 상태에서는 누군가가 덜 가져야 다른 누군가가 더 가질 수 있기 때문이다. 경제성장이 더 이상 안전장치 구실을 할 수 없다면 불평등을 완화시켜야만 사회적 마찰을 줄일 수 있다. 정말 불평등이 완화될 수 있을까? 과연 성장이 종식된 민주주의 사회에서 부유한 사람들이 기꺼이 나서 자신이 가진 몫을 가난한 사람들과 나눌 수 있을까?

이제 불평등을 해소해야 하는 두 번째 이유를 살펴볼 차례다. 두 번째 이유는 불평등에 대한 나의 생각을 완전히 뒤바꾸어놓은 한 연구에서 찾을 수 있다. 사실 이 연구를 접하기 전까지는 도덕적인 이유나 국내외 정세의 불안정성을 들어 사람들에게 호소하는 것 외에 빈곤과 불평등 문제를 해결할 수 있는 방안이 달리 있을 거라 생각하지 못했었다. 그러나 이 연구를 접한 후 사람들을 설득할 수 있는 다른 이유가 있으며, 이 방법이 도덕성에 호소하는 것보다 훨씬 효과적이라는 생각을 하게 되었다.

지금부터 언급하려는 연구 결과는 리처드 윌킨슨과 케이트 피킷이 쓴 『평등이 답이다 *The Spirit Level*』에 실린 내용이다. 두 저자는 광범위한 사회지표들을 모아 분석해 불평등이 여러 사회문제에 어떤 악영향을 끼칠 수 있는지를 보여주었다.

윌킨슨과 피킷은 여러 현상에 나타나는 사회의 병폐를 예측할 수 있는 지표가 될 수 있는 것은 빈곤이나 불이익의 절대적 수준이 아니라 불평등이나 소득의 상대적 차이라는 결론을 내놓았다. 허를 찌르는 주장이었다. 그동안 우리는 빈곤이 사회문제를 일으키는 주요 원인이라고 추정했기 때문에, 경제성장을 통해 (불평등하게나마) 부를 축적하면 가난이 완화되어 사회문제도 자연스럽게 감소할 거라고 생각해왔다. 각국 정부가 경제성장에 집착했던 이유 역시 이 같은 논리를 따랐기 때문이다.

이 연구 결과를 놓고 보면 한 사회의 발전 정도를 가늠하는 지표 구실을 제대로 하는 것은 절대적 부가 아니라 상대적 불평등이다. 상대적 불평등은 기대 수명·비만·교도소 수감률·10대 임신·정신건강·공동체의 신뢰 수준·교육 격차·여성의 지위 등 광범위한 사회문제에 결코 무시할 수 없는 영향을 미치고 있었다. 불평등 정도가 높은 사회에서는 대부분의 사회문제가 무려 3배에서 10배 더 심각했으며, 조사 그룹의 피험자 누구도 자신을 빈곤층이라고 생각하지 않는 경우에도 마찬가지 현상이 나타났다. 예를 들어, 세계 기준으로 볼 때 급여 수준이 높은 축에 드는 영국 공무원의 경우에도 하위 그룹의 사망률이 상위 그룹보다 3배 높은 것으로 나타났다. 이 중 비만과 흡연과 같은 원인으로 설명될 수 있는 비율은 3분의 1에 지나지 않았다(나머지 부분은 급여 수준의 상대적 차이에서 비롯됐을 가능성이 높다).

이 설명을 읽고 "아! 그럼 내가 어떤 사회에 속하건 상류층에 합류해서 버티면 되겠다"라고 말하기 전에 다음 연구 결과를 잘 살펴보기 바란다. 바로 사회가 평등할수록 상류층에 속한 사람들도 더 잘 살아간다는 사실이다. 일반적으로 사회를 소득 수준에 따라 구분하는 경우, 하위 그룹 25퍼센트, 중위 두 그룹 각 25퍼센트, 상위 그룹 25퍼센트로 나눈다. 복수의 연구는 한 사회의 평등 정도가 높을수록 상위 25퍼센트에 속한 사람들의 행복도도 함께 향상된다는 결과를 내놓았다. 소득 상위 그룹의 삶을 개선하는 가장 좋은 방법이 그들보다 소득 수준이 낮은 그룹의 삶을 개선하는 데 있다는 것이다!

불평등은 시스템 전체를 뒤흔들 만한 영향력을 갖고 있다. 따라서 한계 수준을 넘어 촉발될 경우 사회 및 경제에 미치는 파급력은 상당할 수밖에 없다. 이 과정을 겪게 되면 우리는 점차 경제성장에 집착하던 태도를 버리고 이제는 불가피하다고밖에 볼 수 없는 경제성장의 종식을 받아들이게 될 것이다. 그 이유는 다음과 같다.

우리는 부와 물질을 축적할수록 더 행복해질 것이라는 그릇된 믿음 속에 정치적 절차를 통해 성장을 열렬히 추구해왔다. 즉 부를 성공의 핵심 지표이자 삶의 질을 향상시키는 요소로 받아들였던 것이다.

이는 가볍게 보아 넘길 수 있는 착오가 아니다. 심지어 우리는 소비를 통해 소유물을 늘리는 행위에 심각하게 중독되어 있다. 문제는 소비로 우리의 욕구가 채워지는 것이 아니라, 오히려 더 큰 욕구를 느껴 이를 다시 소비를 통해 해소하려는 악순환이 반복된다는 데 있다. 자산이 늘면 더 행복해질 거라 생각하지만, 실제 상황은 이와 다르다. 부는 불평등을 낳고 불평등을 경험한 우리는 만족감을 느끼지 못한 채 더 큰 부를 축적하고자 고군분투하게 된다. 그리고 이 과정은 계속 되풀이된다!

『평등이 답이다』에서 소개된 연구 결과는 팀 카서 교수 등이 기존에 주장한 내용을 새로운 데이터로 뒷받침하고 있다. 바로 불평등이 소비를 조장하는 핵심 원인이라는 점이다. 비교 대상보다 우위를 차지하려는 경쟁심이 소비를 촉진하게 되는데, 여기서 경쟁심을 자극하는 것이 바로 불평등이다. 게다가 기업의 마케터들은 상대를 따라잡으려는 사람들의 불안한 심리 상태를 절묘하게 이용하고 있다.

마케터들은 어떤 한계나 제약도 없이 우리의 머릿속을 넘본다. 대도시에서는 어디를 가든 광고를 피할 수 없다. 회의를 하러 가거나 출퇴근을 할 때 잠시나마 조용하게 생각을 정리해볼 수 있는 승강기 안에도 "쇼핑"을 외치는 광고들이 넘쳐난다. 라디오 진행자들이 방송 중간에 뉴스를 진행하듯 진중하게 읽어 내려가는 광고조차 우리로 하여금 다시 "쇼핑"을 생각하게 만들고 있다.

이런 광고 세례는 과연 어디에서 멈출까? 마케터들은 우리의 이마라도 빌려 자신이 홍보하는 브랜드 이름을 문신으로 새겨 넣고 모두가 그것에 대해 대화하길 바랄지도 모른다!

팀 카서 교수의 말처럼, 소비가 환경에 미치는 영향과 소비를 조장하는 불안에 대해 알게 된 이상 광고를 오염원으로 간주해 그에 상응하는 세금을 부과해야 하는 것은 아닐까? 건강을 해치는 담배에 세금을 부과하듯 말이다. 허먼 데일리 교수는 적어도 광고를 생산 비용에서 제외시켜야 한다고 주장한다. 생산 비용으로 포함되면 세금 감면 혜택을 받게 되기 때문이다.

이처럼 지금의 광고나 마케팅 행태를 탓할 소지는 다분하지만, 현대사회 이전에도 소비를 부추기는 요인들은 있었다. 1776년 애덤 스미스는 부끄럽지 않은 삶을 살아야 한다는 점을 강조하며, 한 사회에서 성공한 인물로 존경받고 싶은 욕망이 인간의 행동을 좌지우지한다고 꼬집었다. 이런 욕망이 더 많은 물품을 소유하는 것으로 대체된 것은 최근의 일이다.

바로 이 지점에서 마케터들이 개입할 여지가 생긴다. 마케터들이 벌이는 홍보 활동이 더 많은 물품을 소유하고자 하는 욕망의 원인이라고는 말할 수 없겠지만, 이들이 사람들의 성향을 교묘하게 이용해 부정적인 결과를 낳고 있는 것만큼은 확실하다. 이와 관련해 『평등이 답이다』는 팀 카서 교수가 쓴 저서의 내용을 다음과 같이 인용한다.

돈과 이미지 그리고 명성에 집착하는 젊은이들은 그렇지 않은 젊은이들에 비해 우울증에 빠지기 쉽고, 삶에 대한 열의가 낮으며, 두통이나 목 통증 같은 신체적 증상을 호소할 가능성이 높다(『물질만능주의의 대가 The High Price of Materialism』, MIT 출판부, 2002년). 카서 교수는 사람들이 불안감을 느낄 때 물질 소비에 가치를 두는 경향이 있다고 지적하고('쇼핑 치료'라는 말이 낯익지 않은가?) 다음과 같이 언급했다.

"더욱 교묘해진 광고는 홍보하는 내용에 사람들의 심리적 욕구를 연결시키려고 한다. 하지만 이런 시도가 사람들을 중독에 빠지게 할 수 있다는 점에서 문제의 소지가 있다."

이런 문제들이 연결된 채 계속 반복되다보면 하나의 올가미가 되어 경제성장의 목을 조이기 시작할 것이다. 더 많이 가졌다고 그만큼 더 행복해지는 것이 아니라는 점이 분명한데도 사람들은 대부분 이 말을 믿지 않는다. 오히려 광고나 방송을 통해 접하는 온갖 유혹에 사로잡혀 더 많이 가져야 더 행복하다는 생각은 강화되고 있다. 더 많이 가진 사람이 더 인기 있고 더 매력적이며 더 존경받을 자격이 있는 것처럼 보이는 탓에 우리는 소비를 멈추지 못한다. 이들처럼 보이고 싶기 때문이다.

　불평등이 심화될수록 악순환도 강화된다. 이 악순환의 고리를 들여다보면 문제의 핵심과 해결책을 모두 찾을 수 있다. 우리가 소비를 하면 경제성장이 촉진된다. 거래량이 늘어나기 때문이다. 그러나 경제성장은 불평등을 심화시키고, 그 결과 다시 더 많은 것을 소유하고자 하는 사회적 갈망을 자극함으로써 소비를 부추긴다. 그러나 얼마를 소비하든 이 사회적 갈망은 충족되지 않는다. 성장이 결국 불평등을 더 키우고, 그렇게 심화된 불평등이 다시 갈망을 낳기 때문이다. 결국 사람들은 더 많이 소비하기 위해 더 많은 소득을 원하게 된다.

　더 많은 소득을 원하는 우리는 더 열심히 일하게 된다. 이런 논리에 따르면, 사회가 불평등할수록 더 많은 시간 동안 일해야 하는 셈이다. 일하는 시간이 늘어나면 친구와 교류하고 공동체 활동에 참여하는 시간은 줄어들 수밖에 없다. 우리를 진정으로 행복하게 할 활동에 써야 할 시간이 그만큼 줄어들게 되는 것이다. 그 결과 늘어난 스트레스와 불안감을 잠재우기 위해 물질을 소유하려는 욕구는 다시금 커지게 될 것이다.

정부는 국민들의 요구에 발맞춰 현재의 인구는 물론 앞으로 늘어날 인구를 위한 일자리까지 마련하기 위해 경제성장 목표치를 더욱 높여 잡을 것이다. 이 목표 달성을 위해 정부가 소비 장려 정책을 펼침으로써 불안감에 기반을 둔 국민들의 소비 심리는 다시 고개를 들 것이다. 마케터들이 이 기회를 놓칠 리 없다. 그들은 소비자의 불안 심리와 욕구를 교묘하게 이용해 쇼핑을 통해 다시 마음의 안정을 찾을 수 있다고 홍보할 것이다. 이런 방식이라면 성장할수록 불평등은 심화되고 불안감은 고조될 수밖에 없다. 그런데 이 과정은 다시 되풀이된다.

경제성장이 우리 삶의 질을 결정할 이 지구를 파괴하고 있다는 사실을 앞서 여러 차례 언급했다. 그러나 이런 주장을 경제성장에 반대하는 논리로 펼칠 필요조차 없는 상황이 벌어지고 있다.

더 이상의 경제성장은 없다. 지구가 더 이상 경제성장을 뒷받침할 수 없기 때문이다. 그렇다고 그 이유 때문만은 아니다. 경제적·사회적으로 따져봤을 때도 합리적이지 않다. 경제성장은 수십억 인구의 삶의 질을 높이는 데 아무런 도움이 되지 않는다. 이는 빈곤층과 상류층을 가리지 않고 적용되는 사실이다. 오히려 경제성장으로 유발된 불평등으로 인해 온갖 사회문제들이 나타나며 삶의 질을 저하시키고 있다. '행복은 돈으로 살 수 없다'라는 옛말은 조금도 틀리지 않은 것 같다. 지난 100년을 돌이켜보건대, 어쩌면 우리는 광고에 현혹된 나머지 불행을 손에 쥐기 위해 소비해왔다는 생각마저 든다.

다시 한번 말하지만, 더 이상의 경제성장은 없다. 다시금 성장해보겠다고 몸부림치겠지만 그렇다고 달라질 것은 없다.

이런 상황은 우리에게 몇 가지 과제를 남긴다. 무엇보다 성장이 종식된 상황을 잘 관리해 기본적인 욕구가 충족된 사람들이 누릴 삶의 질을 향상시킬 수 있어야 한다. 이와 관련해『평등이 답이다』서문에서 두 저자가 언급한 내용을 함께 살펴보자.

인류의 물질적·기술적 성취가 최고조에 달한 상황에서 우리가 불안에 휩싸이고, 우울증에 취약하며, 타인의 시선을 기준으로 자신을 평가하고, 우정에서 의미를 찾지 못한다는 사실은 대단히 모순적이다. 소비에 탐닉하고, 공동체 생활을 거의 또는 전혀 하지 않는다는 것도 마찬가지다.

따라서 다시 인류 발전의 경로 위로 돌아와 삶의 질을 향상시키려는 노력을 기울여야 한다. 조부모 세대가 기틀을 마련해놓은 그 경로 위에서 우리가 앞서 저지른 실수를 만회하고 다시 출발해야 한다는 뜻이다. (할머니, 저희가 가야 할 길을 미리 잘 다져주셔서 감사합니다. 그런데 죄송하게도 저희가 그 좋은 기회를 날려버리고 말았어요. 이제부터라도 문제를 바로잡아갈게요.)

그렇다면 어떻게 해야 할까?

물적 재산을 늘리는 방식은 통하지 않는다. 빈곤을 벗어난 사람들의 삶의 질을 향상시키는 데는 물질적인 요인이 아니라 사회적·심리적 요인이 장벽이 된다. 이 문제를 해결하기 위해서는 더 평등한 사회를 만들기 위한 집중적인 노력이 필요하다. 평등한 사회를 구현하는 것이 삶의 질을 향상시킬 수 있는 합리적인 해결책이다. 그 이유를 함께 정리해보자.

우리는 이제 광범위한 현상에서 목격되는 사회적 병폐를 찾아낼 수 있는 지표로 불평등만 한 것이 없다는 사실을 확실히 알게 되었다. 또한 앞서 이 문제를 분석하는 과정에서, '경제성장-불평등-스트레스가 가득한 삶'이 연결되어 만들어내는 하나의 하향 주기를 불평등을 해소시키는 전략 하나만으로도 상향 주기로 반전시킬 수 있다는 점도 알게 되었다. 소비 지상주의가 성장을 이끌고 성장이 불평등을 조장한 결과 불평등이 다시 소비 지상주의를 견인하는 상황에서 사회가 평등성을 회복할 수 있다면 소비 지상주의는 위력을 잃고 그에 따라 성장이 주춤해지며 불평등은 자취를 감추게 될 것이다. 이렇게 되면 성장을 지향하는 정부의 노력이 무색해지게 되므로 '대붕괴'에 대한 부정적인 정치적 반응도 줄어들 수 있다. 그 결과 경제성장이 종식되어 야기될 수 있는 사회적 불안도 차단하는 효과가 나타날 것이다.

실제로도 지금 설명한 것과 같은 흐름이 이어질 수 있을까? 이론에만 입각해 이토록 중차대한 변화를 예측해도 괜찮은 걸까? 물론이다. 이 이론을 뒷받침하는 데이터에는 일관성이 있으며 그것은 전 세계가 처한 실제 상황을 반영한다는 측면에서 신뢰도가 높다. 그래도 또 다른 증거가 필요하다면 다음 내용을 살펴보기 바란다.

제2차 세계대전 당시의 영국 상황은 이런 이론을 실행에 옮겼을 때 나타날 수 있는 현상을 보여주는 좋은 사례다. 전쟁이 지속되는 동안 불평등이 완화되고 개인의 소비가 줄었으며 생활수준이 낮아진 반면, 국민들의 건강 수준은 빠르게 향상되었다. 이 모든 현상은 국민들의 적극적인 호응 속에 나타났다. 전쟁 중 민간인의 기대 수명은 20세기의 다른 어떤 해보다 2배 이상 증가했다. 기대 수명이 늘어난 것은 배급제 덕에 영양 불균형 문제가 완화되었기 때문이 아니었다. 제1차 세계대전 때도 배급제를 시행했으나 영양 수준에는 변화가 없던 반면 제2차 세계대전과 유사한 수준으로 기대 수명이 증가했기 때문이다. 1911~1921년과 1940~1951년의 각 마지막 해를 기준으로 볼 때 남성과 여성은 각 첫해 대비 최소 6.5년 더 살았다.[1]

민간 물품이 군용물자로 전환되고 독일의 폭격으로 런던과 다른 대도시에 살던 많은 사람들이 집을 잃는 상황이 펼쳐지며 물질적 측면에서의 생활수준은 크게 타격받았으나, 불평등은 그 어느 때보다 크게 개선되었다. 두 차례의 전시 기간 동안 고용은 급증했으며, 불평등을 줄이기 위한 구체적인 노력이 전개되었다. 또한 사회 구성원들은 전쟁 중 국가를 위해 희생한 하위 계층에 보답하기 위해 최소한의 복지라도 보장해야 한다는 데 암묵적으로 동의했다. 이런 분위기 속에 노동자 계층의 실질소득은 9퍼센트 넘게 증가한 반면 중산층의 실질소득은 7퍼센트 감소하는 현상도 나타났다. 불평등의 완화가 전시 상황에서 국민을 하나로 결집시키는 데 기여했을 뿐만 아니라 국민 대다수의 건강 증진 및 그 밖의 여러 사회지표를 개선하는 데도 일조한 것이다.

평등성을 회복하는 과정은 이처럼 간단하다. 이제 우리의 결단만이 남았다. 사회가 평등성을 회복할수록 삶의 질은 향상될 것이다.

무엇부터 시작해야 할까? 극심한 불평등에서 벗어나기 위한 일련의 정책부터 시행해야 한다. 허먼 데일리 교수는 이와 관련해 다음과 같이 지적했다. "불평등이 시작되는 지점은 어디일까? 불평등의 적정 범위를 지키기 위해서는 무조건적으로 특혜를 늘리기보다 실제적 기여도에 따라 차등을 두어 보상해야 한다."

그는 불평등 문제를 다음과 같이 요약하고 나름의 해법을 제시했다.

성장 없이 빈곤을 완화하기 위해서는 재분배가 필수적이다. 완전한 평등이 이치에 맞지 않듯 제한 없는 불평등도 문제의 소지를 안고 있다. 따라서 최저 소득과 최고 소득 사이에 적정한 한도를 설정하는 식으로 허용할 수 있는 불평등 격차를 사전에 합의할 필요가 있다. 미국의 정부·군·대학에서 조사된 불평등 격차는 15~20배 수준이다. 그러나 미국 기업의 경우는 무려 500배가 넘는다. 다른 여러 국가에서는 그 격차가 25배 수준이라는 점을 참고하기 바란다. 허용할 수 있는 불평등 격차를 100배로 정하고 이후 나타나는 현상들을 관찰해보면 어떨까?

급여 수준이 한도에 이른 사람은 그 이상의 보수를 받지 않고 일을 즐기거나, 일을 하지 않는 대신 남은 시간을 취미 생활이나 봉사 활동에 할애해도 좋을 것이다. 급여 수준이 한도에 다다라 상위층에서 미처 소화하지 못한 일이 있다면 하위층에서 대신 하는 방식을 도입할 수도 있다. 민주주의 체제를 유지하는 데 필수적인 공동체 정신은 미국처럼 막대한 소득 격차가 있는 곳에서 유지되기 어렵다. 상위층과 하위층의 소득 격차가 500배라면 두 집단의 구성원은 전혀 다른 '생물종'이 되는 것이나 마찬가지다.

그동안 이런 격차는 빈부 차에 자극을 받은 하위층이 노력해 부를 축적함으로써 결국 모두 부자가 된다는 식의 논리로 정당화되어왔다. 이런 주장은 지구가 '텅 빈 상황'이었을 때는 표면적으로나마 타당하게 들렸을지 모르지만, 지구가 '꽉 찬 상황'에서는 한낱 동화 같은 이야기일 뿐이다.[2]

여기서 한 가지 우리가 확실히 짚고 넘어가야 할 것은 동기를 부여한다는 측면에서 볼 때 경영진에 직원보다 500배나 많은 급여를 지급할 필요가 없다는 사실이다. 50배도 필요 없다. 이런 수준의 격차는 동기를 부여하는 데 아무런 도움이 되지 않기 때문이다. 내가 만난 최고 부유층의 경우, 자신의 의욕을 고취시키는 것은 돈이 아니라 자신이 받아들 업무 성과표라고 말한다. 이들의 말을 빌리자면 업무 목표의 달성 정도에 따라 성공을 평가하고 인정할 수 있는 제도를 모색할 필요가 있다.

사회 공헌도를 기준으로 시작해보는 것은 어떨까? 군사령관의 연봉을 높이고 투자은행 임원의 연봉을 낮춰보는 것이다. 내 삶의 질을 향상시키는 데 둘 중 누가 더 도움을 줬는지가 명확한 경우에 속하기 때문이다.

많은 사람들은 이런 방식으로 불평등이 해소되기를 바란다. 그러면서도 기존의 체제를 맹신한 나머지 새로운 방식은 어쩐지 제 역할을 못 할 것이라 의심한다. 『평등이 답이다』에서 두 저자는 미국인 대부분이 "과잉과 탐욕에서 벗어나 가치·공동체·가족에 의미를 둔 생활 방식을 원한다"라고 기술하고 있다. 그러나 많은 사람들은 공동체의 다른 구성원들이 무절제하고 탐욕스럽다고 오인하고 자신을 고립시키고 있는 실정이다. 이런 오해 때문에 비록 겉으로 표현하고 있지는 않지만 모두가 내심 불평등이 새로운 방식으로 해소되기를 바라고 있다.

그렇다면 불공평을 옹호하는 사람들은 누구일까? 경제학자들은 아니다. 정부가 나서 불평등 문제를 해결하는 조치를 시행하기를 바라는 경제학자가 그렇지 않은 경제학자보다 4배 더 많다.[3] '성장 지향형' 경제학자이자 전 연방준비제도 이사회 의장을 역임한 앨런 그린스펀조차 정부가 앞장서 불평등 문제를 해결하길 바랐으며 심지어 불평등이 심화되는 현상을 "매우 불편한 추세"라고 일컫기도 했다.

일반인과 전문가를 막론하고 우리 사회에 평등성이 구현되어야 한다고 주장하는 사람이 압도적으로 더 많다. 게다가 데이터 역시 우리 사회가 보다 평등할 때 삶의 질이 향상된다는 사실을 뒷받침하고 있는 만큼 이제 문제 해결에 나서기로 결단하는 일만이 남아 있다.

우리 각자의 이익을 위해서라도 부를 분배하고 공유해야 한다는 점에서 평등성의 구현은 국가적·세계적 차원으로도 확대되어야 한다.

앞으로 인류의 발전을 꾀하고, 우리 자신의 행복을 증진시키는 것은 물론, 광범위하게 퍼져 있는 사회문제를 해결하기 위해서는 우리 사회의 평등성을 개선하는 정책을 의도적이고 의식적으로 계획하고 추진해나가야 할 것이다.

19장
미래는 이미
시작되었다
THE GREAT DISRUPTION

이제 미래를 설계하는 일에 착수할 때다. 할 일은 많지만, 그동안 이 일에 적극적으로 뛰어들어 헌신한 사람이 수없이 많으며 지금도 동참하는 사람들이 계속 늘어나고 있음에 희망을 느낀다.

미래 설계에 동참하고 있는 사람들은 누구의 지시를 기다리지 않는다. 각자가 자발적으로 나서 행동을 바꾸거나 캠페인을 벌이고 있으며, 뜻이 맞는 사람들끼리 모여 새로운 조직을 만들어간다. 신기술을 개발하고 기업의 경영 방식을 혁신하는 경우도 많다. 미래 설계를 위한 이 모든 활동은 '대붕괴'를 잘 헤쳐나가려는 노력이자 그 뒤 이어질 인류의 번영을 내다본 준비라고 할 수 있다.

이런 활동이 하나의 추세를 이루기 시작하면 전 세계로 빠르게 퍼져나가 생활 방식과 노동 방식이 크게 달라질 것이다. 긴밀하게 연결된 세계가 가진 장점이 빛을 발하는 순간이라 할 수 있다.

'더 프리사이클 네트워크' 같은 조직의 회원 수가 700만 명이 아니라 7억 명으로 늘어난 상태에서 제품의 사용 주기를 2배 늘린다고 생각해보라. 이런 조건이라면 제조업이 환경에 미치는 영향을 절반으로 줄일 수 있으며, 사람들은 지역사회 내에서 물건을 나눠 쓰고, 바꿔 쓰고, 다시 쓰는 기쁨을 느끼게 될 것이다.

'콤팩트'가 진행했던 '쇼핑 없이 1년 살기' 운동을 우리 모두가 자발적으로 실천해보는 건 어떨까? 이 실천을 신경제체제로 들어서는 데 필요한 입장권으로 생각해보는 거다. 쇼핑을 중단하고 1년을 지내보면 소비 지상주의의 폐해를 적나라하게 체득할 수 있을 것이다.

각자가 사는 지역에서 재배된 농산물을 소비하는 운동을 벌여 가족 단위의 영농 방식이 되살아나도록 장려해보는 방법도 있다. 이는 많은 개발도상국에서 지금도 보편적으로 사용하고 있는 방식이다. 선진국에서도 농민과 직거래하여 신선한 식재료를 구하려는 사람들이 늘어남에 따라 이 방법을 재도입하려는 움직임이 나타나고 있다. 산업화된 농업의 대표 주자 격인 미국에서조차 1994년부터 2009년까지 농산물 직거래 시장 수는 300퍼센트 늘었다. 이런 추세가 매년 늘고 있는 만큼 소비자의 적극적인 동참도 어렵지 않게 유도할 수 있을 것으로 기대된다.

각국 정부가 나서 대대적인 에너지 절약 운동을 펼쳐보는 건 어떨까? 모두가 함께 참여함으로써 공동체 의식을 고취시킬 수 있는 계기가 되는 것은 물론 절약 효과도 대단할 것이다. 국제에너지기구는 에너지 효율을 높이려는 이와 같은 노력을 통해 2050년까지 100조 달러 이상을 절약할 수 있다고 발표했다.

이와 관련해 내가 운영하던 에코스가 소유한 이지빙그린Easy Being Green에서 전개한 에너지 절감 운동이 가져온 변화를 소개해보겠다.

이지빙그린은 가정에 에너지 절약형 전구나 물 공급 장치를 설치해주는 사업을 하는 기업이다. 매주 200명이 넘는 젊은 직원들이 수천 세대를 직접 방문해 에너지 절약 방법을 소개하고 기후변화의 심각성을 설명하는 일을 했다. 또 각 가정에서 절약한 에너지 양에 따라 탄소 배출권을 판매했으며, 그 비용으로 각 가정에 에너지 절약에 필요한 장비를 무료로 설치해주었다.

기업을 운영하는 과정에서 무척 많은 것을 배울 수 있었다. 직원들은 놀라울 정도로 의욕적이고 열정적이었다. 대부분 대학원을 졸업한 유능한 젊은이들이었음에도 모두가 전구를 갈아 끼우는 일에 즐거운 마음으로 임했다. 누군가에게는 시답지 않은 일처럼 보일 수 있지만, 고맙게도 직원들은 자신들의 일상 업무가 곧 기후변화를 늦추는 방법이며 이런 실천으로 사회적 가치 실현에 일조하고 있다고 생각했다. 또 하나 알게 된 것은 기업이 취한 혁신적인 조치에 정부가 올바른 정책으로 응답할 경우 간단하면서도 효율적인 해법으로 무궁무진한 효과를 볼 수 있다는 점이었다. 이지빙그린의 직원들이 1년여간 교체한 전구 수는 500만 개가 넘었으며 다른 에너지 저감 장치로는 무려 400만 톤 분량의 이산화탄소가 대기 중으로 배출되는 것을 막아냈다. 모두가 보람을 느끼면서 이 일을 해냈다는 것에 정말 감사할 따름이다.

이 외에도 취할 수 있는 조치들은 많다. 시장을 선도하는 주요 기업들이 뜻을 모아 정부에 기후변화 억제를 위한 긴급 조치 시행을 촉구할 수도 있을 것이다. 듀폰, 포드, GE, 제너럴 모터스, 리오 틴토, 펩시와 같은 굴지의 기업들이 가입한 미국 기후행동협의체USCAP, U.S. Climate Action Partnership가 대표적인 사례다. 또 500여 기업의 지도자들이 모인 기후변화 대응을 위한 기업인 그룹Corporate Leaders Group on Climate Change은 코펜하겐 공동 선언문을 통해 각국 정부가 나서 지구의 연평균 기온 상승폭을 2도 이하로 억제하는 조치를 취할 것을 요구하기도 했다. 모두 바람직한 활동이다. 이 기업들이 마치 미래는 암울하며 더는 번영할 수 없는 위험이 도사리고 있을 뿐이라는 식으로 행동한다고 상상해보라! 대신 이 기업들이 앞장서 연기금과 기업, 소비자를 모아 하나의 강력한 연합체를 만든다면, 변화에 저항하는 다른 기업의 반발을 불식시키고 정부가 행동에 나서도록 압박 수위를 높일 수 있지 않을까?

새로운 경제체제하에서 기업에 최고 인재들을 영입하고 유지하기 위해서는 새로운 형태의 비금전적 보상 제도를 마련해야 할 것으로 보인다. 소비를 10퍼센트 줄이는 운동에 참여하는 근로자에게 근무시간과 급여를 10퍼센트 줄여주는 방식은 어떨까? 이 방법을 통해 근로자들은 연 5주간의 추가 휴가를 얻거나 금요일 점심시간에 퇴근하는 혜택을 누릴 수 있을 것이다. 이에 따라 금요일 오후부터 주말 계획을 짜는 즐거움을 누릴 수 있으며, 취업자 수 역시 늘어날 수 있다.

신경제체제가 갖고 있는 새로운 특성들은 이처럼 다양한 변화의 기회를 만들어낸다. 따라서 위기가 정점에 이를 때까지 대응을 지체해서는 안 된다. 대응에 늦게 나설수록 앞서 언급한 해결책들을 실험해보고 실효성 여부를 판단할 시간이 줄어들기 때문이다. '콤팩트'나 '더 프리사이클 네트워크' 사례에서 보듯 우리가 직면한 위기의 심각성을 이해하고 실질적인 행동에 즉각적으로 나설 준비가 되어 있는 사람들의 숫자가 기하급수적으로 늘어나고 있다는 사실이 무척 다행스럽다.

설령 이런 대응책이 제대로 통하지 않는다 하더라도 결국 우리는 분명 더 지혜롭고 합리적인 해법을 찾게 될 것이다. 인류는 본래 지혜롭고 합리적이기 때문이다.

학계의 존경을 받는 영향력 있는 경제학자 E. F. 슈마허는 『작은 것이 아름답다 Small is Beautiful』에서 그가 제창한 '불교경제학'에 대해 다음과 같이 설명했다. "불교를 믿는 경제학자들은 '불교경제학'을 굉장히 비합리적이라고 생각할지도 모르겠다. 인간의 안녕이란 관점에서 볼 때 소비는 작디작은 수단에 불과한 만큼, 그 목적은 최소한의 소비로 최대의 행복을 누리는 것이 되어야 한다. (……) 수고로움이 덜할수록 예술적 창의력을 발휘할 수 있는 시간과 힘이 늘어난다. 그러나 현대 경제학은 소비를 모든 경제활동의 유일한 목표이자 최종 목적지로 생각하고 있다."

우리는 과연 이처럼 급진적인 변화를 맞이할 준비가 되어 있을까? 이 질문에 대한 나의 대답은 '그렇다'이다.

2005년 처음으로 「절규, 붕괴, 붐」을 통해 환경문제에 대한 내 생각을 밝혔을 때, 생태계 붕괴에 대한 예측이 지나치게 극단적이라는 평가를 많이 받았다. 환경문제에 깊이 관여하고 있던 사람들까지도 이런 비판에 동의하는 경우가 많았다. 그러나 그로부터 불과 5년 만에 생태계 붕괴는 충분히 있을 수 있는 현상으로 받아들여졌다. 이처럼 급변하고 있는 상황에서는 변화의 추이를 놓치지 않고 따라가는 것은 물론 준비된 조치들을 믿고 지지할 필요가 있다.

우리가 높은 기대감을 갖고 지지하며 확산시킬 수 있는 조치에는 어떤 것들이 있을까? 대표적인 변화의 핵심 동력으로 자금을 꼽을 수 있다. 지난 수십 년 동안 사람들은 환경 및 사회 기준에 따라 투자 대상을 선별하는 펀드에 투자해왔다. 사회투자포럼 SIF, Social Investment Forum은 2007년 사회적 책무와 관련된 세 가지 핵심 전략(환경과 사회에 미치는 영향, 주주의 권리 보호 및 경영 참여 보장, 지역사회 투자) 중 하나 이상의 기준에 부합하는 기관에 들어간 미국 내 투자 총액이 2조 7000억 달러에 이른다고 발표했다.[1]

이처럼 기업의 사회 기여도를 고려해 투자하는 방식은 주류로 확고히 자리를 잡아가고 있다. 앞으로 모든 투자자들은 기업이 환경과 사회에 미치는 영향이 곧 기업의 근간을 뒤흔들 만한 핵심적인 문제라는 점을 인식하고, 기업의 사회적 책무 이행 여부를 기본적으로 고려하여 투자처를 고르게 될 것이다. 궁극적으로는 이런 기준으로 적격 여부를 확인하지 않고 투자해도 모든 기업이 이미 이런 기준에 부합하는 시대가 되도록 노력해야 하며, 나는 분명 그런 시기가 올 것이라 확신하고 있다.

제너레이션 인베스트먼트 매니지먼트 GIM, Generation Investment Management 의 데이비드 블러드 같은 투자자들은 이미 기업의 사회적 책무 이행을 기준으로 삼아 투자를 진행하고 있다. 지속 가능성을 염두에 두지 않은 경영전략을 펼치는 기업이 투자를 받고 성장할 기회가 줄어들고 있는 것이다. 다음은 GIM의 공동 창립자인 앨 고어가 출범식에서 한 발언이다.

기업을 투명하게 운영하고 혁신을 두려워하지 않으며 환경 친화성을 경쟁력의 핵심으로 여기는 기업, 그리고 지역사회와 직원을 위해 투자를 아끼지 않으며 장기적 관점에서 위험을 관리할 수 있는 능력을 가진 기업만이 지속적으로 가치를 창출할 수 있다. 지속 가능성과 사회적 책무를 배제한 채 경영전략을 수립하고 기술 개발에 나서는 기업은 장기적인 관점에서 볼 때 결코 주주들의 이익을 보장할 수 없다.

데이비드 블러드처럼 이 문제에 진심을 다하는 사람에게 큰 용기를 주는 말이 아닐 수 없다. 그와 출신이 비슷한 사람들은(블러드는 골드만삭스 자산 운용 부문의 CEO를 역임했다) 대체로 이런 문제에 깊게 관여하려 하지 않는다. 그러다보면 자신을 그 위치까지 오르게 한 믿음의 근간이 흔들리는 경우가 발생할 수 있기 때문이다.

GIM은 더 이상 신규 투자자를 모집하지 않고 있다. 이미 60억 달러에 이르는 운용 자금이 모였기 때문이다(2010년 기준). GIM은 이 자금을 우리가 앞서 논의한 흐름에 기민하게 대처할 준비가 되어 있다고 판단되는 여러 상장 기업에 투자하고 있다. 한 가지 흥미로운 점은 2008년 세계 금융 위기 속에서도 이런 방식의 투자 운용 성과가 기존 방식보다 훨씬 좋았다는 점이다. 이후 GIM은 기후 문제 해결기금Climate Solutions Fund을 마련하여 기후변화 대응 과정에서 중요한 역할을 할 것으로 기대되는 기업에 약 6억 5000만 달러를 투자했다. 나는 이 기금의 운용 책임자인 콜린 르 뒤크를 처음 만났던 날 나눈 대화를 잊을 수 없다. 그는 자신의 팀이 투자하기로 결정한 여러 사업안이 갖고 있는 우수성에 자신감을 내보이며 이쯤이면 시장이 기후 문제에 대처할 만반의 준비를 마쳤다고도 볼 수 있다고 말했다.

한편 이 기금의 투자 포트폴리오에는 기존의 대기업뿐만 아니라 혁신에 대한 의지가 뚜렷한 신생 기업도 포함되어 있었다. 이런 신생 기업 중 하나가 바로 리사이클뱅크RecyleBank다. 리사이클뱅크는 우리가 끝도 없이 사고 또 버리는 물품의 재활용도를 높임으로써 수익을 창출하고자 한 기업이다. 사업을 시작하고 불과 몇 년 만에 리사이클뱅크가 제안한 재활용 서비스에 가입한 회원 수는 미국 26개 주와 영국을 포함해 무려 100만 명에 육박했다. 그 결과 재활용률이 눈에 띄게 높아졌으며 수백만 달러의 쓰레기 매립 비용과 나무 및 석유 사용량을 절감하는 효과가 나타났다. 리사이클뱅크는 언뜻 단순해 보이지만 재활용을 촉진하는 방법 면에서 매우 독창적인 사업 모델을 갖고 있다. 리사이클뱅크는 먼저 각 가정에서 배출한 재활용품의 무게를 재활용품 전용 쓰레기통에 부착된 전자 칩을 통해 파악한 다음 가입된 계정으로 보상 포인트를 지급하고 이 포인트를 리사이클뱅크와 계약을 맺은 가맹점에서 현금처럼 사용할 수 있게 했다.

그 결과 재활용률은 눈에 띄게 높아졌다. 예를 들어, 2008년 말 리사이클뱅크의 프로그램을 도입한 오하이오주 몽고메리 지역의 경우 재활용률이 무려 39퍼센트 증가했다. 재활용률이 이처럼 높아지자 지방정부들은 수백만 달러에 이르는 쓰레기 매립 비용을 절감할 수 있었고, 그 비용의 일부를 받는 형식으로 수익을 올린 리사이클뱅크는 제반 설비를 보강하며 성장해갔다. 리사이클뱅크의 사업 모델은 사업에 참여한 모든 주체가 이익을 얻도록 설계되어 있었다. 관계 당국의 경우 비용은 물론 환경에 미치는 영향을 줄였고, 리사이클뱅크는 수익을 창출하며 일자리를 늘렸다. 재활용업체들은 손쉽게 자원을 수거했으며, 서비스 가입자들은 '좋은 일'을 하는 대가로 경제적 보상을 얻었다. 기술만으로 모든 것을 해결할 수 없다는 깨달음을 주는 사례가 아닐 수 없다. 기술이 사람들의 행동 변화와 결합될 때 비로소 실제적이고 지속적인 결과가 도출되며 결국 그 결과가 시장에 크나큰 영향을 미치게 되는 것이다.

GIM이 투자한 또 다른 기업은 영국의 슈퍼마켓 오카도Ocado다. 오카도는 11장과 12장에서 언급한 슘페터의 '창조적 파괴'에 해당하는 사례라 할 만큼 파격적인 경영 모델을 선보였다. 오프라인 매장 하나 없이 온라인으로만 운영되는 오카도는 신선 식품을 가정으로 배달하는 서비스를 통해 탄소 발자국을 줄인다. 정말 이 방법이 소비자들이 직접 슈퍼마켓에 장을 보러 가는 것보다 더 친환경적일까? 먼저 오늘날의 대형 마트를 떠올려보자. 밝은 조명 아래로 빼곡하게 진열된 수많은 상품과 개방형 냉장고는 운영상의 효율성을 따지지 않고 오로지 판매량을 늘리는 데만 초점을 맞춘 결과이며, 이는 모두 탄소 발자국으로 환산될 수 있다.

오카도는 중앙 집중식으로 자동화 설비를 갖춘 창고를 마련해 대형 마트의 오프라인 매장이 갖고 있던 탄소 배출 문제를 해결하고자 했다. 손님을 맞을 넓은 주차장을 확보하기 위해 대형 마트 대부분이 도시 외곽 지역에 위치한 관계로 고객들은 보통 승용차를 몰고 장을 보러 가야 한다. 그런데 오카도의 배달 서비스는 이런 고정관념을 깨버렸다. 도로 위를 달리던 수많은 승용차가 오카도의 배달용 차량 한 대로 대체되며 탄소 배출을 줄이는 결과를 가져온 것이다. 오카도는 친환경적 기여를 했을 뿐만 아니라, 최첨단 물류 시스템을 도입해 고객 친화적인 서비스를 구현하기도 했다. 고객이 직접 배달 시간을 선택하면 출발 두세 시간 전에 배달 차량 운전자의 이름과 차량 번호를 고객에게 보내주는 방식을 선구적으로 도입한 것이 일례다.

이와 같은 사업 방식이 확산됨에 따라 기존 시장뿐만 아니라 사회 및 경제 전반에도 긍정적인 변화가 나타날 것으로 기대된다. 더 이상 사람들은 두 손 가득 쇼핑백을 들고 다닐 필요가 없을 것이다. 승용차 없이 생활을 못 하겠다거나 한 대 더 구입해야 한다는 생각에도 분명 영향을 미칠 것이다. 도시 외곽에 있어 차를 몰고 가야 하는 쇼핑센터에 투자하는 일이 재고될 것이며 도심 중심에 있는 쇼핑센터에 대한 생각 또한 달라질 것이다. 거주지에서 가까운 지역에서 쇼핑을 하는 것이 환경을 보호하고 지역사회를 활성화시키는 데 도움이 되는 만큼, 오카도가 제안한 모델은 사람들이 걷거나 자전거를 타고 이동할 수 있는 거리에 있는 작지만 특화된 상점들의 경쟁력을 되살아나게 할 수 있다. 사람들이 오프라인보다 온라인 매장을 이용한다면 포장 면에서도 효율성을 높일 수 있다. 더 이상 화려한 포장으로 진열대에서 눈길을 끌 필요가 없어지기 때문이다. 오카도의 사업 모델은 우리로 하여금 경제를 운용하는 새로운 방식을 실험해볼 수 있게 한다는 점에서 환영받아 마땅하다.

유명 투자사들이 수조 달러에 이르는 자금을 오카도처럼 사회적 기여도가 높은 기업에 투자하게 하려면 데이비드 블러드나 콜린 르 뒤크와 같은 선구자들이 나서 이와 같은 사업이 어떻게 성공할 수 있는지를 보여주어야 한다. 도덕성 문제와 상관없이, 막대한 자금이 환경 파괴적인 산업으로 흘러들어 가는 이유는 거기서 얻을 수 있는 이윤이 있기 때문이다. 따라서 수익 창출이 보장될 수만 있다면 지속 가능성을 지향하는 사업 모델에 대규모 자금이 투입되지 못할 이유가 없다!

지속 가능성을 지향하는 사업에 투자하는 데 있어 하나의 스펙트럼이 있다고 생각해보자. 이 스펙트럼의 한끝에는 지속 가능성에 초점을 맞춘 투자자들이 있다. 사회와 환경문제라는 가치에 우위를 둔 이들은 위험을 감수하고 투자를 결정한다. GIM과 같은 투자사는 이 스펙트럼의 중간쯤에 자리하고 있다. GIM의 경우 주류 투자사로서 높은 수익을 창출하기 위해 노력하지만 동시에 명확한 사회적 목표를 가진 사업을 중시한다. 수익 창출을 추구하지만 그렇다고 수익 창출을 최종 목표로 삼지는 않는다고 이해해볼 수 있다.

가장 진보적이라고 할 수 있는 스펙트럼의 다른 끝에는 혁신적인 투자 목표를 갖고 등장한 기관들이 있다. 이들은 지속 가능 금융을 구현한다는 사명 아래 새로운 소유 구조를 실험한다. 1980년에 네덜란드에서 문을 연 트리오도스 은행Triodos Bank이 그 대표적인 경우다. 다음 기업 이념을 통해 트리오도스 은행이 추구하는 지향점을 알 수 있다.

트리오도스 은행은 지속 가능한 사회를 지향하는 여러 투자자와 예금자의 지지를 기반으로 기업에 사회적 책무를 다하도록 요구할 것이다. 트리오도스 은행은 또한 문화적 가치를 높이고 사람과 환경에 도움이 되는 기업·기관·프로젝트를 선별해 사업 자금을 지원할 예정이다.

분명한 사회적 목표를 갖고 운영되는 기업이나 프로젝트에만 투자하겠다는 트리오도스의 전략과 가치는 금융 분야에 깊은 영향을 주고 있다. 기업 이념은 다음과 같이 이어진다. "트리오도스 은행은 사회 구성원의 삶의 질을 높이고 존엄성을 지키는 사회를 구축하는 데 힘을 보탤 수 있는 방법을 끊임없이 모색해나갈 것이다."

1994년 그린피스 활동을 하며 암스테르담에 살던 시절 트리오도스의 CEO인 피터 블롬을 만난 적이 있다. 그와의 대화를 통해 당시 어떻게 그토록 급진적인 생각을 담아 은행을 출범시킬 수 있었는지에 무척 놀라기도 했지만, 한편으로는 오래도록 다양한 사회적 실험을 해온 네덜란드에서였기에 가능한 시도였을 거라는 생각도 들었다.

그 후 몇 년이 지나 그를 다시 만난 자리에서 나는 트리오도스 은행의 행보가 갖는 의미를 재차 묻지 않을 수 없었다. 특히 2009년 한 해 트리오도스가 올린 성과는 무척 고무적이었다. 1년 사이 30퍼센트 증가한 위탁 자금이 50억 유로에 달했고, 고객 수는 27퍼센트 증가했으며, 영국·스페인·벨기에·독일로도 지사를 확대했다. 같은 해 『파이낸셜 타임스Financial Times』가 선정한 '올해의 지속 가능 은행Global Sustainable Bank of the Year' 상을 받으며 명확한 사회적 목표를 갖고 움직이는 조직이 사업이라는 틀 안에서 어떤 일을 해낼 수 있는지를 대외적으로 인정받기 시작했다(2장에서 언급했던 목표 중심 전략의 사례라 할 수 있다).

트리오도스가 오래도록 선구자적인 활동을 펼침으로써 이에 동참하는 기업들도 늘어났다. 세계 금융 위기 이후, 고객의 예치금이 운용되는 방식을 투명하게 공개하라는 사회적 요구가 높아지자 트리오도스는 자신들이 투자하거나 대출을 해준 기업들의 명단과 자금 내역을 온라인에 공개했다. 또한 대출을 받은 기업들의 상세 주소까지 공개함으로써 고객들은 자신의 예치금이 정확히 어느 지역의 경제를 활성화시키는 데 사용되는지를 직접 확인할 수 있었다.

피터 블롬의 첫인상은 전형적인 오늘날의 금융인이었다. 말끔한 옷차림에 누구나 자신의 돈을 안심하고 맡길 수 있겠다는 생각이 들 만큼 진중한 이미지를 갖고 있었기 때문이다. 그러나 비즈니스에 대한 대화를 시작하자 그의 모습이 무척 달리 보이기 시작했다. 마치 미래에서 온 금융인 같았다고나 할까? 블룸은 트리오도스가 문화 발전에 기여하고 공동체 유대 강화에 일조하기를 바랐고, 가치 사슬을 분석하여 유기농 식품 산업을 육성할 수 있는 방안을 모색하고 있었다. 블룸은 이런 활동 가운데 특히 예술 활동을 촉진하기 위해 문화 부문 투자 펀드를 만들었던 경험을 내게 자세히 들려주었다. 예술가들이 악기를 구입하거나 작업실을 구하는 데 필요한 비용을 마련하기 위해 대출을 받기가 얼마나 어려운지를 설명하던 블룸은 18세기에 만들어진 바이올린을 담보물로 잡아도 될지를 결정하기가 정말 어려웠다고 털어놓기도 했다.

블룸이 돈을 버는 방법을 모를 리 없었다. 그럼에도 트리오도스는 고위험을 감수하고 고수익을 올리는 전략 대신 지속 가능한 수익 창출에 목표를 두었다. 그들이 창출하는 수익이 안정적이고 꾸준하다 보니 트리오도스의 지분을 늘리고 싶어 하는 연기금이 많았지만 블룸은 이를 모두 거절했다고 한다. 사실 트리오도스는 투자자가 보유할 수 있는 최대 지분율을 제한해 자신들이 추구하는 사회적 목표 달성에 투자자가 과도한 영향력을 행사하지 못하도록 하고 있다. 뿐만 아니라 주식 신탁을 통해 지분 소유에 따른 이윤과 경영을 분리시켜 운영함으로써 경영의 독립성을 유지하고 사회적 가치 창출이라는 본래의 목표를 엄격하게 지켜나가고 있기도 하다.

트리오도스 은행과 같은 사례는 전체 시장 규모를 생각하면 아직 미미한 수준이다. 그러나 이런 변화는 분명 급격하게 퍼져나갈 것이다. 1998년에 창업해 2004년에 상장한 구글의 경우, 2010년 시가총액이 1800억 달러에 달했다. 물론 세계화를 못마땅하게 여기는 시선도 있으나, 세계화로 시장이 상호 연결된 덕에 새로운 아이디어가 가진 여파는 경제 전반으로 빠르게 퍼져나갈 수 있다. 기성 금융기관이 고수하고 있는 운영 행태에 대한 반발이 거세지고 있는 지금의 기류를 생각할 때, 앞으로 10년에서 15년 후 트리오도스와 같은 은행이 금융 부문의 주류로 자리 잡을 가능성을 가볍게 보기는 어렵다.

이 밖에도 우리가 관심을 가져야 할 문제는 많다.

상장증권 거래보다 더 효율적으로 기능할 수 있는 소유 구조나 지배 구조는 없을까? 공공 기관을 주식시장에 상장하는 방법 외에도 여러 시도가 가능하며 이 중 일부는 이미 주류에서 적용되고 있지만 아직 대중의 관심이나 시장의 신뢰를 충분히 받지는 못하고 있는 실정이다. 만약 1도 전쟁 계획이 시행된다면 단기적으로는 기존의 특정 기업이나 사업 모델이 각광을 받는 현상이 나타날 수 있지만, 사실상 더 이상 성장할 수 없다는 인식이 확산되면서 기존의 많은 사업과 낡은 모델은 점차 신뢰를 잃게 될 것이다. 그리고 신경제체제가 대안으로 떠오르면서, 오늘날은 비주류에 속하던 것들이 곧 주류의 자리를 차지하는 현상이 나타날 것으로 보인다.

좀 구식이기는 하나 협동조합을 다시 한번 제대로 활용해보는 건 어떨까? 뉴질랜드에는 낙농업자 1만 1000명이 조합원으로 가입한 우유협동조합 폰테라Fonterra가 있다. 폰테라의 매출액은 뉴질랜드 전체 수출액의 20퍼센트를 차지하고 있으며 이는 뉴질랜드 GDP의 무려 7퍼센트에 해당하는 규모다(2010년 기준). 한편 스웨덴 기반의 임업 협동조합 소드라Sodra는 산림 소유자 5만 2000명을 조합원으로 두고 운영되고 있다. 소드라는 종이와 판지를 만드는 데 필요한 펄프를 생산하는 회사 중 세계 3위 규모를 자랑하고 있으며 가장 성공적이고 지속 가능한 펄프 회사로 널리 인정받고 있다.

소드라의 CEO 레이프 브로덴은 소드라가 삼림 소유자인 조합원들의 이익을 우선하는 독특한 기업 문화와 경영전략을 갖고 있으며, 조합원들 또한 일반 상장회사의 주주들과 달리 장기적인 안목을 갖고 있다고 설명했다. 레이프는 펄프 생산 과정에 그동안 전기를 무척 많이 사용했으나 지금은 전기 생산량이 소비량보다 더 많아져 소드라를 소개할 때 에너지 기업이라는 설명이 추가되어야 할 정도라고 말하기도 했다. 조합원들의 땅에 있는 풍차에 투자해 에너지 생산량을 늘리는 동시에 조합원에게 추가 수입원을 제공하고 있기 때문이다. 오래전부터 환경문제에 관심이 많던 소드라는 여느 기업보다 먼저 펄프 표백 과정에서 염소를 사용하지 않았고 국제 삼림관리협회 Forest Stewardship Council의 인증 절차를 도입해 삼림 보호에 앞장서고 있다.

이와 같은 활동 덕에 소드라는 전 세계로 사업을 확장해나가는 과정에서 신뢰할 수 있는 사업 파트너로 인정받으며 경쟁 우위를 차지할 수 있었다. 그린피스에서 함께 일했던 요아힘 버그먼은 소드라가 호주 임업 부문에 투자할 기회를 모색하고 있을 때 레이프를 호주로 초청해 여러 비정부기구의 환경 담당자들과 정부 관계자들에게 소개하는 자리를 마련했다. 이 자리에 참석한 많은 이들은 세계적 규모를 자랑하는 펄프 회사 CEO가 기후변화에 대한 조치를 역설하고 펄프 생산 공정에서 염소 사용을 금지해야 하며 다음 세대를 위해 숲을 보호해야 하는 이유를 열정적으로 설명하는 모습에 무척 깊은 인상을 받았다. 이 모임에 참석했던 한 고위급 인사는 "보통의 CEO에게서는 들을 수 없는 말"이라는 소감을 남기기도 했다.

전 세계적으로 볼 때 소드라와 같은 협동조합에 고용된 직원은 1억 명에 이른다. 다국적 기업이 고용한 직원 수보다 20퍼센트나 많은 숫자다. 협동조합의 시장 프로필이나 정부 지원 내역에는 반영되지 않은 실질적인 노동력이라고 할 수 있다.

노동과 고용은 앞으로 어떻게 달라질까? 경제가 정상 상태로 운영되기 시작하면 선진국에 사는 사람들의 소비가 줄어 생활에 필요한 소득도 함께 줄어들 것이다. 인구가 증가하는 가운데 거래량이 줄어드는 상황은 결국 소득과 노동 시간이 줄어든다는 것을 의미한다. 이런 변화는 도시교통, 일자리, 정부의 세수, 일과 삶의 균형에 이르기까지 다양한 분야에 광범위하게 영향을 미칠 것이다.

끊임없이 노동력을 증대시키고 기술을 발전시키는 것이 현대 시장 경제학이 선호하는 바이므로 생산의 효율성이 높아지는 현상에 트집을 잡기란 좀처럼 쉽지 않다. 하지만 이 시점에 던져봐야 할 질문이 있다. 효율성이 높아지면 삶의 질도 함께 향상되는 것일까? 경쟁 업체들의 맹렬한 추격으로 전세는 언제든 역전될 수 있기 때문에 고수익이나 고임금 기조를 지속적으로 유지하기는 무척 어렵다. 오히려 가격이 하락해 더 많은 소비가 유발되는 현상이 보편화될 가능성이 더 높다.

생산성 향상이 근로 시간 단축으로 이어진다면 어떨까? 더 효율적으로 일한 만큼 더 적게 일할 수 있다면 어떤 현상이 나타날까? 근로자는 자신이 속한 회사가 인하된 가격으로 더 많은 물건을 팔아 매출이 늘어나는 것보다 노동 시간 단축을 통해 여가 시간이 늘어났을 때 동기 부여를 받을 가능성이 더 크다.

생산성이 향상된 결과를 노동 시간 단축이라는 형태로 개인과 나누는 것은 획기적인 동시에 본질적으로 합리적인 방법이다. 삶에는 효율성과 생산성을 뛰어넘는 가치가 존재하기 때문이다. 슈마허는 『작은 것이 아름답다』에서 다음과 같이 설명했다.

> 우리는 스스로를 하나의 도토리에 불과하다고 생각한다. 그래서 좀 더 몸집을 키워 반질반질 윤이 나는 도토리가 되는 것을 최고의 행복이라 여기며 산다. 그런데 이는 고작 돼지에게나 득이 되는 생각이 아닐 수 없다. 도토리가 자라 참나무가 될 수 있다는 신념을 갖게 될 때, 비로소 우리의 삶은 더 나은 방향으로 나아갈 수 있다.

우리에게 주어진 또 하나의 흥미로운 과제는 지역사회를 지금보다 더 안전하고 신뢰할 수 있는 수준의 공동체로 만드는 일이다. 전 세계 많은 사람들은 도시는 물론 작은 마을에서도 공동체 정신이 점차 약화되고 있는 현상을 안타까워한다. 사람들이 막상 구매를 해봐야 사용할 시간도 없는 물건들을 사기 위해 더 오랜 시간 일을 하고 있는 탓에 공동체 활동을 할 시간이 없기 때문이다. 가령 생산성을 높이고 소비를 줄이는 활동을 결합해 모두가 근무 시간을 20퍼센트 줄여보면 어떨까? 숨가쁘게 돌아가던 일상의 속도를 늦추고 여가와 문화생활, 공동체 활동을 늘리면 삶의 질은 분명 향상될 수 있을 것이다.

정상 상태로 운영되는 경제 상황에서는 현실적으로 모두의 근무 시간을 줄여야 한다. 노동생산성이 매년 계속 높아진다면 동량의 물건을 생산하는 데 투입되는 근로자 수는 줄어들 수밖에 없다. 이 경우, 실업률이 올라가는 것을 막으려면 더 많이 생산하고 더 많이 소비해야 한다. 생산성 향상이 결국 노동 시간 연장과 소득 증대, 생산량 증대, 여가 시간 감소로 이어지고 마는 셈이다. 더 이상 생산을 늘릴 수 없을 때 선택할 수 있는 한 가지 방안은 바로 주당 노동 시간을 줄이는 것이다. 그러면 근로자의 수를 그대로 유지할 수 있다. 일하는 시간을 줄이면 휴일이 늘고 주말도 길어진다. 오후 2시면 업무가 끝날 수 있기 때문이다.

이렇게 노동 시간이 줄면 공동체 활동에 다시 참여할 수 있는 시간을 확보할 수 있다. 더 많은 구성원들이 상호 교류하게 되면서 공동체는 한낮에도 활기를 띠는 장소로 거듭나게 될 것이다. 또한 학교와 같은 주요 기관에 대한 공동체의 역할을 모색하며 자원봉사에 더 많은 시간을 할애할 수 있을 것이다.

학교를 지원하는 공동체 활동에 직접 참여해본 경험을 공유해보려고 한다. 호주 최대 보험회사인 IAG의 CEO였던 마이크 호커와 함께 한 활동이었다. 당시 마이크는 사회의 사각지대에 놓인 지역 공동체가 마주한 문제들에 많은 관심을 갖고 있었다. 이런 문제들이 사회적 파장을 일으켜 보험금 청구로 이어지는 일이 잦았기 때문이다. 마이크는 이 상황을 가만히 지켜보고만 있을 사람이 아니었다. 그는 호주의 몇몇 대기업 CEO들을 소집해 해결 방안을 함께 모색하고자 했다. 나 역시 마이크가 이끄는 모임에 참석하게 되었고, 많은 논의 끝에 우리는 호주 기업과 지역사회 협력 네트워크Australian Business and Community Network를 출범하고 교육 부문에 힘을 쏟아보기로 했다. 이 네트워크에서 활동하기를 희망하는 CEO들은 어려운 처지에 놓인 학교의 교장들과 정기적으로 만나 멘토 역할을 하는 조건을 수락해야 했다. 출범하고 몇 년이 지나지 않아 총 25개 회사가 이 네트워크에 참여했고, CEO를 포함한 임직원 2000여 명이 150개 학교에서 다양한 프로그램에 참여하는 성과를 올렸다. 학교장들은 TV에서나 볼 수 있던 주요 기업의 CEO들이 학교에 앉아 자신의 경험을 공유하는 상황에 놀라움을 금치 못했다. 한편 CEO들의 열정과 헌신도 대단했다. 자신들이 이룩한 성공의 밑바탕이 된 지역사회에 기여할 수 있다는 사실에 큰 보람과 기쁨을 느꼈기 때문이다. 이 활동이 비단 학교에만 도움이 되었던 것은 아니다. CEO들은 학교장들이 어려운 상황에서도 학교를 운영하는 방법을 배워 이를 기업 경영에 참고하기도 했다.

이런 경험에 비춰 볼 때, 나는 사람들이 여가 시간을 좋은 일에 얼마든지 할애할 것이라 믿어 의심치 않는다. 여가 시간을 활용해 쓰지 않는 물건을 교환하거나 기부하는 활동에 참여하는 방식으로 소비를 줄이는 동시에 환경을 보호할 수 있게 될 것이다. 또한 이런 활동을 통해 지역 구성원과 유대 관계를 돈독히 함으로써 한층 안전하고 친근한 지역사회를 만들어갈 수 있을 것이다.

여러 연구들이 여가 시간이 늘수록 삶의 질이 향상되어 건강은 물론 삶의 만족도가 높아진다는 결과를 내놓고 있다.[2] 또 이런 조건에서는 우리 삶이 환경에 미치는 악영향이 줄어드는 것으로 보고되고 있다.

공동체는 '사회적 자본'을 창출하는 행동으로 더욱 견고해질 수 있다. 사회적 자본이란 협력적 네트워크와 상호 신뢰가 가치를 지닌다는 인식을 기반으로 한 무형의 자산이다. 이웃으로부터 공구를 빌리는 것도, 좋은 친구를 사귀어 행복감을 느끼는 것도 모두 여기에 해당된다. 우리 자신이나 자녀를 교육함으로써 인적 자본에 투자하는 방식으로 사회적 자본을 창출할 수도 있다. 사회적 자본에 투자하도록 장려함으로써 개인이나 정부, 도시 계획가들은 한층 유기적으로 연결된 공동체를 만드는 데 힘을 보탤 수 있다. 이런 공동체는 특히 위기 상황에서 더욱 결집하여 문제에 대처하는 특성이 있으므로 결국 이런 공동체가 영향력을 발휘하는 곳은 더욱 안전하고 살기 좋은 삶의 터전이 될 수 있다.

공동체가 함께 할 수 있는 행사는 무척 다양하다. 거리 축제나 자원봉사, 물품 교환이나 기부, 공동 텃밭 가꾸기, 태양열 온수 장치 공동 구매, 차량 공유, 맨스 셰드Men's Shed[3] 등의 활동이 그 예다. 이와 같은 활동을 통해 환경에 미치는 영향과 소비를 줄이고 건강한 경제를 구축하는 것은 물론 우정을 쌓고 삶의 만족도를 높일 수 있을 것이다. 기존의 공동체도 이와 같은 활동을 도입할 수 있지만, 정부 기관이 주택 개발 사업 같은 프로젝트를 진행해 일련의 규칙을 공동체가 미리 경험하게 함으로써 구성원들이 더 안전하고 상호 신뢰하는 지역사회를 만들어가는 데 도움을 줄 수도 있다. 전 세계적으로 도시 계획가나 건축가, 코하우징 협회Cohousing Association[4] 같은 단체들은 이런 방식을 시범적으로 운영하며 실효성을 입증해나가고 있으며, 미국의 경우 코하우징 방식으로 마련된 주거단지는 총 113개에 이른다 (2008년 기준).

이런 식의 변화를 주도하는 지역사회 기관에서 활동하고 있는 사람들은 무척 많다.

그중에서 내가 가장 흥미롭게 생각한 단체는 나탈리 아이작스라는 한 주부가 이끄는 '100만 여성1 Million Women'이다. 시드니 북부 해안가에서 네 자녀를 키우는 엄마인 나탈리가 자신이 벌이는 캠페인을 시작하게 된 이유를 열정적으로 말하는 모습을 보고 있으면, 개개인이 얼마나 중요하며 또 얼마나 큰 변화를 만들어낼 수 있는 존재인지를 새삼 깨닫게 된다.

나탈리는 호주의 남성 정치인들이 기후변화에 미온적으로 대처하는 것을 보고 실망한 나머지 자신이라도 구체적이고 실질적인 활동을 벌여야겠다고 결심했다. 이후 나탈리는 내 아내의 후원을 받아 계획을 구체화하고 '100만 여성' 캠페인을 시작한다. 나탈리는 가정이나 직장에서 어떤 일을 추진하고 목표를 달성하는 데 있어 여성들의 영향력이 더 크다는 것을 잘 알고 있었던 것 같다. 여성이 가정 내 소비 지출의 약 70퍼센트를 결정한다고 하니 말이다. 나탈리는 여성들의 이런 특성을 활용하기로 하고 다음과 같은 생각을 한다. '호주 전역에서 여성 100만 명이 이산화탄소 배출량을 최소 1톤 줄이기로 약속하고 실천해보는 건 어떨까?' 나탈리는 곧 웹사이트 1milionwomen.com.au를 만들고 누구나 생활 속에서 쉽게 실천할 수 방법들을 소개했다. 모두 실천을 통해 만족감을 얻을 만한 제안이었으며, 이 중 상당수는 돈을 절약하는 효과까지 있었다.

출범한 지 얼마 지나지 않아 CEO부터 교외 지역에 사는 전업주부까지 호주 전역의 각계각층에 속한 여성들이 '100만 여성'에 가입하기 시작했으며, 불과 1년 만에 호주에 있는 환경 단체 중 가장 많은 회원을 보유하게 되었다. 직접적이고 실제적인 행동을 통해 환경 문제를 해결하고자 하는 이 단체에 가입하는 회원 수는 지금도 매일 늘어나고 있다.

여성들은 이 분야에서 압도적인 차이를 만들어내고 있으며, 전 세계적으로 여러 벤처 기업을 탄생시키며 뛰어난 사업 수완을 발휘하고 있다. 한 자료는 1997년에서 2008년 사이의 데이터를 분석해 여성이 운영하는 사업이 남성이 운영하는 사업보다 2배 더 빠르게 성장한다는 결과를 내놓았다. 많은 여성들이 나탈리처럼 일을 추진하고 성과를 내는 방법을 모두 잘 알고 있었다는 뜻이다!

창의적인 사고와 연대가 만들어내는 변화를 보여주는 사례는 이밖에도 많다.

호주의 남성들이 모여 시작한 '맨스 셰드'라는 운동은 특히 은퇴 등의 이유로 일을 하지 않고 있는 남성들이 공동체에서 고립되어 자신들의 신체적·정신적 고충을 털어놓지 못하는 경우가 많다는 점에 주목했다. 이 운동은 좀처럼 '얼굴을 마주 보고 대화하지 못하는 남성들'에게 공동체 속에서 함께 일하며 교류하고 우정을 쌓을 수 있는 기회를 제공하는 것을 목표로 조직되었다. 남성이라면 누구라도 참여할 수 있는 이 운동은 빠르게 호주 전역으로 확산되었으며 세계 각지에서 도입이 확산되는 추세를 보이고 있다.

또 다른 사례로 앤드루 벤터 박사가 이끌었던 대지 보존 트러스트 WCT, Wildlands Conservation Trust를 살펴보자. 남아프리카공화국 23개 지역사회에는 약 2500명에 이르는 '육림 사업자'가 WCT의 위탁을 받아 나무를 키우고 있다(2010년 기준). 어린이도 사업자로 지정될 수 있으며, 해당 지역 고유 수종의 묘목을 일정 크기까지 키우는 것이 이들의 임무이다. 묘목이 목표치까지 자라면 WCT는 그 나무를 사는 대신 사업자에게 포인트를 지급하고, 사업자들은 이 포인트를 가지고 지정된 가게에서 자전거·옷·담요·식품 등을 구입할 수 있다. 자전거·옷·담요·식품이 열매를 맺는 나무를 키운 셈이다! WCT는 이 나무를 도시 녹화 사업이나 산림 복구 사업에 사용함으로써 일자리를 창출하고, 탄소 배출권을 판매해 다시 나무 구입 비용으로 사용한다.

비영리 조직인 E+Co의 사례도 흥미롭다. 이 조직은 시장 원리를 적용해 마을에 청정에너지를 공급하고 빈곤을 경감시키는 성과를 올리고 있다. E+Co는 뛰어난 사업가들을 찾아 이들이 청정에너지 사업을 벌일 수 있게 도움을 준 다음 그 사업에 다시 투자한다. 이와 같은 간단한 방법으로 크나큰 실제적 성과를 거둔 E+Co의 운영 방식은 캄보디아·중국·코스타리카·엘살바도르·가나·과테말라·온두라스·인도·말리·모로코·네팔·니카라과·필리핀·세네갈·남아프리카공화국·탄자니아·태국·감비아·우간다·베트남·잠비아 등 세계 각지로 확산되고 있다.

지난 15년 동안 E+Co의 조언과 투자에 따라 1200명에 달하는 사업가들이 560만 명에게 청정에너지를 공급하는 성과를 냈다. 2200만 리터의 등유와 67만 배럴의 석유가 청정에너지로 대체되었으며, 그 결과 이산화탄소 배출량을 400만 톤 감축할 수 있었다. 더욱 흥미로운 것은 E+Co가 8퍼센트의 투자 수익으로 이런 결과를 도출해냈다는 점이다(2010년 기준).

한 개인의 열정과 헌신이 세상에 엄청난 변화를 만들어낸 경우도 있다. 1995년경에 만났던 잭 히스의 이야기를 소개해보겠다. 가족 구성원 중 청소년이 자살한 사건에 깊은 충격을 받은 잭은 이런 비극을 막는 일에 앞장서보기로 결심한다. 외교관을 거쳐 폴 키팅 호주 총리의 자문 위원으로 활동하던 잭은 인스파이어 재단Inspire Foundation 을 설립하고 내게 이사직을 제안했다. 이 재단은 인터넷 기반 서비스인 리치아웃ReachOut, www.reachout.com 을 만들어 청소년들이 언제라도 익명으로 접속해 필요한 도움을 받을 수 있도록 했다. 첨단기술을 활용해 비용 측면에서도 효율성을 높인 사회 서비스를 제공한 재단의 노력은 사회적으로 높이 평가되었으며 1990년대 후반에 이르러서는 여러 상을 받기도 했다. 이 재단의 활동은 적절한 지원만 있다면 청소년들이 어려운 시기를 서로 연대해 잘 헤쳐나갈 수 있다는 점을 입증하며 지금도 전 세계로 퍼져나가고 있다.

리치아웃은 잭을 '비범한 인물'이라 부른 루퍼트 머독의 지지를 받았다. 인스파이어 재단을 열렬하게 지지했던 헬렌 핸드베리가 세상을 떠나자 가족으로서 그 뜻을 이어받은 루퍼트는 자신의 영향력을 십분 발휘하며 인스파이어 재단이 전 세계로 활동 영역을 넓히도록 적극 지원하고 있다.

인스파이어 재단, 100만 여성, 더 프리사이클 네트워크 등은 거대한 변화가 시작되는 시기에 인터넷이 가진 파급력을 여실하게 보여주는 사례가 아닐 수 없다. 인터넷으로 모인 사람들이 공동체를 만들어 연대하고 위기에 함께 대처하면서 변화를 모색하고 있는 것이다. 이런 인터넷 활동은 또한 나탈리 아이작스, 피터 블롬, 데런 빌, 마이크 호커, 잭 히스 같은 개인이 자신의 신념과 열정에 따라 행동에 나서 구체적인 성과를 얻어낼 수 있음을 보여주는 사례로도 이해할 수 있다.

누구라도 결심하면 변화를 만들어낼 수 있다는 사실을 기억할 필요가 있다. 앞서 언급한 사람들은 '영웅'으로 비춰지지만 사실은 모두 평범한 사람들이다. 다만 이들이 남달랐던 것은 행동에 나서기로 결심함으로써 변화를 만들어냈다는 데 있다. 잭 히스의 아내는 한 텔레비전 프로그램에 출연해 자신의 남편을 "어떤 성인 같은 인물이 아니라 결점이 많아도 착한 사람이 되려고 애쓰는 사람"이라고 소개한 바 있다. 우리 역시 모두 결점이 많은 평범한 사람들이다. 그래도 행동에 나서기로 **마음을 먹으면** 분명 큰 변화를 만들어낼 수 있다.

지속 가능한 경제를 구현하고, 공동체의 역량을 강화하며, 삶의 질을 높일 수 있는 방안에 대한 논의는 결코 부족했던 적이 없다. 앞서 언급한 예시들은 이렇게 도출된 아이디어를 실제 행동으로 옮긴 결과다. 지난 수십 년간 전 세계에서 쏟아진 수많은 계획과 프로젝트를 관찰해본 결과 이제는 실천해야 할 때가 되었음을 다음 세 가지 이유를 들어 강조하고 싶다.

첫째, 앞서 이 책에서 여러 차례 언급했듯이, 우리는 물리적 한계 때문에 변화를 선택할 수밖에 없는 상황에 처해 있다. 이 이유를 절대 과소평가해서는 안 된다. 궁지에 몰리면, 변화는 빠르게 전개될 것이며 오래도록 꿈쩍도 안 할 것처럼 보였던 장벽이 빠르게 무너질 것이다.

둘째, 세계가 하나로 연결되어 이제 그 힘을 활용할 수 있게 되었기 때문이다. 이 힘을 디딤돌 삼아 변화는 놀라우리만큼 빠르게 확산될 수 있다. 소비 지상주의에 빠진 사람들의 태도가 바뀌고 새로운 기술과 아이디어가 널리 퍼지는 속도는 우리의 예상을 훌쩍 뛰어넘을 것이다.

이런 현상은 하버드 대학의 니컬러스 크리스타키스 교수와 캘리포니아 대학의 제임스 파울러 교수가 공동 집필한 『행복은 전염된다 Connected: The Surprising Power of Our Social Networks and How They Shape Our Lives』[5]를 통해 보다 잘 이해할 수 있다. 두 저자는 사람들이 가진 잠재적인 역량은 물론 공동체의 변화를 이끌어내는 개인의 힘을 통찰력 있는 실험을 통해 입증해냈다.

예를 들면, 두 저자는 1만 2000명으로 구성된 사회적 연결망을 수학적으로 분석하여 나와 직접적으로 연결된 누군가(친구)가 행복하다면 내가 행복해질 가능성이 15퍼센트 더 높아진다는 결과를 내놓았다. 여기서 끝이 아니다. 나와 2단계 떨어진 사람(친구의 친구)이 행복하면 내 삶 역시 즐거워질 가능성이 6퍼센트 높아진다. 언뜻 적은 수치처럼 보일 수 있지만, 그 의미를 잘 되새겨보기 바란다. 어쩌면 얼굴 한번 본 적이 없을 내 친구의 친구의 친구가 행복할 때 그 행복이 나에게 영향을 미칠 가능성이 6퍼센트 높아진다는 것은 가볍게 보아 넘길 일이 아닐지도 모른다. 연봉이 1만 달러 늘어날 때 내가 행복감을 느낄 가능성이 2퍼센트 높아진다는 사실과 비교해보면 좀 더 감이 올 것이다.

이런 사회 관계망이 가진 위력이 우리가 하고 있던 이야기와 어떤 연관성이 있을까? 간단히 말해, 내가 속한 사회 관계망에서 어떤 사람이 행동과 태도를 바꾸면 그 관계망으로 연결되어 있는 사람들에게도 일련의 변화가 생길 수 있다고 이해해볼 수 있다. 즉 어떤 것이 정상적이거나 사회적 기대치에 부합한다면 관계망을 타고 급속하게 확산될 수 있다는 뜻이다. 지금은 이 사회 관계망이 전 세계적으로 연결되어 있으므로 '쇼핑을 줄이고 삶의 질을 높이자'라는 아이디어가 얼마나 빠르게 전개될지 상상하기는 그리 어렵지 않다.

셋째, 우리가 진입하고 있는 이 시기에 전개될 변화는 무척 빠르게 진행될 것이 분명하므로, GIM·트리오도스·소드라·오카도·100만 여성·맨스 셰드 같은 단체의 활동 역시 더 이상 주변부에만 머물러 있지 않을 것이다. 아직 대중의 인식 속에서는 대세로 자리 잡지 못했다고 하더라도, 이런 움직임들이 모여 임계점을 향해 나아가고 있다는 사실만큼은 분명하다. 정부나 언론은 글로벌 대기업처럼 주류에 속한 경제활동에 관심을 쏟겠지만, 이들은 사실 사회나 경제를 구성하는 하나의 주체에 불과하다는 사실을 기억해야 한다.

중소기업에서 일하거나 협동조합에 소속된 사람들이 대기업에서 일하는 사람들보다 많은 데다, 비영리 조직이 경제활동의 주체로 빠르게 성장하고 있는 상황이다. 또한 2008년과 2009년 사이 화석연료보다 재생에너지 분야에 더 많은 투자가 이뤄졌으며,[6] 유기농 식품 시장이 일반 식품 시장보다 더 크게 성장하고 있다. 이렇듯 미래는 이미 시작되었으며, 이런 현상들은 우리가 생각하는 것보다 훨씬 광범위하게 확산되어 있다.

여기서 다시금 주목해야 할 것은 흥미로운 실행 방안이 제법 많다는 사실이 아니라 우리가 한번 결심하면 해결책을 찾아내는 뛰어난 능력을 갖고 있으며 이렇게 찾아낸 해결책을 사회 관계망과 인터넷으로 연결된 공동체를 통해 빠르게 확산시킬 수 있다는 점이다.

무궁무진한 가능성을 발견할 수 있는 시기가 도래했다. 어쩌면 인류 역사상 가장 흥미로운 시기가 될지 모른다.

이제 지금까지 이 책에서 다룬 이야기를 끝맺기 전에 우리가 앞으로 경험하게 될 일들을 간략히 정리해보자.

사람들이 곧 경제성장이 멈추고 기후변화가 세계경제 및 사회의 안정성에 위협이 될 것이라는 인식을 갖게 되면 두 가지 반응이 나타날 것이다. 먼저 1도 전쟁 계획에서 설명한 구경제의 대응이 나타나며 정치계와 대중의 이목을 집중시킬 것이다. 우리는 기후변화가 통제 불가능한 상황으로 넘어가지 않도록 온 힘을 다해 새로운 기술을 개발해야 한다. 엄청난 규모의 자금과 인력을 동원해 새로운 기술 개발에 집중할 필요가 있으며 그 결과물을 최대한 빠르게 내놓아야 한다. 이런 움직임이 처음에는 대대적인 경제 차원의 변화로 보일 수도 있다. 그러나 이런 변화가 대대적으로 일어날지언정 진정한 의미의 질적 변화는 아니라는 사실을 기억해야 한다.

진정한 의미의 질적 변화는 이런 변화와 같은 시기에 시작되겠지만 훨씬 더디게 진행될 것이다. 여기서 진정한 의미의 질적 변화란 삶의 질을 향상시키고 보다 공평하게 부가 분배되며 생태계가 가진 물리적 한계와 조화를 이루며 살아가는 정상적이고 지속 가능한 경제를 만들어가는 것을 뜻한다.

처음에는 이런 변화가 정치계와 대중의 이목을 끌지 못하겠지만, 광범위하게 전개되는 사회운동을 통해 분명 더욱 심오하고 지속적인 형태로 우리의 생활 속에 뿌리를 내릴 것이다. 이때 전개되는 사회운동은 새로운 경제체제를 구축하는 동시에 사고의 틀을 깨고 정치적으로 발전할 수 있는 발판이 되어줄 것이다.

사회운동은 또한 우리가 기후변화를 겪으며 얻은 '넘어서는 안 되는 한계가 있다'라는 교훈을 문화 속에 깊이 각인시키는 결과를 가져올 것이다. 이런 과정을 거치며 경제는 더 이상 양적으로 성장할 수 없으며 경제구조를 전면적으로 재창조하거나 재설계해야 한다는 점을 깨닫게 될 것이다. 깨달음의 과정은 더디겠지만 시간이 지남에 따라 당위성은 더욱 확고해질 것이다.

이런 움직임은 더 이상 사회 주변부를 맴돌거나 장막에 그 모습을 감춘 채 진행되지 않을 것이다. 하루가 다르게 많은 사람들이 우리가 처한 상황과 앞으로 나아가야 할 방향을 깨닫고 있기 때문이다.

어떤 사람들은 과학적 관점에서 접근해, 수치가 나타내는 물리적 한계에 관심을 기울일 것이다. 경제적 관점에서 접근해, 한계치를 넘어섰을 때 필연적으로 맞게 되는 경제 및 금융 분야의 결과가 다시 경제 전반에 영향을 미쳐 기업과 국가 경쟁력에 막대한 영향을 줄 것이라고 예상하는 사람들도 있을 것이다. 또 어떤 이들은 가치 측면에서 접근해, 지난 수십 년 동안 물질적 부가 비정상적이라고 할 만큼 증가했음에도 서구 세계에서 삶의 질이 향상되지 못하고 있는 이유를 궁금하게 여기기 시작할 것이다. 지난 20년 사이 캘리포니아 지역에 신설된 대학이 하나인 반면 교도소는 21개가 새로 지어졌다는 사실에 주목하며, 이런 추세가 세계에서 가장 부유한 나라에서 일어났다는 사실에 뭔가 크게 잘못되었다는 판단을 하게 될 수도 있다.

학술적인 측면에서, 인류의 도약과 발전을 입증하는 데이터를 연구하고 이를 경제성장 지표와 비교하는 연구도 진행될 것이다. 그 결과를 바탕으로 현재의 경제모델이 제 기능을 하지 못하고 있다는 결론이 도출될 것이다. 특히 사회 전체의 부는 증가하고 있지만 삶의 질은 향상되지 않고 있다는 점이 데이터로 확고히 입증될 것이다.

어느 각도에서 살펴보아도 도달하게 될 결론은 하나다. 바로, 우리가 변화해야 한다는 것이다. 기대하는 바, 열망하는 대상, 그리고 우리의 행동까지도 모조리 바꿔야 하는 상황이다. 어떤 기술로도 인간의 잘못된 가치 기준을 바로 잡을 수는 없다. 그러므로 우리가 바꿔야 하는 것은 사고의 틀이다.

여기서 다행인 것은 우리가 떠나보내야 하는 가치와 신념이 우리가 본래 썩 내켜 하지 않았던 것이라는 점이다. 이기적인 자기 이익 추구처럼 말이다. 반면 우리가 앞으로 지키고 육성하고 싶은 가치는 우리가 이미 갖고 있으며 또 선호하는 것이다. 강한 연대 의식을 가진 공동체를 가꾸고, 의미 있는 삶을 추구하며, 우리 자신을 생태계의 일부로 인식하고, 서로가 서로를 돌보는 세상을 만드는 것 등이 여기에 포함된다.

이런 가치들을 기준으로 삼아 사회와 경제에 변화의 흐름을 만들어내야 한다. 새로운 경제체제를 구축하는 데 있어 중심이 되는 기본 목표는 더 행복한 삶을 사는 것이다. 향락을 추구하는 화려한 삶이 아니라 진정한 의미에서 만족감을 느끼고 행복하게 사는 삶 말이다.

이는 개인·기업·정부 차원에서 성공을 가르는 기준이 달라져야 함을 의미한다. 더 이상 경제성장과 개인이 축적한 부가 판단의 기준이 되어서는 안 된다. 그런 규칙이 적용되던 게임은 끝났으며, 이와 함께 경제성장도 종식될 것이다. 이제 새로운 게임이 시작된 만큼 그에 맞는 규칙을 마련해야 한다.

그러면 하나의 질문만 남는다. '나는 새로운 게임을 시작할 준비가 되어 있는가?'

20장
책임의 주체는
누구일까?
THE GREAT DISRUPTION

이제 이 책의 마지막 장에 이르렀다. 그렇다고 우리 사회나 인류가 마지막 장에 도달한 것은 아니다. 유인원에서 출발해 온 힘을 다해 진화해온 여정의 다음 단계가 이제부터 시작되기 때문이다. 지금껏 그랬듯 앞으로 펼쳐질 과정도 순탄치 않겠지만 분명 인류 역사에 또 한 번 큰 획을 그을 만한 시기가 될 것이다.

내가 1972년에 읽었던 신문 기사의 내용이 그대로 실현되고 있는 것 같다. 성장에는 한계가 있다던 그 기사가 내놓았던 예측들이 지금 주변에서 나타나고 있으니 말이다. 이번 장에서는 이제 우리가 이런 현상들에 어떻게 대처할 것인지에 대해 이야기해보려고 한다. 새로운 여정을 시작할 준비가 되어 있는가? 그렇다면 이 여정을 떠나기 위해 올라탄 버스에서 여러분은 어느 자리에 앉기를 원하는지 묻고 싶다.

먼저 몇 가지 일화로 이야기를 시작해보겠다. 1990년대 초 나는 암스테르담에 살았다. 지난 500년 세월 인류 문명의 성쇠를 엿볼 수 있는 많은 이야기를 품고 있는 암스테르담은 내가 특별히 좋아하는 도시 중 하나다.

어느 날, 나는 암스테르담의 한 카페에 앉아 예술과 분쟁, 교역과 세계화, 부를 탐하며 떠났던 탐험들과 관련된 네덜란드의 역사를 되짚어보고 있었다. 모두 인류애적 관점에서 볼 때 극심한 편차를 드러내는 사건들이었다. 이 카페 건너편에는 안네 프랑크 가족이 나치 점령군을 피해 실제로 은신하던 집이 있었다. 지금은 당시의 참혹한 생활을 기록해 고전으로 널리 읽히고 있는 '안네의 일기'가 전시되어 있는 기념관이다.

안네의 집을 바라보다 문득 1938년에 내가 암스테르담에 살았다면 어떤 생각을 하며 지냈을지가 궁금해졌다. 이 카페에 함께 앉아 있던 친구가 앞으로 암스테르담에 벌어질 일을 알려준다면 나는 어떤 반응을 보였을까? 다음은 그때 내가 상상한 내용이다.

이런저런 얘기를 나누며 커피를 마시던 중, 피터는 독일이 몇 년 안에 네덜란드를 침공해 곧 유럽 대부분을 점령한 뒤 수백만 유대인을 학살하고 여러 나라를 전쟁의 포화 속으로 몰아넣을 것이라는 예측을 내놓았다. 이 도발로 민간인과 군인 5000만 명 이상이 목숨을 잃을 것이며, 그 결과 인류 역사상 가장 끔찍하고 참혹한 전쟁으로 기록될 것이라는 게 그의 생각이었다.

피터는 이런 극악무도한 위협 앞에 우리가 어떤 대처를 할 수 있을지 모르겠다고 말했지만, 실제로 이런 일이 벌어진다면 전례 없는 수준으로 가동 자원을 총동원해 행동에 나서야 하는 상황이 펼쳐질 것이라는 점만큼은 분명했다. 독일이 네덜란드를 침략하고 유럽 대부분을 점령한 뒤, 같은 시기 승승장구하며 위세를 떨치던 일본과 연합하는 시나리오에 대해 설명하던 피터는 그런 상황이 와도 세계 최강의 자유 수호자인 미국은 참전하지 않을 것이라고 예측했다. 피터의 설명을 온전히 다 이해할 수는 없었지만 그런 일이 벌어진다는 생각만으로도 섬뜩한 기분이 들었다.

피터는 이런 상황이 실제로 벌어질 가능성이 높은 가운데 독일의 세력이 더 우세해지기 전에 긴급하게 대처에 나서야 하는 상황임에도 정치 지도자들이 꼼짝도 하지 않고 있다며 안타까워했다. 이런 위협에 맞서기 위해 대규모 동맹이 결성되고 미국이 동참하면서 전력이 총동원된다 하더라도, 대처가 너무 늦은 탓에 승리를 장담할 수 없는 상황이라고 했다. 특히 패전하는 경우, 자유를 빼앗긴 채 무자비한 탄압을 당하며 전체주의 통치의 폐단을 경험하게 될 것이라는 점을 가장 걱정하고 있었다.

우리의 대화는 꽤 오래도록 이어졌고, 피터는 내가 행동에 나서기를 바랐다. 어떤 일이 벌어질지 자세히는 알 수 없어도 여러 정황을 고려해볼 때 전쟁이 발발할 것이라는 점만큼은 분명하므로 즉각적으로 대처에 나서고 가족들과 친구들에게도 이 사실을 알려야 한다는 것이었다.

자전거를 타고 집으로 돌아오는 길에 카페에서 피터와 나눈 이야기를 곱씹어 생각해보았다. 여러 전문가들 역시 이 위협이 현실화될 것으로 내다보았지만 그 시기에 대해서는 의견이 분분했다. 국내외 정치 지도자들은 전쟁 위협에 강한 우려를 표명하면서도 충분히 통제할 수 있는 상황이므로 동요할 필요가 없다고 대중을 안심시켰다.

과잉 대응이 오히려 상황을 악화시킬 것이라는 이유에서였다.

내가 처한 상황을 생각해보았다. 아이들은 학교에 잘 다니고 있었고 가족은 모두 평안했으며 직장 생활도 순탄했다. 암스테르담마저 평화롭고 질서 정연하게 돌아가고 있는 상황에서 여러모로 박식한 친구 하나가 내놓은 우려 섞인 예측을 나는 어떻게 받아들여야 하는 걸까? 피터가 말한 전쟁을 내가 가까운 미래에 직접 겪게 될 일로 받아들이기는 정말 어려웠다. 이토록 심각한 상황이라면, 정부가 나서 대응하는 모습이 일반 국민의 눈에도 보여야 하는 게 아닐까?

불안한 마음을 안고 집에 도착한 나는 아내에게 피터와 나눈 이야기를 전했다. 갑자기 지인들에게 우리 가족은 네덜란드, 아니 유럽을 떠날 계획이라고 말하고 동행할 사람이 있는지 물을 수도 없는 노릇이었다. 모두 우리가 미쳤다고 생각할 게 뻔했기 때문이다.

그래서 우리는 기다렸다. 어떤 일이 벌어질지 상황을 지켜보기로 하고 정부가 필요한 조치에 나서기를 바랐다.

이 이야기에서처럼 유럽과 미국에 사는 수많은 사람들은 주변에서 중대한 징후들이 포착되었음에도 앞으로 벌어질 사태에 이렇다 할 대비도 없이 일상을 이어나갔다. 만약 사태의 심각성을 깨달은 사람들이 앞장서 정치 지도자에게 이를 알리고 대비를 철저히 해줄 것을 촉구했었다면 역사는 어떻게 달라졌을까?

다시 지금의 상황으로 돌아와보자. 임박한 위험을 경고하는 목소리를 듣는 일도, 마땅한 대응책을 마련하는 일도 모두 쉽지 않다. 마주하게 될 현실에서 두려움을 도려내는 일도, 상반된 주장들 사이에서 진실을 가려내는 일도 마찬가지다. 사람들은 보통 많은 정치 지도자나 사업가에게 날선 비판을 쏟아내면서도, 어떤 일의 실태를 파악하거나 대안을 마련하는 일에 있어서는 그들이 가진 역량을 무작정 신뢰하고 보는 이중적인 태도를 보인다. 필요한 경우에는 이들이 맡은 바 책무를 다할 것이라고 기대하는 것이다.

우리 모두는 이런 딜레마를 경험하며 살고 있다. 2005년 처음 「절규, 붕괴, 붐」이라는 제목의 편지를 썼을 때, 사람들이 어떻게 반응할지 무척 긴장했던 기억이 난다. '보내기' 버튼을 클릭하기 전 이런 생각마저 했으니까 말이다. '사람들이 다 내가 미쳤다고 생각할 거야. 이번에는 폴 길딩이 틀렸다고 비아냥거리며 좋아하겠지?'

편지를 받은 사람들의 반응은 크게 갈렸다. 내 생각과 뜻을 같이하는 사람들의 응원도 많았지만, 내가 상황을 지나치게 과장하고 있다고 지적하는 사람들도 적지 않았다. 대중이 즉각적으로 반응하도록 일종의 충격요법을 쓴 것이라고 말하는 사람도 있었다. 나는 이런 반응들을 곱씹어보며 스스로에게 수없이 묻고 또 물었다. 내가 설명한 것처럼 상황이 심각한 게 맞나? 아니면 내가 너무 감정에 치우쳤던 걸까? 그럼에도 나의 결론이 확고하다면, 내가 가진 경력과 역량을 놓고 볼 때 어떻게 행동했어야 옳은 것일까?

나의 분석에는 동의했지만 뾰족한 대처 방안을 알지 못하겠다던 사람들도 있었다. 그 때문에 다음처럼 완전히 엉뚱한 대처 방안이 반박의 논리로 등장하기도 했다.

당신 말이 맞다고 칩시다. 그다음은 뭡니까? 가진 것 다 팔고 시골에 내려가 농사라도 지으라는 겁니까? 그럼 친구들이 미쳤다고 하겠지요? 아무리 말세라지만 주위를 아무리 둘러봐도 세상은 평화롭게 돌아가고 있으니까요. 그래도 뭐 상황이 나빠진다는데 그냥 지켜보고만 있을 수는 없죠. 뭐라도 해볼 생각은 있습니다. 우리 모두에게 정말 중요한 시기가 될 테니까요.

정말 어려운 일이다. 사태가 위급한데 희망에 가득 찬 모습으로 실천에 나서야 하는 이 역설은 모두가 힘을 합해 행동에 나서는 데 있어 크나큰 걸림돌이 될 수 있다. 미국의 소설가 F. 스콧 피츠제럴드의 표현을 통해 그 어려움을 이해해볼 수 있다. "최고 수준의 지성을 판단하는 기준은 서로 상반된 생각을 동시에 하면서도 평소와 다름없이 지낼 수 있는지 여부다."

이처럼 어렵다면 어떻게 해야 할까? 인류가 위협에 제대로 맞서 대응하지 못할 경우, 외딴곳으로 달아나 농사를 지으면 그만일까? 어떤 전문가들은 실제로 이런 일이 벌어질 것이라 예측하기도 했다. 무엇이 우리를 대응에 나서게 하는 원동력이 될 수 있을까? 사회가 위협 앞에 속수무책으로 무너진다 해도 잿더미 속에서 새로운 세상을 재건할 수 있다는 믿음 하나면 후세대를 지켜낼 수 있는 것일까?

이런 질문 끝에 나도 그냥 뒤로 물러나 조용히 있는 게 낫겠다고 생각한 적이 있다. 지금 우리가 직면한 상황을 막기 위해 내가 아무런 노력을 하지 않았다고 해서 누구도 나를 비난할 수는 없었기 때문이다.

하지만 뒤로 물러나 있기로 결정했을 때 감당해야 하는 비난도 있다. 도망치는 것은 실패할까봐 두렵기 때문이며, 누구도 나를 탓할 수 없다는 이유로 문제 상황을 모른 척 덮고 넘기기로 했다는 비난이다. 다음은 1982년 폴 윌리엄스가 발표한 「상식 *Common Sense*」이라는 시의 한 대목이다.

꿈의 끝자락에서
깊은 의심이 고개를 치켜든다.
이제 거의 모든 것이 현실로 꽃피어나려는 이때
성공에 대한 끝 모를 두려움이 덮치자
별수 없이 하지만 필사적으로
우리는 실패를 움켜쥐기 위해 손을 뻗는다.
손쉽게 물러설 수 있는 마지막 기회.
다시금 사투를 벌여 2000년을 보내야 제 모습을 갖출 세상인데,
과연 누가 나서 이 세상을 구하겠노라 말할 수 있겠는가.
차라리 불운의 세대가 되는 것이 더 달콤하다.
다른 사람들이 저지른 실수와 악행의 먹구름 위를 떠다니며
화려한 종말을 향해 나아가는 그 길…….
할렐루야! 내 잘못이 아니니
기꺼이 종말을 맞으리.

다시 피츠제럴드의 발언으로 돌아가보자. 우리는 이제 그런 모순을 안고 살아가야 한다. 앞으로 피할 수 없는 고통이 뒤따르는 힘겨운 시기를 맞게 될 것이라는 점을 인정하고, 온 힘을 다해 단호하게 전진해나가야 한다. 물론 실천은 말처럼 쉽지 않을 것이다.

중구난방으로 벌어지는 온갖 상황에 어떻게 대처해야 하며, 각자가 해야 하는 일이 무엇인지 하나하나 파악하기는 어렵다. 이 세상에 어떻게 맞서 대응해야 하는지는 쉽게 이해해도 막상 각자가 해야

하는 일이 무엇인지는 모호하다. 아이들은 학교에 잘 다니고 거리는 평온한 가운데 우리의 일상도 빠르게 흘러간다. 그러다보니 정부의 관료들이 어떤 결정을 내릴 때까지는 일상을 유지하며 기다리는 게 맞는 것 같아 보이기도 한다. 자문가나 전문가로부터 도움을 얻을 수 있으며 필요한 자원을 총동원하는 상황이니만큼, 기다리다보면 결국 책임자들이 우리의 적극적인 참여가 필요하다고 요청하는 시기가 오지 않을까?

과연 이 생각이 맞을까?

지난 수십 년 동안 이 세상을 바꿔보려던 사람들은 소위 책임을 지는 자리에 있는 사람들이 행동에 나서도록 설득하기 위해 노력해왔다. 규제 강화를 주장하는 것은 물론 기업들의 책임감 있는 행동을 촉구했으며 정치인들에게는 장기적인 안목에서 사회에 이득이 되는 정책을 마련해줄 것을 요청했다.

그 세월을 돌이켜보건대 내가 과연 무슨 말을 덧붙일 수 있을까? 당시에는 좋은 생각처럼 보였던 것들이 안타깝게도 효과가 없었다고 말하는 수밖에 없다. 왜일까?

1995년에 그린피스를 떠난 뒤, 나는 글로벌 기업의 CEO들이 활동하는 무대에 합류했다. 다보스 세계경제포럼World Economic Forum, 미국 기업경영협의회Business Council, 스위스의 세계지속가능발전기업위원회 World Business Council for Sustainable Development 등이 주최하는 행사에 기업 자문가나 개인 자격으로 참여해 여러 CEO들과 교류할 기회를 가졌다. 때로는 그들의 전용기에 함께 탑승했으며 호화로운 식당에서 만찬을 즐기기도 했다.

이런 만남들이 이어지자 처음에는 무척 기대가 컸다. "드디어 세상을 이끌어가는 책임자들과 함께 일할 수 있게 됐어! 이제 그들의 의중을 파악하고 인류가 (그리고 그들의 회사가) 직면할 위험에 대해 설명해줘야지. 그러면 그들이 세상을 바꿀 거야. 그럼 나의 소임도 다 하는 셈이지."

이후 15년 동안 그들과 함께 일하며 세상에 대해 많은 것을 배울 수 있었다. 우리가 곧 위험에 직면하게 될 것이라는 사실을 이들에게 납득시키는 일은 크게 어렵지 않았다. 별난 사람들도 가끔 있었지만, 대부분은 점잖은 성품에 명석한 두뇌를 가진 이들은 논리에 바탕을 둔 과학적 사실을 신뢰했으며 자녀들을 생각해서라도 보다 나은 미래를 꿈꾸며 옳은 일을 하려고 노력했다. 그래서인지 우리가 중대한 위험에 처하게 되리란 나의 경고를 곧장 심각한 문제로 받아들였다.

문제는 이들이 책임의 주체가 아니라는 데 있었다.

만약 정말로 이 세상이 담배 연기가 자욱한 회의실에서 의사 결정을 내리는 권력자들에 의해 굴러갔다면, 회의실 문을 두드리고 안으로 들어가 상황을 설명하면 그만일 것이다. 그동안 상황이 심각해진 탓에 **당신들도** 위험에 처할 수 있다고 말해주면, 모두 즉각적으로 대응에 나서 효과도 꽤 있었을 거라 본다. 그러나 안타깝게도 세상은 그렇게 돌아가지 않는다.

세계경제는 여러 구성 요소들이 유기적으로 연결된 시스템 속에 복잡하게 움직이고 있다. 각 요소는 개별적으로 관리되지만 결국 시스템이 없이는 제 기능을 할 수 없다. 시스템을 직접 통제해보려는 사람들도 있지만 그들도 책임의 주체는 아니다.

이 세상에 담배 연기가 자욱한 회의실을 닮은 곳은 많다. 막강한 영향력을 지닌 사람들이 모여 해결책을 모색하지만 이들 역시 책임의 주체는 아니다. 이들이 가진 힘과 영향력, 사리사욕을 나는 잘 알고 있다. 의도가 무엇이건 이들이 그런 힘을 사용하는 것을 가까이서 직접 목격해왔기 때문이다. 그렇다고 이들이 한계에 다다른 시스템을 고칠 재간은 없다.

선한 의도를 가진 이들이 권한을 행사한다면 분명 문제 해결에 도움이 될 것이다. 예를 들어, 변화를 위한 행동에 나서도록 장려하거나 새로운 기술을 도입해 활용할 수 있도록 막대한 자금을 투자하고 사람들로 하여금 소비 행태를 바꾸도록 권장하는 일들이 있을 것이다. 그러나 이는 자신의 주변에서 느껴지는 시스템의 변화에 **대응하는** 것일 뿐, 책임의 주체로서 하는 행동이 아니다.

우리가 겪게 될 어려움은 시스템 차원의 문제인 만큼 그에 맞는 해결 방안이 필요하다. 어떻게 해결할 수 있을까?

지구상에서 이 문제를 해결할 수 있는 힘을 가진 유일한 존재는 바로 우리 자신이다. 인도에는 마을에 에너지를 공급하는 여성 기업가가, 호주에는 토양에 탄소를 저장하는 농부가, 다보스에는 자신의 권한을 적절히 사용해 시장의 행태를 바로잡는 CEO가, 남극에는 빙핵을 채취해 연구하는 과학자가, 중국에는 소비를 줄이되 삶의 질을 높일 수 있는 방법을 자녀에게 가르쳐주는 엄마가 있다. 이렇듯 모두가 힘을 한데 모아야 한다.

세계는 그 어느 때보다 더 긴밀하게 연결되어 있다. 친구의 친구가 행복해지면 나도 함께 행복해질 수 있는 이유를 기억하기 바란다. 소비를 줄이는 사람들, 이웃에게 친절을 베푸는 사람들, 뜻깊은 일에 앞장서는 사람들에게도 같은 논리가 적용된다.

해결 방안은 모두 준비되어 있다. 이 책에서 언급한 예시들이 모두 이 해결 방안에 속한다. 게다가 이산화탄소 배출이 없는 에너지를 공급하고, 선량한 기업을 설립하고, 도시 빈민에게 물을 공급하고, 인도의 마을에 일자리를 창출하고, 미국 내 공동체를 더 강화시키는 등의 방법은 이미 추진되고 있다. 그동안 이런 해결 방안은 열정을 가진 개인들이 앞장서 추진해왔으며 그 결과 변화가 나타나고 있다. 이제 우리가 해야 할 일은 이런 활동을 함께 실천하며 빠르게 확산시키는 것이다.

이런 활동이 확산되면 사회 각계각층에서 다양한 해법이 쏟아져 나올 수 있으며, 때로는 분노가 나름의 기여를 하는 현상도 나타날 것이다. 다음은 세계적으로 잘 알려진 환경운동가 빌 매키븐의 말이다.

우리에게는 미술과 음악도 필요하지만 분노도 필요합니다. 물론 비폭력적이고 절제된 형태여야겠지요. 그렇게 진실을 말할 수 있어야 합니다. 단호하고 끈기 있게, 하나뿐인 지구를 화석연료가 파괴하고 있다는 사실을 알려야 합니다. 정중하게 부탁한다고 해결될 일이 아닙니다. 제대로 세상이 굴러가길 바란다면 목소리를 높여야 합니다.

매키븐의 말에 전적으로 동의한다. 이제 우리의 메시지를 소리 높여 명확하게 전달해야 할 때다. 석유·석탄 회사들의 기업 활동은 근본적으로 문제가 있으므로 긴급하게 제재를 가해야 한다. 이와 관련해 넬슨 만델라와 아파르트헤이트 폐지 사례에서 얻을 수 있는 교훈이 있다. 만델라는 자신이 가진 신념과 목표만큼은 물러섬 없이 지킨 지도자지만, 자신과 대립하는 이들을 포용의 정신으로 대했다. 무려 27년 동안 자신을 수감하고 지인들과 동료들을 살해한 전력이 있는 사람들이었음에도 만델라는 '적'을 향해 복수의 칼날을 세우지 않았다. 우리에게도 대의를 실현하기 위한 결연한 의지가 필요하지만, 그 과정에서 인간의 존엄성을 잃어서는 안 된다.

가장 중요한 것은 모두가 책임의 주체라는 인식을 갖고 이 과업을 계속해 진척시켜나가야 한다는 것이다. 우리는 결국 민주화된 사회에서 투표를 일상적인 의사 결정 방식으로 받아들이며 살게 될 것이다. 이제 무슨 일을 해야 할지는 명백해졌다. 적게 소비하고 삶의 질을 높이자. 닭을 키우고 스스로 생각할 수 있도록 아이들을 기르자. 공동체를 만들어 서로 연대하자. 선한 기업이 성장하도록 돕는 대신 그렇지 못한 기업은 퇴출하자. 올바른 정치 지도자를 선출하고, 문제가 있는 정치 지도자를 몰아내자. 제 역할을 하는 기술을 살리고 그렇지 못한 기술은 폐기하자.

누군가 대신 문제를 해결해줄 거라는 생각을 과감히 버려야 한다. 우리를 대신해 나설 사람은 없다. 우리가 곧 시스템이라는 생각으로 스스로를 바꿔야 한다. 소비자와 투자자의 요구 사항이 바뀌었을 때 기업은 반응한다. 정치인들 역시 우리의 강력한 요구가 있어야 비로소 움직인다는 사실을 기억하자.

가만히 둔다고 일어날 변화가 아니다. 우리 모두가 규모와 상관없이 어디에서라도 모여 생각과 행동, 나아가 이 세상을 변화시키기 위해 단결할 때 변화가 나타날 것이다. 함께 연대해 행동한다면 시스템을 변화시킬 수 있다.

과연 성공할 수 있을까? 물론이다. 변하기로 결심만 한다면 말이다.

위협이라 인식하되 지나치게 심각해할 필요는 없다. 유인원이 돌멩이를 사용하면 견과류를 깨 먹을 수 있다는 걸 알게 되었을 때보다 더 큰 문명사적 변화를 만들어낼 수 있는 절호의 기회라고 생각하고 변화의 과정을 흥미진진하게 받아들여야 한다.

이제 때가 되었다. 다 함께 해보자.

감사의 말

　한평생 환경 분야에 몸담고 지내며 그 틀 안에서 생각해온 탓일까? 무엇이 나만의 견해인지 가려내기가 쉽지 않았다. 그래서 독자의 입장에서는 이 책에서만 찾을 수 있는 독창적인 견해가 그리 많지 않다고 여길 수도 있다. 나는 이 책이 지난 50년간 소개된 개념이나 이론, 연구 결과를 한데 모아놓은 일종의 종합서라고 생각한다. 그런 의미에서 지난 수십 년간 환경문제 극복을 위해 앞장서온 수많은 이들이 보여준 열정과 헌신, 그리고 인류와 지구가 가진 경이로운 생명력에 이들이 쏟은 애정에 경의를 표하고 싶다.

　지금의 나를 있게 한 그린피스에도 감사의 인사를 전한다. 그린피스는 그 자체가 하나의 현상이자 40년 동안 수천 명의 용기 있는 환경운동가를 배출한 행동주의의 요람이기도 하다. 나로 하여금 인류가 가진 무한한 가능성을 깨닫게 해주었으며 그 믿음을 바탕으로 나는 세계 속의 시민으로 거듭날 수 있었다.

　경제성장의 종식을 논하고 새로운 경제체제로의 이행을 돕기 위해 많은 노력을 기울인 허먼 데일리나 팀 잭슨 같은 연구자, 그리고 신경제재단이나 CASSE 같은 단체에도 고마운 마음을 전한다. 이제 이들의 시대가 시작되었다. 이들의 주장이 옳았다는 것이 점차 밝혀 지고 있기 때문이다.

사적으로도 고마움을 전할 사람들이 많지만 여기서는 몇 사람만 언급하겠다. 모두 내가 옳은 길을 가도록 도와준 사람들이다. 끊임 없이 내게 과학적 근거의 중요성을 일깨워준 짐 딕슨, 어린 환경운 동가였던 나를 수십 년 동안 믿고 지켜보며 필요할 때마다 실질적인 도움을 준 피터 개릿, 케임브리지 대학에서 함께 일한 조너선 포릿· 폴리 코티스·피터 윌리스, 그리고 학자 출신도 아닌 데다 진보적인 성향을 가진 나 같은 활동가에게 유력 인사들 앞에서 강의할 기회를 주고 생각을 연마할 수 있게 도와준 여러 관계자들에게도 감사하다. 또 에코스와 이지빙그린에서 호흡을 맞춰 함께 일한 동료들을 빼놓 을 수 없다. 너무 많아 일일이 이름을 언급할 수는 없지만, 내가 이 책에서 밝힌 대부분의 생각에 그들이 얼마나 크게 기여했는지는 아 무리 강조해도 지나침이 없다.

지난 20년 동안 그린피스를 통해 꾸준히 격려와 성원을 보내주고 필요할 때면 어김없이 도움의 손길을 내어준 요하임 버그먼에게도 감사의 인사를 전한다. 우리가 쌓은 탄탄한 우정과 그가 보내준 응 원은 삶의 의미를 되새기기에 충분했다. 여러 쟁점을 놓고 숱한 시 간을 나와 기꺼이 토론해준 머리 호가스와 릭 험프리스에게도 고맙 다. 맥주를 마시며 럭비 경기를 보다 오고 간 이야기 중 이 책에서 다 뤄지지 않은 이야기는 거의 없다고 해도 과언이 아니다. (믿거나 말거 나 이것은 진지한 호주식 토론 방법이다!)

비즈니스에 문외한이었던 내게 기업 운영에 대한 조언을 아끼지 않으며 새로운 기회를 열어 준 잭 나세르·브루스 블라이스·채드 홀리데이·폴 테보·엘런 쿨먼·마이크 호커·샘 모스틴·존 폴래어스·존 두마니에게도 감사하다. 2008년에 쓴 「대붕괴」라는 제목의 서한을 검토하고 의견을 준 줄리 버틀스도 빼놓을 수 없다. 혁신적인 변화에 대한 줄리의 열정은 누구나 본받아 마땅하다고 생각한다.

때로는 한 사람의 작은 행동이 다른 사람에게 중대한 영향을 미치기도 한다. 1995년 다보스에서 산에 함께 오른 다음부터 인생의 좋은 벗이자 지적인 논쟁의 상대가 되어준 톰 프리드먼에게 또한 각별한 감사의 마음을 전한다. 톰은 2009년 3월 『뉴욕 타임스』에 실린 한 칼럼에 「대붕괴」를 소개했고 그 덕에 나의 서한이 널리 알려지게 되면서 이 책을 써달라는 의뢰까지 받게 되었다. 톰의 기고가 없었다면 이 책은 세상에 나오지 못했을 것이다. 톰은 설득력 있는 글로 미국을 비롯한 전 세계가 기후변화의 심각성을 깨닫고 행동하도록 끊임없이 독려하며 다양한 지정학적·경제적 사례를 독자에게 소개하고 있다.

톰의 칼럼을 보고 내게 연락을 해준 편집자 피터 지나와 에이전트인 필러 퀸이 없었다면 이 책을 집필할 생각조차 하지 못했을 것이다. 특히 피터는 집필 과정에서 내가 어려움을 토로할 때마다 기꺼이 도움을 주며 내 주장을 세상에 내놓기 위해 애쓴 사람이다.

빼놓을 수 없는 또 한 사람은 요르겐 랜더스 교수다. 랜더스 교수를 만나기 전에는 이 책에서 다룬 문제들에 대해 나 역시 오래도록 고민해왔다고 자부했었지만, 그를 만나고는 생각이 달라졌다(『성장의 한계』가 집필되기 시작한 것은 내가 고등학생이 되기 전이었다!). 유머 감각이 풍부한 랜더스 교수는 새로운 아이디어에 언제나 어린아이 같은 호기심을 보이는 사람이다. 40년 동안 자신의 주장이 외면당하는 수모를 겪으면서도 한 번도 서운한 기색을 내보이지 않았다는 점에서 그의 온화한 성품을 엿볼 수 있다. 마침내 랜더스 교수가 『성장의 한계』에서 내놓은 그간의 주장과 예측의 정확성이 주목받는 시대가 되었다. 진심으로 『성장의 한계』가 가진 역사적 중요성이 널리 공유되기를 바란다.

원고 단계에서 여러 차례 검토해주고, 비판적 시각에서 내 견해를 다시 들여다볼 수 있도록 자료 조사에 공을 들여준 폴 페리스와 미셸 그로스비너에게도 감사하다. 세심하면서도 날카로운 지적 덕에 이 책의 내용은 보다 견고해질 수 있었다.

마지막으로 나의 아내이자 영혼의 단짝인 미셸에게 고맙다. 또 내 인생에서 무엇과도 바꿀 수 없는 아이들인 캘런·에서·제스퍼·오스카·그레이스에게도 사랑을 보낸다. 미셸을 빼고는 내 삶이 온전히 완성될 수 없다. 언제나 나를 응원하는 지지자이면서도 꼭 필요한 때에는 쓴소리도 마다하지 않는 사랑스러운 아내에게 감사함을 느낀다. 이 책은 나의 '꼬마'들을 위해 썼다고 해도 과언이 아니다(그중 몇은 이미 아빠의 키를 훌쩍 넘어버릴 만큼 성장했지만 말이다). 이 아이들은 지금 우리가 한 행동의 결과를 우리보다 더 오래 겪게 될 것이다. 또 이 아이들의 자녀들은 그보다 더 길게 영향을 받을 것이다. 내가 최선을 다했듯 우리 아이들도 다음 세대를 위해 최선을 다해주리라 믿는다. 그리고 부디 그 노력이 좋은 결과로 이어지길 바라며 이 글을 맺는다.

참고 자료

다음은 본문에서 다룬 여러 가지 주제와 관련해 추가로 참고해볼 수 있는 자료다.

www.paulgilding.com
내가 운영하는 웹사이트다. 이 웹사이트를 통해 본문에서 언급한 「1도 전쟁 계획」 논문을 다운받을 수 있으며, 정기적으로 발행하는 '코카투 크로니클스Cockatoo Chronicles'의 구독을 신청할 수 있다.

Paul Roberts, *The End of Food*(Boston: Houghton Mifflin Harcourt, 2008).
'대붕괴'로 초래될 가장 끔찍한 결과라고도 할 수 있는 식량의 미래에 대해 심도 깊게 다루고 있는 책이다.

Tim Jackson, *Prosperity Without Growth: Economics for a Finite Planet*(London: Earthscan, 2009).

팀 잭슨은 우리가 경제성장 문제를 어떤 시각으로 바라봐야 할지 알기 쉽게 설명한다. 지금은 해체된 영국의 지속가능발전위원회 Sustainable Development Commission가 작성한 보고서 『성장 없는 번영? *Prosperity Without Growth?*』을 바탕으로 쓰인 책이다.

David MacKay, *Sustainable Energy Without the Hot Air*(Cambridge, England: UIT Cambridge, 2009).

어떻게 하면 저탄소 에너지 체제로 전환할 수 있을지를 훌륭하게 모색하고 있는 책이다. www.withouthotair.com에서 전자책을 무료로 다운받을 수 있다.

Gwynne Dyer, *Climate Wars: The Fight for Survival as the World Overheats*(Toronto: Random House Canada, 2008).

기후변화와 지속 가능성 관점에서 볼 때 발생할 수 있는 여러 가지 지정학적 분쟁 시나리오를 상세히 설명하고 있다.

Richard Wilkinson and Kate Pickett, *The Spirit Level: Why Greater Equality Makes Societies Stronger*(New York: Bloomsbury Press, 2010).

18장에서 다룬 불평등 문제에 대해 보다 자세히 알고 싶다면 이 책을 읽어보기 바란다.

Herman Daly, *Beyond Growth: The Economics of Sustainable Development*(Boston: Beacon Press, 1997).

세계적으로 저명한 포스트 성장 경제학자인 허먼 데일리가 쓴 책으로 그가 제시한 경제학의 새로운 패러다임을 상세히 설명하고 있다. 데일리의 다른 저서나 논문을 읽기에 앞서 이 책을 읽는 것을 추천한다.

Donella Meadows, Jorgen Randers, and Dennis Meadows, *Limits to Growth: The 30-Year Update*(White River Junction, VT: Chelsea Green, 2004).
1974년 『성장의 한계』가 출판된 이후 30년 치 현실을 업데이트한 책이다.

Clive Hamilton, *Growth Fetish*(London: Pluto Press, 2004).
우리가 성장에 집착하는 이유를 잘 정리한 책이다. 이 책을 통해, 수중에 없는 돈을 들여 싫어하는 사람들에게 잘 보이기 위해 불필요한 물건을 사는 우리의 모습을 발견할 수 있다.

신경제재단The New Economics Foundation
신경제재단은 인류가 마주한 문제들에 대해 창의적이면서도 합리적인 해결책을 제안하고자 조직된 영국 소재 싱크탱크 기관이다. 이 재단에서 나온 모든 출판물은 www.neweconomics.org에서 무료로 다운받을 수 있다.

정상상태경제학연구소CASSE, The Center for the Advancement of the Steady State Economy
허먼 데일리가 주창한 '정상 상태 경제학'의 논리에 맞는 경제성장을 목표로 활동하는 미국 소재 연구 기관이다. 정상 상태 경제학으로 경제 패러다임을 전환하기 위해 필요한 여러 가지 실천 사항을 구상해 사회에 제안하는 활동을 펼치고 있다. www.steadystate.org.

지구생태발자국네트워크 The Footprint Network

경제가 지구가 가진 역량의 140퍼센트를 소진하며 성장하고 있으며 심지어 매일 그 소진 정도가 높아지고 있다고 주장한다. 이 기관의 웹사이트를 통해 환경문제와 관련된 다양한 데이터와 연구 방법을 참고할 수 있다. www.footprintnetwork.org.

보론

보론은 저자가 www.paulgilding.com에 올리는 칼럼이다.

여기서는 2019년부터 2022년 사이 작성된 칼럼 중 여섯 편을 소개한다.

1. 기후 전염

> 기후위기를 부정하는 월가의 행태 때문에 '억제하거나 분리할 수 없는 방식으로 퍼지는' 2008년식 금융 위기가 재현될 가능성이 높아지고 있다.
>
> 스탠퍼드 경영대학원 그레이엄 스틸(2019. 12)

이제는 높다란 나무를 뒤덮은 잎들이 폭풍이 몰아치기 전 불어오는 거센 바람에 부딪혀 내는 소리를 들을 수 있다. 우리가 숲 한가운데 서 있는 상황이나 마찬가지기 때문이다. 우르르 쾅! 굉음과 함께 모든 것이 휘청 흔들리면, 우리는 행여 뭐라도 머리 위로 쏟아져 내릴세라 잔뜩 겁을 먹고 주변을 경계한다.

세계경제나 기후변화를 생각할 때면 언제나 이런 장면이 먼저 머릿속을 가득 채운다. 폭풍이 휘몰아칠 것이라는 사실을 알고 있는 상태에서 마음 졸이고 있기 때문일까?

그러다 폭풍이 휘몰아치면, 기후 비상사태는 '경제 전염' 현상과 만나 확산될 것이다.[1] 세계 시장이 포모FOMO 상태에 빠지게 되는 것이다.[2] 폭풍이 오기도 전에 행동에 나서는 것에 대한 두려움은 모두가 무사히 탈출하는 가운데 나만 위기 상황에 남겨질 것 같은 두려움으로 뒤바뀌고 만다.

폭풍이 휘몰아치는 순간이 온다는 것은 뜻밖의 일이 아니다. 그리고 그 양상이 제법 파괴적이라는 것 또한 새삼스럽지 않다. 더구나 원래 시장은 좀처럼 원활하게 움직이지 않았다. 하지만 이런 현상이 지금 나타나는 이유는 무엇일까? 간략히 말해 변화를 가로막고 있던 모든 경제적·재정적 장애물이 사라졌기 때문이다. 이제 비용 때문에 행동에 나서지 못한다는 핑계는 먹히지 않는다. 이런 상황에서는 의사 결정 권한을 가진 지도자들의 태도를 어떻게 뒤집을 수 있는지가 관건이 된다. 그런데 이런 변화는 하룻밤 사이에도 일어난다. 또한 본래 시장은 동조하는 경향이 있으므로 한 시장이 움직이면 다른 시장도 따라 움직일 것이다.

이런 태도의 변화가 이제 임박했다고 주장하는 데에는 크게 네 가지 이유가 있다. 단, 내일부터 2025년까지 일어난 변화만 유효하다는 점을 먼저 상기하기 바란다.

첫째, 온실가스 배출량을 획기적으로 줄이는 기술은 이미 우수한 수준이며 가용성과 확장성 또한 뛰어나 충분히 투자할 가치가 있다. 둘째, 기후변화는 확실할 뿐만 아니라 가속화되고 있다. 셋째, 대중의 관심이 높아지며 정치계에도 변화의 기운이 감지되고 있다. 넷째, 중앙은행부터 주식시장에 이르기까지 금융시장도 대응을 준비하고 있다. 따라서 이런 요소들이 하나의 시스템 속에서 어떻게 결합해 성과를 내는가에 따라 앞으로 나타날 변화의 규모나 시기가 달라질 것이다.

여기서 관건은 시장이 과연 정치계와 대중이 가진 태도와 결합해 시너지 효과를 낼 수 있느냐이다. 시장은 기계가 아니다. 결국 시장을 움직이는 것은 사람이라는 점을 기억하자.

앞서 언급한 네 가지 이유에 대해 먼저 자세히 살펴본 다음, 이 요소들이 어떻게 상호작용 하여 세계 시장으로 그 영향력을 '전염'시켜나갈지 설명해보려고 한다. 여기서 '전염'이란 시스템의 질적 변화가 확산되는 과정이다.

시장의 태도를 변화시키는 네 가지 요인

1. 온실가스 배출량을 획기적으로 줄이는 기술은 이제 판세를 뒤집을 만한 변수가 되었다. 사실 해당 기술이 도입된 지는 꽤 오래되었지만, 완성도가 떨어지고 사용 비용도 만만치 않았던 탓에 기대만큼 널리 쓰이지 못했다. 따라서 그동안은 기후변화를 초래하는 행위에 벌금을 부과하는 정책을 우선 시행하며 기술의 완성도를 높여나갔다. 이후 에너지[3], 운송[4], 식량[5]등 여러 부문에서 기후변화 문제에 대응할 수 있는 기술의 성능이 보완된 것은 물론 더 많은 기술이 새롭게 제안되었다. 게다가 이런 기술 가운데 대부분은 적어도 가격 경쟁력을 논할 수 있는 지점까지 이용 비용이 낮아졌으며[6] 앞으로도 가격 하락 추세가 이어질 것으로 예상되고 있다. 그 결과 투자 가치가 높아지며 대규모 자본이 유입되고 있는 상황이다.[7] 따라서 앞으로 적용 범위가 확대될 가능성이 더욱 높아졌으며 상당한 경제적 효과가 나타날 것으로 전망된다.[8]

2. 기후변화는 확실할 뿐만 아니라 가속화되고 있다.[9] 이와 관련해 특히 두드러지게 나타나는 현상은 다음 두 가지다. 첫째, 많은 사람들이 본능적으로 기후변화의 위험을 느끼게 됨에 따라[10] 분노지수가 높아지며[11] 정부에 대한 압박 수위를 높이고 있다.[12] 정부가 마련한 정책에 미래 가능성이 있다면 시장은 미래 가치를 매기기 시작할 것이다. 둘째, 기후변화가 경제에 미치는 영향에 대한 관심이 높아지고 있다. 특히 물리적 피해[13], 부동산[14], 농업[15], 그리고 보험[16] 등이 주요 관심 분야다. 기후변화를 내 주변에서 실제로 경험하게 될 때 신용 위험, 보험료, 위험 분산 전략 등과 관련된 결정이 크게 영향을 받는다. 전례 없는 산불로 시드니 같은 도시가 연기에 휩싸이는 모습을 보고서야 비로소 의사 결정권자들이 기후변화를 심각하게 받아들이기 때문이다.

3. 대중의 관심이 높아짐에 따라 정치계에서도 변화의 기운이 감지되고 있으며, 결국 이 같은 움직임은 멈출 수 없는 흐름을 만들어낼 것이다. 특히 다음 두 가지 요인이 정치적 맥락에서 변화를 만들어내는 원동력이라 할 수 있다. 첫째, 기후 행동주의를 기반으로 타협 없이 전진하고 있는 신세대의 출현이다. 둘째, 경제 논리로 따져보아도 즉각적 대응의 필요성을 반박할 수 없으며 오히려 실천을 함으로써 얻을 수 있는 이득이 늘고 있다는 점이다.[17] 기업과 환경운동가가 한목소리로 변화를 요구하면 정치인들은 관련 정책 시행에 대한 압박을 받게 된다. 물론 저물어가는 세계관을 붙잡고 있는 트럼프나 보우소나루 같은 정치인들이 집권하는 시대에는 이런 현상이 나타나기 어려울 수도 있다.

4. 금융시장도 오직 대세가 바뀌기만을 기다리며 대응을 준비하고

있다. 위기감이 높아지면 포모 현상이 나타나 널리 확산될 것이다. 금융시장이 때를 기다리고 있다는 것은 기후변화 문제에 있어 더 이상 주변부에 머물러 있지 않겠다는 의미로 이해해볼 수 있다. 이와 관련된 징후로 기후 위험으로 인한 채권 매각[18], 기대치에 미치지 못했던 사우디 아람코Saudi Aramco의 기업공개IPO[19], 식물성 식품의 인기[20], 대규모 석유 기업의 지속적인 가치 하락[21] 등을 들 수 있다. 중앙은행과 규제 당국이 기후변화에 따른 위험에 주목하기 시작했으며 시장 또한 변화의 흐름을 예의 주시하며 대기 중이다.[22] 시장은 동조하는 경향이 있으므로 한 시장이 움직이면 다른 시장도 따라 움식이게 될 것이다.

이 네 가지 요인이 결합해 만들어내는 시너지 효과가 시스템 전반에 '전염'을 유발하게 되면서 결국 시장은 머지않은 시기에 전환기를 맞게 될 것이다.

이제 네 가지 요인이 상호작용 하는 방식을 엿볼 수 있는 몇 가지 예를 살펴보자.

기후 전염과 에너지

자본이 화석연료 산업에서 철수하려면 다음 두 가지 현상이 나타나야 한다. 이는 기후 전염 현상이 진행되고 있다는 지표로도 해석될 수 있다.

첫째, 자금이 투입될 수 있는 경쟁력 있는 대안이 필요하다. 화석연료 산업은 결국 더 우수하고, 더 저렴하며, 확장 가능한 재생에너지 기술로 대체될 것이다. 둘째, 자금이 계속 화석연료 산업에 머물 경우(탈출이 늦어질 경우) 겪게 될 손실의 규모를 파악할 수 있어야 한다.[23] 여기서 핵심은 가치 손실의 규모를 지금의 수요 수준이 아니라 향후 10~20년을 내다보고 결정해야 한다는 데 있다. 오늘날 화석연료 산업은 향후 10~20년 뒤에도 수요가 많을 것이라 예상하고, 매장된 석탄 중 채굴이 가능한 분량을 확보하는 데 매년 수천억 달러를 투자하고 있다. 이런 식의 수요 예측은 기후변화가 '미래'에나 나타날 위험이며, 정책·소비자·기술 중 무엇도 아직 제대로 준비되지 않았다는 오판에 근거하고 있다고 볼 수 있다.

20년 전이라면 이런 가정이 유효했을 것이다. 하지만 지금은 아니다. 향후 10~20년 내에 시장에서 석탄 연료 수요가 사라질 것이라고 상상해보라.[24] 이런 경우라면, 지금 매년 수천억 달러를 낭비하고 있는 셈이다. 소비자나 정재계 지도자들의 태도가 바뀌는 순간 석탄 연료의 가치는 사라진다.[25] 이미 어려움을 겪고 있는 석탄 연료 부문의 기업들이 적극적으로 나서 변화를 도모하지 않는다면 퇴출은 기정사실이 되고 말 것이다.[26]

> "(……) 풍력 및 태양광 전기 자동차와 비교했을 때, 휘발유 및 경유 차량이 갖는 경제성이 돌이킬 수 없는 수준으로 급감하고 있는 현상은 정책 입안자들이나 주요 석유 기업에 시사하는 바가 크다."
>
> BNP 파리바(BNP Paribas)(2019. 9)

기후 전염과 정책

기후 정책을 시행할 경우 직접적인 타격을 받을 화석연료 산업 종사자들은 지금껏 기후 정책을 꽤 성공적으로 저지해왔다. 기후 정책을 펼 경우 사회 전체에 경제적 손실이 발생한다는 것이 그들이 주로 사용해온 논리였다. 하지만 오히려 강력한 기후 정책을 시행하는 것이 경제적 손실을 줄이고 심지어 경제적 이득을 증대시킨다는 사실을 소비자가 깨닫게 된다면 어떤 일이 벌어질까?[27] 당장 재계는 기후 정책을 시행하기 위해 로비에 나설 것이다.

이렇게 내세를 바꾸려면 어떻게 해야 할까? 이를 위해 앞서 언급한 네 가지 요인이 서로 결합해 시너지 효과를 만들어낼 수 있는 몇 가지 방법을 함께 살펴보자.

- 이상기후 현상을 직접 경험하는 사이 청소년층이 주도하는 환경 보호 운동이 전개되면서 대중의 인식이 크게 바뀌고 있다. 해당 문제에 대한 관심이 더욱 증폭되고 있으며 더 강력한 정책 시행을 요구하는 목소리 또한 높아지고 있다.
- 이런 현상이 확산되면, 정치권의 패권 세력이 기후 정책 시행에 반기를 들기가 어려워진다. 그 결과 정부가 화석연료 산업에 대한 보조금이나 기타 지원 정책을 중단하면 해당 산업은 크게 휘청거릴 수밖에 없다. 이런 상황에서 위험 부담을 안고 화석연료 산업을 계속 지지하기란 쉽지 않다.[28]
- (정부의 지지로 탄력을 받게 될) 탄소 중립 정책은 소비자뿐만 아니라 사회에도 이익이 된다.[29] 비용이 크게 들지 않는 데다 이미 시행

준비를 마친 탄소 중립 정책은 상당한 수준의 경제적 이익을 제공하며 수월하게 확산될 것이다.

- 지금까지의 내용을 종합해보면, 기후 정책을 미비하게 준비한 산업 부문은 쇠퇴하는 반면 잘 준비한 부문은 성장하게 될 것이라는 결론에 이른다. 이런 결론은 앞으로 5~10년 안에 기후 정책이 시행될 가능성을 높인다. 다시 한번 강조하지만 이런 요인들이 결합해 만들어낼 시너지 효과를 이해하고 있어야 한다. 변화는 정책이 바뀐 다음에 시장이 뒤따르는 식으로 일어나지 않을 것이다. 정책이 시장의 변화를 주도하는 것은 사실이지만, 시장 변화 또한 정책의 확산을 가속화시킬 수 있다. 시장이 변할 것이라는 강한 믿음이 곧 시장의 변화를 견인하게 될 것이다. 그 결과 정책 시행에 실패한 기업의 가치는 하락하는 반면 성공한 기업의 가치는 상승하게 될 것이다. 정부 관료들은 시장이 정책보다 앞서나가는 것처럼 보일수록 정책 시행을 가속화할 공산이 크다. 다시 말하지만, 여기서 관건은 결국 태도다.

기후 전염과 정책 시행

'시장'이라고 하면 사람들은 보통 주식시장을 떠올린다. 그러나 여기서 말하는 시장은 그보다 더 복잡하고 추상적이다. 여기서 시장은 거의 무한한 구성 요소가 상호 의존적인 형태로 연결되어 있는 동시에 광범위하게 분산된 하나의 시스템을 일컫는다.

이 시스템의 가치는 예정된 위험이나 미래에 대한 가정이 반영되어 책정된다. 따라서 가정이 바뀌면 그 영향은 연결된 구성 요소를 따라 연쇄적으로 퍼져나간다. 이상기후로 인한 위험으로 국채가 재조정되거나 매각될 수도 있다. 재보험사가 특정 지역을 중심으로 영업을 하는 1차 보험사를 대상으로 보상 상한선을 두는 등 위험 관리에 나설 수도 있다.[30] 기후 문제로 시설의 가치가 낮게 책정되거나 그로 인해 대출을 받기 어려워지게 될 수도 있으며, 회사채가 증가하여 불안정한 산업이 벼랑 끝으로 내몰리는 상황이 벌어질 수도 있다. 이렇게 전염이 확산된다.

화석연료 산업에서는 어떤 식으로 전염이 확산될까? 청정에너지 가격이 해마다 서렴해지고 정책이 이를 뒷받침하면, 화석연료에 대한 수요 예측이 하향 조정되면서 화석연료 생산업체의 시장가치는 하락하게 될 것이다. 이 경우 화석연료를 생산하는 기업의 부채가 늘게 되고, 이를 지켜보며 불안해하는 주주들을 달래기 위해 별도의 자금을 마련해 배당금을 지급하는 상황이 벌어진다. 그러나 미래 자산 가치가 없는 산업으로 낙인찍힌 상황에서 자산을 매각함으로써 충당할 수 있는 자금에는 한계가 있다.

한편 신용 평가사들은 자산 가치가 하락하는 반면 부채가 늘고 있는 화석연료 업체의 신용등급을 강등할 것이다. 민심에 민감한 주요 기관 투자자들은 이런 재무적 위험에 따라 위험 노출액을 관리하게 되고 그 결과 주가는 더욱 하락하고 만다. 기업의 부채가 자산 가치를 위협할 정도로 커지고, 기업이 가졌던 정치적 영향력과 사회적 신뢰가 무너지게 되면 소비자는 해당 기업을 더 이상 신뢰하지 못한다. 그럼 남은 단계는 퇴출뿐이다. 변화를 논하기에는 이미 늦은 탓이다.

이런 과정은 다른 산업 분야에서도 목격될 수 있다. 기후 위험에 노출되어 있는 국가나 분야가 꽤 많기 때문이다. 일련의 붕괴 과정은 처음에는 특정 국가나 분야에서 시작되겠지만 그 여파는 곧 경제 전반으로 퍼져나갈 것이다.[31]

호주 퀸즐랜드주는 이와 같은 전염 현상이 어떻게 경제 전반으로 퍼져나갈 수 있는지를 보여주는 완벽한 실례다. "아름다운 오늘, 완벽한 내일"이라는 홍보 슬로건을 가진 퀸즐랜드의 경제는 석탄 채굴[32], 농업[33], 산호초 지대[34]와 열대우림을 여행하는 관광산업[35], 은퇴자들이 선호하는 따뜻한 해변 생활[36]에 집중되어 있다. 그러나 현재 석탄은 세계적으로 쇠퇴하는 분야이며, 농업은 연속되는 가뭄으로 고통받고 있는 데다, 산호초 지대는 백화현상으로 사라질 위기에 놓여 있다. 또한 열대우림이 불타고 있으며, 해수면 상승으로 해안가에 있는 부동산의 가치가 하락해 보험 가입도 어려운 실정이다.

얼마 전, 스웨덴 중앙은행은 퀸즐랜드의 채권을 모두 매각했다고 발표하고 그 이유를 해당 주가 기후 위험에 크게 노출되어 있기 때문이라 특정했다.[37] 퀸즐랜드의 홍보 슬로건을 "아름다운 오늘, 위험한 내일"로 바꿔야 하는 상황이 되고 만 것이다. 이제 기후 전염의 여파가 다른 곳에서도 목격되는 것은 오직 시간문제다.

2. 기후 비상사태가 메탄 비상사태인 이유

지난 20년을 놓고 볼 때, 이제 기후변화와 관련된 논쟁의 역사상 가장 획기적인 변화가 나타날 것으로 보인다. 과도기적 대안 연료가 되기를 바랐던 셰일 가스의 붐이 끝나고 농업과 축산업 시장이 와해되며 대중의 인식 속에 비로소 기후 '비상사태'라는 인식이 자리 잡게 될 것이다. 이는 모두 기후 비상사태에 대응하는 데 있어 메탄의 중요성을 받아들인 결과다.

기후 비상사태의 도래

기후변화는 보통 과학적 근거로 뒷받침된다. 최근 IPCC가 내놓은 보고서만 봐도 그렇다.[1] 우리는 심각한 기후변화 현상을 겪고 있다. 예상보다도 수십 년 앞서 나타난 이 현상들이 미치는 영향은 날이 갈수록 커지고 있으며, 심지어 온난화를 더 이상 통제할 수 없는 지점에 다다랐다.[2] 어물거릴 시간이 없다. 어떤 자료를 찾아보든 전면적인 기후 비상사태에 직면해 있다는 사실만 더욱 명백해질 뿐이기 때문이다.

미리 조치를 취하지 않고 방관했다는 사실에 안타까워하는 사람들도 있지만, 우리는 언제나 위기가 올 때까지 기다리다 극적으로 대응해왔다. 이런 대응 방식은 불안을 높이고 비효율적인 데다 수습 비용도 더 많이 든다. 그럼에도 우리는 좀처럼 달라지지 않았다. 제2차 세계대전, 2008년 세계 금융 위기, 그리고 코로나19 팬데믹에 대응하는 방식이 다르지 않았던 것을 보면 기후변화 문제를 다루는 데 있어서도 같은 양상이 나타날 것이라 짐작할 수 있다.

한 가지 좋은 소식은, 현재 우리가 급격한 기후변화와 그에 따른 세계경제 붕괴 현상이라는 실존적 위험에 직면한 상태이므로 행동에 나설 확률이 아주 높아졌다는 사실이다.[3] 그러나 대응이 지연되었던 만큼 20년 또는 30년 전에 세워둔 계획을 그대로 진행해서는 안 된다. 변화의 속도, 대응 방안, 그리고 그 과정에서 겪게 될 경제적 혼란 등 기존에 세웠던 가설에 대한 대대적인 재고가 필요하다. 이는 2009년 요르겐 랜더스 교수와 내가 「1도 전쟁 계획」에서 주장한 내용이기도 하다.[4]

배출량에서 온난화율로, 기후 비상사태에서 메탄 비상사태로

이제는 온난화를 빠르게 늦출 수 있는 방식에 우선순위를 두고 기후 문제 해결에 나서야 한다. 무척 당연한 발언 같지만, 사실 이런 관점에서 진행되는 정부 정책이나 국제 협상을 찾기는 아직 어려운 실정이다. 지금은 대부분 이산화탄소 배출량 감축에 초점을 맞춘 방안들이 고안되거나 시행되고 있다.[5] 이산화탄소 배출량 감축은 장기적인 기후 안정화를 위해 반드시 필요한 조치이나, 전환점에 서 있는 지금의 상황에서는 배출량이 아닌 온난화율 관리에 보다 집중할 필요가 있다.

아무리 화석연료 퇴출 시기를 앞당긴다고 해도, 정해진 시간까지 온난화를 목표한 수준만큼 낮출 수는 없다.[6] 만약 대응의 초점을 바꾸지 않는다면, 중요한 시기를 그대로 통과하게 되면서 문제는 걷잡을 수 없는 수준으로 악화될 수밖에 없다. 경제 붕괴와 세계적인 혼란으로 가는 지름길을 택하게 되는 셈이나 마찬가지인 상황이 벌어지는 것이다.

온난화를 늦추기 위해서라면 이산화탄소 배출량 감축에도 물론 신경을 써야 하지만 메탄처럼 대기 중에서 빨리 사라지는 가스에 보다 집중할 필요가 있다.[7]

이산화탄소는 한 세기에 걸쳐 서서히 온난화를 일으키는 반면, 메탄은 약 10년이면 가능하다. 메탄은 대기 중에 머무는 기간 동안 이산화탄소보다 28배나 높은 수준으로 온난화에 영향을 미치는 것으로 알려져 있다. 하지만 이 결과는 둘을 100년을 기준으로 놓고 비교해 얻은 수치다. 우리가 직면한 도전의 시급성을 고려할 때 100년이라는 기준은 무의미하다. 10년을 기준으로 놓고 보면, 이산화탄소보다 메탄이 90~115배 더 위험하다.[8] 이런 사실에 입각해볼 때, 기후변화에 있어 메탄은 핵무기이자 대량 살상 무기에 가깝다.

메탄을 우선 감축함으로써 기후 논쟁의 전세를 역전시킬 수 있다.

그에 따라 시장과 경제가 상당한 영향을 받게 될 것이다. 다행히 메탄 감축에 대한 경각심은 최근 들어 빠르게 확산되고 있는 추세다.

여러분은 이와 같은 새로운 움직임에 동참할 준비가 되어 있는가? 내가 이 책에서 주장했듯, "우리는 비록 느릴지라도 어리석지 않다". 우리가 비록 수십 년 안에 벌어질 위험을 간과했어도, '명확한 현재의 위험'을 무시할 가능성은 적다는 뜻이다. 결과적으로, 기후 비상사태는 메탄 비상사태가 될 것이다. 이 변화가 기후 정책이나 대중의 태도, 시장에 미칠 영향은 실로 어마어마하다. 메탄 감축은 시장 전체를 뒤흔들 위력을 갖고 있다.

메탄 비상사태가 시장에 미치는 영향

냉정한 시장·정치·경제 원리는 다음 두 영역에서의 변화를 예고한다. 먼저 메탄 비상사태는 셰일 가스를 포함한 화석연료의 퇴출을 되돌릴 수 없는 현상으로 못 박을 것이다. 이미 좌초 중인 산업이지만, 이제 10년 안에 역사 속으로 영영 사라져버리게 되는 것이다.[9] 둘째, 축산업은 소비자의 압박, 정부 정책, 신기술의 대두 등의 영향을 받으며 대대적인 변화를 겪거나 또는 붕괴 위기에 직면하게 될 수 있다. 특히, 소고기나 유제품 산업의 경우 지금보다 규모가 훨씬 축소되는 식의 급격한 변화를 겪을 수 있다. 모두 예측 가능한 현상이다. 그 이유를 알아보자.

화석연료는 메탄 배출량의 35퍼센트를 차지한다. 모두 석탄이나 석유 또는 가스를 생산하거나 사용할 때 배출되며 보통 '비산 배출'

이라고 불리기도 한다. 산업용·상업용·주거용 유기성 폐기물에서 나오는 메탄 배출량은 20퍼센트인 반면, 축산업 및 낙농업에서 배출되는 양은 40퍼센트에 이른다. 이 수치를 기준으로 앞으로 10년 안에 우리가 달성할 수 있는 목표치를 현실적으로 따져볼 수 있다.

▷ 화석연료: 대부분의 애널리스트들은 화석연료로부터 나오는 비산 배출량을 저감함으로써 메탄 배출량을 빠르게 감축할 수 있을 것이라고 주장한다.[10] 이는 기술적으로는 전혀 문제가 없으나, 시장과 정치 현실을 고려하지 않은 발언이라 할 수 있다. 비산 배출량을 줄이는 데 투자하려면 그 산업이 장기적으로 지속된다는 전제가 필요하다. 하지만 화석연료 산업은 이런 조건을 충족하지 못한다. 자산 구조와 재무 상태, 정책 입안자를 대상으로 발휘할 수 있는 영향력, 그리고 투자 가치 등을 고려해볼 때, 10년 안에 화석연료를 중심으로 상당한 양의 메탄 감축을 기대하기는 매우 어렵다. 화석연료 산업의 경우 높은 부채 비율, 자산 가치 하락, 가격 변동성, 소비 및 투자 심리 저하 등의 이유로 경쟁력은 점점 낮아지고 있는 실정이다. 에너지 전환에 대한 시대적 요구가 점점 힘을 얻어가고 있기 때문이다.[11] 사실상의 사양산업에 메탄 배출을 감축하기 위한 투자를 할 가능성은 희박하다. 화석연료 산업이 호황이었을 때도 하지 않던 일을 퇴출을 앞두고 할 리 없다.

▷ 폐기물: 유기성 폐기물의 배출 관리 책임은 생산 단계와 분리되어 있다. 제조·유통·소비 등의 단계를 거쳐 시 단위에서 관리하는 식의 구조를 따르는 탓에 전환을 논하기가 무척 까다롭다. 게다

가 메탄 감축에 있어 기여도도 높지 않다. 유기성 폐기물 관리는 중요한 문제지만 시장의 판도를 뒤엎을 만큼 획기적인 변화를 만들어내기는 어려운 구조라고 이해해볼 수 있겠다.

▷ 농업: 농업 중에서도 축산업과 낙농업이 차지하는 메탄 배출 비중이 가장 높다. 대규모로 운영되는 지금의 산업구조는 가격 상승, 소비자 기대 상승, 대중과 투자자 그리고 정부의 지원 감소 등의 압박으로 크게 달라질 것이다. 이는 기후 비상사태라는 인식이 확산되고 메탄 감축이 이 비상사태를 해결하는 열쇠라는 점을 소비자와 정부가 수용한 결과로 볼 수 있다.[12]

메탄 감축 운동이 축산업과 낙농업에 미칠 영향

급격한 변화가 에너지 산업이 아닌 농업에서 실현 가능한 이유는 시장의 구조적 차이 때문이다. 구식 에너지 시장에서는 자동차·주택·제품 생산·공장 가동 같은 장기 수명 자산에 동력을 제공하기 위해 유동성이 적은 대규모 자본이 장기적으로 투입된다. 이런 구조에서는 리드 타임이 길고 자본 비용이 크기 때문에 급격한 변화를 시도하기 어렵다. 그러나 농업은 이와 다르다. 올해 육류나 유제품 소비가 줄었다면 내년에 기르는 가축의 개체 수를 줄인다. 이와 마찬가지로, 소비자가 메탄 배출량을 감축하는 방식을 채택한 낙농업자나 축산업자로부터 먹거리를 구입하기 원한다면 이 요구는 즉각 내년도 생산량에 반영될 수 있다.

이런 의미에서 농업 부문이 더 신속하면서도 획기적인 변화를 만들어내기 적합하다. 메탄 배출량을 감축하라는 압력은 10년 전 화석연료를 대상으로 한 압박과 비슷하겠지만, 위험도가 이전보다 높아졌으며 시장이 유사 사례를 이미 겪은 만큼 효과는 더 빠르게 나타날 것이다. 환경운동가나 투자자, 정치인 들이 비상사태라는 인식을 토대로 기존의 관행과 기업들을 면밀히 조사하여 불량 기업들을 가려낼 것이다. 예를 들어, 팬데믹 이전에 시행된 한 연구는 한 해 동안 상위 5개 육류 및 유제품 회사JBS, Tyson, Cargill, Dairy Farmers of America, Fonterra에서 배출한 전체 메탄량이 엑손, 셸, BP가 각각 배출한 메탄량보다 더 많았다는 결과를 발표했다.[13] 비정부기구, 정부 간 기구, 각국 정부가 불가피하게 육류 및 유제품 회사에 눈길을 돌릴 수밖에 없는 상황이 된 것이다. 이 흐름에 맞춰 사람들은 해당 제품의 소비를 줄이고 대안을 모색하게 될 것으로 기대된다.

그 결과 새로운 단백질이나 청정 단백질, 메탄 배출 감소 기술이 적용되어 생산된 식품이나 식물성 식품 등이 각광받으며 대체 식품 시장이 활성화될 것이다. 변화의 기운을 감지한 네슬레나 유니레버 같은 대형 글로벌 기업들이 경쟁에서 뒤처지지 않기 위해 이런 흐름에 올라탈 것이다. 오늘날 이미 나타나고 있는 것처럼, 자본 구조와 소비자 행동이 이를 뒷받침하며 시장 변화는 빠르게 가속화될 것으로 전망된다.

기성 세력은 시장 교란으로 인한 매출 감소 등의 이유를 들어 이와 같은 새로운 움직임을 지연시키려고 하겠지만 비상사태라는 인식을 바탕으로 변화를 모색하는 사람들을 이기기는 쉽지 않을 것으로 보인다.

결국 급격한 온난화와 경제 붕괴를 막기 위해 반드시 필요한 메탄 배출량 감축을 달성할 가능성이 가장 높은 부문은 농업과 식품 산업이다. 어쩌면 이번이 마지막 기회일지도 모른다.

　　메탄 배출량을 감축해야 하는 비상 상황이다. 그리고 우리는 비록 느릴지라도 어리석지 않다.

3. '배출량'보다 '온난화율'에 주목해야 할 때

기후변화와 관련된 의제는 대부분 1990년대에 설정되었다고 보아도 무방하다. 상황을 통제할 수 있는 시간이 불과 수십 년밖에 남지 않았다는 것을 깨닫던 시기였다. 그로부터 30여 년이 지난 지금은 그야말로 상황이 급변하는 시기다. 2020년대 들어 유례없이 극심한 폭염과 산불, 홍수가 나타나고 식량 위기로 인한 지정학적 분쟁마저 발생하고 있지만, 이는 모두 시작에 불과하다. 온난화를 심화시키는 모든 요인들은 우리를 기후 위기의 변곡점으로 내몰고 있다. 만약 여기서 제대로 대처하지 못한다면 상황은 더 이상 통제할 수 없는 지경으로 치닫고 말 것이다.[1] 우리는 더 이상 물러설 곳 없는 벼랑 끝에 서 있다.

따라서 의제를 다시 설정하여 온난화율과 그에 영향을 미치는 모든 요소에 관심을 기울일 필요가 있다.

물론 쉽지는 않을 것이다. 그러나 역사적으로 볼 때, 세계적 규모의 변화는 파편처럼 작은 실천들이 모여 이뤄진 경우가 많았다. '천 번의 난도질로 인한 죽음'이라기보다 '천 번의 작은 승리로 이룬 삶'

이라는 표현이 더 어울리는 성과들이다. 기후변화에 대처하는 다양한 실천 방안이 가진 장점을 논의하는 과정에서도 역시 이와 같은 결론에 이르게 된다. 이는 논의의 대상이 된 것 중 어느 하나 우리에게 쓸모없는 실천 방안이란 없다는 뜻이기도 하다. '은빛 총알'도 대단한 영웅도 필요치 않다. 우리 자신, 그리고 우리가 행하는 모든 실천이 무기가 될 수 있기 때문이다.

아주 드물기는 하지만 때로 이와 정반대의 생각을 해보기도 한다. 역사의 흐름을 한 번에 뒤바꿔놓을 단 하나의 행동은 없을까?

2020년대에 들어 메탄 배출량을 줄이기 위해 실시한 긴급 조치가 그런 행동에 해당될 수 있다. 메탄은 그대로 방치할 경우 대량 살상이 가능한 기후 무기가 되지만, 제대로 조치를 취하면 전세를 뒤엎는 '은빛 총알'이 될 수 있다. 메탄 배출량을 줄인다고 기후변화가 멈추지는 않겠지만, 기후변화를 멈출 수 있는 준비의 시간을 벌어주는 것만큼은 분명하다. 메탄 배출량의 신속한 감축은 두 개의 갈림길에서 우리의 운명을 결정하는 중요한 방향키가 될 수 있다. 여기서 말하는 갈림길이란 '여전히 혼란스럽지만 그래도 통제 가능한 수준의 변화를 가져올 것인가'와 '경제체제 붕괴에 따른 혼돈을 감당할 것인가' 사이의 결정이다.

그러나 '배출량'보다 '온난화율'에 맞춰 생각할 때 이와 같은 실천이 가능해진다.

받아들이기 어려운 주장일지도 모르겠다. 그동안 우리가 지나치게 배출량 감축에만 초점을 맞춰온 탓이다. 그 결과 모두 메탄이 중요하다는 데 동의하면서도 위기 대응에 있어 우리에게 시간을 벌어줄 획기적인 요소로는 받아들이지 못하고 있다.

더 논의를 이어가기 전에 한 가지 분명히 하고 싶은 것은 내 주장이 메탄과 이산화탄소를 비교하려는 데 있지 않다는 것이다. 내가 강조하려는 것은 '온난화율'과 '배출량'이다. 둘은 서로 연결되어 있지만 분명 다른 개념이다.

빠른 속도로 다가오는 기후변화의 위험을 줄이려면, 10년 안에 '온난화율'의 증가세를 둔화시켜야 한다. 이산화탄소 배출량 감축은 다른 이유로 긴급하게 필요하지만, 아무리 배출량을 획기적으로 줄인다고 해도 온난화율의 증가세를 둔화시켰을 때 얻을 수 있는 만큼의 효과는 기대할 수 없다.[2] 첫째, 이산화탄소는 지구의 온도를 서서히 올리기 때문에 배출량을 줄인다 해도 즉각적인 효과가 나타나지 않는다. 온난화율 또한 서서히 낮아지기 때문이다. 둘째, 화석연료 사용을 줄이면 에어로졸 형태의 대기 오염 물질이 동반 감소하여 '냉각' 효과가 나타난다. 그러나 이 현상 역시 일시적이다.

이런 사실을 생각해보면 '온난화율' 감소에 보다 초점을 맞춰야 하며 긴급한 메탄 감축만이 이를 가능하게 해준다는 결론에 이르게 된다.

무엇보다 온난화율을 낮추기 위해 전력투구해야 할 시기다. 화석연료를 빠르게 퇴출하고 식량 재배와 농업, 특히 낙농업 분야에서 배출하는 온실가스의 양을 획기적으로 줄여야 한다. 주어진 시간은 이제 단 10년이다.

분명 이루기 어려운 목표지만, 그래도 100퍼센트 실천 가능하다는 점이 희망적이다. 목표를 이루는 과정에서 필요한 모든 것은 이미 준비되어 있다. 다만 우리의 결심이 필요하다. 화석연료 부문에 아직 몸담고 있는 사람들은 우리의 목표가 터무니없고 복잡한 데다 일자리를 감소시켜 결국 경제를 위축시킬 거라고 주장하며 '변화가 필요한 건 사실이지만 이렇게 빨리는 안 된다!'라고 외칠지도 모른다.

하지만 이들의 주장이야말로 터무니없다. 과학이 전하는 메시지는 하나다. 온난화율을 낮추는 과정에서 감당해야 할 어려움이 아무리 크다 한들, 전례 없는 기후 위기와 지정학적 혼란, 식량 위기, 그리고 가속화되는 온난화에 노출되며 겪는 어려움에 비할 수는 없다.[3]

내 주장의 근거들을 살펴보고 싶다면 케임브리지 대학에서 최근 발표한 여러 논문을 참조하기 바란다.[4] 이 논문들은 우리가 수행해야 할 여러 조치의 시급성, 이용 가능한 조치와 그에 따라 얻을 수 있는 경제적 효과들에 대해 다루고 있으며, 특히 왜 식량과 농업, 그중에서도 특히 낙농업에서 조치가 우선되어야 하는지를 설명하고 있다.

세부적인 내용에 매몰되다보면 어떤 주장이 전달하려는 핵심 메시지를 놓치기 쉽다. 우리는 기후변화가 가속화되는 가운데 온난화와 경제적 혼돈이 뒤섞여 나타나는 길을 걸어가고 있다. 그러나 메탄 배출량을 극적으로 감소시켜 온난화율을 낮출 수만 있다면 완전히 새로운 길을 걷게 될 것이다. 미래는 우리의 결정에 달려 있다.

4. 2020년, 대붕괴의 해

"지난 경제 위기로는 세상이 달라진 바 없으나 이번에는 분명 다를 것이다."

윌리엄 데이비스

봉쇄를 야기하는 팬데믹, '탄소 거품'을 꺼뜨리는 기후 위기, 불평등에 대한 대중의 반발, 수자원 확보를 위한 전쟁……. 결국 이 모든 현상은 '대붕괴'로 수렴된다. 이제는 '대붕괴'를 직면해야 할 때다.

코로나19는 거센 바람이 부는 날 바짝 마른 풀숲에 던져진 성냥과도 같았다. 사실 여기서 주목해봐야 할 것은 코로나19라는 성냥이 떨어진 '자리'다.

전염병은 기본적으로 건강이나 경제 측면에서 많은 문제를 야기한다. 하지만 위기 관리의 성패는 결국 어떤 맥락에서 전염병이 시작되었는가와 더욱 밀접하게 관련되어 있다. 오늘날 전 세계적으로 퍼진 코로나19는 현행 경제 시스템의 불안정성을 고스란히 드러내고 있다. 모래성 같던 시스템이 위기 속에 와해되고 있는 것이다.

이 또한 지나가리라는 기대를 품을 수도 있다. 치료법을 찾고, 백신을 개발하고, 경기를 부양하면, 다시 모든 것이 제자리로 돌아가지 않을까 하는 막연한 기대 말이다. 시간은 좀 걸리겠지만 다시 모든 것이 '정상' 궤도로 진입하는 시기가 올 것만 같다. 정말일까?

안타깝게도 그렇지 않다.

우리는 끝이 불분명한 어느 길의 시작점에 서 있다. 이 길의 끝에서 우리를 기다리고 있는 것은 무엇일까? 최악의 경기 침체일까? 대대적인 불황이나 시스템의 연쇄적인 붕괴일까? 어쩌면 어떤 분기점일 수도 있다. 삶의 질을 향상시키기 위해 지속 가능성과 회복 탄력성에 무게중심을 둔 새로운 경제체제를 도입하게 되는 전환점 말이다. 새로운 경제체제를 도입했을 때 나타날 반향의 범위가 불확실할지언정 이전 상태로 회귀하지는 않을 것이라는 것만큼은 확신할 수 있다.

왜일까?

'지속 불가능'이라는 단어의 의미에 그 답이 있다. '언제' 그리고 '어떻게'를 정확히 예측할 수는 없지만, 지속 불가능한 상황이 되면 모든 것이 멈춰버린다는 사실만큼은 반박하기 어렵다.

이는 이 책에서 내가 전달하고자 했던 핵심 주장이기도 하다. 2011년 당시, 나는 시스템의 변화를 촉발할 도화선이 될 가장 유력한 요인으로 기후 위기를 꼽았다. 이산화탄소 배출량 증가만 놓고 봐도 결국 실존적 위기를 초래하기 충분한 물리적 근거였기 때문이다. 그러나 앞서 말한 것처럼 관건은 성냥 자체가 아니었다. 그런 의미에서 이 책은 시스템과 시스템이 갖고 있는 지속 불가능성에 초점을 두고 불가역적인 붕괴에 대해 논의했다.

그 내용을 요약하자면 다음과 같다.

무한 경제성장이라는 개념에 기반을 둔 사회나 경제체제가 영구히 지속되기는 어렵다. 이는 마치 일주일에도 수차례 코로나19 확진자 수가 2배씩 증가해, 며칠 전만 하더라도 우려할 만한 수준이었던 수치가 오늘은 의료 체계를 완전히 무너뜨리고 사회적 혼란을 가중시키는 수치로 둔갑하는 것과도 같다. 이 현상을 좀 더 확장된 시간의 틀에서 생각해보면 무한 경제성장이 어떻게 붕괴로 이어지는지 그 과정을 쉽게 이해할 수 있을 것이다.

무엇보다 나는 시스템이 '과부하'되는 일련의 지점이 있다고 주장하고, 이 시점에 도달하면 위기가 시스템 전반으로 확산될 것이라고 예측했었다. 내가 특정한 시스템 과부하 지점은 다음과 같았다.

- 과도한 이산화탄소 배출로 초래되는 기후변화와 물 부족, 지역 간 분쟁, 극한 기후와 식량 위기
- 불평등이 야기한 정치적 불안과 양극화 그리고 보호주의
- 지정학적 불안정과 분쟁, 그리고 난민 위기를 초래하는 세계적 빈곤
- 상황이 어려워지면 '돈을 더 찍어내면 그만'이라는 망상(이런 망상은 불안정한 시스템을 더욱 불안정하게 만든다.)

따라서 우리는 전체적으로 예측 가능한 방식으로 가동되는 시스템을 구축했다. 어떤 요인을 계기로 위기가 촉발될지는 특정할 수 없지만 그 순간이 도래할 것이라는 사실만큼은 확신할 수 있었기 때문이다. 지속 불가능한 상황이 되면 모든 것이 멈춰버리고 '대붕괴'

가 시작된다.

"'경제 전염'이 코로나19만큼이나 빠르게 확산되고 있다."

『하버드 비즈니스 리뷰 *Harvard Business Review*』(2020년 3월)

2020년을 기점으로 모래성 같던 시스템이 무너지며 시스템이 본래 갖고 있던 약점이 드러나고 있다. 바이러스 확산 속도가 빨라지는 가운데 붕괴의 강도 역시 거세지고 있는 실정이다.

- 불평등이 심각한 곳일수록 바이러스의 확산 속도가 빨라진다. 차별을 당하는 사람들은 사회나 공동체가 시행하는 제도나 정책의 수혜를 온전히 받기 어렵기 때문이다.[1]
- 화석연료, 그중에서도 석유에 치중되어 굴러가는 경제가 사양길로 접어듦에 따라 금융 시스템의 위험도가 증가하고 있으며 지정학적 불안정성이 더욱 고조되고 있다.[2]
- 시스템을 유지하기 위해 발생시킨 막대한 양의 부채는 세계 금융 시장에 크나큰 위협이 되고 있다. 바이러스가 경제에 미치는 영향이 실로 심각해지는 지점이다.[3]
- 신자유주의적 접근에 따라 국가의 권한이 축소되면 급변하는 위기를 제대로 관리할 준비가 되어 있지 않은 많은 국가들이 겪을 경제 위기는 더욱 심화된다.[4] 게다가 정부는 터무니없는 두 선택지 사이에서 갈팡질팡하고 있다. 전 세계적인 불황의 위험을 무릅쓰고 경제 붕괴의 길로 나아갈 것인가, 아니면 의료 체계 붕괴로 수백만 명이 사망함으로써 발생하는 사회적 혼란을 감수할 것인

가를 고민하고 있는 셈이다.

코로나19의 확산 속도가 너무도 빠른 나머지 시스템 차원에서 위기를 피할 방법이나 더 나쁜 상황이 벌어지는 것을 막을 방안을 모색할 시간을 확보하기가 어렵다. 그러나 여느 위기에서나 마찬가지로, 빠르게 상황을 판단하고 실천에 나서 교훈을 얻어야 한다. 이와 관련해 윌리엄 데이비스는 "위기 상황에 처해 있다는 말은 일시적으로나마 더 나은 세상을 만들기 위해 누구라도 나설 수 있는 세계에 살고 있다는 뜻"이라고 말했다.[5]

더 이상 코로나19 위기를 막을 수는 없다. 다만 위기를 겪어나가는 과정에서 발생하는 고통이나 경제적 여파를 최소화하고 사망자 수를 낮추려는 노력을 기울여야 할 것이다. 그럼에도 그 과정에서 교훈을 얻을 수 있어야 한다. 그래야 앞으로 닥쳐올 또 다른 위기를 예방하는 데 필요한 여러 조치를 사전에 마련할 수 있다.

기후변화는 거센 기세로 우리를 향해 돌진해 오고 있다. 어떤 준비를 해야 할까? 무엇보다 '불평등'을 완화하기 위해 노력해야 한다. 앞으로 닥칠 위기를 더욱 감당하기 어렵게 만드는 요소가 바로 불평등이기 때문이다. 미리 준비하고 선제적으로 조치를 취하는 데서 오는 이점과 이념보다는 과학과 전문 지식에 따라 운용되는 경제가 가진 이점을 이해해야 함은 물론이다. 시장경제의 유용성을 인정하면서도 그 자체가 우리 삶을 지탱하는 이념이 될 수 없다는 점을 알아차려야 한다. 위기의 시기에는 유능하고 단호한 정부의 역할이 인류 발전에 중요한 역할을 한다는 점 또한 잊지 말아야 한다.

미래는 여전히 우리에게 달려 있다. 앞으로 또 겪게 될지 모를 위기에 다시금 압도되지 않을 것이라는 마음가짐으로 이 팬데믹을 헤쳐나가자. 우리는 바짝 마른 풀숲에 던져질지 모를 불씨를 떠안고 있다. 만약 그 불씨를 잘 관리하지 못한다면 지금까지 이룬 모든 것이 순식간에 잿더미로 변하는 끔찍한 광경을 목격하게 될 것이다.

기후변화나 불평등, 생태계 파괴로 야기된 전 세계적인 혼란을 잠재울 백신은 없다. '대붕괴'가 임박한 이때, 우리 모두의 집중이 필요하다.

5. 코로나19와 시장 근본주의의 종말

코로나19 사태는 인류가 그동안 겪어온 그 어떤 시련보다도 사회와 경제에 여러 가지 장기적인 영향을 미칠 것으로 보인다. 그중에서도 가장 큰 변화는 시장 근본주의의 퇴조와 국가의 역할 강화로 비롯될 것이다.

왜 하필 지금일까? 규제가 최소화된 시장에서 비롯된 도덕적·사회적·환경적 문제는 오래전부터 무수히 지적되어왔다. 특히 불평등과 기후변화 문제는 국가의 강력한 개입이 필요한 대표적인 사례로 여겨졌음에도 주목할 만한 조치는 이뤄지지 않았다.

지금 나타나는 양상은 여느 때와 다르다. 코로나19는 경제 부문에 특히 큰 영향을 미치고 있다. 코로나19가 대유행하자, 그간 서구에서 대세로 여겨지던 '신자유주의'식 접근법은 치명적인 취약성을 드러내기 시작했다. 신자유주의식 접근법으로는 경제에 나타난 불안정한 현상들을 관리할 수 없으며, 오히려 위험도를 배가 시키고 있다고 봐도 과언이 아니다.[1]

물론 어떤 팬데믹이라 하더라도 경제에 크나큰 악영향을 끼쳤을 것이다. 그러나 가용자원이 풍부한 선진국에서조차 경제적 비용이나 인적 비용을 줄이려는 움직임이 나타나고 있다.

게다가 시장 근본주의는 더 이상 기업계나 금융계를 만족시켜주지 못하고 있다. 노벨 경제학상을 수상한 조지프 스티글리츠에 따르면 시장 근본주의는 감당할 수 없는 수준의 경제적 위험을 야기하고 있으며 궁극적으로는 자본주의의 존립을 위태롭게 하고 있다.[2] '시장 자유화'나 '세금 감면' 또는 '정부 개입 최소화' 등의 조치를 지속적으로 옹호해온 기업계나 금융계 지도자들이 그들의 주장이 초래한 결과를 받아들일 때가 온 것이다.

'시장'이나 '기업'의 역할을 인정하느냐 마느냐의 문제가 아니다. 또는 '기업의 힘을 억제해야 한다'라거나 '대안 경제체제를 구축해야 한다'라는 식의 논쟁도 아니다. 올바르게 정립되어 제대로 관리·운영되는 자본주의는 공정하고 민주적인 사회를 구성하는 핵심 요소가 될 수 있다. 그러나 문제는 우리가 '시장'을 일종의 이념으로 신봉해왔다는 데 있다. 이처럼 극단적인 형태의 시장 근본주의는 합리적인 근거를 배제한 채 맹목적인 신념을 앞세운다는 점에서 무자비한 테러를 일삼는 이슬람 근본주의 세력이나 과학에 반대하는 극보수적 기독교 근본주의와 한 치도 다를 바 없다.

제대로 된 규제가 작동하는 시장은 어떤 활동을 조직하고 운용하는 데 있어 충분히 효율적이며 효과적이다. 이런 시장은 시스템의 한 구성 요소로 매우 유용하지만 그렇다고 시스템 그 자체가 될 수는 없다. 또, 시장이 모든 문제를 단독으로 해결할 수는 없다. 모든 사회적 요구를 홀로 감당할 수 없는 것은 물론이다. 안정적인 경제를 구축하는 데 있어 국가의 역할이 중요해지는 지점이다. 『파이낸

셜 타임스』 사설에 실린 내용을 살펴보자.

지난 40년을 주도했던 정책 방향을 뒤집는 급진적인 개혁이 논의되어야 할 시기다. 정부는 경제에 더욱 적극적으로 개입해야 한다. 공공서비스를 골칫거리가 아닌 투자로 보고 노동시장을 안정화시킬 방법을 모색해야 한다. 재분배에 대한 논의가 다시 시작되어야 함은 물론이다. 기본 소득 제도나 부유세처럼 최근까지도 낯설게 여겨졌던 제도들을 정책 수립에 적극 반영해야 할 시기다.

분명 이런 견해에 반박하고 나서는 세력이 있을 것이다. 시장 근본주의자들은 필사적으로 정부 지출을 틀어막으려고 할 것이며 증세나 복지 제도 강화에 반기를 들 것이다. 이 반격에 맞서야 한다. 이 반격을 무력화시키려면 한때는 시장을 하나의 이념으로 받아들였으나 이제는 그 문제를 깨닫고 전향한 엘리트들이 나설 필요가 있다.

그래야 하는 이유는 무엇일까?

무엇보다 코로나19로 경제에 촉발된 위험을 제대로 관리하지 못한 연대 책임이 이들에게도 있기 때문이다. 과학적으로 충분히 예측 가능했음에도 누구도 나서 제대로 된 조치를 취하지 않아 벌어진 이 결과에 대한 책임을 함께 짊어져야 한다.[3]

코로나19는 결코 '검은 백조' 이론에 해당하는 사건이 아니다. 오히려 우리를 향해 빠른 속도로 돌진해 오고 있는 '검은 코끼리' 떼가 일으킨 첫 번째 사건으로 보는 게 맞다. 이처럼 문제의 소지가 될 가능성이 매우 높고 엄청난 파괴력을 갖고 있는 위험임에도 우리가 그 발생 가능성을 외면하고 있는 현상에는 기후변화, 산림 벌채, 수자원 고갈, 지정학적 분쟁을 촉발하는 식량 위기, 해양 산성화, 불평등 등이 있다. 마치 끊임없이 코로나19 변이 바이러스가 확산되듯, 이런 현상들은 수십 년 동안 연달아 나타나며 세계경제에 악영향을 미칠 것이다. 백신도 없는 상태로 말이다.

이와 같은 문제들은 경제체제가 감당해야 할 우리의 미래다. 이런 문제들을 제대로 감당하기 위해서는 적절한 정부의 개입과 알맞은 규제 체계가 작동하는 시장이 필요하다.

코로나19는 시장 근본주의의 폐해를 고스란히 드러내고 있다. 시장을 이념이나 종교적 차원의 신념으로 받아들이는 순간 경제는 감당할 수 없는 수준으로 와해되는 수순을 밟게 된다. 가용 자원을 활용해 단호하게 정책을 시행하는 국가의 역할이나 사회 안정망 구축, 불평등을 완화시킬 세금 제도 도입 등에 반기를 들었던 기업계나 금융계의 지도자들이 나서 자본주의 쇠퇴에 대한 연대 책임을 져야 할 때다.

6. 동트기 전이 가장 어둡다

"경고 신호가 명백했음에도 이를 묵살했던 탓에 우리는 결국 위험에 처하고 말았다. 어중간한 조치로 상황을 모면하며 형편없이 흘려보낸 지연의 시기가 막을 내린 것이다. 이제는 그 대가를 감당해야 할 시기다. (……) 달리 피해 갈 방법은 없다. 우리가 이미 그 시기를 살고 있기 때문이다."

원스턴 처칠(1936년 11월 12일)

코로나19는 '검은 백조'가 아니다. 충분히 예상 가능했던 일이라는 뜻이다. 톰 프리드먼은 『뉴욕 타임스』 칼럼에서 코로나19를 '우리를 향해 우르르 몰려오는 검은 코끼리 떼'가 일으킨 첫 번째 사건이라고 일컬었다. 여기서 검은 코끼리 떼란 경제를 붕괴시킬 정도의 파괴력을 가진 예측 가능한 다수의 사건들을 지칭한다. 그런데 모두가 위험이 다가오고 있다는 사실을 알고 있는 상황에서 정재계 지도자들은 코로나19 문제에 대응하지 않기로 '결정'했다.

모든 결정에는 그에 상응하는 대가가 뒤따르게 마련이다.

경제 분야에 어마어마한 영향을 끼치고 있는 코로나19 사태는 그 위력이 무시무시하지만 그래도 예측 가능한 '검은 코끼리' 중 하나였다.[1] 그런데 그런 검은 코끼리가 도착하자 두 손을 놓고 버티기로 결정해버린 것이다! 기후변화[2], 화석연료 산업의 붕괴[3], 불평등[4], (해양) 생태계 붕괴[5], 기근[6], 난민[7] 등의 문제 역시 우리를 향해 달려오는 검은 코끼리들이다. 이 문제들은 경제에 직접적인 영향을 끼칠 뿐만 아니라 사회적 불안정, 민족주의, 부채 및 신용 위기[8], 보호무역주의, 지정학적 재편, 그리고 군사적 충돌을 부추기며[9] 경제를 더욱 악화시키는 결과를 낳을 것이다.

이 모든 문제들이 우리를 향해 돌진해 오고 있다는 것만큼은 이제 확고한 사실이다. 다만 아직 확실하지 않은 것은 과연 우리가 코로나19 사태로부터 교훈을 얻어 다른 길을 선택해 나아갈 수 있을지 여부다. 정재계 지도자들은 결국 행동에 나서게 될까? 우리에게는 그들이 행동에 나서도록 촉구할 의지가 있는가?

지켜보고만 있을 경우 겪게 될 결과는 뻔하다. 각각의 사건들은 지역·국가·세계 단위에서 서로 다른 정도의 경제적 영향을 미치겠지만, 결국 그 여파는 하나로 모여 메가톤급 위기를 불러오고 세계 경제를 붕괴시킬 것이다. 이견이 있을 수는 있다. 그러나 일련의 사건이 이어지며 경제·안보·사회 측면에서 파괴적인 결과를 낳을 것이라는 데는 의심의 여지가 없다.

지금까지 겪은 고통으로는 충분하지 않은 걸까? 기후변화, 불평등, 생태계 붕괴, 그리고 그 밖의 여러 현상이 영향을 미치고 있는 가운데 변화를 이끌어내기 위해 더 필요한 것은 무엇일까?

이 질문에 답하려면 이런 위험이 우리를 향해 다가오고 있다는 사실을 먼저 인지해야 한다. 다음은 우리가 이 과정에서 흔히 범하는 세 가지 실수다.

- 첫째, 우리는 이와 같은 일련의 현상을 어쩌다 일어날 수 있는 '위험'이나 '사건' 정도로 여긴다. 모두 머지않은 미래에 우리가 실제로 겪게 될 일인데도 말이다.
- 둘째, 시스템 전체 차원에서 상황을 바라보지 않기 때문에 경제적 여파가 연쇄적으로 일어난다는 사실을 인지하지 못한다. 즉, 한 현상이 다른 현상을 부추기며 통제할 수 없이 상황이 더욱 악화되는 것을 알아차리지 못한다는 뜻이다. 가령, 팬데믹 상황에서 불평등은 보건과 경제 부문에서의 빈부 격차를 더욱 벌려났다.
- 셋째, 우리는 낙관과 부정, 그 둘 사이를 오간다. 가령, 앞서 언급한 현상이 '미래 어느 시점'에 일어난다 해도 '우리는 결국 해결책을 찾을 것'이라고 생각하는 식이다. 코로나19 팬데믹도 마찬가지였다. 그러나 결과를 들여다보자. 걷잡을 수 없이 악화되는 팬데믹 상황 속에 우리가 취한 조치는 무엇인가?

우리는, 그리고 지식과 권력을 겸비한 정재계 지도자들은 왜 이런 실수를 범할까? 왜 아직도 많은 사람들은 코로나19 사태를 우리가 충분히 해결할 수 있는 단일한 경제적 사건으로 여길까?

아마도 부분적으로는 각 사건이 일어날 시점이나 가져올 결과에 차이가 있기 때문일 것이다. 예를 들어, 코로나19가 경제에 미치고 있는 영향은 무척 이례적이며 또한 갑작스럽다. 역사상 이번처럼 세계 여러 나라 정부가 경제 주요 부문의 '전원을 끄는 조치'를 단행한 적은 없었다. 그 결과 사람들은 '전원을 다시 켜기만 하면' 문제가 해결될 것이라 생각한다. 그렇게 몇 년이 지나면 경제가 다시 성장세를 이어가며 상황이 '정상'으로 돌아갈 것이라고 믿는 것이다.

이런 사고방식은 세계경제를 단편적인 시각에서 본 결과이며 대단한 착각이 아닐 수 없다. 게다가 앞으로 다가올 위험에 제대로 준비되어 있지 않다는 것을 보여주는 신호이기도 해 무척 우려스럽기까지 하다.

이런 사고방식 때문에 우리는 문제를 제대로 파악하지 못한다. 그러나 시스템 전체로 시야를 넓히면, 여전히 우리를 향해 돌진해 오는 다른 사건뿐만 아니라 연쇄적으로 맞물려 나타나는 현상들까지도 조망할 수 있게 된다. 이렇게 해야 각 사건들을 보다 큰 그림에서 포괄적으로 해결하게 되면서 다른 현상들을 관리하는 데 드는 시간을 단축시킬 수 있다.

이런 식으로 생각하는 사람이 적다고 해서 이 방식 자체가 급진적이라고 볼 수는 없다. 뱅크 오브 아메리카Bank of America는 팬데믹이 경제에 미친 영향을 다음과 같이 평가했다.

"전쟁이나 혁명, 전염병 같은 세계적 위기는 역사를 빠르게 전진시키는 것처럼 보인다. (……) 보통은 수십 년 또는 그 이상이 소요될 법한 과정이 몇 주 안에 진행되기 때문이다."

"코로나 바이러스는 앞으로도 수년 동안 혼란과 변화를 초래할 정치적·경제적·심리적 사건이다. 이번 팬데믹은 한 세대에 한 번 있을까 말까 한 급진적인 변화를 가져올 것이다."

급진적인 변화는 여러 부문에서 다양한 양상으로 나타날 것이다. 다음 내용을 함께 생각해보자.

- 화석연료 산업의 붕괴는 환경 측면에서는 바람직하나 지정학적 측면에서는 긴장을 고조시킨다.[10] 금융 위기를 초래할 것으로 오래도록 예측되어온 화석연료 산업의 붕괴가 코로나19 사태를 계기로 본격화되는 양상을 보이고 있으며, 그에 따라 세계 권력 지형에도 지각변동이 나타나고 있다.[11]

- 팬데믹을 계기로 경제 대국들이 갖고 있던 고질적인 문제들이 드러나고 있다. 코로나19에 대한 미온적 대처가 불평등 문제와 결합되는 양상이 나타나고 있는 미국의 경우, 심각한 수준의 경기 침체를 겪을 것으로 예상된다.[12] 사회 평론가인 우마이르 하케는 미국의 현재 상태를 다음과 같이 묘사했다. "소득, 저축, 기대 수명, 행복, 신뢰가 모두 자유낙하 하고 있는 미국은 역사에 길이 남을 사회적 붕괴를 경험하고 있다." 이 같은 붕괴는 정치적 혼란이나 소요 사태를 일으킬 가능성이 무척 높다. 또한 극심한 양극화나 사회불안, 무역 갈등, 국가주의, 보호주의를 부추기게 될 것이다.

- 재생에너지 점유율이 상승하고 운송 수단의 전기화가 가속화되는 상황에서 앞서 설명한 두 가지 변화가 더해지는 것만으로도 정치·경제에 있어 대대적인 권력 이동 현상이 나타날 수 있다. 이 같은 권력 이동 현상은 미국과 중국뿐만 아니라 그 밖의 다른 나라에서도 나타날 수 있으며 그 영향 또한 매우 클 것으로 보인다. 이와 관련해 뱅크 오브 아메리카는 "현대 경제사에서 볼 수 없었던 규모의 권력 이동 현상이 나타날 것"이라 예측했다. 미국이 모

든 위험을 경험하는 쇠퇴의 제국이 될 수도 있다는 뜻이다.

정확히 그 내용이 일치하지는 않는다 하더라도 이런 유형의 사건들은 분명 일어날 것이다. '위험'은 그저 '위험'이랄 수 없으며 그렇다고 '검은 백조'도 아니다. 이런 '위험'은 우리를 향해 떼를 지어 몰려오는 '검은 코끼리'다. 그리고 우리는 이 코끼리 떼가 얼마나 위험한지 누구보다 잘 알고 있다.

정재계 지도자들이 이 코끼리 떼의 위험성을 집단적으로 인지하고 행동에 나설 때, 비로소 이 상황을 모면할 수 있다. 시스템 차원의 문제이므로, 시스템 차원에서 움직여야 문제를 해결할 수 있기 때문이다.

가능할까? 어쩌면 '그린 뉴딜' 정책의 아류 버전쯤 되는 정책을 시행해 사회 안정망을 약간 더 강화해놓고 그것을 '혁명'이라 부르게 될지도 모른다. 과연 이 전환점이 인류에게 기회가 될 수 있을까? 아니면 예전의 경제 호황으로 돌아갈 수 있다는 착각 속에 엉뚱하게 예산만 낭비하는 상황이 연출될까?

위기에 대응하는 인류의 자세는 코로나19 사태에서도 고스란히 나타났다. 우리는 직접적이고 즉각적인 영향이 나타나는 실존적 위기가 닥친 다음에야 깨어나 극적인 변화를 만들어내기 위한 노력을 시작한다. 과연 우리는 검은 코끼리 떼가 몰려오는 이 상황을 위기로 인식하고 대응에 나설 수 있을까?

지금까지의 분위기로는 그럴 가능성이 무척 낮아 보인다. 이보다 상황이 훨씬 더 나빠질 때까지 사람들은 반응하지 않을 것이다. 전세계가 불황에 빠지는 상황까지 기다려야 할 수도 있다. 붕괴까지는 아니더라도 아주 심각한 상황이 오래도록 지속되어야 비로소 행동이 시작될지도 모른다.

나를 아는 독자라면 이런 설명에 좀 놀랐을 수도 있다. 그동안 내가 쓴 글들은 보통 '낙관적'이라는 평을 받았기 때문이다. 그러니 분명히 해두자. 이 모든 현상과 위기가 어떻게 전개될지에 대한 나의 견해는 지난 25년 동안 거의 변하지 않았다. 나는 인간이 가진 독창성과 추진력을 결코 믿어 의심치 않는다. 지난 역사를 통해, 한번 각성이 일면 인류가 얼마나 빠르게 극적인 변화를 만들어내는지를 잘 알고 있기 때문이다.

그러니 변하기로 결심해야 한다.

선택의 문제일 뿐, 우리가 가진 능력치는 결코 부족하지 않다. 제때 행동에 나서기만 한다면 코끼리 떼를 물리칠 수 있다는 말이다. 출중한 기술뿐만 아니라 인적·물적 자원이 뒷받침될 것이다. 우리에게는 지성과 인류애가 있으며 생존하려는 본능이 있다. 하지만 내가 여기서 이런 희망을 먼저 얘기할 경우, 지금을 위기 상황으로 인식할 기회는 또 사라지고 만다.

여러분이 '인류는 모든 문제를 해결해왔다'라는 낙관주의적 생각에 매몰되어 있지 않기를 바란다. 현실 직시가 먼저다. 환경운동가이자 작가인 마거릿 클라인 살로몬이 말한 "현실 직시" 상태에 이르지 못하면 아무런 변화도 기대할 수 없다. 우리가 직면한 상황에서 무엇이 위험하고 얼마나 더 나빠질 수 있는지를 있는 그대로 마주할 때 우리는 비로소 행동에 나서게 될 것이다. 안타깝게도 그 순간은 아직 오지 않았다.

동트기 전이 가장 어둡다고 했던가.

주석

1장—경제와 사회를 뒤흔들 허리케인

[1] 삶의 질은 각자가 처한 상황에 따라 주관적으로 규정될 수 있다. 2007년, 전 세계 소득의 중앙값은 1700달러였다. 매우 낮은 수치라고 여기는 사람도 많겠지만, 이는 일반적으로 받아들여지는 빈곤 기준선 값인 하루 2달러 대비 두 배가 넘는 액수이며, 극빈 기준선 값인 1달러 25센트에 비해서는 더욱 높은 액수다. 2009년에는 세계 인구 중 30억 명의 연간 소득이 1700달러를 넘어섰다. 전 세계 인구의 절반을 '중산층'으로 규정할 수 있게 된 셈이다. 중산층은 기본적인 식품비와 주거비를 제외하고도 연간 소득의 약 3분의 1을 자유롭게 소비할 수 있다. 그래서 나는 중산층으로 규정된 사람들의 상위 3분의 1인 10억 명이 기본적인 욕구를 충족하며 꽤 '안락한' 생활을 누리고 있다고 추정한다.

2장—두 세대를 넘어 이어진 절규

[1] www.paulgilding.com에 「절규, 붕괴, 붐」 전문이 공개되어 있다.

[2] http://www.library.ucsb.edu/thoreau/에서 *Walking*(Rockville, Mary land: Arc Manor, 2007)과 *Journal*(August 30, 1856)의 원문을 찾을 수 있다.

[3] Peter Matthiessen, "Environmentalist Rachel Carson," *Time*, March 29, 1999.

[4] William Darby, "Silence, Miss Carson!" *Chemical and Engineering News* 40(October 1, 1962): 60-62.

[5] Michael Smith, "'Silence, Miss Carson!': Science, Gender, and the Reception of Silent Spring," *Feminist Studies* 27, no. 3(Autumn 2001): 733.

[6] https://enviroethics.org/2011/12/02/the-desolate-year-monsanto-magazine-1962/.

[7] Priscilla Coit Murphy, *What a Book Can Do: The Publication and Reception of Silent Spring*(2005), 24 – 25(Massachusetts: University of Massachusetts Press, 2005).

[8] "The Cities: The Price of Optimism," *Time*, August 1, 1969.

[9] *Newsweek* 사설, March 13, 1972.

[10] Graham Turner, *A Comparison of the "Limits to Growth" with 30 Years of Reality*, Commonwealth Scientific and Industrial Research Organization, 2008(Canberra, Australia: CSIRO, 2005). http://www.csiro.au/files/files/plje.pdf에서 원문을 볼 수 있다.

[11] Ingrid Eckerman, *The Bhopal Saga—Causes and Consequences of the World's Largest Industrial Disaster*(India: Universities Press, 2005).

[12] 1999년, 나는 존 파사칸탄도로부터 엑손모빌의 별명이 '죽음의 별'이라는 말을 처음 들었다. 이후 오존 행동(Ozone Action)과 그린피스도 엑손모빌을 지칭할 때 이 별명을 사용한다는 것을 알게 되었다.

[13] Naomi Klein, *No Logo*(New York: Picador, 2002), 343.

3장—중차대한 문제

[1] 1992년 환경과 개발에 관한 리우 선언 제15원칙. http://www.un.org/documents/ga/confi51/aconfi5126-rannex1.htm에서 원문을 볼 수 있다.

[2] 유엔기후변화협약 제2조. http://unfcc.int에서 원문을 볼 수 있다.

[3] Naomi Oreskes and Erik Conway, *Merchants of Doubt: How a Handful of Scientists Obscured the Truth on Issues from Tobacco Smoke to Global Warming*(New York: Bloomsbury Press, 2010).

[4] Greenpeace International, *Koch Industries: Secretly Funding the Climate Denial Machine*, 2010.

[5] Naomi Oreskes, "The Scientific Consensus on Climate Change," *Science* 306, no. 5702(December 2004): 1686, doi:10.1126/science.1103618.

[6] William R. L. Anderegg et al., "Expert Credibility in Climate Change," *Proceedings of the National Academy of Sciences* 21(June 2010), doi:10.1073/pnas.1003187107.

[7] 관련 조사는 영국의 과학기술선정위원회와 이스트앵글리아 대학이 조직한 독립적인 국제 조사단을 통해 이뤄졌다. 조사에 참여한 이 기관들은 해킹당한 어떤 이메일에도 기후 과학의 연구 결과나 이메일을 주고받은 과학자들의 권위와 양심을 훼손하는 내용이 없다고 결론지었다. http://www.cce-review.org, http://www.uea.ac.uk/mac/comm/media/press/CRUstatements/SAP에서 보고서 전문을 볼 수 있다.

[8] http://www.millennium.assessment.org에서 보고서 전문과 요약본을 볼 수 있다.

[9] https://openknowledge.worldbank.org/handle/10986/2596.

[10] Joshua Bishop (ed.), *TEEB—The Economics of Ecosystems and Biodiversity Report for Business*, Appendix 2.1. www.teebweb.org에서 확인할 수 있다.

[11] International Energy Agency, *World Energy Outlook 2009*. http://www.iea.org에서 확인할 수 있다.

[12] Johan Rockstrom et al., "A Safe Operating Space for Humanity," *Nature* 461(September 24, 2009): 472 - 475. www.stockholmresilience.org에서 전문을 찾을 수 있다.

[13] Walter K. Dodds et al., "Eutrophication of U.S. Freshwaters: Analysis of Potential Economic Damages," *Environmental Science & Technology* 43, no.1(2009): 12 - 19.

[14] Robert Costanza et al., "The Value of the World's Ecosystem Services and Natural Capital," *Nature* 387(May 15, 1997): 253.

[15] www.footprintnetwork.org.

[16] WWF와 지구생태발자국네트워크의 *Living Planet Report 2008*과 National Footprint Accounts 2009 데이터 표는 www.footprintnetwork.org에서 찾을 수 있다.

4장—대붕괴: 한계치를 넘어서다

[1] https://www.un.org/development/desa/pd/.

[2] Australian Treasury and Department of Climate Change and Water, *Australia's Low Pollution Future: The Economics of Climate Change Mitigation*, 2008. https://treasury.gov.au/sites/default/files/2019-03/Australias_Low_Pollution_Future_Summary.pdf.

[3] Dominic Wilson and Anna Stupnytska, "The N-11: More Than an Acronym," *Goldman Sachs, Global Economics Paper* No. 153, 2007. http://www.goldmansachs.com에서 전문을 찾을 수 있다.

[4] John Hawksworth, "The World in 2050: How Big Will the Major Emerging Market Economies Get and How Can the OECD Compete?" PwC, 2006. http://www.pwc.com에서 전문을 찾을 수 있다. PwC의 수치는 구매력 평가(PPP: Purchasing Power Parity)에 기반을 두고 산출되었다. 구매력 평가란 한 통화를 기준으로 얼마나 많은 상품과 서비스를 구매할 수 있는지를 계산한 이론이다. 예를 들어, 중국에서 1달러로 구매할 수 있는 상품이나 서비스는 미국에서보다 많은 반면 스칸디나비아에서는 미국에서보다 약간 적은 편이다. 구매력 평가는 소비와 그에 따른 생태계 수요와 밀접하게 관련되어 있기 때문에 비교에 적합한 척도라고 볼 수 있다. 대부분 미국 달러 기준으로 산출된 다른 연구의 추정치와 PwC 추정치가 다른 이유가 여기에 있다.

[5] Stefan Giljum and Christine Polzin, "Resource Efficiency for Sustainable Growth:

Global Trends and Europe an Policy Scenarios, background paper for the UN Industrial Development Organization, *International Conference on Green Industry in Asia*(September 2009). http://oxford.academia.edu/ChristinePolzin/Papers/에서 전문을 찾을 수 있다.

[6] Tim Jackson, *Prosperity Without Growth?*(U.K. Sustainable Development Commission, 2009), 48.

[7] WWF and the Global Footprint Network, *Living Planet Report*, 2008.

[8] Paul R. Ehrlich and John P. Holdren, "Impact of Population Growth," *Science* 171, no. 3977(1971): 1212 – 1217.

[9] Gurdev S. Khush, "Green Revolution: Preparing for the 21st Century," *Genome* 42, no. 4(1999): 646 – 655.

[10] National Academy of Sciences, *Carbon Dioxide and Climate: A Scientific Assessment*, Washington, D.C.: National Academy of Sciences, Climate Research Board, 1979. http://www.nap.edu에서 전문을 찾을 수 있다.

[11] David Archer, "Fate of Fossil Fuel CO2 in Geologic Time," *Journal of Geophysical Research* 110(2005), doi:10.1029/2004JC002625.

[12] Tim Jackson, *Prosperity Without Growth?: The Transition to a Sustainable Economy*, U.K. Sustainable Development Commission, 2009.

5장—성장 중독

[1] John Stuart Mill, *Principles of Political Economy*, book IV, chapter 6(1848). http://www.econlib.org에서 전문을 찾을 수 있다.

[2] Tim Jackson, *Prosperity Without Growth?: The Transition to a Sustainable Economy*, U.K. Sustainable Development Commission, 2009. www.sd-commision.org.uk에서 전문을 찾을 수 있다.

[3] 호주 ABC 라디오 시드니 706에 전화를 건 익명의 청취자.

6장—작은 지진: 성장이 멈춘 첫해

[1] 국립설빙데이터센터(National Snow and Ice Data Center), http://nsidc.org.

[2] James A. Screen and Ian Simmonds, "The Central Role of Diminishing Sea Ice in Recent Arctic Temperature Amplification," *Nature* 464(April 29, 2010): 1334 – 1337, doi:10.1038/nature09051.

[3] http://www.scientificamerican.com/article.cfm?id=biofuels-bad-for-people-and-climate.

[4] Lorenzo Cotula et al., "Land Grab or Development Opportunity?: Agricultural Investment and International Land Deals in Africa," FAO, IIED, and IFAD, 2009. http://www.fao.org/docrep/011/ak241e/ak241e00.htm에서 전문을 찾을 수 있다.

[5] Shepared Daniel with Anuradha Mitta, "The Great Land Grab: Rush for World's Farmland Threatens Food Security of the Poor," Oakland Institute, 2009. https://www.oaklandinstitute.org/sites/oaklandinstitute.org/files/LandGrab_final_web.pdf에서 전문을 볼 수 있다.

[6] Joachim von Braun and Ruth Meinzen-Dick, "'Land Grabbing' by Foreign Investors in Developing Countries: Risks and Opportunities," *IFPRI Policy Brief* 13, 2009, http://www.ifpri.org/publication/land-grabbing-foreign-investors-developing-countries.

[7] Horand Knaup and Juliane von Mittelstaedt, "The New Colonialism: Foreign Investors Snap Up African Farmland," *Spiegel Online International*, August 30, 2009.

8장—우리는 정말 끝장난 걸까?

[1] H. Damon Matthews and Andrew J. Weaver, "Committed climate warming," *Nature Geoscience* 3(2010): 142-143.

[2] 정확한 출처는 찾을 수 없지만 대중이 익히 받아들이는 개념이다.

[3] 이 보고서는 『옵서버 The Observer』가 입수해 2004년 2월 22일 기사화했다.

[4] Anthony Storr, *Churchill's Black Dog, Kafka's Mice, and Other Phenomena of the Human Mind*(New York: Ballantine Books, 1990).

9장—부정이라는 댐이 무너질 때

[1] John A. Romley et al., *The Impact of Air Quality on Hospital Spending*, RAND Health, 2010. http://www.rand.org/pubs에서 전문을 찾을 수 있다.

10장—1도 전쟁

[1] Paul Gilding and Jorgen Randers, "The One Degree War Plan," *Journal of Global Responsibility*, vol. 1, issue 1(2010): 170-188. https://www.emerald.com/insight/에서 전문을 찾을 수 있다.

[2] H. Damon Matthews and Andrew J. Weaver, "Committed Climate Warming," *Nature Geosciences* 3(2010): 142 – 143.

[3] Steven J. Davis, Ken Caldeira, and H. Damon Matthews, "Future CO2 Emissions and Climate Change from Existing Energy Infrastructure," *Science* vol. 328, no. 5997(September 2010): 1330 – 1333.

[4] 경제사 협회(Economic History Association). https://eh.net/encyclopedia/the-american-economy-during-world-war-ii/.

[5] Robert G. Ferguson, "One Thousand Planes a Day: Ford, Grumman, General Motors and the Arsenal of Democracy," *History and Technology* 21(2005): 149.

[6] 세계자원연구소(World Resources Institute)의 기후분석 툴. http://cait.wri.org/cait. php?page=yearly. 본문에서 언급된 수치는 2005년 온실가스 배출량을 기준으로 추정되었다. 본 자료에는 토지 사용, 토지 사용 변화, 임업 관련 배출량은 포함되어 있지 않다.

[7] 로리 시겔의 도움으로 우리가 가정한 온실가스 배출 시나리오를 IPCC의 '평상시와 다름없이 지냈을 때'를 가정한 시나리오와 함께 C-ROADS로 검증해볼 수 있었다. T. Fiddaman, L. Siegel, E. Sawin, A. Jones, J. Sterman, *2009: C-ROADS Simulator Reference Guide*, Ventana Systems, Sustainability Institute, and MIT Sloan School of Management,www. climateinteractive.org.

[8] 매킨지앤드컴퍼니(McKinsey & Co.)는 2009년 『저탄소 경제로 가는 길*Pathways to a Low-Carbon Economy*』에서 매해 지연이 발생할 때마다 대기 중 CO_2e 농도의 최대치가 같은 수준의 조치를 제때 취했을 때보다 5ppm 높아질 것으로 예측했다. https://www.mckinsey.com/ 에서 전문을 찾을 수 있다. 니컬러스 스턴은 2006년 『기후변화의 경제학에 대한 보고서*Stern Review on the Economics of Climate Change*』에서 '강력하고 이른 조치'가 경제적 측면에서 유리하다는 것을 증명하는 사례들을 제시했다. http://mudancasclimaticas.cptec.inpe. br/~rmclima/pdfs/destaques/sternreview_report_complete.pdf에서 전문을 찾을 수 있다.

[9] CO_2e 1톤당 달러나 유로는 CO_2e를 1톤 감축하는 데 드는 예상 비용을 측정한 것이다. 매킨지앤드컴퍼니가 주도한 연구는 에너지·원자력·태양전지판·자동차 등으로 분야를 구분하고 감축에 따른 예상 비용을 산출했다.

[10] Prince's Rainforests Project, *An Emergency Package for Tropical Forests*, March 2009. http:// www.globalbioenergy.org/uploads/media/0903_PRP_-_An_emergency_package_for_tropical_ forests.pdf.

[11] 2010년에 발표한 이 연구에서 우리는 당시 가동 중인 화력발전소가 약 5000개인 데 반해 2018년에는 6000개로 늘어날 것으로 가정했다. 1도 전쟁의 제1국면이 진행되는 2018년에서 2023년 사이 약 1000개의 화력발전소를 폐쇄해 CO_2e 배출을 50억 톤 줄이고, 또 다른 화력발전소 1000개에 탄소 포집 및 저장 시설(CCS)을 설치하여 2023년까지

CO₂e 배출을 20억 톤 더 감축할 수 있을 것으로 내다보았다. 대형 CCS 장치를 갖추면 가스를 태워 가동하는 화력발전소가 연간 약 100만 톤, 석탄을 태워 가동하는 화력발전소가 연간 약 300만 톤의 이산화탄소 배출을 줄일 수 있다.

[12] CCS는 화력발전소에서 사용하는 석탄에서 배출되는 이산화탄소를 포집하고 응축해 깊은 땅속에 있는 저장고에 가둬두는 다양한 기술을 일컫는다.

[13] http://www.desertec.org.

[14] 2009년 11월 자 『사이언티픽 아메리칸*Scientific American*』에 실린 "A Plan to Power 100 Percent of the Planet with Renewables" 기사에 마크 제이컵슨과 마크 델루치가 진행한 연구의 내용이 요약되어 있다.

[15] V. R. Cardozier, *The Mobilization of the United States in World War II: How the Government, Military and Industry Prepared for War*(1995). 특히 이 도서의 제10장을 참고하기 바란다.

[16] Gilding and Randers, "The One Degree War Plan," *Journal of Global Responsibility*, vol. 1, Issue 1(2010).

11장—어느 경제학자가 세상을 구하는 방법

[1] *New York Times*, December 18, 2008.

[2] 듀폰의 업적과 접근법은 스콧 홀리데이의 박사 학위 논문에 개괄적으로 요약되어 있다. Scot Holliday, "A Case Study of How DuPont Reduced Its Environment Footprint: The Role of Organizatioal Change in Sustainability," The George Washington University, Washington, D.C(2010).

[3] http://www.isc.hbs.edu/soci-environmental.htm에 참고할 만한 여러 논문이 있다. http://www.isc.hbs.edu/PorterHypothesis_Montreal2010.htm에서는 포터의 가설을 검토한 내용을 찾을 수 있다.

12장—창조적 파괴: 헌것을 버리고 새것을 취하다

[1] 영국 의회 산하 과학기술국(Parliamentary Office of Science and Technology)이 검토한 바에 따르면, 석탄을 주원료로 화력발전을 하는 경우 발전량 킬로와트시(kWh)당 이산화탄소 배출량이 1000그램을 초과한 반면 육상과 해상에서 풍력발전을 하는 경우 발전량 kWh당 이산화탄소 배출량은 각각 4.64그램, 5.25그램이었다. 이는 200분의 1의 수치로 결국 풍

력발전으로 배출되는 이산화탄소 양이 화력발전 대비 99.5퍼센트나 적다는 말과 같다. http://www.parliament.uk/documents/post/postpn268.pdf.

[2] Al Gore, *Our Choice*(New York: Rodale, 2009), p. 57.

[3] https://foreignpolicy.com/2010/08/05/the-ministry-of-oil-defense/.

[4] 2009년 11월 자 『사이언티픽 아메리칸』에 실린 "A Plan to Power 100 Percent of the Planet with Renewables" 기사에 마크 제이컵슨과 마크 델루치가 진행한 연구의 내용이 요약되어 있다.

[5] Renewable Energy Policy Network for the 21st Century(REN21), *Renewables 2010: Global Status Report*, 2010. REN21은 각국 정부와 국제에너지기구 같은 국제기구, 비정부기구, 산업 분야가 참여하는 포괄적 네트워크이며, 관련 자료는 http://www.ren21.net/에서 찾아볼 수 있다. UNEP, "Global Trends in Sustainable Energy Investment 2010 Report"는 https://www.fs-unep-centre.org/wp-content/uploads/2019/11/Global_Trends_Report_2010.pdf에서 확인 가능하다.

[6] 미국 에너지 관리청(United States Energy Information Administration)에서 제시한 통계자료는 다음에서 찾을 수 있다. https://www.eia.doe.gov/energyexplained/index.cfm?page=electricity_home#tab2.

13장—녹색 경제: 중동의 석유에서 중국의 태양에너지로

[1] http://www.nytimes.com/2009/07/05/opinion/05friedman.html.

[2] http://www.guardian.co.uk/environment/2010/feb/18/worlds-top-firms-environmental-damage.

14장—성장으로 해결할 수 없는 빈곤

[1] 지속가능발전위원회(Sustainable Development Commission)의 의뢰로 2008년 4월 24일 허먼 데일리 교수가 발표한 『정상 상태 경제*A Steady-State Economy*』에서 발췌한 문장이다. https://www.sd-commission.org.uk/publications.php@id=775.html.

[2] 같은 책.

[3] 전 미연방 하원 의원 바버 코너블의 발언이다.

15장—행복 경제학: 우리는 지금 행복한가?

[1] Adam Smith, *An Inquiry into the Nature and Causes of the Wealth of Nations*, 5th ed., edited by Edwin Cannan(London: Methuen & Co., Ltd., 1904).

[2] http://steadystate.org.

[3] http://www.happyplanetindex.org.

[4] 클라이브 해밀턴 교수와 팀 카서 교수가 2009년 4월 옥스퍼드 대학 학술 대회에서 발표한 논문이다. https://clivehamilton.com/wp-content/uploads/2014/06/Psychological-adaptation-to-a-four-degree-world-FINAL.pdf.

16장—쇼핑 후에도 삶은 계속된다

[1] https://colinbeavan.com/the_personal_im/.

[2] http://www.drewsmarketingminute.com/2008/09/how-to-market-t.html.

[3] www.revbilly.com.

[4] https://www.latimes.com/archives/la-xpm-2010-jul-13-la-me-story-of-stuff-20100713-story.html.

[5] https://neweconomics.org/uploads/files/five-ways-to-wellbeing-1.pdf.

17장—굶주림 없는 세상으로 가는 길

[1] Barry Bosworth and Susan M. Collins, "Accounting for Growth: Comparing China and India," *Journal of Economic Perspectives* 22, no. 1(Winter 2008): 45-66.

[2] United Nations University World Institute for Development Economic Research, *The World Distribution of Household Wealth*(2006). 해당 자료는 https://www.wider.unu.edu/에서 찾을 수 있다.

[3] Angus Maddison, *The World Economy: A Millennial Perspective*(OECD, 2001). 해당 자료는 http://www.theworldeconomy.org/에서 찾을 수 있다.

[4] 신경제재단의 찰스 시크릿과 대화를 하던 도중 처음 접한 비유다.

[5] Royal United Services Institute, "Delivering Climate Security: International Security Responses to a Climate Changed World," *Whitehall Papers* 69(April 2008).

[6] Marshall B. Burkea et al., "Warming Increases the Risk of Civil War in Africa," *Proceedings of*

the National Academy of Sciences 106, no. 49(2009).

[7] Gwynne Dyer, *Climate Wars: The Fight for Survival as the World Overheats*(Toronto: Random House Canada, 2008).

18장—불평등의 비효율성

[1] Richard Wilkinson and Kate Pickett, *The Spirit Level: Why Greater Equality Makes Societies Stronger*(New York: Bloomsbury Press, 2010) and Richard Wilkinson, *Unhealthy Societies: The Affliction of Inequality*(London:Routledge,1996).

[2] 같은 책.

[3] Daniel B. Klein and Charlotta Stern, "'Economists' policy views and voting," *Public Choice* 126(2006): 331–342.

19장—미래는 이미 시작되었다

[1] http://www.socialinvest.org/resources/sriguide/srifacts.cfm.

[2] http://gaianism.org/wp-content/uploads/2020/05/Transforming-Cultures-SOW-2010.pdf.

[3] https://camsa.com.au/.

[4] www.cohousing.org.

[5] http://connectedthebook.com.

[6] Renewable Energy Policy Network for the 21st Century(REN21), "Renewables 2010: Global Status Report"(2010). REN21은 각국 정부와 국제에너지기구 같은 국제기구, 비정부기구, 산업 분야가 참여하는 포괄적 네트워크이며, 관련 자료는 http://www.ren21.net/에서 찾아볼 수 있다. UNEP의 "Global Trends in Sustainable Energy Investment 2010 Report"도 참조해보기 바란다. https://www.fs-unep-centre.org/wp-content/uploads/2019/11/Global_Trends_Report_2010.pdf.

보론

1—기후 전염

[1] 여기서 '경제 전염'이란 어떤 부문이나 시장 또는 지역에서 나타난 경제 위기가 또 다른 부문이나 시장 또는 지역으로 확산되는 현상을 일컫는다. '경제 전염' 현상은 소규모 지역사회뿐만 아니라 국가 또는 세계 단위에서도 나타날 수 있다.

[2] FOMO는 '제외되는 것에 대한 두려움'이라는 뜻을 가진 영어 표현 Fear Of Missing Out을 구성하는 각 단어의 앞 글자를 따서 만들어진 용어다.

[3] 블룸버그 NEF(Bloomberg NEF)는 풍력발전소나 태양발전소를 새로 짓는 방식으로도 화력발전소가 그동안 제공해온 에너지 가격보다 더 저렴하게 세계 인구의 3분의 2에 에너지를 공급할 수 있다고 한다. 석탄 소비 비중이 높은 일본이나 동남아시아 국가 대부분에 재생에너지 공장이 들어서면 향후 5년 안에 가격이 하락 안정화될 수 있을 것이다.

https://www.bloomberg.com/news/articles/2019-08-27/solar-wind-provide-cheapest-power-for-two-thirds-of-globe-map.

[4] BNP 파리바(BNP Paribas)는 2019년 9월 발표한 자료에서 1000억 달러 분량의 석유와 재생에너지가 일반 차량과 경차에 사용되었을 때 얼마나 큰 유효 에너지로 전환될 수 있는지를 비교하였다. 이 보고서에 따르면 석유는 배럴당 9, 10달러, 디젤은 배럴당 17~19달러로 가격이 하락해야 이동 수단 연료로서 경쟁력을 유지할 수 있다. (2018년 11월 배럴당 70달러였던 유가는 2019년 같은 달 기준 50달러 이하로 떨어졌으며 이로 인해 엑손의 3분기 실적은 49퍼센트 감소했다). 이를 토대로 이 보고서는 "태양광 전기 차량 대비 화석연료로 구동되는 차량이 가진 경제성은 되돌릴 수 없는 수준으로 하락"하고 있으며 "이 현상이 유력 석유 회사나 정책 입안자들에게 시사하는 바가 크다"라고 결론지었다.

https://www.forbes.com/sites/mikescott/2019/09/02/economics-of-electric-vehicles-mean-oils-days-as-a-transport-fuel-are-numbered/?sh=d3f797151020.

https://edition.cnn.com/2019/11/01/business/exxon-earnings-oil-prices/index.html

[5] 소비자들은 그 어느 때보다 건강과 지속 가능성에 관심을 기울이고 있다. '고기 없는 고기'는 모든 환경 지표(토지 사용·물 사용·오염 물질 배출)에서 일반육보다 우수한 평가를 받으며 투자 분석가와 투자자, 그리고 소비자의 이목을 집중시키고 있다. 맛에 대한 소비자의 기준이 달라짐에 따라 대체육 시장을 이끄는 혁신적인 회사들의 실적은 상승세를 유지하고 있다. 2019년 5월 주식 상장 이후 비욘드미트(Beyond Meat)의 주가는 크게 증가했으며 임파서블 푸드(Impossible Foods)는 3억 달러 규모의 자금 유치에 성공했다. 이런 분위기를 읽은 타이슨(Tyson)이나 퍼듀 팜(Purdue Farms) 같은 기존의 대형 육류 가공 업체들

역시 대체육 개발에 박차를 가하고 있다. 여러 업체가 경쟁 구도에 합류함에 따라 가격은 하향 조정되는 한편 증가하는 수요를 충족시킬 만큼의 규모로 전체 산업이 성장할 가능성이 높아지고 있다.

https://www.vox.com/2019/5/28/18626859/meatless-meat-explained-vegan-impossible-burger.

6 『포브스*Forbes*』는 2018년 수준의 에너지 수요를 기준으로 놓고 볼 때 향후 25년 동안 석유 산업이 지불해야 하는 비용은 연간 25조 달러에 달하는 반면 재생에너지는 연간 4조 6000억~5조 2000억 달러에 불과하다고 발표했다.

https://www.forbes.com/sites/mikescott/2019/09/02/economics-of-electric-vehicles-mean-oils-days-as-a-transport-fuel-are-numbered/?sh=176722305102.

7 2018년 FTSE 러셀(FTSE Russell)은 "녹색 경제(환경 위협으로 생물 다양성이 손실되지 않도록 환경을 훼손하지 않고 지속 가능한 개발을 추구하는 경제)는 이제 화석연료 부문만큼 가치가 있으며 더 중요하고 안전한 투자 기회를 제공한다"라고 발표했다. 현재 녹색 경제 시장은 글로벌 상장 기업 시가총액의 약 6퍼센트(약 4조 달러)를 차지하고 있다.

https://content.ftserussell.com/sites/default/files/research/fr_investing_in_the_global_green_economy.pdf?_ga=2.122000463.559490061.1565834784-2131941123.1564986034.

8 투자은행 모건 스탠리(Morgan Stanley)는 2019년 10월 발표한 보고서에서 파리 협정의 목표치를 달성하려면 50조 달러 규모의 글로벌 투자가 필요할 것이라 조언했다. 이 보고서가 부문별로 발표한 투자 금액 추정치는 재생에너지 및 저장장치 14조 달러, 전기 자동차 11조 달러, 탄소 포집 및 저장 시설 2조 5000억 달러, 수소 2조 7000억 달러, 바이오 연료 2초 7000억 달러였다.

https://www.afr.com/companies/energy/morgan-stanley-says-these-companies-will-profit-from-climate-change-20191028-p534w8.

9 올해(2019년 기준) 7월은 지구 역사상 가장 더운 달이었다. 호주는 대형 산불로 180만 헥타르가 넘는 땅이 불타는 피해를 입었으며, 바하마는 기상학자들이 "관측사상 가장 강력하고 파괴적"이라고 묘사한 허리케인으로 막대한 피해를 입었다.

https://www.bbc.com/news/science-environment-49238745.

https://www.theguardian.com/world/2019/aug/12/arctic-wildfires-smoke-cloud.

https://www.theguardian.com/australia-news/2019/nov/22/australia-bushfires-factcheck-are-this-years-fires-unprecedented.

https://www.theguardian.com/world/2019/sep/13/hurricane-dorian-the-mudd-haitians-inequality.

10 2019년 9월, 멸종저항운동(Extinction Rebellion)과 그레타 툰베리가 주도한 시위에 참석한 전 세계 수백만 명의 사람들은 정부가 기후변화를 비상사태로 규정하고 행동에 나설 것

을 촉구했다. 지금까지(2019년 11월 기준) 기후 비상사태를 선포한 곳은 26개국 1212개 지방정부로 이들은 전체 8억 인구를 대표한다.

https://www.theguardian.com/environment/2019/sep/21/across-the-globe-millions-join-biggest-climate-protest-ever.

https://www.cedamia.org/global/.

[11] 옥스퍼드 사전은 '기후 비상사태'를 2019 올해의 단어로 선정했다. 한 해 전과 대비해 단어 사용량이 무려 10796퍼센트 증가한 데다 "2019년 한 해 토론의 주요 주제가 된 가장 주목할 만한 단어"였다는 것이 선정의 이유였다.

https://www.theguardian.com/environment/2019/nov/21/oxford-dictionaries-declares-climate-emergency-the-word-of-2019.

[12] 10대 환경 운동가 그레타 툰베리가 의회를 방문하고 난 다음, 데이비드 애튼버러의 다큐멘터리 「기후변화의 진실Climate Change: The Facts」이 방영되고, '멸종저항운동'이 런던 시내를 마비시킬 정도의 시위를 11일째 이어가자 영국은 세계 최초로 기후 비상사태를 선포했다.

https://theconversation.com/uk-becomes-first-country-to-declare-a-climate-emergency-116428.

[13] 지난 30년 동안 기후 재난을 보상하기 위해 지급된 보험금이 5배 증가한 사실로도 피해 규모를 짐작할 수 있다. 2018년 한 해, 자연재해로 인한 전체 보험 손실액은 1600억 달러에 달했으며 이 중 절반이 허리케인과 산불로 입은 피해에 대한 보상액이었다.

https://www.bankofengland.co.uk/news/2019/april/open-letter-on-climate-related-financial-risks.

https://www.munichre.com/en/risks/natural-disasters-losses-are-trending-upwards.html.

[14] 호주기후위원회(Australian Climate Council)는 보고서를 내고 앞으로 정부가 기후변화에 강력히 대처하지 않는다면 호주 부동산의 가치가 폭락하게 될 것이라 경고했다. 이 보고서는 극단적인 자연재해가 증가함에 따라 나타난 일부 저지대 지역의 침수 현상을 보상하기 위해 지급된 보험료가 늘고 있다고 지적하며, 2030년이면 부동산 가치 하락액이 5710억 달러에 이를 것으로 전망했다.

https://www.afr.com/property/residential/climate-change-predicted-to-wipe-571-billion-off-property-values-20190508-p51law.

[15] 2019년, 호주 커먼웰스 은행(Commonwealth Bank)은 농업 부문 대출 포트폴리오를 기후 이변으로 나타날 피해의 관점에서 분석하고 그 결과를 『위험 보고서Risk Report』에 공개했다. 농업 부문 대출 규모는 총 224억 호주달러였으며 농부들에게 융자해준 금액이 그중 절반을 차지했다. 이 포트폴리오를 단기적 또는 만성적으로 나타나는 기온·습도·강우량 등의 기후 위험 요인과 종합해 평가한 결과, 2060년이 되면 곡물 재배 지역 중 일부

에서 생산성이 2018년 대비 절반으로 감소할 수 있으며, 목초지 황폐화 및 낙농업의 수
익성이 각 40퍼센트씩 감소하며 축산업의 수익성 또한 40퍼센트 감소할 것으로 예측되
었다. (5일만 이상기후가 지속되어도 소들은 우유를 생산하지 않는다).

https://www.commbank.com.au/content/dam/commbank-assets/about-us/2019-08/CBA-
2019-Annual-Report-Risk-management.pdf.

[16] 2019년 3월, 뮌헨재보험(Munich Re)은 지구온난화로 야기된 캘리포니아 산불로 약 240억
달러 규모의 손실이 발생했다고 밝혔다(이는 2019년 한 해 동안 캘리포니아에서 산발적으로 발생
한 산불의 피해가 모두 집계되기도 전에 발생한 손실액이다). 2019년 12월, 세계 35대 보험사가 화
석연료 부문에 취한 조치를 평가한 한 보고서에 따르면, 재보험 시장의 46.4퍼센트, 1차
보험 시장의 9.5퍼센트가 탈석탄 정책을 지지하고 있으며, 이 중 다수가 새로운 광산이
나 화력발전소의 보험 가입을 거절하고 있다고 한다. 보험사들은 또한 석탄 부문에서 약
8조 9000억 달러 규모의 투자금을 회수한 것으로 알려졌으며 이는 석탄 시장 총자산의
무려 37퍼센트에 달하는 금액이다.

https://www.theguardian.com/environment/2019/mar/21/climate-change-could-make-
insurance-too-expensive-for-ordinary-people-report.

https://unfriendcoal.com/2019scorecard/.

[17] 2019년 5월, 로열더치셸(Royal Dutch Shell)·DSM·유니레버(Unilever)·BP·BHP·네슬레
(Nestle) 등 76개 주요 기업은 기후변화를 "우리가 맞닥뜨린 가장 큰 문제"라고 규정하고
의회에 탄소세를 부과할 것을 요청했다.

https://www.fastcompany.com/90353282/76-major-companies-are-in-d-c-today-asking-
congress-for-a-price-on-carbon.

[18] 2019년 11월, 스웨덴 중앙은행인 릭스뱅크(Riksbank)는 기후변화에 따른 경제적 위험을
관리하기 위해 "탄소 발자국이 큰" 채권을 거부할 계획이라고 발표했다. 이 계획에 따라
호주 퀸즐랜드주와 웨스턴오스트레일리아주, 캐나다 앨버타주의 채권이 매각되었다.

https://www.riksbank.se/en-gb/press-and-published/speeches-and-presentations/2019/
floden-riksbank-selling-bonds-for-climate-reasons/.

[19] 아람코는 세계에서 가장 많은 이익을 내는 사우디아라비아의 국영기업으로 약 2700억
배럴의 원유 매장량을 보유하고 있다. 사상 최대 규모의 기업공개가 될 것으로 기대되
었기에 사우디아라비아는 아람코 지분을 5퍼센트 매각해 약 1000억 달러 규모의 자금
을 조달하고 이를 부채 탕감과 공공서비스 개선 및 경제 다각화를 위해 사용하겠다고
밝혔다. 그러나 개인 투자자들의 관심이 낮았던 데다 기업 가치 평가액이 기대에 훨씬
못 미쳤던 탓에 상장을 통해 조달한 금액은 250억 달러에 그치고 말았다.

https://en.wikipedia.org/wiki/Saudi_Aramco.

https://www.theguardian.com/business/2019/nov/17/saudi-aramco-valuation-falls-below-

2tn-target.

[20] 미국 전역의 유명 식당 체인에 식물성 돼지고기와 소고기를 납품하는 비욘드미트는 2019년 5월 상장했으며, 그 후 한 달도 안 돼 주가가 250퍼센트 넘게 폭등했다. 애널리스트들은 기업 가치가 약 50억 달러에 이를 것으로 추정되는 비욘드미트를 "진정한 파괴자이자 혁신자"라고 부르고 있으며 향후 15년 안에 약 1000억 달러 이상의 매출을 올릴 것으로 내다보고 있다.

https://www.washingtonpost.com/business/2019/05/30/crowded-field-big-name-ipos-beyond-meat-emerges-surprise-mvp/.

[21] 2019년 11월 초, 『월스트리트저널 *Wall Street Journal*』은 대형 석유 회사들이 주주 가치를 실현하는 데 영향을 미칠 수 있는 요인들로 다음을 꼽았다.

- 에너지 분야는 S&P 500지수에서 가장 실적이 좋지 않다.
- 석유 및 가스 회사가 S&P 500지수에서 차지하는 비중은 현재 약 5퍼센트로 이는 10년 전에 비해 9퍼센트 하락한 수치다.
- 엑손, 로열더치셸, BP 같은 기업들은 주주들의 신뢰를 유지하거나 새로운 투자를 유치하기 위해 부채 증대, 자산 매각, 배당금 지급, 주식 환매 등의 조치를 적극적으로 취해야 하는 상황에 놓여 있다. 11월, 신용 평가사 무디스(Moody's)는 자산 매각에도 불구하고 부채 의존도가 여전히 높다는 이유를 들어 엑손의 신용 등급을 하향 조정했다. 셰일 혁명을 주도했던 거대 기업 체서피크 에너지(Chesapeake Energy)의 주식 가치는 2008년 대비 98퍼센트 하락했으며, 최근에는 100억 달러 규모의 부채 때문에 배당금 지급에 차질이 빚어질 것이라는 전망이 나오고 있다.
- 석유 수요가 감소하고 유가가 떨어짐에 따라 자산 가치가 하락하고 있다. 자금 조달을 위해 자산을 매각할 때 제 값을 받지 못하는 현상이 나타나고 있는 것이다. 2011년 페트로브라스(Petrobras)의 초심도 시추 플랫폼은 경매에서 유찰된 후 고작 1500만 달러에 매각되었다.

https://www.wsj.com/articles/investors-to-big-oil-make-it-rain-11572612256.

https://www.bloomberg.com/news/articles/2019-11-20/exxon-s-credit-rating-outlook-lowered-by-moody-s-on-cash-burn.

https://thetyee.ca/Analysis/2019/11/29/Government-Face-Reality-Fossil-Fuel-Industry-Collapsing/.

https://www.offshore-energy.biz/petrobras-to-auction-off-ultra-deepwater-drillship/.

https://www.offshore-energy.biz/report-petrobras-sells-ultra-deepwater-drillship-for-15-million/#.Xduw4Z50vNw.twitter.

[22] 2019년 6월, 미국 선물거래위원회(US Commodity Futures Trading Commission)의 위원장 로스틴 베넘은 "기후 이상 현상이 지금보다 더 변덕스러운 형태로 빈번하게 나타날 경우, 담

보대출이나 주택 연금 같은 상품을 제공하는 대규모 금융기관들이 더는 위험을 감당할 수 없을 것"이라고 경고했다. 이는 곧 "기후변화가 금융 시스템의 안정적 운영을 위협하게 될 것"이라는 말과 다르지 않다.

2019년 8월, 호주증권투자위원회(Australian Securities and Investments Commission)는 기후변화를 기업의 미래 재무 상태에 중대한 영향을 미칠 수 있는 '구조적 위험'이라 규정했다.

2019년 10월, 국제통화기금은 기후변화가 세계 금융시장에 미치는 영향을 평가하고 그 영향이 시장 평가에 반영되고 있는지 여부를 조사하겠다고 발표했다.

2019년 10월, 잉글랜드 은행(Bank of England)의 마크 카니 총재는 "[탄소 중립에] 적응하지 않는 기업들의 파산은 명약관화하다"라고 경고했다.

2019년 11월, 유럽투자은행(European Investment Bank)은 2021년까지 화석연료 부문에 대한 대출 업무를 단계적으로 중단해나가겠다고 발표했다.

2019년 11월, 캐나다 은행(Bank of Canada)은 앞으로 기후변화를 주제로 연구를 진행할 것이라 발표하고 그 예로 기후 악화로 야기되는 물리적 위험, 좌초된 자산의 위험, 변동성 및 예측 불가능성 증가에 따른 위험 등을 들었다.

https://www.nytimes.com/2019/06/11/climate/climate-financial-market-risk.html.

https://www.afr.com/companies/financial-services/asic-names-climate-change-systemic-risk-in-rulebook-20190812-p52gbg.

https://www.nytimes.com/reuters/2019/10/19/business/19reuters-imf-worldbank-climatechange.html.

https://www.ft.com/content/cc78d838-0720-11ea-a984-fbbacad9e7dd.

https://www.nationalobserver.com/2019/11/23/news/bank-canada-warns-stranded-assets-and-abrupt-transition-clean-economy.

[23] 2019년 9월, 국제통화기금은 기후변화 문제를 거시 경제 및 금융 정책과 연계해 연구한 논문에서 "많은 경제학자 및 과학자가 돌이킬 수 없이 파괴적인 재앙의 위험이 고조되고 있다는 데 동의하고 있으며, 이상기후 현상을 완화시키지 못한다면 극단적으로는 인류의 멸망까지도 초래할 수 있을 것"이라는 결론을 내렸다. Mercure, J. F 등(2018)은 세계 경제와 환경 시뮬레이션 모델을 사용해 좌초된 화석연료 자산이 거시 경제에 미칠 영향을 연구해 그 손실액이 자그마치 1~4조 달러에 달할 것으로 추정했다.

https://www.imf.org/en/Publications/WP/Issues/2019/09/04/Macroeconomic-and-Financial-Policies-for-Climate-Change-Mitigation-A-Review-of-the-Literature-48612.

https://www.nature.com/articles/s41558-018-0182-1.

[24] 그동안 청정에너지 부문의 성장을 과소평가해온 국제에너지기구조차 『2019 세계 에너지 전망』에서 이 같은 추세를 인정하고 있다. '현재 정책 유지 시나리오(STEPS)'에서 세계 석유 수요는 '바닥을 기는' 형태로 보일 만큼 감소할 것으로 예상했으며, '지속 가능

한 발전 시나리오'에서는 2018년에서 2040년 사이 선진국에서 세계 석유 수요가 50퍼센트 이상 감소할 것으로 전망했다.

https://www.iea.org/reports/world-energy-outlook-2019.

25 이 시나리오는 2018년 학술지 『네이처 클라이밋 체인지*Nature Climate Change*』에 게재된 논문에서 언급되었다. 이 연구는 화석연료 가치가 과대평가된 상황을 '탄소 거품'으로 묘사하고, 재생에너지 가격 하락과 저탄소 기술 투자 급증으로 화석연료 기업들이 좌초되며 세계적인 금융 위기를 촉발할 수 있다고 경고했다. 또한 이 논문은 상세한 시뮬레이션을 통해, 주요 국가들이 새로운 기후 정책을 시행하지 않거나 기존의 정책을 번복하는 경우에도 수요가 감소하게 될 것이라 전망하고 있다.

https://www.theguardian.com/environment/2018/jun/04/carbon-bubble-could-spark-global-financial-crisis-study-warns.

26 나는 '코카투 크로니클스'에서 발행한 두 편의 글(2018년 8월, 2018년 9월)에서 비즈니스에 있어 지속 가능성이 진정으로 의미하는 것이 무엇인지를 살펴보고, (일부 예외를 제외하고) 지금의 기업이나 여러 사업 모델이 시스템 차원의 위협에 제대로 대응하지 못하고 있는 이유를 설명했다. 기업은 위협을 목격하고 분석한 다음 저항하고, 저항이 먹히지 않을 때 대응 전략을 생각한다. 그러나 대부분은 대응 전략을 실천하다 실패하고 퇴출되어 대체된다. 이는 오스트리아의 경제학자 조지프 슘페터가 1920년대에 고안한 용어인 '창조적 파괴'에 해당되는 과정으로, 시장은 낡은 것을 끊임없이 파기하고 새로운 것을 끊임없이 창조하며 결국 자기가 빠르게 변화할 수 있는 길을 향해 나아간다는 의미를 갖고 있다.

https://www.paulgilding.com/cockatoo-chronicles/why-incumbents-fail.

https://www.paulgilding.com/cockatoo-chronicles/disruptive-markets.

27 강력한 기후 조치와 저탄소 경제로의 신속한 전환이 사회적·경제적 이익을 가져올 것이라는 증거는 여럿이다. 재생에너지 생산 역량 강화에 대한 투자는 수십 년 안에 직접적인 수익을 안겨줄 것이다. 교통수단의 전기화와 재생에너지로의 전환을 통해 소비자 단가를 낮출 수 있으며 대기오염을 현격한 수준으로 줄일 수 있다. (세계보건기구에 따르면 대기오염으로 매년 420만 명이 사망한다고 한다.) 대대적인 기술혁신으로 에너지는 더 저렴한 비용으로 전 세계로 확산·공급될 것이며, 에너지 안보 또한 강화되어 경제적 불확실성을 낮추고 군비를 절감하는 효과를 가져올 것이다. 기술혁신은 국가 내부 및 국가 간 불평등을 감소시키는 데도 기여할 것으로 보인다.

https://www.who.int/en/news-room/fact-sheets/detail/ambient-(outdoor)-air-quality-and-health.

https://tonyseba.com/wp-content/uploads/2014/05/book-cover-Clean-Disruption.pdf.

https://newclimateeconomy.report/2018/wp-content/uploads/sites/6/2018/09/NCE_2018_

FULL-REPORT.pdf.

28 2019년 11월, 세계 최대 다자금융기관인 유럽투자은행은 2021년까지 화석연료 부문에 대한 대출 업무를 단계적으로 중단해나가겠다고 발표했다. 이는 지금까지 진행된 기후 행동 가운데 가장 주목할 만한 사건이다. 베르너 호이어 총재는 기후 문제를 "우리 시대의 정치가 해결해야 할 중대 과제"라고 규정한 뒤 이런 이유로 유럽투자은행은 "선구적으로 화석연료에 대한 자금 지원을 중단하기로 결정했으며, 앞으로도 가장 획기적인 기후 투자 전략을 선보일 계획"이라고 밝혔다. 이런 조치가 화석연료 관련 주식 중 11조 달러 이상을 이미 처분한 후에 이뤄졌다는 점에서 시사하는 바가 더욱 크다.

https://www.theguardian.com/environment/2019/nov/15/european-investment-bank-to-phase-out-fossil-fuels-financing.

https://www.theguardian.com/commentisfree/2019/oct/13/divestment-bank-european-investment-fossil-fuels.

29 최근 『포브스』는 재생에너지로 전환할 경우 경제적 이득에 더해 우리가 얻을 수 있는 사회적 이득을 다음과 같이 보도했다.

- 청정에너지 사용을 통한 환경 보전
- 환경 보전을 통해 얻는 공중 보건 혜택
- 석유보다 운송이 용이한 전기 사용
- 가격 변동성이 큰 석유 대비 가격 안전성이 보장된 풍력 또는 태양열 기반의 전기 사용

재생에너지로 전환할 경우 국가 간 힘의 균형은 재편될 것이다. 또한 분쟁 위험이나 지정학적 안전성에 영향을 미치는 사회적·경제적·환경적 요인에도 변화가 나타나게 될 것이다.

https://www.forbes.com/sites/mikescott/2019/09/02/economics-of-electric-vehicles-mean-oils-days-as-a-transport-fuel-are-numbered/?sh=176722305102.

http://geopoliticsofrenewables.org/Report.

30 1992년 허리케인 앤드루는 155억 달러 규모의 피해를 입히며 16개 보험사를 파산시켰다. 케임브리지 대학의 저지 경영대학원(Judge Business School)이 마이애미 남부에 4등급 허리케인이 강타했을 경우를 가정해 진행한 모델링에서는 손실액이 무려 1조 3500억 달러에 이를 것으로 예측되었다.

https://www.vice.com/en/article/ne8amk/four-ways-the-climate-crisis-could-trigger-a-2008-style-economic-crash.

https://www.vice.com/en/article/wjm78x/the-dollar1-trillion-storm-how-a-single-hurricane-could-rupture-the-world-economy.

31 2019년 12월 스탠퍼드 경영대학원의 그레이엄 스틸 교수는 기후 위험을 부정하는 월

가의 행태 때문에 "억제하거나 분리할 수 없는 방식으로 퍼지는" 2008년식 경제 붕괴가 재현될 가능성이 높아지고 있다고 경고했다.

https://www.vice.com/en/article/ne8amk/four-ways-the-climate-crisis-could-trigger-a-2008-style-economic-crash.

[32] 퀸즐랜드는 석탄 수출로 약 237억 호주달러를 벌어들인다. 그러나 2019년은 석탄 기반의 전력 생산량이 사상 최대치로 감소하는 해가 될 것이다.

https://www.queenslandplan.qld.gov.au/about/economy.aspx.

https://www.carbonbrief.org/analysis-global-coal-power-set-for-record-fall-in-2019/.

[33] 퀸즐랜드는 육류 수출로 약 36억 호주달러를 벌어들인다. 그러나 2060년이면 이 부문의 수익성은 최대 40퍼센트까지 떨어질 것이다.

https://www.queenslandplan.qld.gov.au/about/economy.aspx.

https://www.commbank.com.au/content/dam/commbank-assets/about-us/2019-08/CBA-2019-Annual-Report-Risk-management.pdf.

[34] 퀸즐랜드주는 산호초 지대 관광산업으로 약 39억 호주달러를 벌어들인다. 2019년 8월, 이 산호초 지대를 관할하는 해양 공원 당국은 기후변화 및 어업, 개간 등의 이유로 산호초가 심각한 백화현상을 겪고 있다고 밝히고 그에 따라 세계 유산 지위를 잃게 될 가능성이 높다고 경고했다.

https://www.abc.net.au/news/2017-06-26/great-barrier-reef-valued-56b-deloitte/8649936.

[35] 2018년 자푼 국립공원(Japoon National Park)의 세계유산 열대우림에서는 무려 열흘간 화재가 이어졌다. 쉽게 불타지 않을 것 같은 환경임에도 화재는 계속됐다. 국립공원 관계자들과 그 외 전문가들은 화재가 쉽게 번질 수 없는 열대우림의 다습한 환경에도 불구하고 피해가 컸던 이유로 기후변화를 꼽았다. 국립공원 관계자들은 기후변화로 인한 열대우림의 피해가 산호초의 백화현상만큼이나 심각하다는 우려를 표명했다.

https://www.theguardian.com/australia-news/2019/nov/24/world-heritage-queensland-rainforest-burned-for-10-days-and-almost-no-one-noticed.

https://www.theguardian.com/environment/2019/apr/30/climate-change-damage-to-queenslands-world-heritage-rainforest-as-bad-as-great-barrier-reef.

[36] 호주기후위원회(Australian Climate Council)가 진행한 한 연구는 아무런 조치 없이 2030년을 맞을 경우 해수면이 0.2미터 상승한 결과 퀸즐랜드주에 있는 6만 1500가구가 피해를 입을 것으로 예측했으며, 2070년에는 피해 가구 수가 이보다 2배 더 증가할 것으로 내다보았다.

https://www.domain.com.au/news/waterfront-homes-at-risk-within-the-next-30-years-experts-warn-20160328-gnp28s/.

37 2019년 11월, 스웨덴 중앙은행인 릭스뱅크는 기후변화에 따른 경제적 위험을 관리하기 위해 "탄소 발자국이 큰" 채권을 거부할 계획이라 발표했다. 이 계획에 따라 호주 퀸즐 랜드주와 웨스턴오스트레일리아주, 캐나다 앨버타주의 채권이 매각되었다.
https://www.riksbank.se/en-gb/press-and-published/speeches-and-presentations/2019/floden-riksbank-selling-bonds-for-climate-reasons/

2—기후 비상사태가 메탄 비상사태인 이유

1 https://www.ipcc.ch/assessment-report/ar6/.

2 https://e360.yale.edu/features/as-climate-changes-worsens-a-cascade-of-tipping-points-looms.

3 https://www.swissre.com/dam/jcr:e73ee7c3-7f83-4c17-a2b8-8ef23a8d3312/swiss-re-institute-expertise-publication-economics-of-climate change.pdf.

4 https://www.paulgilding.com/one-degree-war-plan.

5 https://insideclimatenews.org/news/12082021/ipcc-report-methane-super-pollutants/.

6 https://www.unep.org/news-and-stories/press-release/global-assessment-urgent-steps-must-be-taken-reduce-methane.

7 https://www.wired.com/story/the-ipcc-reports-silver-lining-we-can-tackle-methane-now/?utm_source=ActiveCampaign&utm_medium=email&utm_content=Climate+news 「3A&utm_campaign=TDC+Daily.

8 https://pubs.rsc.org/en/content/articlelanding/2018/em/c8em00414e.

9 https://www.iea.org/news/pathway-to-critical-and-formidable-goal-of-net-zero-emissions-by-2050-is-narrow-but-brings-huge-benefits.

10 https://www.unep.org/resources/report/global-methane-assessment-benefits-and-costs-mitigating-methane-emissions.

11 https://www.wsj.com/articles/investors-to-big-oil-make-it-rain-11572612256.
https://ieefa.org/articles/ieefa-update-oil-majors-paid-216-billion-more-shareholders-they-earned-directly-business.
https://www.theguardian.com/environment/2018/jun/04/carbon-bubble-could-spark-global-financial-crisis-study-warns.
https://www.ft.com/content/a5292644-958d-4065-92e8-ace55d766654.
https://www.irena.org/news/pressreleases/2021/Jun/Majority-of-New-Renewables-Undercut-Cheapest-Fossil-Fuel-on-Cost.

https://www.iea.org/reports/world-energy-outlook-2020.

[12] https://www.theguardian.com/environment/2021/aug/16/three-quarters-g20-earth-close-to-tipping-point-global-survey-climate-crisis.

[13] https://www.iatp.org/documents/regulate-global-meat-and-dairy-companies-cut-methane-and-avoid-climate-breakdown.

https://www.theguardian.com/business/2018/nov/01/third-of-britons-have-stopped-or-reduced-meat-eating-vegan-vegetarian-report.

3—'배출량'보다 '온난화율'에 주목해야 할 때

[1] https://e360.yale.edu/features/as-climate-changes-worsens-a-cascade-of-tipping-points-looms.

[2] https://studyfinds.org/cant-stop-climate-change/.

[3] https://www.pnas.org/doi/10.1073/pnas.2108146119.

[4] https://www.cisl.cam.ac.uk/news/blog/why-methane-needs-take-centre-stage-climate-debate.

4—2020년, 대붕괴의 해

[1] 코로나19 상황에서 불평등과 빈곤 사유로 보건 및 사회 서비스를 제대로 받지 못하는 취약 계층이 늘고 있다. 더구나 이 현상은 선진국에서도 나타나고 있다. 특히 노동을 하지 않으면 생계를 꾸릴 수 없는 경우나 인구 밀집 지역에 거주하는 경우 사회적 거리두기는 큰 실효성을 거두지 못하고 있는 실정이다. 이전에 유행했던 전염병과 마찬가지로, 이런 조건에 해당하는 인구 집단은 유병률과 사망률에 있어 치명적인 영향을 받는 것으로 보고되고 있다.
https://www.weforum.org/agenda/2020/03/coronavirus-pandemic-inequality-among-workers/.
https://www.ncbi.nlm.nih.gov/pmc/articles/PMC4170985/.

[2] 2019년 배럴당 57달러에 달했던 평균 유가는 2020년 3월 기준 20달러로 급락했다. 미국 대부분의 셰일 오일 생산자들이 2020년 유가를 배럴당 55~65달러로 예상하고 있었던 만큼 부채가 많은 기업의 경우 파산이 불가피할 것으로 전망된다. 이와 관련해 『포브스』는 "이 같은 저유가 추세가 6개월 동안 이어질 경우, 약 3000억 달러의 은행 대출이

포함된 총 1조 9000억 달러 규모의 에너지 분야 부채를 회수하는 데 빨간불이 켜질 전
망이다(2007년 미국 비우량 주택담보대출(Subprime Mortgage Loan) 규모는 1조 3000억 달러 수준이었다)"
라고 주장했다. 또한 사우디아라비아와 러시아 간 가격 전쟁으로 유가가 계속 하락함에
따라 국제사회의 긴장이 고조되고 있다. 미 상원의원들은 사우디아라비아에 대한 반독
점 규제의 필요성을 강조하고, 예멘 전쟁에 대한 미국의 지원에 반발하는 차원에서 벌
이는 사우디아라비아의 '경제 전쟁'을 비난했다.

https://mailchi.mp/251cafba80f0/oilprice-intelligence-report-why-oil-prices-are-seeing-a-
steep-correction-1525333?e=7cc5ec0f6c.

https://www.macrotrends.net/2516/wti-crude-oil-prices-10-year-daily-chart.

https://www.energy.senate.gov/services/files/36C4A67D-7C57-49B2-BEF2-
4EB95E441B99.

[3] 코로나19에 각국이 시행한 경제 정책이 어떤 여파를 가져올지 아직 단정짓기는 어렵다.
하지만『하버드 비즈니스 리뷰』의 설명처럼 "'경제 전염'이 코로나19만큼이나 빠르게
확산되고 있다"라는 사실은 어렵지 않게 받아들일 수 있다. 모건 스탠리의 루치르 샤르
마가『뉴욕 타임스』에서 주장한 것처럼 코로나로 인한 경제 위기가 지난 세계 금융 위
기와 다른 점은 "위기 이후 가장 위험한 부채 군이 금융 당국의 관리하에 있던 가계 및
은행에서 전 세계 기업으로 넘어갔다는 데 있다(부채 총액은 약 16조 달러에 달한다)". 이런 현
상은 새로운 차원의 문제를 초래한다. 미국 기업의 부채 비율은 GDP의 75퍼센트에 이
르며 이는 2008년의 기록을 이미 경신한 수치다. 특히 이러한 부채 부담은 코로나19로
직격탄을 맞은 자동차·숙박·운송 부문에 치중되어 있다. 앞서 언급한 유가 관련 부채
문제까지 연계해 생각해보라.

https://hbr.org/2020/03/understanding-the-economic-shock-of-coronavirus.

https://www.nytimes.com/2020/03/16/opinion/coronavirus-economy-debt.html.

[4] 신자유주의하에서는 여러 경제 요인에 대한 통제권이 정부에서 민간(시장경제)으로 이동
한다. 특히 위기 국면에서, 필수 서비스 또는 복지 혜택 등을 관리하고 추진하는 정부의
역할이 축소되는 반면 기업의 영향력은 강화된다.

[5] 윌리엄 데이비스는 사회학자이자 정치경제학자다. 해당 문장은 2020년 3월 24일 자『가
디언』에서 발췌했다.

https://www.theguardian.com/commentisfree/2020/mar/24/coronavirus-crisis-change-
world-financial-global-capitalism.

5—코로나19와 시장 근본주의의 종말

1 조지 몬비오는 2016년 한 칼럼에서 신자유주의를 정의하고, 경제를 불안정한 상태로 내모는 여러 위기 속에서 신자유주의의 역할에 대해 고찰했다. 그가 칼럼에서 예시로 든 위기 상황에는 세계 금융 위기, 재산 은닉(파나마 비밀 문건 사태), 공중 보건 및 교육의 쇠퇴, 아동의 재빈곤화, 고독이라는 사회적 전염병의 유행, 생태계 파괴, 트럼프의 부상 등이 있다.
https://www.theguardian.com/books/2016/apr/15/neoliberalism-ideology-problem-george-monbiot#maincontent.

2 노벨 경제학상 수상자이자 세계은행의 수석 경제학자인 조지프 스티글리츠는 시장 근본주의가 경제와 자본주의를 위협하고 있다고 오래도록 경고해왔다. 『불만 시대의 자본주의 People, Power, and Profits-Progressive Capitalism for an Age of Discontent』에서 그는 불평등 심화, 독점 기업 양산, 생산성 둔화 등의 문제를 들어 미국식 자본주의는 실패했다고 비판했다. 환경오염과 금융 불안, 경제적 불평등에 이르기까지 우리 사회가 겪고 있는 많은 문제가 시장에서 기인했으며, 이는 자본주의 체제가 추진하고자 했던 성장과는 거리가 너무도 멀다는 게 그의 주장이다.
https://www.nytimes.com/2019/05/10/books/review/joseph-e-stiglitz-people-power-profits.html?smid=em-share.

3 런던동물학회(Zoological Society of London)에서 활동하고 있는 앤드루 커닝엄 교수는 "코로나19 바이러스의 출현과 확산은 충분히 예측 가능했다"라고 말하며 "야생동물로부터 유래한 감염병은 언제든지 다시 출현해 공중 보건에 위협이 될 수 있다"라고 지적했다. 2007년 『클리니컬 마이크로바이올로지 리뷰 Clinical Microbiology Review』에 게재된 한 논문은 2002년과 2003년에 나타났던 사스(SARS) 바이러스에 대한 연구 결과를 보여준다. 이 논문은 "사스와 같은 바이러스의 숙주로 지목된 말굽 박쥐를 취식하는 중국 남부 지역의 문화는 언제 터질지 모르는 시한폭탄과 같다"라고 경고했다.
https://www.theguardian.com/world/2020/mar/25/coronavirus-nature-is-sending-us-a-message-says-un-environment-chief?CMP=Share_AndroidApp_Email.
https://journals.asm.org/doi/pdf/10.1128/cmr.00023-07.

6—동트기 전이 가장 어둡다

1 런던동물학회의 앤드루 커닝엄 교수는 "코로나19 바이러스의 출현과 확산은 예측이 가능했을 뿐만 아니라 사실상 예측되었다"라고 말했다. 2007년 『클리니컬 마이크로바이

올로지 리뷰』에 게재된 한 논문은 2002년과 2003년에 나타났던 사스 바이러스에 대한 연구 결과를 보여준다. 이 논문은 "사스와 같은 바이러스의 숙주로 지목된 말굽 박쥐를 취식하는 중국 남부 지역의 문화는 언제 터질지 모르는 시한폭탄과 같다"라고 경고했다. 2018년『프론티어스 인 마이크로바이올로지Frontiers in Microbiology』에 실린 또 다른 논문 역시 "박쥐로부터 신종 바이러스가 출현할 수 있다"라고 경고한 바 있다.

https://www.theguardian.com/world/2020/mar/25/coronavirus-nature-is-sending-us-a-message-says-un-environment-chief?CMP=Share_AndroidApp_Email.

https://journals.asm.org/doi/pdf/10.1128/cmr.00023-07.

https://www.ncbi.nlm.nih.gov/pmc/articles/PMC5904276/.

[2] 기후변화로 치러야 할 비용을 모델링하기는 특히 어렵다. 하나의 이상기후 현상에서 비롯된 여파가 복잡다단하게 이어지는 특성 때문이다. 그럼에도 그 비용이 어마어마할 것이라는 예측은 어렵지 않게 할 수 있다. 물론 그 규모는 스프라트(Spratt)와 아미스테드(Armistead)가 발표한 보고서『치명적 계산Fatal Calculations』에서 언급하듯 논란의 대상이다. 2020년 4월『네이처』에 실린 한 연구는 기후변화로 치러야 할 비용을 계산하는 대신 기후변화가 통제되었을 때 얻을 수 있는 이득을 잃어 발생하는 손해액을 계산했다. 지금의 국가온실가스 감축목표(NDC, Nationally Determined Contribution)를 기준으로 할 때, 2100년까지 전 세계에 발생할 손해액은 126.68~616.12억 달러로 추정됐다(이는 1.5도나 2도 미만에 준하는 상응 조치를 전제로 도출된 값이다). 만약 참가국들이 NDC를 제대로 이행하지 못한다면 그 값은 149.78~791.89억 달러로 증가한다. 비록 스프라트와 아미스테드는 이 예측에 회의적이었지만, 모두 세계적 단위의 붕괴를 얘기하고 있는 것만큼은 부정하기 어렵다.

http://www.climatecodered.org/2020/04/fatal-calculations-how-bad-economics.html.

https://www.nature.com/articles/s41467-020-15453-z.

[3] 코로나19 사태로 화석연료에 대한 수요가 줄어들기 훨씬 전부터 전문가들은 화석연료 산업이 좌초되며 증발하는 자금의 규모가 1~4조 달러에 이를 것이라 경고해왔다. 학술지『네이처 클리이밋 체인지』는 화석연료 자산이 과대평가되어 나타난 '탄소 거품' 현상을 설명하고, 재생에너지 가격 하락과 저탄소 기술 투자 급증으로 화석연료 기업들이 파산 위기에 놓여 있다고 경고했다.

여러 압박 요인 중 특히 코로나19가 '탄소 거품'을 꺼뜨리는 주요 요인이 되고 있다. 2020년 미국 유가는 사상 처음으로 마이너스(배럴당 마이너스 40.32달러)를 기록했다. 이와 관련해 국제에너지기구의 파티 비롤 상임 이사는 "주요 에너지원인 석탄·석유·가스에 대한 수요 급락은 충격적"이라고 말했다. 셰브론(Chevron), 셸(Shell), BP, 토탈(Total), 엑손모빌 같은 주요 석유 회사들이 주주들을 달래기 위해 자사주 매입과 배당금 지급으로 푼 현금이 무려 2160억 달러에 이르고 있다. 애널리스트들은 상황이 너무 심각한 나머지 "은행들이 별도의 석유 회사를 차려서 담보 자산을 운영하는 방식으로 석유 업계의 연쇄 파산에 대비하고 있다"라고 보고했다.

https://www.nature.com/articles/s41558-018-0182-1.

https://ieefa.org/articles/ieefa-update-oil-majors-paid-216-billion-more-shareholders-they-earned-directly-business.

https://priceofoil.org/2020/04/29/as-bps-profits-plunge-analysts-say-we-are-entering-the-end-game-for-oil/.

[4] 2014년 S&P는 미국 내 소득 불평등과 그에 따른 빈곤 문제가 경제성장을 저해하고 있다고 재계에 경고하며 향후 10년 성장 전망치를 하향 조정했다. 30년 치의 데이터를 살펴본 OECD 보고서는 이런 추세를 세계적인 현상으로 확인시켜주었으며, 불평등이 성장에 지대한 악영향을 끼치고 있다는 사실도 함께 경고했다. 코로나19는 사회 취약 계층의 건강뿐만 아니라 재정 상황에도 큰 영향을 미치고 있다. 뱅크 오브 아메리카의 애널리스트들은 불평등과 팬데믹을 계기로 수면 위로 떠오른 현행 공중 보건 체계의 여러 문제점이 정치 변화의 촉매제가 되어 포퓰리즘 정치를 심화시키고 사회적 불안을 높이게 될 것이라 지적했다.

https://www.policylink.org/blog/sp-report-inequality-hurts-economy.

https://www.oecd.org/els/soc/trends-in-income-inequality-and-its-impact-on-economic-growth-SEM-WP163.pdf.

https://www.abc.net.au/news/2020-05-17/analysts-forecast-coronavirus-recession-what-comes-post-covid-19/12256246.

[5] 세계경제포럼이 발표한 『2020 세계위험보고서』는 생물 다양성이 전례 없는 수준으로 급감하고 있다고 경고했다. 생물 다양성의 급격한 감소는 사회·경제는 물론 지구에도 직접적인 위협이 된다. 과학자들은 코로나19를 이런 위협에 대한 "분명한 경고 사격"으로 규정하기도 했다. 기후변화와 더불어, 농업이나 광산업 또는 주거지 마련을 위해 인간이 자연을 파괴함에 따라 야생동물과의 접촉이 늘어난 점 또한 위험 요소다. 유엔환경계획 상임 이사인 잉거 안데르센은 "유사 이래 병원균이 야생이나 가축에서 사람에게 옮겨 갈 가능성이 이렇게 높았던 적은 없었다"라고 경고하며 모든 신종 전염병의 75퍼센트가 야생에서 기인한다고 설명했다.

생태계가 제공하는 재화나 서비스를 금전적 가치로 환산해볼 때, 생물 다양성의 가치는 연 33조 달러(미국과 중국의 GDP를 합친 것과 유사)에서 연 125조 달러(전 세계 GDP의 약 3분의 2) 사이로 추정된다. 우리가 호흡하는 데 필요한 산소의 절반 이상을 생산하고 탄소 배출량의 30퍼센트를 흡수하는 해양의 총자산 가치는 약 24조 달러로 평가되었으며, 이는 연간 전 세계 GDP에서 최소 2조 5000억 달러에 해당하는 값이다. 단, 이런 가치의 3분의 2 이상은 생태계가 건강해야만 유지될 수 있다. 서식지 파괴, 남획, 오염, 기후변화에 따른 해양 산성화는 이 가치를 깎아내린다. 해양 산성화로 소실되는 가치는 2100년까지 연간 최소 1조 달러에 이를 것으로 예측되었다.

https://www.theguardian.com/world/2020/mar/25/coronavirus-nature-is-sending-us-a-message-says-un-environment-chief?CMP=Share_AndroidApp_Email.

https://pubmed.ncbi.nlm.nih.gov/11516376/.

https://www.iucn.org/news/business-and-biodiversity/201701/tomorrows-production-systems-will-be-closer-nature.

https://www.scientificamerican.com/article/oceans-could-lose-1-trillion-in-value-due-to-acidification/.

6 2019년, 식량 수급 불안정과 기아로 고통받는 전 세계 인구는 1억 3500만 명으로 집계 되었다. 그러나 코로나19 사태를 겪으며 상황이 악화된 관계로 이제 그 수치는 2억 6500만 명으로 치솟고 말았다. 이 수치를 주기적으로 산정하고 추적해온 세계식량계획 (World Food Programme)은 기근이 전 세계적으로 확산되고 있다고 경고했다. 팬데믹의 여파가 어떻게 지속될지 아직 불확실한 가운데 기존에도 취약했던 생활에 빈번한 봉쇄령, 치솟는 실업률, 식량 부족 현상 등이 맞물려 불만과 갈등, 나아가 폭력을 부추길 것으로 예상된다.

코로나19로 인한 즉각적인 영향 외에도 식량 부족에 시달리는 인구수는 증가 추세다. 세계자원연구소(WRI, World Resources Institute)는 2050년까지 식량 생산을 지금보다 50퍼센트 늘려야 전 세계 인구의 식량 수요를 충족시킬 수 있다고 발표했다. 세계경제포럼은 WRI의 제안에 맞춰 식량 생산을 늘리기 위해서는 집약적 형태의 단일 재배 방식을 사용해야 하며 적어도 인도의 2배 크기에 달하는 삼림 또는 사바나 지역을 경작지로 전환해야 한다고 지적하고 생태계 파괴에 대한 깊은 우려를 표명했다.

https://www.wfp.org/publications/2020-global-report-food-crises.

https://wrr-food.wri.org/.

https://www.weforum.org/agenda/2020/04/how-to-feed-the-world-in-2050.

7 2020년 5월 『프로시딩스 오브 더 내셔널 아카데미 오브 사이언스*Proceedings of the National Academy of Sciences*』에 실린 한 논문은 2070년까지 "견딜 수 없는" 수준의 더위를 피해 35억 명에 달하는 인구가 이주하게 되면서 사회적 긴장이 고조될 것으로 내다보았다. 이런 수준의 열기를 견딜 수 있는 땅은 지구 표면의 채 1퍼센트도 되지 않는다. 35억 난민 중 일부라도 안전하게 이주시켜 주거를 제공하기까지는 엄청난 사회적·지정학적·경제적 비용이 수반될 것이다.

https://www.pnas.org/doi/pdf/10.1073/pnas.1910114117.

8 2020년 1월 국제금융협회(Institute of International Finance)는 2020년 1분기 기준 전 세계 부채가 257조 달러에 이를 것으로 전망했으며, 이 중 정부 부채가 70조 달러, 기업 부채가 20조 달러를 상회할 것으로 예측했다. 이는 세계 경제 생산량의 3.2배에 달하는 수치다.

2020년 1월 국제통화기금은 채무 불이행이나 차입 비용 증가, 급격한 인플레이션 등을 포함한 공채 증가가 미래 위기를 예측할 수 있는 "중대 지표"가 될 것이라 내다보았다. 코로나19 사태의 영향이 아직 반영되지 않은 상태로도 이런 수치와 경고가 나왔다는 점이 무척 놀랍다.

https://www.reuters.com/article/us-global-debt-iif/global-debt-shattering-records-iif-idUSKBN1ZC1VQ.

https://www.washingtonpost.com/us-policy/2020/04/18/record-government-corporate-debt-risk-tipping-point-after-pandemic-passes/.

[9] 안보 분야에서는 정치적 불안정과 테러 위험을 증가시키는 요인들을 설명하기 위해 '위협 승수'라는 용어를 사용한다. 주로 기후변화와 연계해 사용되는 용어이나, 식량·물·주거지·보안·위생·교육·의료 등의 기본적인 생활 조건을 위협하는 다른 어려움을 지칭할 때도 쓸 수 있다. 기본적인 생활 조건이 위협받을 때, 공동체나 국가 간, 또는 공동체 안(가진 자와 없는 자)에서 불신과 절망이 싹트고 그 결과 이미 취약한 상황은 더욱 취약해지고 만다.

https://yaleclimateconnections.org/2019/06/why-climate-change-is-a-threat-multiplier/.

https://thehagueinstituteforglobaljustice.org/wp-content/uploads/2015/10/working-Paper-9-climate-change-threat-multiplier.pdf.

[10] 영국 외교 분야 싱크탱크인 채텀하우스(Chatham House)의 폴 스티븐스 교수는 최근 진행된 BBC 인터뷰에서 대부분의 석유와 가스 수출업자는 주문량이 급감하는 현 상황을 "정치적으로 불안정한 상태"라고 지칭하고 있으며 이런 문제로 인해 여러 국가가 "부도 위기"에 처할 것이라고 말했다. 이런 위기에 처한 나라는 종종 극단주의를 추종하는 집단의 활동 근거지가 되고, 선량한 국민들은 난민이 되고 만다. 시리아의 경우를 생각해보라.

사우디아라비아의 경우, 미국의 셰일 산업을 견제하기 위해 2015년 초과 수익을 980억 달러 규모의 적자로 전환했다. 2020년 4월과 5월에도 판매 가격을 수십 년 만에 최저 수준으로 낮추며 미국 견제에 나섰다. 추출 비용을 충당하고 국가 운영에 필요한 예산을 확보할 수 있는 손익분기점 가격은 배럴당 85달러다. 그러나 브렌트유 가격이 배럴당 80달러 이상으로 책정되며 안정세를 보였던 해는 2014년이 마지막이었다.

또 다른 세계 최대 산유국 중 하나는 러시아다. 러시아는 국가 재정을 운영함에 있어 원유 판매로 얻은 수익에 의존하는 비중이 높다. 심지어 러시아의 푸틴 대통령은 '녹색 기술'로의 전환이 러시아 경제의 안전성을 해치는 "중대한 도전이자 위협"이라고 규정하기도 했다.

전례 없이 낮아진 유가와 수요, 탈화석연료 추세의 본격화, 에너지 소비의 전기화 및 재생에너지 수요 증가 등의 요인이 결합한 결과 석유 산업은 경제적·지정학적 안정성을 저해하며 퇴출 일로를 걷고 있다. 『이코노미스트 *The Economist*』의 지적처럼, 중동과 러시아는 아직 새로운 변화에 제대로 대처할 준비가 되어 있지 않으며 "빠르게 나타나는 석유 매출 감소는 독재 국가가 국민들에게 약속한 바를 이행하지 못하는 결과를 낳으며 경제적 혼란 및 사회적 불안정, 지역적 긴장을 초래할 수 있다."

https://www.bbc.com/news/world-50974609.

https://seekingalpha.com/article/4334114-drilling-for-oil-in-stock-market.

https://oilprice.com/Geopolitics/Middle-East/Oil-Price-War-Puts-Entire-Kingdom-Of-Saudi-Arabia-At-Risk.html.

https://www.economist.com/special-report/2018/03/15/the-middle-east-and-russia-are-ill-prepared-for-a-low-carbon-future.

[11] 2019년 BP가 발표한 2040년까지의 석유 수요 전망에 따르면, 항공과 해상 운송에 쓰일 석유량은 2030년대에 운송을 위해 사용될 전체 석유량의 절반 수준이다. 많은 애널리스트들은 이미 넷제로(net zero)를 지향하는 국가들이 정한 정점을 향해 가는 상황에서 "코로나19 사태가 겹친 관계로 석탄 연료 수요가 정점에 이르는 시기가 앞당겨질 것"이라 예측했다. 영국 기반 싱크탱크인 카본 트래커(Carbon Tracker)의 킹스밀 본드는 "온실가스 배출량은 2019년에 정점을 찍은 것으로 보이며, 석탄연료 수요 역시 정점에 다다른 것으로 추정된다"라고 말했다. (원래 본드는 석탄연료 수요 정점을 2023년으로 예측했으나 코로나19 사태로 그 시기가 앞당겨진 것으로 보았다—옮긴이).

애널리스트들은 또한 코로나19 사태가 종식된다 해도 석탄 수요가 회복되지는 않을 것이라고 전망했다. "코로나19로 올해 줄어든 온실가스 배출량으로 볼 때, 인도 등 여러 국가에서 계속해서 탄소 배출 행위를 이어간다 하더라도 산업 자체가 다시 본래 지위를 찾지는 못할 것이다. 천연가스 가격이 폭락하고, 태양광 및 풍력 에너지 가격이 하락하는 데다 건강에 대한 염려가 높아짐에 따라 석탄 연료 산업이 영구적인 타격을 입게 되었다고 볼 수 있다."

https://www.bp.com/content/dam/bp/business-sites/en/global/corporate/pdfs/energy-economics/energy-outlook/bp-energy-outlook-2019.pdf.

https://www.theguardian.com/environment/2020/apr/01/the-fossil-fuel-industry-is-broken-will-a-cleaner-climate-be-the-result.

[12] CRFB는 2020년 9월 말까지 미국의 공채가 21조 달러를 넘어설 것으로 내다보았다. 1946년 이후 부채비율 106퍼센트를 처음 넘어서는 셈이다. 이와 관련해 프린스턴 대학 경제학과 아티프 미안 교수는 다음과 같이 경고했다. "현 상황을 심각하게 받아들여야 한다. (……) 이는 역사상 전례가 없는 수준의 부채비율이며, 우리는 큰 위기를 앞둔 전환점에 서 있다."

https://www.washingtonpost.com/us-policy/2020/04/18/record-government-corporate-debt-risk-tipping-point-after-pandemic-passes/.

https://www.theguardian.com/environment/2020/apr/01/the-fossil-fuel-industry-is-broken-will-a-cleaner-climate-be-the-result.

옮긴이 양재희

오리건 대학교University of Oregon에서 언어학 석사 학위를 한국외국어대학교에서 언어학 박사 학위를 받았다. 인공지능 기술 구현에 필요한 언어 자료를 설계하고 구축하는 연구원으로 일하며 한겨레 어린이·청소년 번역가 그룹에서 활동한다. 『오언과 군인 아저씨』를 우리말로 옮겼으며, 다양한 독자층을 대상으로 좋은 외서를 기획·번역하고 있다.

기후변화는 어떻게
세계 경제를 위협하는가

초판 1쇄 인쇄 2023년 5월 24일
초판 1쇄 발행 2023년 6월 5일

지은이 폴 길딩
옮긴이 양재희
펴낸이 하인숙

기획총괄 김현종
책임편집 오경철
디자인 표지 studio forb 본문 김정연

펴낸곳 더블북
출판등록 2009년 4월 13일 제2022-000052호
주소 서울시 양천구 목동서로 77 현대월드타워 1713호
전화 02-2061-0765 팩스 02-2061-0766
블로그 https://blog.naver.com/doublebook
인스타그램 @doublebook_pub
포스트 post.naver.com/doublebook
페이스북 www.facebook.com/doublebook1
이메일 doublebook@naver.com

ⓒ 폴 길딩, 2023
ISBN 979-11-93153-00-0 (93300)